饮用水水源环境保护法律法规文件汇编

倪艳芳　滕志坤　主编

中国环境出版集团・北京

图书在版编目（CIP）数据

饮用水水源环境保护法律法规文件汇编/倪艳芳，滕志坤主编. —北京：中国环境出版集团，2019.3（2019.6 重印）
ISBN 978-7-5111-3925-2

Ⅰ. ①饮… Ⅱ. ①倪… ②滕… Ⅲ. ①饮用水—水源保护—环境保护法—法规—汇编—中国 Ⅳ. ①D922.680.9

中国版本图书馆 CIP 数据核字（2019）第 041469 号

出 版 人　武德凯
责任编辑　孙　莉
责任校对　任　丽
封面设计　彭　杉

出版发行　中国环境出版集团
（100062　北京市东城区广渠门内大街 16 号）
网　　址：http://www.cesp.com.cn
电子邮箱：bjgl@cesp.com.cn
联系电话：010-67112765（编辑管理部）
发行热线：010-67125803，010-67113405（传真）
印　　刷　北京建宏印刷有限公司
经　　销　各地新华书店
版　　次　2019 年 3 月第 1 版
印　　次　2019 年 6 月第 2 次印刷
开　　本　787×1092　1/16
印　　张　26.25
字　　数　492 千字
定　　价　98.00 元

《饮用水水源环境保护法律法规文件汇编》

编写委员会

主　编：倪艳芳　　滕志坤

副主编：邹海虹　　张　力　　邢　佳

编　委：倪艳芳　　滕志坤　　邹海虹　　张　力　　邢　佳

姜春艳　　张　颖　　任伊滨　　孟　超　　高秀丽

王洪敏　　刘　波　　周　军

前　言

水是生命之源，饮用水安全与广大人民群众身体健康和生命安全息息相关。党中央、国务院高度重视饮用水水源地的环境保护。2015 年 4 月，国务院印发了《水污染防治行动计划》，对我国集中式饮用水水源的水质、规范化建设以及风险管理等多个方面提出了明确的要求。2018 年，生态环境部联合水利部印发了《全国集中式饮用水水源地环境保护专项行动方案》，对开展饮用水水源地环境问题清理整治工作做出全面部署。

2018 年 4 月，习近平总书记在中央财经委员会第一次会议和推动长江经济带发展座谈会上做出"打好水源地保护攻坚战"的重要指示，提出饮水安全是人民生活的一条底线，要确保所有城乡居民喝上清洁安全的水。同年 6 月，党中央、国务院印发《关于全面加强生态环境保护　坚决打好污染防治攻坚战的意见》，进一步明确了工作要求，强调要限期完成县级及以上城市饮用水水源地环境问题清理整治任务。2018 年 11 月，生态环境部和水利部再一次联合印发《关于进一步开展饮用水水源地环境保护工作的通知》，强调要对"万人千吨"以上的所有类型水源地进行摸底排查，并深入开展问题整治。

为贯彻落实党中央、国务院关于"打好水源地保护攻坚战"决策部署，确保城乡居民的饮水安全，各地纷纷开展了饮用水水源保护区污染防治和风险防范的专项行动，环境问题整治得到持续推进。随着工作的逐步推进和管理要求的不断强化，新标准和规范性文件不断出台。当前，我国饮用水水源保护涉及的法律、法规和标准较多而且分散，管理者查阅时很不方便，为了让饮用水水源环境保护管理人员全面系统地掌握这些文件，本书对现行的有关饮用水水源保护的法律、法规、标准和规范性文件等进行了汇编，以期为开展水源地规范化建设和管理提供法律和技术依据，有效指导饮用水水源环境保护各项工作。

本书由五章构成：第一章为法律与规范性文件，第二章为国家标准，第三章为行业标准与指南，第四章为部门规章与规范性文件，第五章为附录。

本书各章节的编写人员为：

第一章、第二章　　倪艳芳

第三章第一节　　滕志坤　邹海虹

第三章第二节　　张力　邢佳

第四章　　姜春艳　张颖　任伊滨　孟超　高秀丽

第五章　　王洪敏　刘波　周军

本书在编写过程中，得到了中国环境科学研究院付青研究员、黑龙江省生态环境厅水环境管理处陈家厚处长、黑龙江省环境科学研究院宋男哲院长、李广来副院长的悉心指导，在此表示感谢！本书编委中，王洪敏来自黑龙江省三江环境监测站、刘波来自齐齐哈尔市环境监测中心站，其他编委均来自黑龙江省环境科学研究院。编者力争从实际工作需要出发，对现行饮用水水源保护相关法律、法规进行梳理，但由于掌握的资料和水平有限，不完善之处在所难免，希望广大读者提出宝贵意见。

编　者

2019 年 2 月

目 录

第一章 法律与规范性文件

第二章 国家标准

第三章 行业标准与指南

第四章　部门规章与规范性文件

第五章 附 录

第一章
法律与规范性文件

第一节 法　律

中华人民共和国环境保护法（摘录）

（1989 年 12 月 26 日第七届全国人民代表大会常务委员会第十一次会议通过 2014 年 4 月 24 日第十二届全国人民代表大会常务委员会第八次会议修订）

……

第三十二条　国家加强对大气、水、土壤等的保护，建立和完善相应的调查、监测、评估和修复制度。

……

第五十条　各级人民政府应当在财政预算中安排资金，支持农村饮用水水源地保护、生活污水和其他废弃物处理、畜禽养殖和屠宰污染防治、土壤污染防治和农村工矿污染治理等环境保护工作。

……

中华人民共和国水法（摘录）

（1988年1月21日第六届全国人民代表大会常务委员会第二十四次会议通过　2002年8月29日第九届全国人民代表大会常务委员会第二十九次会议修订通过　根据2009年8月27日第十一届全国人民代表大会常务委员会第十次会议通过的《全国人民代表大会常务委员会关于修改部分法律的决定》修改　根据2016年7月2日第十二届全国人民代表大会常务委员会第二十一次会议通过的《全国人民代表大会常务委员会关于修改〈中华人民共和国节约能源法〉等六部法律的决定》修改）

……

第三十三条　国家建立饮用水水源保护区制度。省、自治区、直辖市人民政府应当划定饮用水水源保护区，并采取措施，防止水源枯竭和水体污染，保证城乡居民饮用水安全。

第三十四条　禁止在饮用水水源保护区内设置排污口。

在江河、湖泊新建、改建或者扩大排污口，应当经过有管辖权的水行政主管部门或者流域管理机构同意，由环境保护行政主管部门负责对该建设项目的环境影响报告书进行审批。

……

第六十七条　在饮用水水源保护区内设置排污口的，由县级以上地方人民政府责令限期拆除、恢复原状；逾期不拆除、不恢复原状的，强行拆除、恢复原状，并处五万元以上十万元以下的罚款。

……

中华人民共和国水污染防治法（摘录）

（1984 年 5 月 11 日第六届全国人民代表大会常务委员会第五次会议通过　根据 1996 年 5 月 15 日第八届全国人民代表大会常务委员会第十九次会议《关于修改〈中华人民共和国水污染防治法〉的决定》第一次修正　2008 年 2 月 28 日第十届全国人民代表大会常务委员会第三十二次会议修订　根据 2017 年 6 月 27 日第十二届全国人民代表大会常务委员会第二十八次会议《关于修改〈中华人民共和国水污染防治法〉的决定》第二次修正）

第一章　总　则

……

第三条　水污染防治应当坚持预防为主、防治结合、综合治理的原则，优先保护饮用水水源，严格控制工业污染、城镇生活污染，防治农业面源污染，积极推进生态治理工程建设，预防、控制和减少水环境污染和生态破坏。

……

第八条　国家通过财政转移支付等方式，建立健全对位于饮用水水源保护区区域和江河、湖泊、水库上游地区的水环境生态保护补偿机制。

……

第五章　饮用水水源和其他特殊水体保护

……

第六十三条　国家建立饮用水水源保护区制度。饮用水水源保护区分为一级保护区和二级保护区；必要时，可以在饮用水水源保护区外围划定一定的区域作为准保护区。

饮用水水源保护区的划定，由有关市、县人民政府提出划定方案，报省、自治区、直辖市人民政府批准；跨市、县饮用水水源保护区的划定，由有关市、县人民政府协商提出划定方案，报省、自治区、直辖市人民政府批准；协商不成的，由省、自治区、直辖市人民政府环境保护主管部门会同同级水行政、国土资源、卫生、建设等部门提出划定方案，征求同级有关部门的意见后，报省、自治区、直辖市人民政府批准。

跨省、自治区、直辖市的饮用水水源保护区，由有关省、自治区、直辖市人民政府商有关流域管理机构划定；协商不成的，由国务院环境保护主管部门会同同级水行政、国土资源、卫生、建设等部门提出划定方案，征求国务院有关部门的意见后，报国务院批准。

国务院和省、自治区、直辖市人民政府可以根据保护饮用水水源的实际需要，调整饮用水水源保护区的范围，确保饮用水安全。有关地方人民政府应当在饮用水水源保护区的边界设立明确的地理界标和明显的警示标志。

第六十四条 在饮用水水源保护区内，禁止设置排污口。

第六十五条 禁止在饮用水水源一级保护区内新建、改建、扩建与供水设施和保护水源无关的建设项目；已建成的与供水设施和保护水源无关的建设项目，由县级以上人民政府责令拆除或者关闭。

禁止在饮用水水源一级保护区内从事网箱养殖、旅游、游泳、垂钓或者其他可能污染饮用水水体的活动。

第六十六条 禁止在饮用水水源二级保护区内新建、改建、扩建排放污染物的建设项目；已建成的排放污染物的建设项目，由县级以上人民政府责令拆除或者关闭。

在饮用水水源二级保护区内从事网箱养殖、旅游等活动的，应当按照规定采取措施，防止污染饮用水水体。

第六十七条 禁止在饮用水水源准保护区内新建、扩建对水体污染严重的建设项目；改建建设项目，不得增加排污量。

第六十八条 县级以上地方人民政府应当根据保护饮用水水源的实际需要，在准保护区内采取工程措施或者建造湿地、水源涵养林等生态保护措施，防止水污染物直接排入饮用水水体，确保饮用水安全。

第六十九条 县级以上地方人民政府应当组织环境保护等部门，对饮用水水源保护区、地下水型饮用水源的补给区及供水单位周边区域的环境状况和污染风险进行调查评估，筛查可能存在的污染风险因素，并采取相应的风险防范措施。

饮用水水源受到污染可能威胁供水安全的，环境保护主管部门应当责令有关企业事业单位和其他生产经营者采取停止排放水污染物等措施，并通报饮用水供水单位和供水、卫生、水行政等部门；跨行政区域的，还应当通报相关地方人民政府。

第七十条 单一水源供水城市的人民政府应当建设应急水源或者备用水源，有条件的地区可以开展区域联网供水。

县级以上地方人民政府应当合理安排、布局农村饮用水水源，有条件的地区可以采取城镇供水管网延伸或者建设跨村、跨乡镇联片集中供水工程等方式，发展规模集中供水。

第七十一条 饮用水供水单位应当做好取水口和出水口的水质检测工作。发现取水口水质不符合饮用水水源水质标准或者出水口水质不符合饮用水卫生标准的，应当及时采取相应措施，并向所在地市、县级人民政府供水主管部门报告。供水主管部门接到报告后，应当通报环境保护、卫生、水行政等部门。

饮用水供水单位应当对供水水质负责，确保供水设施安全可靠运行，保证供水水质符合国家有关标准。

第七十二条 县级以上地方人民政府应当组织有关部门监测、评估本行政区域内饮用水水源、供水单位供水和用户水龙头出水的水质等饮用水安全状况。

县级以上地方人民政府有关部门应当至少每季度向社会公开一次饮用水安全状况信息。

第七十三条 国务院和省、自治区、直辖市人民政府根据水环境保护的需要，可以规定在饮用水水源保护区内，采取禁止或者限制使用含磷洗涤剂、化肥、农药以及限制种植养殖等措施。

第七十九条 市、县级人民政府应当组织编制饮用水安全突发事件应急预案。

饮用水供水单位应当根据所在地饮用水安全突发事件应急预案，制定相应的突发事件应急方案，报所在地市、县级人民政府备案，并定期进行演练。

饮用水水源发生水污染事故，或者发生其他可能影响饮用水安全的突发性事件，饮用水供水单位应当采取应急处理措施，向所在地市、县级人民政府报告，并向社会公开。有关人民政府应当根据情况及时启动应急预案，采取有效措施，保障供水安全。

……

第八十四条 在饮用水水源保护区内设置排污口的，由县级以上地方人民政府责令限期拆除，处十万元以上五十万元以下的罚款；逾期不拆除的，强制拆除，所需费用由违法者承担，处五十万元以上一百万元以下的罚款，并可以责令停产整治。

除前款规定外，违反法律、行政法规和国务院环境保护主管部门的规定设置排污口的，由县级以上地方人民政府环境保护主管部门责令限期拆除，处二万元以上十万元以下的罚款；逾期不拆除的，强制拆除，所需费用由违法者承担，处十万元以上五十万元以下的罚款；情节严重的，可以责令停产整治。

……

第九十一条 有下列行为之一的，由县级以上地方人民政府环境保护主管部门责令停止违法行为，处十万元以上五十万元以下的罚款；并报经有批准权的人民政府批准，责令拆除或者关闭：

（一）在饮用水水源一级保护区内新建、改建、扩建与供水设施和保护水源无关的建设项目的；

（二）在饮用水水源二级保护区内新建、改建、扩建排放污染物的建设项目的；

（三）在饮用水水源准保护区内新建、扩建对水体污染严重的建设项目，或者改建建设项目增加排污量的。

在饮用水水源一级保护区内从事网箱养殖或者组织进行旅游、垂钓或者其他可能污染饮用水水体的活动的，由县级以上地方人民政府环境保护主管部门责令停止违法行为，处二万元以上十万元以下的罚款。个人在饮用水水源一级保护区内游泳、垂钓或者从事其他可能污染饮用水水体的活动的，由县级以上地方人民政府环境保护主管部门责令停止违法行为，可以处五百元以下的罚款。

第九十二条 饮用水供水单位供水水质不符合国家规定标准的，由所在地市、县级人民政府供水主管部门责令改正，处二万元以上二十万元以下的罚款；情节严重的，报经有批准权的人民政府批准，可以责令停业整顿；对直接负责的主管人员和其他直接责任人员依法给予处分。

第二节　国务院发布的规范性文件

国务院关于实行最严格水资源管理制度的意见（摘录）

（国发〔2012〕3号）

各省、自治区、直辖市人民政府，国务院各部委、各直属机构：

水是生命之源、生产之要、生态之基，人多水少、水资源时空分布不均是我国的基本国情和水情。当前我国水资源面临的形势十分严峻，水资源短缺、水污染严重、水生态环境恶化等问题日益突出，已成为制约经济社会可持续发展的主要瓶颈。为贯彻落实好中央水利工作会议和《中共中央　国务院关于加快水利改革发展的决定》（中发〔2011〕1号）的要求，现就实行最严格水资源管理制度提出以下意见：

一、总体要求

……

（三）主要目标

……

为实现上述目标，到2015年，全国用水总量力争控制在6 350亿立方米以内；万元工业增加值用水量比2010年下降30%以上，农田灌溉水有效利用系数提高到0.53以上；重要江河湖泊水功能区水质达标率提高到60%以上。到2020年，全国用水总量力争控制在6 700亿立方米以内；万元工业增加值用水量降低到65立方米以下，农田灌溉水有效利用系数提高到0.55以上；重要江河湖泊水功能区水质达标率提高到80%以上，城镇供水水源地水质全面达标。

……

四、加强水功能区限制纳污红线管理，严格控制入河湖排污总量

……

（十四）加强饮用水水源保护。各省、自治区、直辖市人民政府要依法划定饮用水

水源保护区，开展重要饮用水水源地安全保障达标建设。禁止在饮用水水源保护区内设置排污口，对已设置的，由县级以上地方人民政府责令限期拆除。县级以上地方人民政府要完善饮用水水源地核准和安全评估制度，公布重要饮用水水源地名录。加快实施全国城市饮用水水源地安全保障规划和农村饮水安全工程规划。加强水土流失治理，防治面源污染，禁止破坏水源涵养林。强化饮用水水源应急管理，完善饮用水水源地突发事件应急预案，建立备用水源。

……

国务院

二〇一二年一月十二日

国务院关于印发水污染防治行动计划的通知

（国发〔2015〕17号）

各省、自治区、直辖市人民政府，国务院各部委、各直属机构：

现将《水污染防治行动计划》印发给你们，请认真贯彻执行。

国务院

2015年4月2日

水污染防治行动计划（摘录）

……

工作目标：到2020年，全国水环境质量得到阶段性改善，污染严重水体较大幅度减少，饮用水安全保障水平持续提升，地下水超采得到严格控制，地下水污染加剧趋势得到初步遏制，近岸海域环境质量稳中趋好，京津冀、长三角、珠三角等区域水生态环境状况有所好转。到2030年，力争全国水环境质量总体改善，水生态系统功能初步恢复。到本世纪中叶，生态环境质量全面改善，生态系统实现良性循环。

主要指标：到2020年，长江、黄河、珠江、松花江、淮河、海河、辽河七大重点流域水质优良（达到或优于Ⅲ类）比例总体达到70%以上，地级及以上城市建成区黑臭水体均控制在10%以内，地级及以上城市集中式饮用水水源水质达到或优于Ⅲ类比例总体高于93%，全国地下水质量极差的比例控制在15%左右，近岸海域水质优良（一、二类）比例达到70%左右。京津冀区域丧失使用功能（劣于Ⅴ类）的水体断面比例下降15个百分点左右，长三角、珠三角区域力争消除丧失使用功能的水体。

到2030年，全国七大重点流域水质优良比例总体达到75%以上，城市建成区黑臭水体总体得到消除，城市集中式饮用水水源水质达到或优于Ⅲ类比例总体为95%左右。

……

五、充分发挥市场机制作用

……

（十五）促进多元融资。

……

增加政府资金投入。中央财政加大对属于中央事权的水环境保护项目支持力度，合理承担部分属于中央和地方共同事权的水环境保护项目，向欠发达地区和重点地区倾斜；研究采取专项转移支付等方式，实施“以奖代补”。地方各级人民政府要重点支持污水处理、污泥处理处置、河道整治、饮用水水源保护、畜禽养殖污染防治、水生态修复、应急清污等项目和工作。对环境监管能力建设及运行费用分级予以必要保障。（财政部牵头，发展改革委、环境保护部等参与）

六、严格环境执法监管

（十七）完善法规标准。健全法律法规。加快水污染防治、海洋环境保护、排污许可、化学品环境管理等法律法规制修订步伐，研究制定环境质量目标管理、环境功能区划、节水及循环利用、饮用水水源保护、污染责任保险、水功能区监督管理、地下水管理、环境监测、生态流量保障、船舶和陆源污染防治等法律法规。各地可结合实际，研究起草地方性水污染防治法规。（法制办牵头，发展改革委、工业和信息化部、国土资源部、环境保护部、住房城乡建设部、交通运输部、水利部、农业部、卫生计生委、保监会、海洋局等参与）

……

（十九）提升监管水平。完善流域协作机制。健全跨部门、区域、流域、海域水环境保护议事协调机制，发挥环境保护区域督查派出机构和流域水资源保护机构作用，探索建立陆海统筹的生态系统保护修复机制。流域上下游各级政府、各部门之间要加强协调配合、定期会商，实施联合监测、联合执法、应急联动、信息共享。京津冀、长三角、珠三角等区域要于2015年底前建立水污染防治联动协作机制。建立严格监管所有污染物排放的水环境保护管理制度。（环境保护部牵头，交通运输部、水利部、农业部、海洋局等参与）

完善水环境监测网络。统一规划设置监测断面（点位）。提升饮用水水源水质全指标监测、水生生物监测、地下水环境监测、化学物质监测及环境风险防控技术支撑能力。2017年底前，京津冀、长三角、珠三角等区域、海域建成统一的水环境监测网。（环境保护部牵头，发展改革委、国土资源部、住房城乡建设部、交通运输部、水利部、农业部、海洋局等参与）

……

八、全力保障水生态环境安全

（二十四）保障饮用水水源安全。从水源到水龙头全过程监管饮用水安全。地方各级人民政府及供水单位应定期监测、检测和评估本行政区域内饮用水水源、供水厂出水和用户水龙头水质等饮水安全状况，地级及以上城市自2016年起每季度向社会公开。自2018年起，所有县级及以上城市饮水安全状况信息都要向社会公开。（环境保护部牵头，发展改革委、财政部、住房城乡建设部、水利部、卫生计生委等参与）

强化饮用水水源环境保护。开展饮用水水源规范化建设，依法清理饮用水水源保护区内违法建筑和排污口。单一水源供水的地级及以上城市应于2020年底前基本完成备用水源或应急水源建设，有条件的地方可以适当提前。加强农村饮用水水源保护和水质检测。（环境保护部牵头，发展改革委、财政部、住房城乡建设部、水利部、卫生计生委等参与）

防治地下水污染。定期调查评估集中式地下水型饮用水水源补给区等区域环境状况。石化生产存贮销售企业和工业园区、矿山开采区、垃圾填埋场等区域应进行必要的防渗处理。加油站地下油罐应于2017年底前全部更新为双层罐或完成防渗池设置。报废矿井、钻井、取水井应实施封井回填。公布京津冀等区域内环境风险大、严重影响公众健康的地下水污染场地清单，开展修复试点。（环境保护部牵头，财政部、国土资源部、住房城乡建设部、水利部、商务部等参与）

国务院关于印发“十三五”生态环境保护规划的通知

（国发〔2016〕65号）

各省、自治区、直辖市人民政府，国务院各部委、各直属机构：

现将《“十三五”生态环境保护规划》印发给你们，请认真贯彻实施。

国务院

2016年11月24日

“十三五”生态环境保护规划（摘录）

……

第一章 全国生态环境保护形势

……

第二节 生态环境是全面建成小康社会的突出短板

污染物排放量大面广，环境污染重。我国化学需氧量、二氧化硫等主要污染物排放量仍然处于2 000万吨左右的高位，环境承载能力超过或接近上限。78.4%的城市空气质量未达标，公众反映强烈的重度及以上污染天数比例占3.2%，部分地区冬季空气重污染频发高发。饮用水水源安全保障水平亟须提升，排污布局与水环境承载能力不匹配，城市建成区黑臭水体大量存在，湖库富营养化问题依然突出，部分流域水体污染依然较重。全国土壤点位超标率16.1%，耕地土壤点位超标率19.4%，工矿废弃地土壤污染问题突出。城乡环境公共服务差距大，治理和改善任务艰巨。

……

第四章　深化质量管理，大力实施三大行动计划

……

第二节　精准发力提升水环境质量

……

优先保护良好水体。实施从水源到水龙头全过程监管，持续提升饮用水安全保障水平。地方各级人民政府及供水单位应定期监测、检测和评估本行政区域内饮用水水源、供水厂出水和用户水龙头水质等饮水安全状况。地级及以上城市每季度向社会公开饮水安全状况信息，县级及以上城市自 2018 年起每季度向社会公开。开展饮用水水源规范化建设，依法清理饮用水水源保护区内违法建筑和排污口。加强农村饮用水水源保护，实施农村饮水安全巩固提升工程。各省（区、市）应于 2017 年底前，基本完成乡镇及以上集中式饮用水水源保护区划定，开展定期监测和调查评估。到 2020 年，地级及以上城市集中式饮用水水源水质达到或优于Ⅲ类比例高于 93%。对江河源头及现状水质达到或优于Ⅲ类的江河湖库开展生态环境安全评估，制定实施生态环境保护方案，东江、滦河、千岛湖、南四湖等流域于 2017 年底前完成。七大重点流域制定实施水生生物多样性保护方案。

推进地下水污染综合防治。定期调查评估集中式地下水型饮用水水源补给区和污染源周边区域环境状况。加强重点工业行业地下水环境监管，采取防控措施有效降低地下水污染风险。公布地下水污染地块清单，管控风险，开展地下水污染修复试点。到2020年，全国地下水污染加剧趋势得到初步遏制，质量极差的地下水比例控制在15%左右。

……

第六章　实行全程管控，有效防范和降低环境风险

……

第一节　完善风险防控和应急响应体系

……

严格环境风险预警管理。强化重污染天气、饮用水水源地、有毒有害气体、核安全等预警工作，开展饮用水水源地水质生物毒性、化工园区有毒有害气体等监测预警试点。

……

第八章 加快制度创新，积极推进治理体系和治理能力现代化

……

第六节 提升治理能力

加强生态环境监测网络建设。统一规划、优化环境质量监测点位，建设涵盖大气、水、土壤、噪声、辐射等要素，布局合理、功能完善的全国环境质量监测网络，实现生态环境监测信息集成共享。大气、地表水环境质量监测点位总体覆盖 80%左右的区县，人口密集的区县实现全覆盖，土壤环境质量监测点位实现全覆盖。提高大气环境质量预报和污染预警水平，强化污染源追踪与解析，地级及以上城市开展大气环境质量预报。建设国家水质监测预警平台。加强饮用水水源和土壤中持久性、生物富集性以及对人体健康危害大的污染物监测。加强重点流域城镇集中式饮用水水源水质、水体放射性监测和预警。建立天地一体化的生态遥感监测系统，实现环境卫星组网运行，加强无人机遥感监测和地面生态监测。构建生物多样性观测网络。

……

专栏 7 加强生态环境基础调查

加大基础调查力度，重点开展第二次全国污染源普查、全国危险废物普查、集中式饮用水水源环境保护状况调查、农村集中式饮用水水源环境保护状况调查、地下水污染调查、土壤污染状况详查、环境激素类化学品调查、生物多样性综合调查、外来入侵物种调查、重点区域河流湖泊底泥调查、国家级自然保护区资源环境本底调查、公民生活方式绿色化实践调查。开展全国生态状况变化（2011—2015 年）调查评估、生态风险调查评估、地下水基础环境状况调查评估、公众生态文明意识调查评估、长江流域生态健康调查评估、环境健康调查、监测和风险评估等。

第九章 实施一批国家生态环境保护重大工程

……

专栏 8 环境治理保护重点工程

……

（五）良好水体及地下水环境保护。

对江河源头及378个水质达到或优于Ⅲ类的江河湖库实施严格保护。实施重要江河湖库入河排污口整治工程。完成重要饮用水水源地达标建设，推进备用水源建设、水源涵养和生态修复，探索建设生物缓冲带。加强地下水保护，对报废矿井、钻井、取水井实施封井回填，开展京津冀晋等区域地下水修复试点。

……

（十）重点领域环境风险防范。

开展生活垃圾焚烧飞灰处理处置，建成区域性废铅蓄电池、废锂电池回收网络。加强有毒有害化学品环境和健康风险评估能力建设，建立化学品危害特性基础数据库，建设国家化学品计算毒理中心和国家化学品测试实验室。建设50个针对大型化工园区、集中饮用水水源地等不同类型风险区域的全过程环境风险管理示范区。建设1个国家环境应急救援实训基地，具备人员实训、物资储备、成果展示、应急救援、后勤保障、科技研发等核心功能，配套建设环境应急演练系统、环境应急模拟训练场以及网络培训平台。建设国家生态环境大数据平台，研制发射系列化的大气环境监测卫星和环境卫星后续星并组网运行。建设全国及重点区域大气环境质量预报预警平台、国家水质监测预警平台、国家生态保护监控平台。加强中西部地区市县两级、东部欠发达地区县级执法机构的调查取证仪器设备配置。

……

国务院办公厅关于加强饮用水安全保障工作的通知

（国办发〔2005〕45号）

各省、自治区、直辖市人民政府，国务院各部委、各直属机构：

饮用水是人类生存的基本需求。党中央、国务院对饮用水安全保障工作高度重视，胡锦涛总书记、温家宝总理多次作出重要批示。近年来，中央和地方加大了城乡饮用水安全保障工作的力度，采取了一系列工程和管理措施，解决了一些城乡居民的饮水安全问题。但是，饮用水安全形势仍十分严峻，不少地区水源短缺，有的城市饮用水水源污染加重，一些农村地区饮用水存在苦咸或含有高氟、高砷及血吸虫病原体等问题，对人民群众身体健康构成严重威胁。为进一步加强饮用水安全保障工作，经国务院同意，现就有关问题通知如下：

一、充分认识保障饮用水安全的重要性和紧迫性

饮用水安全问题，直接关系到广大人民群众的健康。切实做好饮用水安全保障工作，是维护最广大人民群众根本利益、落实科学发展观的基本要求，是实现全面建设小康社会目标、构建社会主义和谐社会的重要内容，是把以人为本真正落到实处的一项紧迫任务。各地区、各部门要从实践“三个代表”重要思想和执政为民的高度，充分认识保障饮用水安全的重要性和紧迫性。地方各级人民政府要加强领导，把这项工作纳入重要议事日程，建立领导责任制，切实抓好各项措施的落实。各有关部门要各司其职，密切配合，加大工作力度，共同做好饮用水安全保障工作。

二、认真组织规划编制工作

国务院有关部门要按照城乡统筹、合理布局、防治并重、综合治理、因地制宜、突出重点的原则，尽快组织编制全国城乡饮用水安全保障规划，进一步明确我国饮用水安全保障的目标、任务和政策措施。通过合理保护和配置水资源、大力防治水污染、开展城乡供水工程建设、建立合理水价形成机制、推行节约用水和加强监督管理等措施，优先满足饮用水需求，确保城乡居民饮用水安全。各地区要根据规划编制的统一部署和要求，认真研究解决本地区饮用水安全问题，结合实际提出切实可行的目标和任务，并纳入本地区经济和社会发展规划。

三、加强水资源保护和水污染防治工作

各省、自治区、直辖市要以保障饮用水水源安全为重点，进一步加大水资源保护和水污染防治工作力度。要依法严格实施饮用水水源保护区制度，合理确定饮用水水源保护区，严格禁止破坏涵养林和水资源保护设施的行为，因地制宜地进行水源安全防护、生态修复和水源涵养等工程建设。要大力治理污染，严格实行污染物排放总量控制，严厉打击违法排污行为，积极推进循环经济，加快推行清洁生产。各地区要结合实际，定期开展对集中饮用水水源保护区的检查，对查出的问题要进行专项整治并挂牌督办。对违法违规建设的项目，要责令停建并限期治理整顿或拆除；对排污超标的企业和单位，要责令限期达标排放或搬迁。要积极开展农业面源污染防治，指导农户合理施用化肥、农药，严禁使用高毒、高残留农药，推广水产生态养殖，推进畜禽粪便和农作物秸秆的资源化利用。

四、加大农村饮用水工程建设力度

进一步加大解决农村饮用水安全问题的工作力度，采取集中供水、分质供水、分散供水以及农村卫生环境整治等工程措施，重点解决高氟、高砷、苦咸和污染水以及严重缺水地区的饮用水安全问题。中央继续安排农村饮用水工程建设投资，对中西部地区重点扶持。地方各级人民政府要积极筹措资金，加大投入力度。东部较发达地区要率先解决农村饮用水安全问题，有条件的地方尽早实现城乡统筹区域供水。要强化农村饮用水工程项目管理，切实做好前期工作，并严格按照规划要求和建设程序实施。要建立良性循环的供水管理体制和运行机制，确保工程项目充分发挥效益。

五、加快城市供水设施建设和改造

各地区要加快城市供水设施的建设和技术改造，提高供水能力，扩大供水范围。要按照多库串连、水系联网、地表水与地下水联调、优化配置水资源的原则，加快城市供水水源的建设，提高城市供水安全的保障水平。凡饮用水水源水质不符合标准的，应当提出强制性的技术措施，制订水厂技术改造规划，采用先进适用技术，改进水处理工艺。要把城市供水管网改造作为重点，优先改造漏损严重和对供水安全影响较大的管网，改善供水水质。各地区要加快城市污水处理设施的建设，加强污水处理厂的运行管理，逐步实现污水深度处理，不断提高再生水利用率。

六、加强饮用水安全监督管理

各地区要加强对饮用水水源、水厂供水和用水点的水质监测，对取水、制水、供

水实施全过程管理，及时掌握城乡饮用水水源环境、供水水质状况，并定期检查。对检查不合格的供水单位，要严格按照有关规定进行查处，并督促限期整改。各供水单位要建立以水质为核心的质量管理体系，建立严格的取样、检测和化验制度，按国家有关标准和操作规程检测供水水质，并完善检测数据的统计分析和报表制度。国务院有关部门要尽快制定既符合我国国情，又与国际先进水平接轨的饮用水水质国家标准，积极开展相关检测方法和标准的制（修）订工作。

七、建立储备体系和应急机制

各省、自治区、直辖市要建立健全水资源战略储备体系，各大中城市要建立特枯年或连续干旱年的供水安全储备，规划建设城市备用水源，制订特殊情况下的区域水资源配置和供水联合调度方案。地方各级人民政府应根据水资源条件，制定城乡饮用水安全保障的应急预案。要成立应急指挥机构，建立技术、物资和人员保障系统，落实重大事件的值班、报告、处理制度，形成有效的预警和应急救援机制。当原水、供水水质发生重大变化或供水水量严重不足时，供水单位必须立即采取措施并报请当地人民政府及时启动应急预案。

国务院办公厅

二〇〇五年八月十七日

第二章

国家标准

地表水环境质量标准

（GB 3838—2002）

1　范 围

1.1　本标准按照地表水环境功能分类和保护目标，规定了水环境质量应控制的项目及限值，以及水质评价、水质项目的分析方法和标准的实施与监督。

1.2　本标准适用于中华人民共和国领域内江河、湖泊、运河、渠道、水库等具有使用功能的地表水水域。具有特定功能的水域，执行相应的专业用水水质标准。

2　引用标准

《生活饮用水卫生规范》（卫生部，2001 年）和本标准表 4～表 6 所列分析方法标准及规范中所含条文在本标准中被引用即构成为本标准条文，与本标准同效。当上述标准和规范被修订时，应使用其最新版本。

3　水域功能和标准分类

依据地表水水域环境功能和保护目标，按功能高低依次划分为五类：

Ⅰ类　主要适用于源头水、国家自然保护区；

Ⅱ类　主要适用于集中式生活饮用水地表水源地一级保护区、珍稀水生生物栖息地、鱼虾类产卵场、仔稚幼鱼的索饵场等；

Ⅲ类　主要适用于集中式生活饮用水地表水源地二级保护区、鱼虾类越冬场、洄游通道、水产养殖区等渔业水域及游泳区；

Ⅳ类　主要适用于一般工业用水区及人体非直接接触的娱乐用水区；

Ⅴ类　主要适用于农业用水区及一般景观要求水域。

对应地表水上述五类水域功能，将地表水环境质量标准基本项目标准值分为五类，不同功能类别分别执行相应类别的标准值。水域功能类别高的标准值严于水域功能类别低的标准值。同一水域兼有多类使用功能的，执行最高功能类别对应的标准值。实现水域功能与达功能类别标准为同一含义。

4 标准值

4.1 地表水环境质量标准基本项目标准限值见表 1。

4.2 集中式生活饮用水地表水源地补充项目标准限值见表 2。

4.3 集中式生活饮用水地表水源地特定项目标准限值见表 3。

表 1 地表水环境质量标准基本项目标准限值 单位：mg/L

序号	分类 / 标准值 / 项目	Ⅰ类	Ⅱ类	Ⅲ类	Ⅳ类	Ⅴ类
1	水温（℃）	人为造成的环境水温变化应限制在： 周平均最大温升≤1℃ 周平均最大温降≤2℃				
2	pH（无量纲）	6～9				
3	溶解氧≥	饱和率 90%（或 7.5）	6	5	3	2
4	高锰酸盐指数≤	2	4	6	10	15
5	化学需氧量（COD）≤	15	15	20	30	40
6	五日生化需氧量（BOD_5）≤	3	3	4	6	10
7	氨氮（NH_3-N）≤	0.15	0.5	1.0	1.5	2.0
8	总磷（以 P 计）≤	0.02（湖、库 0.01）	0.1（湖、库 0.025）	0.2（湖、库 0.05）	0.3（湖、库 0.1）	0.4（湖、库 0.2）
9	总氮（湖、库，以 N 计）≤	0.2	0.5	1.0	1.5	2.0
10	铜≤	0.01	1.0	1.0	1.0	1.0
11	锌≤	0.05	1.0	1.0	2.0	2.0
12	氟化物（以 F^- 计）≤	1.0	1.0	1.0	1.5	1.5
13	硒≤	0.01	0.01	0.01	0.02	0.02
14	砷≤	0.05	0.05	0.05	0.1	0.1
15	汞≤	0.000 05	0.000 05	0.000 1	0.001	0.001
16	镉≤	0.001	0.005	0.005	0.005	0.01
17	铬（六价）≤	0.01	0.05	0.05	0.05	0.1
18	铅≤	0.01	0.01	0.05	0.05	0.1
19	氰化物≤	0.005	0.05	0.2	0.2	0.2
20	挥发酚≤	0.002	0.002	0.005	0.01	0.1
21	石油类≤	0.05	0.05	0.05	0.5	1.0
22	阴离子表面活性剂≤	0.2	0.2	0.2	0.3	0.3
23	硫化物≤	0.05	0.1	0.2	0.5	1.0
24	粪大肠菌群（个/L）≤	200	2 000	10 000	20 000	40 000

表 2 集中式生活饮用水地表水源地补充项目标准限值 单位：mg/L

序号	项目	标准值
1	硫酸盐（以 SO_4^{2-}计）	250
2	氯化物（以 Cl^-计）	250
3	硝酸盐（以 N 计）	10
4	铁	0.3
5	锰	0.1

表 3 集中式生活饮用水地表水源地特定项目标准限值 单位：mg/L

序号	项目	标准值	序号	项目	标准值
1	三氯甲烷	0.06	41	丙烯酰胺	0.000 5
2	四氯化碳	0.002	42	丙烯腈	0.1
3	三溴甲烷	0.1	43	邻苯二甲酸二丁酯	0.003
4	二氯甲烷	0.02	44	邻苯二甲酸二（2-乙基己基）酯	0.008
5	1,2-二氯乙烷	0.03	45	水合肼	0.01
6	环氧氯丙烷	0.02	46	四乙基铅	0.000 1
7	氯乙烯	0.005	47	吡啶	0.2
8	1,1-二氯乙烯	0.03	48	松节油	0.2
9	1,2-二氯乙烯	0.05	49	苦味酸	0.5
10	三氯乙烯	0.07	50	丁基黄原酸	0.005
11	四氯乙烯	0.04	51	活性氯	0.01
12	氯丁二烯	0.002	52	滴滴涕	0.001
13	六氯丁二烯	0.000 6	53	林丹	0.002
14	苯乙烯	0.02	54	环氧七氯	0.000 2
15	甲醛	0.9	55	对硫磷	0.003
16	乙醛	0.05	56	甲基对硫磷	0.002
17	丙烯醛	0.1	57	马拉硫磷	0.05
18	三氯乙醛	0.01	58	乐果	0.08
19	苯	0.01	59	敌敌畏	0.05
20	甲苯	0.7	60	敌百虫	0.05
21	乙苯	0.3	61	内吸磷	0.03
22	二甲苯[①]	0.5	62	百菌清	0.01
23	异丙苯	0.25	63	甲萘威	0.05
24	氯苯	0.3	64	溴氰菊酯	0.02
25	1,2-二氯苯	1.0	65	阿特拉津	0.003
26	1,4-二氯苯	0.3	66	苯并[*a*]芘	2.8×10^{-6}
27	三氯苯[②]	0.02	67	甲基汞	1.0×10^{-6}
28	四氯苯[③]	0.02	68	多氯联苯[⑥]	2.0×10^{-5}
29	六氯苯	0.05	69	微囊藻毒素-LR	0.001
30	硝基苯	0.017	70	黄磷	0.003
31	二硝基苯[④]	0.5	71	钼	0.07

序号	项目	标准值	序号	项目	标准值
32	2,4-二硝基甲苯	0.000 3	72	钴	1.0
33	2,4,6-三硝基甲苯	0.5	73	铍	0.002
34	硝基氯苯⑤	0.05	74	硼	0.5
35	2,4-二硝基氯苯	0.5	75	锑	0.005
36	2,4-二氯苯酚	0.093	76	镍	0.02
37	2,4,6-三氯苯酚	0.2	77	钡	0.7
38	五氯酚	0.009	78	钒	0.05
39	苯胺	0.1	79	钛	0.1
40	联苯胺	0.000 2	80	铊	0.000 1

注：① 二甲苯：指对-二甲苯、间-二甲苯、邻-二甲苯。

② 三氯苯：指 1,2,3-三氯苯、1,2,4-三氯苯、1,3,5-三氯苯。

③ 四氯苯：指 1,2,3,4-四氯苯、1,2,3,5-四氯苯、1,2,4,5-四氯苯。

④ 二硝基苯：指对-二硝基苯、间-二硝基苯、邻-二硝基苯。

⑤ 硝基氯苯：指对-硝基氯苯、间-硝基氯苯、邻-硝基氯苯。

⑥ 多氯联苯：指 PCB-1016、PCB-1221、PCB-1232、PCB-1242、PCB-1248、PCB-1254、PCB-1260。

5 水质评价

5.1 地表水环境质量评价应根据应实现的水域功能类别，选取相应类别标准，进行单因子评价，评价结果应说明水质达标情况，超标的应说明超标项目和超标倍数。

5.2 丰、平、枯水期特征明显的水域，应分水期进行水质评价。

5.3 集中式生活饮用水地表水源地水质评价的项目应包括表 1 中的基本项目、表 2 中的补充项目以及由县级以上人民政府环境保护行政主管部门从表 3 中选择确定的特定项目。

6 水质监测

6.1 本标准规定的项目标准值，要求水样采集后自然沉降 30 min，取上层非沉降部分按规定方法进行分析。

6.2 地表水水质监测的采样布点、监测频率应符合国家地表水环境监测技术规范的要求。

6.3 本标准水质项目的分析方法应优先选用表 4～表 6 规定的方法，也可采用 ISO 方法体系等其他等效分析方法，但须进行适用性检验。

表 4 地表水环境质量标准基本项目分析方法

序号	项目	分析方法	最低检出限/（mg/L）	方法来源
1	水温	温度计法		GB 13195—91
2	pH	玻璃电极法		GB 6920—86
3	溶解氧	碘量法	0.2	GB 7489—87
		电化学探头法		GB 11913—89

序号	项目	分析方法	最低检出限/（mg/L）	方法来源
4	高锰酸盐指数		0.5	GB 11892—89
5	化学需氧量	重铬酸盐法	10	GB 11914—89
6	五日生化需氧量	稀释与接种法	2	GB 7488—87
7	氨氮	纳氏试剂比色法	0.05	GB 7479—87
		水杨酸分光光度法	0.01	GB 7481—87
8	总磷	钼酸铵分光光度法	0.01	GB 11893—89
9	总氮	碱性过硫酸钾消解紫外分光光度法	0.05	GB 11894—89
10	铜	2,9-二甲基-1,10-菲啰啉分光光度法	0.06	GB 7473—87
		二乙基二硫代氨基甲酸钠分光光度法	0.010	GB 7474—87
		原子吸收分光光度法（螯合萃取法）	0.001	GB 7475—87
11	锌	原子吸收分光光度法	0.05	GB 7475—87
12	氟化物	氟试剂分光光度法	0.05	GB 7483—87
		离子选择电极法	0.05	GB 7484—87
		离子色谱法	0.02	HJ/T 84—2001
13	硒	2,3-二氮基萘荧光法	0.000 25	GB 11902—89
		石墨炉原子吸收分光光度法	0.003	GB/T 15505—1995
14	砷	二乙基二硫代氨基甲酸银分光光度法	0.007	GB 7485—87
		冷原子荧光法	0.000 06	1）
15	汞	冷原子吸收分光光度法	0.000 05	GB 7468—87
		冷原子荧光法	0.000 05	1）
16	镉	原子吸收分光光度法（螯合萃取法）	0.001	GB 7475—87
17	铬（六价）	二苯碳酰二肼分光光度法	0.004	GB 7467—87
18	铅	原子吸收分光光度法（螯合萃取法）	0.01	GB 7475—87
19	氰化物	异烟酸-吡唑啉酮比色法	0.004	GB 7487—87
		吡啶-巴比妥酸比色法	0.002	
20	挥发酚	蒸馏后 4-氨基安替比林分光光度法	0.002	GB 7490—87
21	石油类	红外分光光度法	0.01	GB/T 16488—1996
22	阴离子表面活性剂	亚甲蓝分光光度法	0.05	GB 7494—87
23	硫化物	亚甲基蓝分光光度法	0.005	GB/T 16489—1996
		直接显色分光光度法	0.004	GB/T 17133—1997
24	粪大肠菌群	多管发酵法、滤膜法		1）

注：暂采用下列分析方法，待国家方法标准公布后，执行国家标准。

1）《水和废水监测分析方法（第三版）》，中国环境科学出版社，1989 年。

表 5　集中式生活饮用水地表水源地补充项目分析方法

序号	项目	分析方法	最低检出限/（mg/L）	方法来源
1	硫酸盐	重量法	10	GB 11899—89
		火焰原子吸收分光光度法	0.4	GB 13196—91
		铬酸钡光度法	8	1）
		离子色谱法	0.09	HJ/T 84—2001

序号	项目	分析方法	最低检出限/（mg/L）	方法来源
2	氯化物	硝酸银滴定法	10	GB 11896—89
		硝酸汞滴定法	2.5	1）
		离子色谱法	0.02	HJ/T 84—2001
3	硝酸盐	酚二磺酸分光光度法	0.02	GB 7480—87
		紫外分光光度法	0.08	1）
		离子色谱法	0.08	HJ/T 84—2001
4	铁	火焰原子吸收分光光度法	0.03	GB 11911—89
		邻菲啰啉分光光度法	0.03	1）
5	锰	高碘酸钾分光光度法	0.02	GB 11906—89
		火焰原子吸收分光光度法	0.01	GB 11911—89
		甲醛肟光度法	0.01	1）

注：暂采用下列分析方法，待国家方法标准发布后，执行国家标准。

1）《水和废水监测分析方法（第三版）》，中国环境科学出版社，1989 年。

表 6　集中式生活饮用水地表水源地特定项目分析方法

序号	项目	分析方法	最低检出限/（mg/L）	方法来源
1	三氯甲烷	顶空气相色谱法	0.000 3	GB/T 17130—1997
		气相色谱法	0.000 6	2）
2	四氯化碳	顶空气相色谱法	0.000 05	GB/T 17130—1997
		气相色谱法	0.000 3	2）
3	三溴甲烷	顶空气相色谱法	0.001	GB/T 17130—1997
		气相色谱法	0.006	2）
4	二氯甲烷	顶空气相色谱法	0.008 7	2）
5	1,2-二氯乙烷	顶空气相色谱法	0.012 5	2）
6	环氧氯丙烷	气相色谱法	0.02	2）
7	氯乙烯	气相色谱法	0.001	2）
8	1,1-二氯乙烯	吹出捕集气相色谱法	0.000 018	2）
9	1,2-二氯乙烯	吹出捕集气相色谱法	0.000 012	2）
10	三氯乙烯	顶空气相色谱法	0.000 5	GB/T 17130—1997
		气相色谱法	0.003	2）
11	四氯乙烯	顶空气相色谱法	0.000 2	GB/T 17130—1997
		气相色谱法	0.001 2	2）
12	氯丁二烯	顶空气相色谱法	0.002	2）
13	六氯丁二烯	气相色谱法	0.000 02	2）
14	苯乙烯	气相色谱法	0.01	2）
15	甲醛	乙酰丙酮分光光度法	0.05	GB 13197—91
		4-氨基-3-联氨-5-巯基-1,2,4-三氮杂茂（AHMT）分光光度法	0.05	2）
16	乙醛	气相色谱法	0.24	2）

序号	项目	分析方法	最低检出限/（mg/L）	方法来源
17	丙烯醛	气相色谱法	0.019	2）
18	三氯乙醛	气相色谱法	0.001	2）
19	苯	液上气相色谱法	0.005	GB 11890—89
		顶空气相色谱法	0.000 42	2）
20	甲苯	液上气相色谱法	0.005	GB 11890—89
		二硫化碳萃取气相色谱法	0.05	
		气相色谱法	0.01	2）
21	乙苯	液上气相色谱法	0.005	GB 11890—89
		二硫化碳萃取气相色谱法	0.05	
		气相色谱法	0.01	2）
22	二甲苯	液上气相色谱法	0.005	GB 11890—89
		二硫化碳萃取气相色谱法	0.05	
		气相色谱法	0.01	2）
23	异丙苯	顶空气相色谱法	0.003 2	2）
24	氯苯	气相色谱法	0.01	HJ/T 74—2001
25	1,2-二氯苯	气相色谱法	0.002	GB/T 17131—1997
26	1,4-二氯苯	气相色谱法	0.005	GB/T 17131—1997
27	三氯苯	气相色谱法	0.000 04	2）
28	四氯苯	气相色谱法	0.000 02	2）
29	六氯苯	气相色谱法	0.000 02	2）
30	硝基苯	气相色谱法	0.000 2	GB 13194—91
31	二硝基苯	气相色谱法	0.2	2）
32	2,4-二硝基甲苯	气相色谱法	0.000 3	GB 13194—91
33	2,4,6-三硝基甲苯	气相色谱法	0.1	2）
34	硝基氯苯	气相色谱法	0.000 2	GB 13194—91
35	2,4-二硝基氯苯	气相色谱法	0.1	2）
36	2,4-二氯苯酚	电子捕获-毛细色谱法	0.000 4	2）
37	2,4,6-三氯苯酚	电子捕获-毛细色谱法	0.000 04	2）
38	五氯酚	气相色谱法	0.000 04	GB 8972—88
		电子捕获-毛细色谱法	0.000 024	2）
39	苯胺	气相色谱法	0.002	2）
40	联苯胺	气相色谱法	0.000 2	3）
41	丙烯酰胺	气相色谱法	0.000 15	2）
42	丙烯腈	气相色谱法	0.10	2）
43	邻苯二甲酸二丁酯	液相色谱法	0.000 1	HJ/T 72—2001
44	邻苯二甲酸二（2-乙基己基）酯	气相色谱法	0.000 4	2）
45	水合肼	对二甲氨基苯甲醛直接分光光度法	0.005	2）
46	四乙基铅	双硫腙比色法	0.000 1	2）

序号	项目	分析方法	最低检出限/（mg/L）	方法来源
47	吡啶	气相色谱法	0.031	GB/T 14672—93
		巴比土酸分光光度法	0.05	2）
48	松节油	气相色谱法	0.02	2）
49	苦味酸	气相色谱法	0.001	2）
50	丁基黄原酸	铜试剂亚铜分光光度法	0.002	2）
51	活性氯	N,N-二乙基对苯二胺（DPD）分光光度法	0.01	2）
		3,3′,5,5′-四甲基联苯胺比色法	0.005	2）
52	滴滴涕	气相色谱法	0.000 2	GB 7492—87
53	林丹	气相色谱法	4×10^{-6}	GB 7492—87
54	环氧七氯	液液萃取气相色谱法	0.000 083	2）
55	对硫磷	气相色谱法	0.000 54	GB 13192—91
56	甲基对硫磷	气相色谱法	0.000 42	GB 13192—91
57	马拉硫磷	气相色谱法	0.000 64	GB 13192—91
58	乐果	气相色谱法	0.000 57	GB 13192—91
59	敌敌畏	气相色谱法	0.000 06	GB 13192—91
60	敌百虫	气相色谱法	0.000 051	GB 13192—91
61	内吸磷	气相色谱法	0.002 5	2）
62	百菌清	气相色谱法	0.000 4	2）
63	甲萘威	高效液相色谱法	0.01	2）
64	溴氰菊酯	气相色谱法	0.000 2	2）
		高效液相色谱法	0.002	2）
65	阿特拉津	气相色谱法		3）
66	苯并[*a*]芘	乙酰化滤纸层析荧光分光光度法	4×10^{-6}	GB 11895—89
		高效液相色谱法	1×10^{-6}	GB 13198—91
67	甲基汞	气相色谱法	1×10^{-8}	GB/T 17132—1997
68	多氯联苯	气相色谱法		3）
69	微囊藻毒素-LR	高效液相色谱法	0.000 01	2）
70	黄磷	钼-锑-抗分光光度法	0.002 5	2）
71	钼	无火焰原子吸收分光光度法	0.002 31	2）
72	钴	无火焰原子吸收分光光度法	0.001 91	2）
73	铍	铬菁 R 分光光度法	0.000 2	HJ/T 58—2000
		石墨炉原子吸收分光光度法	0.000 02	HJ/T 59—2000
		桑色素荧光分光光度法	0.000 2	2）
74	硼	姜黄素分光光度法	0.02	HJ/T 49—1999
		甲亚胺-H 分光光度法	0.2	2）
75	锑	氢化原子吸收分光光度法	0.000 25	2）
76	镍	无火焰原子吸收分光光度法	0.002 48	2）
77	钡	无火焰原子吸收分光光度法	0.006 18	2）

序号	项目	分析方法	最低检出限/（mg/L）	方法来源
78	钒	钽试剂（BPHA）萃取分光光度法	0.018	GB/T 15503—1995
		无火焰原子吸收分光光度法	0.006 98	2）
79	钛	催化示波极谱法	0.000 4	2）
		水杨基荧光酮分光光度法	0.02	2）
80	铊	无火焰原子吸收分光光度法	4×10^{-6}	2）

注：暂采用下列分析方法，待国家方法标准发布后，执行国家标准。

1）《生活饮用水卫生规范》，中华人民共和国卫生部，2001 年。

2）《水和废水标准检验法（第 15 版）》，中国建筑工业出版社，1985 年。

7　标准的实施与监督

7.1　本标准由县级以上人民政府环境保护行政主管部门及相关部门按职责分工监督实施。

7.2　集中式生活饮用水地表水源地水质超标项目经自来水厂净化处理后，必须达到《生活饮用水卫生规范》的要求。

7.3　省、自治区、直辖市人民政府可以对本标准中未作规定的项目，制订地方补充标准，并报国务院环境保护行政主管部门备案。

地下水质量标准

（GB/T 14848—2017）

1 范围

本标准规定了地下水质量分类、指标及限值，地下水质量调查与监测，地下水质量评价等内容。

本标准适用于地下水质量调查、监测、评价与管理。

2 规范性引用文件

下列文件对于本文件的应用是必不可少的。凡是注日期的引用文件，仅注日期的版本适用于本文件。凡是不注日期的引用文件，其最新版本（包括所有的修改单）适用于本文件。

GB 5749—2006 生活饮用水卫生标准

GB/T 27025—2008 检测和校准实验室能力的通用要求

3 术语和定义

下列术语和定义适用于本文件。

3.1 地下水质量 groundwater quality

地下水的物理、化学和生物性质的总称。

3.2 常规指标 regular indices

反映地下水质量基本状况的指标，包括感官性状及一般化学指标、微生物指标、常见毒理学指标和放射性指标。

3.3 非常规指标 non-regular indices

在常规指标上的拓展，根据地区和时间差异或特殊情况确定的地下水质量指标，反映地下水中所产生的主要质量问题，包括比较少见的无机和有机毒理学指标。

3.4 人体健康风险 human health risk

地下水中各种组分对人体健康产生危害的概率。

4　地下水质量分类及指标

4.1　地下水质量分类

依据我国地下水质量状况和人体健康风险，参照生活饮用水、工业、农业等用水质量要求，依据各组分含量高低（pH 除外），分为五类。

Ⅰ类：地下水化学组分含量低，适用于各种用途；

Ⅱ类：地下水化学组分含量较低，适用于各种用途；

Ⅲ类：地下水化学组分含量中等，以 GB 5749—2006 为依据，主要适用于集中式生活饮用水水源及工农业用水；

Ⅳ类：地下水化学组分含量较高，以农业和工业用水质量要求以及一定水平的人体健康风险为依据，适用于农业和部分工业用水，适当处理后可作生活饮用水；

Ⅴ类：地下水化学组分含量高，不宜作为生活饮用水水源，其他用水可根据使用目的选用。

4.2　地下水质量分类指标

地下水质量指标分为常规指标和非常规指标，其分类及限值分别见表 1 和表 2。

表 1　地下水质量常规指标及限值

序号	指标	Ⅰ类	Ⅱ类	Ⅲ类	Ⅳ类	Ⅴ类
感官性状及一般化学指标						
1	色（铂钴色度单位）	≤5	≤5	≤15	≤25	＞25
2	嗅和味	无	无	无	无	有
3	浑浊度/NTU[a]	≤3	≤3	≤3	≤10	＞10
4	肉眼可见物	无	无	无	无	有
5	pH	6.5≤pH≤8.5			5.5≤pH＜6.5 8.5＜pH≤9.0	pH＜5.5 或 pH＞9.0
6	总硬度（以 $CaCO_3$ 计）/（mg/L）	≤150	≤300	≤450	≤650	＞650
7	溶解性总固体/（mg/L）	≤300	≤500	≤1 000	≤2 000	＞2 000
8	硫酸盐/（mg/L）	≤50	≤150	≤250	≤350	＞350
9	氯化物/（mg/L）	≤50	≤150	≤250	≤350	＞350
10	铁/（mg/L）	≤0.1	≤0.2	≤0.3	≤2.0	＞2.0
11	锰/（mg/L）	≤0.05	≤0.05	≤0.10	≤1.50	＞1.50
12	铜/（mg/L）	≤0.01	≤0.05	≤1.00	≤1.50	＞1.50
13	锌/（mg/L）	≤0.05	≤0.5	≤1.00	≤5.00	＞5.00
14	铝/（mg/L）	≤0.01	≤0.05	≤0.20	≤0.50	＞0.50
15	挥发性酚类（以苯酚计）/（mg/L）	≤0.001	≤0.001	≤0.002	≤0.01	＞0.01
16	阴离子表面活性剂/（mg/L）	不得检出	≤0.1	≤0.3	≤0.3	＞0.3
17	耗氧量（COD_{Mn} 法，以 O_2 计）/（mg/L）	≤1.0	≤2.0	≤3.0	≤10.0	＞10.0

序号	指标	Ⅰ类	Ⅱ类	Ⅲ类	Ⅳ类	Ⅴ类
18	氨氮（以N计）/（mg/L）	≤0.02	≤0.10	≤0.50	≤1.50	＞1.50
19	硫化物/（mg/L）	≤0.005	≤0.01	≤0.02	≤0.10	＞0.10
20	钠/（mg/L）	≤100	≤150	≤200	≤400	＞400
微生物指标						
21	总大肠菌群（MPN[b]/100mL或CFU[c]/100mL）	≤3.0	≤3.0	≤3.0	≤100	＞100
22	菌落总数/（CFU/mL）	≤100	≤100	≤100	≤1 000	＞1 000
毒理学指标						
23	亚硝酸盐（以N计）/（mg/L）	≤0.01	≤0.10	≤1.00	≤4.80	＞4.80
24	硝酸盐（以N计）/（mg/L）	≤2.0	≤5.0	≤20.0	≤30.0	＞30.0
25	氰化物/（mg/L）	≤0.001	≤0.01	≤0.05	≤0.1	＞0.1
26	氟化物/（mg/L）	≤1.0	≤1.0	≤1.0	≤2.0	＞2.0
27	碘化物/（mg/L）	≤0.04	≤0.04	≤0.08	≤0.50	＞0.50
28	汞/（mg/L）	≤0.000 1	≤0.000 1	≤0.001	≤0.002	＞0.002
29	砷/（mg/L）	≤0.001	≤0.001	≤0.01	≤0.05	＞0.05
30	硒/（mg/L）	≤0.01	≤0.01	≤0.01	≤0.1	＞0.1
31	镉/（mg/L）	≤0.0001	≤0.001	≤0.005	≤0.01	＞0.01
32	铬（六价）/（mg/L）	≤0.005	≤0.01	≤0.05	≤0.10	＞0.10
33	铅/（mg/L）	≤0.005	≤0.005	≤0.01	≤0.10	＞0.10
34	三氯甲烷/（μg/L）	≤0.5	≤6	≤60	≤300	＞300
35	四氯化碳/（μg/L）	≤0.5	≤0.5	≤2.0	≤50.0	＞50.0
36	苯/（μg/L）	≤0.5	≤1.0	≤10.0	≤120	＞120
37	甲苯/（μg/L）	≤0.5	≤140	≤700	≤1 400	＞1 400
放射性指标[d]						
38	总α放射性/（Bq/L）	≤0.1	≤0.1	≤0.5	＞0.5	＞0.5
39	总β放射性/（Bq/L）	≤0.1	≤1.0	≤1.0	＞1.0	＞1.0

a NTU为散射浊度单位。

b MPN表示最可能数。

c CFU表示菌落形成单位。

d 放射性指标超过指导值，应进行核素分析和评价。

表2 地下水质量非常规指标及限值

序号	指标	Ⅰ类	Ⅱ类	Ⅲ类	Ⅳ类	Ⅴ类
毒理学指标						
1	铍/（mg/L）	≤0.000 1	≤0.000 1	≤0.002	≤0.06	＞0.06
2	硼/（mg/L）	≤0.02	≤0.10	≤0.50	≤2.00	＞2.00
3	锑/（mg/L）	≤0.000 1	≤0.000 5	≤0.005	≤0.01	＞0.01
4	钡/（mg/L）	≤0.01	≤0.10	≤0.70	≤4.00	＞4.00
5	镍/（mg/L）	≤0.002	≤0.002	≤0.02	≤0.10	＞0.10
6	钴/（mg/L）	≤0.005	≤0.005	≤0.05	≤0.10	＞0.10
7	钼/（mg/L）	≤0.001	≤0.01	≤0.07	≤0.15	＞0.15

序号	指标	Ⅰ类	Ⅱ类	Ⅲ类	Ⅳ类	Ⅴ类
8	银/（mg/L）	≤0.001	≤0.01	≤0.05	≤0.10	>0.10
9	铊/（mg/L）	≤0.000 1	≤0.000 1	≤0.000 1	≤0.001	>0.001
10	二氯甲烷/（μg/L）	≤1	≤2	≤20	≤500	>500
11	1,2-二氯乙烷/（μg/L）	≤0.5	≤3.0	≤30.0	≤40.0	>40.0
12	1,1,1-三氯乙烷/（μg/L）	≤0.5	≤400	≤2 000	≤4 000	>4 000
13	1,1,2-三氯乙烷/（μg/L）	≤0.5	≤0.5	≤5.0	≤60.0	>60.0
14	1,2-二氯丙烷/（μg/L）	≤0.5	≤0.5	≤5.0	≤60.0	>60.0
15	三溴甲烷/（μg/L）	≤0.5	≤10.0	≤100	≤800	>800
16	氯乙烯/（μg/L）	≤0.5	≤0.5	≤5.0	≤90.0	>90.0
17	1,1-二氯乙烯/（μg/L）	≤0.5	≤3.0	≤30.0	≤60.0	>60.0
18	1,2-二氯乙烯/（μg/L）	≤0.5	≤5.0	≤50.0	≤60.0	>60.0
19	三氯乙烯/（μg/L）	≤0.5	≤7.0	≤70.0	≤210	>210
20	四氯乙烯/（μg/L）	≤0.5	≤4.0	≤40.0	≤300	>300
21	氯苯/（μg/L）	≤0.5	≤60.0	≤300	≤600	>600
22	邻二氯苯/（μg/L）	≤0.5	≤200	≤1 000	≤2 000	>2 000
23	对二氯苯/（μg/L）	≤0.5	≤30.0	≤300	≤600	>600
24	三氯苯（总量）/（μg/L）[a]	≤0.5	≤4.0	≤20.0	≤180	>180
25	乙苯/（μg/L）	≤0.5	≤30.0	≤300	≤600	>600
26	二甲苯（总量）/（μg/L）[b]	≤0.5	≤100	≤500	≤1 000	>1 000
27	苯乙烯/（μg/L）	≤0.5	≤2.0	≤20.0	≤40.0	>40.0
28	2,4-二硝基甲苯/（μg/L）	≤0.1	≤0.5	≤5.0	≤60.0	>60.0
29	2,6-二硝基甲苯/（μg/L）	≤0.1	≤0.5	≤5.0	≤30.0	>30.0
30	萘/（μg/L）	≤1	≤10	≤100	≤600	>600
31	蒽/（μg/L）	≤1	≤360	≤1 800	≤3 600	>3 600
32	荧蒽/（μg/L）	≤1	≤50	≤240	≤480	>480
33	苯并[*b*]荧蒽/（μg/L）	≤0.1	≤0.4	≤4.0	≤8.0	>8.0
34	苯并[*a*]芘/（μg/L）	≤0.002	≤0.002	≤0.01	≤0.50	>0.50
35	多氯联苯（总量）/（μg/L）[c]	≤0.05	≤0.05	≤0.50	≤10.0	>10.0
36	邻苯二甲酸二（2-乙基己基）酯/（μg/L）	≤3	≤3	≤8.0	≤300	>300
37	2,4,6-三氯酚/（μg/L）	≤0.05	≤20.0	≤200	≤300	>300
38	五氯酚/（μg/L）	≤0.05	≤0.90	≤9.0	≤18.0	>18.0
39	六六六（总量）/（μg/L）[d]	≤0.01	≤0.50	≤5.00	≤300	>300
40	γ-六六六（林丹）/（μg/L）	≤0.01	≤0.20	≤2.00	≤150	>150
41	滴滴涕（总量）/（μg/L）[e]	≤0.01	≤0.10	≤1.00	≤2.00	>2.00
42	六氯苯/（μg/L）	≤0.01	≤0.10	≤1.00	≤2.00	>2.00
43	七氯/（μg/L）	≤0.01	≤0.04	≤0.40	≤0.80	>0.80
44	2,4-滴/（μg/L）	≤0.1	≤6.0	≤30.0	≤150	>150
45	克百威/（μg/L）	≤0.05	≤1.40	≤7.00	≤14.0	>14.0
46	涕灭威/（μg/L）	≤0.05	≤0.60	≤3.00	≤30.0	>30.0
47	敌敌畏/（μg/L）	≤0.05	≤0.10	≤1.00	≤2.00	>2.00
48	甲基对硫磷/（μg/L）	≤0.05	≤4.00	≤20.0	≤40.0	>40.0

序号	指标	Ⅰ类	Ⅱ类	Ⅲ类	Ⅳ类	Ⅴ类
49	马拉硫磷/（μg/L）	≤0.05	≤25.0	≤250	≤500	＞500
50	乐果/（μg/L）	≤0.05	≤16.0	≤80.0	≤160	＞160
51	毒死蜱/（μg/L）	≤0.05	≤6.00	≤30.0	≤60.0	＞60.0
52	百菌清/（μg/L）	≤0.05	≤1.00	≤10.0	≤150	＞150
53	莠去津/（μg/L）	≤0.05	≤0.40	≤2.00	≤600	＞600
54	草甘膦/（μg/L）	≤0.1	≤140	≤700	≤1 400	＞1 400

a 三氯苯（总量）为1,2,3-三氯苯、1,2,4-三氯苯、1,3,5-三氯苯3种异构体加和。

b 二甲苯（总量）为邻二甲苯、间二甲苯、对二甲苯3种异构体加和。

c 多氯联苯（总量）为PCB28、PCB52、PCB101、PCB118、PCB138、PCB153、PCB180、PCB194、PCB206 9种多氯联苯单体加和。

d 六六六（总量）为α-六六六、β-六六六、γ-六六六、δ-六六六4种异构体加和。

e 滴滴涕（总量）为o,p′-滴滴涕、p,p′-滴滴伊、p,p′-滴滴滴、p,p′-滴滴涕4种异构体加和。

5 地下水质量调查与监测

5.1 地下水质量应定期监测。潜水监测频率应不少于每年两次（丰水期和枯水期各1次），承压水监测频率可以根据质量变化情况确定，宜每年1次。

5.2 依据地下水质量的动态变化，应定期开展区域性地下水质量调查评价。

5.3 地下水质量调查与监测指标以常规指标为主，为便于水化学分析结果的审核，应补充钾、钙、镁、重碳酸根、碳酸根、游离二氧化碳指标；不同地区可在常规指标的基础上，根据当地实际情况补充选定非常规指标进行调查与监测。

5.4 地下水样品的采集参照相关标准执行，地下水样品的保存和送检按附录A执行。

5.5 地下水质量检测方法的选择参见附录B，使用前应按照GB/T 27025—2008中5.4的要求，进行有效确认和验证。

6 地下水质量评价

6.1 地下水质量评价应以地下水质量检测资料为基础。

6.2 地下水质量单指标评价，按指标值所在的限值范围确定地下水质量类别，指标限值相同时，从优不从劣。

示例：挥发性酚类Ⅰ、Ⅱ类限值均为0.001 mg/L，若质量分析结果为0.001 mg/L时，应定为Ⅰ类，不定为Ⅱ类。

6.3 地下水质量综合评价，按单指标评价结果最差的类别确定，并指出最差类别的指标。

示例：某地下水样氯化物含量400 mg/L，四氯乙烯含量350 μg/L，这两个指标属Ⅴ类，其余指标均低于Ⅴ类。则该地下水质量综合类别定为Ⅴ类，Ⅴ类指标为氯离子和四氯乙烯。

附 录 A

（规范性附录）

地下水样品保存和送检要求

地下水样品的保存和送检要求见表 A.1。

表 A.1 地下水样品的保存和送检要求

序号	检测指标	采样容器和体积	保存方法	保存时间
1	色	G 或 P，1L	原样	10d
2	嗅和味	G 或 P，1L	原样	10d
3	浑浊度	G 或 P，1L	原样	10d
4	肉眼可见物	G 或 P，1L	原样	10d
5	pH	G 或 P，1L	原样	10d
6	总硬度	G 或 P，1L	原样	10d
7	溶解性总固体	G 或 P，1L	原样	10d
8	硫酸盐	G 或 P，1L	原样	10d
9	氯化物	G 或 P，1L	原样	10d
10	铁	G 或 P，1L	原样	10d
11	锰	G，0.5L	硝酸，pH≤2	30d
12	铜	G，0.5L	硝酸，pH≤2	30d
13	锌	G，0.5L	硝酸，pH≤2	30d
14	铝	G，0.5L	硝酸，pH≤2	30d
15	挥发性酚类	G，1L	氢氧化钠，pH≥12，4℃冷藏	24h
16	阴离子表面活性剂	G 或 P，1L	原样	10d
17	耗氧量（COD_{Mn} 法）	G 或 P，1L	原样 或硫酸，pH≤2，	10d 24h
18	氨氮	G 或 P，1L	原样 或硫酸，pH≤2，4℃冷藏	10d 24h
19	硫化物	棕色 G，0.5L	每 100mL 水样加入 4 滴乙酸锌溶液（200g/L）和氢氧化钠溶液（40g/L），避光	7d
20	钠	G 或 P，1L	原样	10d
21	总大肠菌群	灭菌瓶或灭菌袋	原样	4h
22	菌落总数	灭菌瓶或灭菌袋	原样	4h
23	亚硝酸盐	G 或 P，1L	原样 或硫酸，pH≤2，4℃冷藏	10d 24h
24	硝酸盐	G 或 P，1L	原样 或硫酸，pH≤2，4℃冷藏	10d 24h
25	氰化物	G，1L	氢氧化钠，pH≥12，4℃冷藏	24h
26	氟化物	G 或 P，1L	原样	10d
27	碘化物	G 或 P，1L	原样	10d

序号	检测指标	采样容器和体积	保存方法	保存时间
28	汞	G，0.5L	硝酸，pH≤2	30d
29	砷	G 或 P，1L	原样	10d
30	硒	G，0.5L	硝酸，pH≤2	30d
31	镉	G，0.5L	硝酸，pH≤2	30d
32	铬（六价）	G 或 P，1L	原样	10d
33	铅	G，0.5L	硝酸，pH≤2	30d
34	总α放射性	P，5L	原样或盐酸，pH≤2	30d
35	总β放射性	P，5L	原样或盐酸，pH≤2	30d
36	铍	G，0.5L	硝酸，pH≤2	30d
37	硼	G 或 P，1L	原样	10d
38	锑	G，0.5L	硝酸，pH≤2	30d
39	钡	G，0.5L	硝酸，pH≤2	30d
40	镍	G，0.5L	硝酸，pH≤2	30d
41	钴	G，0.5L	硝酸，pH≤2	30d
42	钼	G，0.5L	硝酸，pH≤2	30d
43	银	G，0.5L	硝酸，pH≤2	30d
44	铊	G，0.5L	硝酸，pH≤2	30d
45	三氯甲烷	2×40mL VOA 棕色 G	加酸，pH≤2，4℃冷藏	14d
46	四氯化碳	2×40mL VOA 棕色 G	加酸，pH≤2，4℃冷藏	14d
47	苯	2×40mL VOA 棕色 G	加酸，pH≤2，4℃冷藏	14d
48	甲苯	2×40mL VOA 棕色 G	加酸，pH≤2，4℃冷藏	14d
49	二氯甲烷	2×40mL VOA 棕色 G	加酸，pH≤2，4℃冷藏	14d
50	1,2-二氯乙烷	2×40mL VOA 棕色 G	加酸，pH≤2，4℃冷藏	14d
51	1,1,1-三氯乙烷	2×40mL VOA 棕色 G	加酸，pH≤2，4℃冷藏	14d
52	1,1,2-三氯乙烷	2×40mL VOA 棕色 G	加酸，pH≤2，4℃冷藏	14d
53	1,2-二氯丙烷	2×40mL VOA 棕色 G	加酸，pH≤2，4℃冷藏	14d
54	三溴甲烷	2×40mL VOA 棕色 G	加酸，pH<2，4℃冷藏	14d
55	氯乙烯	2×40mL VOA 棕色 G	加酸，pH<2，4℃冷藏	14d
56	1,1-二氯乙烯	2×40mL VOA 棕色 G	加酸，pH<2，4℃冷藏	14d
57	1,2-二氯乙烯	2×40mL VOA 棕色 G	加酸，pH<2，4℃冷藏	14d
58	三氯乙烯	2×40mL VOA 棕色 G	加酸，pH<2，4℃冷藏	14d
59	四氯乙烯	2×40mL VOA 棕色 G	加酸，pH≤2，4℃冷藏	14d
60	氯苯	2×40mL VOA 棕色 G	加酸，pH<2，4℃冷藏	14d
61	邻二氯苯	2×40mL VOA 棕色 G	加酸，pH<2，4℃冷藏	14d
62	对二氯苯	2×40mL VOA 棕色 G	加酸，pH<2，4℃冷藏	14d
63	三氯苯（总量）	2×40mL VOA 棕色 G	加酸，pH<2，4℃冷藏	14d
64	乙苯	2×40mL VOA 棕色 G	加酸，pH<2，4℃冷藏	14d
65	二甲苯（总量）	2×40mL VOA 棕色 G	加酸，pH<2，4℃冷藏	14d
66	苯乙烯	2×40mL VOA 棕色 G	加酸，pH<2，4℃冷藏	14d
67	2,4-二硝基甲苯	2×1 000mL 棕色 G	4℃冷藏	7d（提取），40d
68	2,6-二硝基甲苯	2×1 000mL 棕色 G	4℃冷藏	7d（提取），40d
69	萘	2×1 000mL 棕色 G	4℃冷藏	7d（提取），40d
70	蒽	2×1 000mL 棕色 G	4℃冷藏	7d（提取），40d
71	荧蒽	2×1 000mL 棕色 G	4℃冷藏	7d（提取），40d

序号	检测指标	采样容器和体积	保存方法	保存时间
72	苯并[b]荧蒽	2×1 000mL 棕色 G	4℃冷藏	7d（提取），40d
73	苯并[a]芘	2×1 000mL 棕色 G	4℃冷藏	7d（提取），40d
74	多氯联苯（总量）	2×1 000mL 棕色 G	4℃冷藏	7d（提取），40d
75	邻苯二甲酸二（2-乙基己基）酯	2×1 000mL 棕色 G	4℃冷藏	7d（提取），40d
76	2,4,6-三氯酚	2×1 000mL 棕色 G	4℃冷藏	7d（提取），40d
77	五氯酚	2×1 000mL 棕色 G	4℃冷藏	7d（提取），40d
78	六六六（总量）	2×1 000mL 棕色 G	4℃冷藏	7d（提取），40d
79	γ-六六六（林丹）	2×1 000mL 棕色 G	4℃冷藏	7d（提取），40d
80	滴滴涕（总量）	2×1 000mL 棕色 G	4℃冷藏	7d（提取），40d
81	六氯苯	2×1 000mL 棕色 G	4℃冷藏	7d（提取），40d
82	七氯	2×1 000mL 棕色 G	4℃冷藏	7d（提取），40d
83	2,4-滴	2×1 000mL 棕色 G	4℃冷藏	7d（提取），40d
84	克百威	2×1 000mL 棕色 G	4℃冷藏	7d（提取），40d
85	涕灭威	2×1 000mL 棕色 G	4℃冷藏	7d（提取），40d
86	敌敌畏	2×1 000mL 棕色 G	4℃冷藏	7d（提取），40d
87	甲基对硫磷	2×1 000mL 棕色 G	4℃冷藏	7d（提取），40d
88	马拉硫磷	2×1 000mL 棕色 G	4℃冷藏	7d（提取），40d
89	乐果	2×1 000mL 棕色 G	4℃冷藏	7d（提取），40d
90	毒死蜱	2×1 000mL 棕色 G	4℃冷藏	7d（提取），40d
91	百菌清	2×1 000mL 棕色 G	4℃冷藏	7d（提取），40d
92	莠去津	2×1 000mL 棕色 G	4℃冷藏	7d（提取），40d
93	草甘膦	2×1 000mL 棕色 G	4℃冷藏	7d（提取），40d

注 1．G——硬质玻璃瓶；P——聚乙烯瓶。

2．对于无机检测指标，当采样容器、采样体积、保存方法和保存时间一致时，可采集一份样品供检测用。

3．45 号～66 号为挥发性有机物，同一份样品可完成上述指标分析，共采样 2×40 mL。

4．VOA 棕色玻璃瓶指专用于挥发性有机物取样分析的玻璃瓶，可用于吹扫捕集自动进样器，配套内附聚四氟乙烯膜、取样针可直接刺穿取样的瓶盖。

5．67 号～83 号，86 号～92 号为极性比较小的半挥发性有机物，可以采用同一流程进行萃取测定，共采样 2×1 000 mL。

6．84 号～85 号为极性比较大的半挥发性有机物，可以采用同一流程进行萃取测定，共采样 2×1 000 mL。

7．93 号需衍生化，单独为一分析流程，采样量 2×1 000 mL。

附　录　B

（资料性附录）

地下水质量检测指标推荐分析方法

地下水质量检测指标推荐分析方法见表 B.1。

表 B.1　地下水质量检测指标推荐分析方法

序号	检测指标	推荐分析方法
1	色	铂-钴标准比色法
2	嗅和味	嗅气和尝味法
3	浑浊度	散射法、比浊法
4	肉眼可见物	直接观察法
5	pH	玻璃电极法（现场和实验室均需检测）
6	总硬度	EDTA 容量法、电感耦合等离子体原子发射光谱法、电感耦合等离子体质谱法
7	溶解性总固体	105℃干燥重量法、180℃干燥重量法
8	硫酸盐	硫酸钡重量法、离子色谱法、EDTA 容量法、硫酸钡比浊法
9	氯化物	离子色谱法、硝酸银容量法
10	铁	电感耦合等离子体原子发射光谱法、原子吸收光谱法、分光光度法
11	锰	电感耦合等离子体原子发射光谱法、电感耦合等离子体质谱法、原子吸收光谱法
12	铜	电感耦合等离子体质谱法、原子吸收光谱法
13	锌	电感耦合等离子体质谱法、原子吸收光谱法
14	铝	电感耦合等离子体原子发射光谱法、电感耦合等离子体质谱法
15	挥发性酚类	分光光度法、溴化容量法
16	阴离子表面活性剂	分光光度法
17	耗氧量（COD_{Mn} 法）	酸性高锰酸盐法、碱性高锰酸盐法
18	氨氮	离子色谱法、分光光度法
19	硫化物	碘量法
20	钠	电感耦合等离子体原子发射光谱法、火焰发射光度法、原子吸收光谱法
21	总大肠菌群	多管发酵法
22	菌落总数	平皿计数法
23	亚硝酸盐	分光光度法
24	硝酸盐	离子色谱法、紫外分光光度法
25	氰化物	分光光度法、容量法
26	氟化物	离子色谱法、离子选择电极法、分光光度法
27	碘化物	分光光度法、电感耦合等离子体质谱法、离子色谱法
28	汞	原子荧光光谱法、冷原子吸收光谱法
29	砷	原子荧光光谱法、电感耦合等离子体质谱法
30	硒	原子荧光光谱法、电感耦合等离子体质谱法
31	镉	电感耦合等离子体质谱法、石墨炉原子吸收光谱法

序号	检测指标	推荐分析方法
32	铬（六价）	电感耦合等离子体质谱法、分光光度法
33	铅	电感耦合等离子体质谱法
34	总α放射性	厚样法
35	总β放射性	薄样法
36	铍	电感耦合等离子体质谱法
37	硼	电感耦合等离子体质谱法、分光光度法
38	锑	原子荧光光谱法、电感耦合等离子体质谱法
39	钡	电感耦合等离子体质谱法
40	镍	电感耦合等离子体质谱法
41	钴	电感耦合等离子体质谱法
42	钼	电感耦合等离子体质谱法
43	银	电感耦合等离子体质谱法、石墨炉原子吸收光谱法
44	铊	电感耦合等离子体质谱法
45	三氯甲烷	吹扫-捕集/气相色谱-质谱法 顶空/气相色谱-质谱法
46	四氯化碳	
47	苯	
48	甲苯	
49	二氯甲苯	
50	1,2-二氯乙烷	
51	1,1,1-三氯乙烷	
52	1,1,2-三氯乙烷	
53	1,2-二氯丙烷	
54	三溴甲烷	
55	氯乙烯	
56	1,1-二氯乙烯	
57	1,2-二氯乙烯	
58	三氯乙烯	
59	四氯乙烯	
60	氯苯	
61	邻二氯苯	
62	对二氯苯	
63	三氯苯（总量）	
64	乙苯	
65	二甲苯（总量）	
66	苯乙烯	
67	2,4-二硝基甲苯	气相色谱-电子捕获检测器法 气相色谱-质谱法
68	2,6-二硝基甲苯	
69	萘	气相色谱-质谱法 高效液相色谱-荧光检测器-紫外检测器法
70	蒽	
71	荧蒽	
72	苯并[*b*]荧蒽	
73	苯并[*a*]芘	
74	多氯联苯（总量）	气相色谱-电子捕获检测器法 气相色谱-质谱法

序号	检测指标	推荐分析方法
75	邻苯二甲酸二（2-乙基己基）酯	气相色谱-电子捕获检测器法 气相色谱-质谱法 高效液相色谱-紫外检测器法
76	2,4,6-三氯酚	
77	五氯酚	
78	六六六（总量）	气相色谱-电子捕获检测器法 气相色谱-质谱法
79	γ-六六六（林丹）	
80	滴滴涕（总量）	气相色谱-电子捕获检测器法 气相色谱-质谱法
81	六氯苯	
82	七氯	
83	2,4-滴	
84	克百威	液相色谱-紫外检测器法 液相色谱-质谱法
85	涕灭威	
86	敌敌畏	气相色谱-氮磷检测器法 气相色谱-质谱法 液相色谱-质谱法
87	甲基对硫磷	
88	马拉硫磷	
89	乐果	
90	毒死蜱	
91	百菌清	气相色谱-电子捕获检测器法 气相色谱-质谱法 液相色谱-质谱法
92	莠去津	
93	草甘膦	液相色谱-紫外检测器法 液相色谱-质谱法

注 1：45 号～66 号为挥发性有机物，可采用吹扫-捕集/气相色谱-质谱法或顶空/气相色谱-质谱法同时测定。

注 2：67 号～83 号、86 号～92 号可采用气相色谱-质谱法同时测定。

注 3：83 号～92 号可采用液相色谱-质谱法同时测定。

注 4：草甘膦需要衍生化，应单独为一个分析流程。

生活饮用水卫生标准

（GB 5749—2006）

1 范围

本标准规定了生活饮用水水质卫生要求、生活饮用水水源水质卫生要求、集中式供水单位卫生要求、二次供水卫生要求、涉及生活饮用水卫生安全产品卫生要求、水质监测和水质检验方法。

本标准适用于城乡各类集中式供水的生活饮用水，也适用于分散式供水的生活饮用水。

2 规范性引用文件

下列文件中的条款通过本标准的引用而成为本标准的条款。凡是标注日期的引用文件，其随后所有的修改（不包括勘误内容）或修订版均不适用于本标准，然而，鼓励根据本标准达成协议的各方研究是否可使用这些文件的最新版本。凡是不注日期的引用文件，其最新版本适用于本标准。

GB 3838 地表水环境质量标准

GB/T 5750（所有部分） 生活饮用水标准检验方法

GB/T 14848 地下水质量标准

GB 17051 二次供水设施卫生规范

GB/T 17218 饮用水化学处理剂卫生安全性评价

GB/T 17219 生活饮用水输配水设备及防护材料的安全性评价标准

CJ/T 206 城市供水水质标准

SL 308 村镇供水单位资质标准

卫生计生委 生活饮用水集中式供水单位卫生规范

3 术语和定义

下列术语和定义适用于本标准

3.1 生活饮用水 drinking water

供人生活的饮水和生活用水。

3.2 供水方式 type of water supply

3.2.1 集中式供水 central water supply

自水源集中取水，通过输配水管网送到用户或者公共取水点的供水方式，包括自建设施供水。为用户提供日常饮用水的供水站和为公共场所、居民社区提供的分质供水也属于集中式供水。

3.2.2 二次供水 secondary water supply

集中式供水在入户之前经再度储存、加压和消毒或深度处理，通过管道或容器输送给用户的供水方式。

3.2.3 小型集中式供水 small central water supply

农村日供水在 1 000 m^3 以下（或供水人口在 1 万人以下）的集中式供水。

3.2.4 分散式供水 non-central water supply

分散居户直接从水源取水，无任何设施或仅有简易设施的供水方式。

3.3 常规指标 regular indices

能反映生活饮用水水质基本状况的水质指标。

3.4 非常规指标 non-regular indices

根据地区、时间或特殊情况需要实施的生活饮用水水质指标。

4 生活饮用水水质卫生要求

4.1 生活饮用水水质应符合下列基本要求，保证用户饮用安全。

4.1.1 生活饮用水中不得含有病原微生物。

4.1.2 生活饮用水中化学物质不得危害人体健康。

4.1.3 生活饮用水中放射性物质不得危害人体健康。

4.1.4 生活饮用水的感官性状良好。

4.1.5 生活饮用水应经消毒处理。

4.1.6 生活饮用水水质应符合表 1 和表 3 卫生要求。集中式供水出厂水中消毒剂限值、出厂水和管网末梢水中消毒剂余量均应符合表 2 要求。

4.1.7 小型集中式供水和分散式供水因条件限制，水质部分指标可暂按照表 4 执行，其余指标仍按表 1、表 2 和表 3 执行。

4.1.8 当发生影响水质的突发性公共事件时，经市级以上人民政府批准，感官性状和一般化学指标可适当放宽。

4.1.9 当饮用水中含有附录 A 表 A.1 所列指标时，可参考此表限值评价。

表 1 水质常规指标及限值

指　　标	限　　值
1．微生物指标[a]	
总大肠菌群/（MPN/100mL 或 CFU/100mL）	不得检出
耐热大肠菌群/（MPN/100mL 或 CFU/100mL）	不得检出
大肠埃希氏菌/（MPN/100mL 或 CFU/100mL）	不得检出
菌落总数/（CFU/mL）	100
2．毒理指标	
砷/（mg/L）	0.01
镉/（mg/L）	0.005
铬/（六价，mg/L）	0.05
铅/（mg/L）	0.01
汞/（mg/L）	0.001
硒/（mg/L）	0.01
氰化物/（mg/L）	0.05
氟化物/（mg/L）	1.0
硝酸盐（以 N 计）/（mg/L）	10 地下水源限制时为 20
三氯甲烷/（mg/L）	0.06
四氯化碳/（mg/L）	0.002
溴酸盐（使用臭氧时）/（mg/L）	0.01
甲醛（使用臭氧时）/（mg/L）	0.9
亚氯酸盐（使用二氧化氯消毒时）/（mg/L）	0.7
氯酸盐（使用复合二氧化氯消毒时）/（mg/L）	0.7
3．感官性状和一般化学指标	
色度（铂钴色度单位）	15
浑浊度（散射浑浊度单位）/（NTU）	1 水源与净水技术条件限制时为 3
臭和味	无异臭、异味
肉眼可见物	无
pH	不小于 6.5 且不大于 8.5
铝/（mg/L）	0.2
铁/（mg/L）	0.3
锰/（mg/L）	0.1
铜/（mg/L）	1.0
锌/（mg/L）	1.0
氯化物/（mg/L）	250
硫酸盐/（mg/L）	250
溶解性总固体/（mg/L）	1 000
总硬度（以 $CaCO_3$ 计）/（mg/L）	450
耗氧量（COD_{Mn} 法，以 O_2 计）/（mg/L）	3 水源限制，原水耗氧量＞6mg/L 时为 5

指　　标	限　　值
挥发酚类（以苯酚计）/（mg/L）	0.002
阴离子合成洗涤剂/（mg/L）	0.3
4．放射性指标[b]	指导值
总α放射性/（Bq/L）	0.5
总β放射性/（Bq/L）	1

a MPN 表示最可能数；CFU 表示菌落形成单位。当水样检出总大肠菌群时，应进一步检验大肠埃希氏菌或耐热大肠菌群；水样未检出总大肠菌群，不必检验大肠埃希氏菌或耐热大肠菌群。

b 放射性指标超过指导值，应进行核素分析和评价，判定能否饮用。

表 2　饮用水中消毒剂常规指标及要求

消毒剂名称	与水接触时间	出厂水中限值/（mg/L）	出厂水中余量/（mg/L）	管网末梢水中余量/（mg/L）
氯气及游离氯制剂（游离氯）	≥30min	4	≥0.3	≥0.05
一氯胺（总氯）	≥120min	3	≥0.5	≥0.05
臭氧（O_3）	≥12min	0.3	—	≥0.02 如加氯， 总氯≥0.05
二氧化氯（ClO_2）	≥30min	0.8	≥0.1	≥0.02

表 3　水质非常规指标及限值

指　　标	限　　值
1．微生物指标	
贾第鞭毛虫/（个/10L）	＜1
隐孢子虫/（个/10L）	＜1
2．毒理指标	
锑/（mg/L）	0.005
钡/（mg/L）	0.7
铍/（mg/L）	0.002
硼/（mg/L）	0.5
钼/（mg/L）	0.07
镍/（mg/L）	0.02
银/（mg/L）	0.05
铊/（mg/L）	0.000 1
氯化氰（以 CN^- 计）/（mg/L）	0.07
一氯二溴甲烷/（mg/L）	0.1
二氯一溴甲烷/（mg/L）	0.06
二氯乙酸/（mg/L）	0.05
1,2-二氯乙烷/（mg/L）	0.03
二氯甲烷/（mg/L）	0.02
三卤甲烷（三氯甲烷、一氯二溴甲烷、二氯一溴甲烷、三溴甲烷的总和）	该类化合物中各种化合物的实测浓度与其各自限值的比值之和不超过 1

指　　标	限　　值
1,1,1-三氯乙烷/（mg/L）	2
三氯乙酸/（mg/L）	0.1
三氯乙醛/（mg/L）	0.01
2,4,6-三氯酚/（mg/L）	0.2
三溴甲烷/（mg/L）	0.1
七氯/（mg/L）	0.000 4
马拉硫磷/（mg/L）	0.25
五氯酚/（mg/L）	0.009
六六六（总量）/（mg/L）	0.005
六氯苯/（mg/L）	0.001
乐果/（mg/L）	0.08
对硫磷/（mg/L）	0.003
灭草松/（mg/L）	0.3
甲基对硫磷/（mg/L）	0.02
百菌清/（mg/L）	0.01
呋喃丹/（mg/L）	0.007
林丹/（mg/L）	0.002
毒死蜱/（mg/L）	0.03
草甘膦/（mg/L）	0.7
敌敌畏/（mg/L）	0.001
莠去津/（mg/L）	0.002
溴氰菊酯/（mg/L）	0.02
2,4-滴/（mg/L）	0.03
滴滴涕/（mg/L）	0.001
乙苯/（mg/L）	0.3
二甲苯（总量）/（mg/L）	0.5
1,1-二氯乙烯/（mg/L）	0.03
1,2-二氯乙烯/（mg/L）	0.05
1,2-二氯苯/（mg/L）	1
1,4-二氯苯/（mg/L）	0.3
三氯乙烯/（mg/L）	0.07
三氯苯（总量）/（mg/L）	0.02
六氯丁二烯/（mg/L）	0.000 6
丙烯酰胺/（mg/L）	0.000 5
四氯乙烯/（mg/L）	0.04
甲苯/（mg/L）	0.7
邻苯二甲酸二（2-乙基己基）酯/（mg/L）	0.008
环氧氯丙烷/（mg/L）	0.000 4
苯/（mg/L）	0.01
苯乙烯/（mg/L）	0.02
苯并[*a*]芘/（mg/L）	0.000 01
氯乙烯/（mg/L）	0.005

指　　标	限　　值
氯苯/（mg/L）	0.3
微囊藻毒素-LR/（mg/L）	0.001
3．感官性状和一般化学指标	
氨氮/（以 N 计）/（mg/L）	0.5
硫化物/（mg/L）	0.02
钠/（mg/L）	200

表 4　小型集中式供水和分散式供水部分水质指标及限值

指　　标	限　　值
1．微生物指标	
菌落总数/（CFU/mL）	500
2．毒理指标	
砷/（mg/L）	0.05
氟化物/（mg/L）	1.2
硝酸盐（以 N 计）/（mg/L）	20
3．感官性状和一般化学指标	
色度（铂钴色度单位）	20
浑浊度（散射浑浊度单位）/NTU	3 水源与净水技术条件限制时为 5
pH	不小于 6.5 且不大于 9.5
溶解性总固体/（mg/L）	1 500
总硬度（以 $CaCO_3$ 计）/（mg/L）	550
耗氧量（COD_{Mn} 法，以 O_2 计）/（mg/L）	5
铁/（mg/L）	0.5
锰/（mg/L）	0.3
氯化物/（mg/L）	300
硫酸盐/（mg/L）	300

5　生活饮用水水源水质卫生要求

5.1　采用地表水为生活饮用水水源时应符合 GB 3838 要求。

5.2　采用地下水为生活饮用水水源时应符合 GB/T 14848 要求。

6　集中式供水单位卫生要求

集中式供水单位的卫生要求应按照卫生部《生活饮用水集中式供水单位卫生规范》执行。

7　二次供水卫生要求

二次供水的设施和处理要求应按照 GB 17051 执行。

8　涉及生活饮用水卫生安全产品卫生要求

8.1　处理生活饮用水采用的絮凝、助凝、消毒、氧化、吸附、pH 调节、防锈、阻垢等化学处理剂不应污染生活饮用水，应符合 GB/T 17218 要求。

8.2　生活饮用水的输配水设备、防护材料和水处理材料不应污染生活饮用水，应符合 GB/T 17219 要求。

9　水质监测

9.1　供水单位的水质检测

9.1.1　供水单位的水质非常规指标选择由当地县级以上供水行政主管部门和卫生行政部门协商确定。

9.1.2　城市集中式供水单位水质检测的采样点选择、检验项目和频率、合格率计算按照 CJ/T 206 执行。

9.1.3　村镇集中式供水单位水质检测的采样点选择、检验项目和频率、合格率计算按照 SL 308 执行。

9.1.4　供水单位水质检测结果应定期报送当地卫生行政部门，报送水质检测结果的内容和办法由当地供水行政主管部门和卫生行政部门商定。

9.1.5　当饮用水水质发生异常时应及时报告当地供水行政主管部门和卫生行政部门。

9.2　卫生监督的水质监测

9.2.1　各级卫生行政部门应根据实际需要定期对各类供水单位的供水水质进行卫生监督、监测。

9.2.2　当发生影响水质的突发性公共事件时，由县级以上卫生行政部门根据需要确定饮用水监督、监测方案。

9.2.3　卫生监督的水质监测范围、项目、频率由当地市级以上卫生行政部门确定。

10　水质检验方法

生活饮用水水质检验应按照 GB/T 5750（所有部分）执行。

附 录 A

（资料性附录）

生活饮用水水质参考指标及限值

表 A.1 生活饮用水水质参考指标及限值

指 标	限 值
肠球菌/（CFU/100mL）	0
产气荚膜梭状芽孢杆菌/（CFU/100mL）	0
二（2-乙基己基）己二酸酯/（mg/L）	0.4
二溴乙烯/（mg /L）	0.000 05
二噁英（2,3,7,8-TCDD）/（mg/L）	0.000 000 03
土臭素（二甲基萘烷醇）/（mg /L）	0.000 01
五氯丙烷/（mg/L）	0.03
双酚 A/（mg/L）	0.01
丙烯腈/（mg/L）	0.1
丙烯酸/（mg/L）	0.5
丙烯醛/（mg/L）	0.1
四乙基铅/（mg /L）	0.000 1
戊二醛/（mg/L）	0.07
甲基异莰醇-2/（mg /L）	0.000 01
石油类（总量）/（mg/L）	0.3
石棉（>10μm）/（万个/L）	700
亚硝酸盐/（mg/L）	1
多环芳烃（总量）/（mg /L）	0.002
多氯联苯（总量）/（mg /L）	0.000 5
邻苯二甲酸二乙酯/（mg/L）	0.3
邻苯二甲酸二丁酯/（mg/L）	0.003
环烷酸/（mg/L）	1.0
苯甲醚/（mg/L）	0.05
总有机碳（TOC）/（mg/L）	5
β-萘酚/（mg/L）	0.4
丁基黄原酸/（mg /L）	0.001
氯化乙基汞/（mg /L）	0.000 1
硝基苯/（mg/L）	0.017

水源涵养林建设规范

（GB/T 26903—2011）

1　范围

本标准规定了水源涵养林造林、抚育、改造、林地配套设施建设及档案管理等技术要求。

本标准适用于全国范围内的水源涵养林建设和管理。

2　规范性引用文件

下列文件中的条款通过本标准的引用而成为本标准的条款。凡是注日期的引用文件，其随后所有的修改（不包括勘误的内容）或修订版均不适用于本标准，然而，鼓励根据本标准达成协议的各方研究是否可使用这些文件的最新版本。凡是不注日期的引用文件，其最新版本适用于本标准。

GB/T 15162　飞播造林技术规程

GB/T 15163　封山（沙）育林技术规程

GB/T 15776　造林技术规程

GB/T 18337.1　生态公益林建设　导则

GB/T 18337.3—2001　生态公益林建设　技术规程

LY/T 1186　飞机播种治沙技术要求

3　建设区位和分类

3.1　源区水源涵养林

江河源头集水区域内，以涵养水源、防止水土流失为主要目的的水源涵养林。

3.2　岸线水源涵养林

河流主流、一级和二级支流两岸山地，自然地形中第一重山脊内以滞缓径流、阻挡泥沙为主要目的的水源涵养林。

3.3　库区水源涵养林

水库、湖泊周边第一重山脊线内以改善水质、涵养水源为主要目的的水源涵养林。

3.4 饮用水源地保护林

城乡居民饮用水引水源区、引水沿线及蓄水区周边第一重山脊以内，以涵养水源、保护水质为主要目的的水源涵养林。

4 造林

4.1 树种选择

树种选择遵照以下原则：

a）树种生态学特性与造林地立地条件相适应；

b）树种枝叶茂盛、根系发达；

c）树种适应性强、稳定性好、抗性强；

d）充分利用优良乡土树种，适当推广引进取得成功的优良树种。

具体选择可参见附录 A 中的表 A.l～表 A.2。

4.2 造林方式

对于有林地以封山育林为主。

对于大面积无林地进行人工造林（种草）或飞播造林（草）。

对于源区水源涵养林和饮用水源地保护林一般只进行封山（沙）育林（草）。

4.3 造林模式

4.3.1 混交类型

水源涵养林以营造复层混交林为主，混交类型分为：

a）在立地条件好的地方优先采用主要树种与主要树种混交。

b）在立地条件较好的地方优先采用主要树种与伴生树种混交；在立地条件较差的地方优先采用主要树种与灌木树种混交。

c）在立地条件较好，通过封山育林或人工林与天然林混交形成的水源涵养林优先采用主要树种、伴生树种和灌木树种综合混交。

4.3.2 混交方法与适用范围

不同混交方法的适用范围为：

a）行间混交：适用于大多数立地条件的乔灌混交、耐荫树种与阳性树种混交。

b）带状混交：适用于种间矛盾大、初期生长速度悬殊的乔木树种混交，也适用于乔木与耐荫亚乔木混交。

c）块状混交：适用于种间竞争性较强的主要树种与主要树种混交，规则式块状混交适用于平坦或坡面规整的造林地，不规则式块状混交适用于地形破碎、不同立地条件镶嵌分布的地段。

d）植生组混交：适用于立地条件差及次生林改造地段。

4.3.3　模式配置

以小班为单位配置造林模式。地形破碎的山地提倡采用局部造林法，形成人工林与天然林块状镶嵌的混交林分。

模式配置参见附录 B。

4.4　营造技术

4.4.1　造林

封山（沙）育林技术要求执行 GB/T 15163 的规定；飞播造林（草）技术执行 GB/T 15162 和 LY/T 1186 的规定；人工造林除整地、造林密度要求外，具体执行 GB/T15776 的规定。

4.4.2　整地

人工造林禁止采用全面整地，一般采用穴状整地，下列情况可采用带状整地：

a）伐根和其他障碍物少的采伐迹地；

b）无风蚀或风蚀轻微的造林地；

c）采用机械化整地的平原地区或平坦地段。

4.4.3　造林密度

适宜密度范围参见 GB/T 18337.3—2001 的附录 D。

4.5　种植点配置

4.5.1　种植行的走向

种植行走向按不同地段分别确定：

a）在平地造林时，种植行宜南北走向；

b）在坡地造林时，种植行宜选择沿等高线走向；

c）在沟谷造林时，种植行应呈雁翅形。

4.5.2　配置方式

不同配置方式的适用条件为：

a）长方形配置：相邻株连线成长方形，通常行距大于株距。适宜于平缓坡地或平原地区水源涵养林的营造。

b）三角形配置：相邻两行的各株相对位置错开排列成三角形，种植点位于三角形的顶点。适宜于坡地水源涵养林的营造。

c）群状配置：植株在造林地上呈不均匀的群丛状分布，群内植株密集（3～20 株），群间距离较大。适宜于坡度较大、立地条件较差的地方水源涵养林的营造，也适宜次生林改造。

d）自然配置：在造林地上随机地配置种植点。适宜于地形破碎地水源涵养林的营造。

4.6 未成林抚育管护与保护

执行 GB/T 15776 的规定。

4.7 检查验收

执行 GB/T 15776 的规定。

5 封育

水源涵养林营造后应封山育林。

饮用水源保护林和下列地段的水源涵养林应划建封禁管护区：

a）坡度大于 35°、岩石裸露的陡峭山坡的水源涵养林；

b）分水岭山脊的水源涵养林；

c）大江大河上游及一级支流集水区域的水源涵养林；

d）河流、湖泊和水库第一重山脊线内的水源涵养林。

6 抚育与改造

6.1 抚育

6.1.1 抚育条件

饮用水源保护林一般不允许抚育。

其他水源涵养林除 GB/T 18337.1 确定的特殊保护地段外，可以适当开展抚育活动。

一般源区水源涵养林和库区水源涵养林可以进行轻度抚育。

岸线水源涵养林可以根据立地条件进行必要的抚育活动。

6.1.2 抚育方法

当郁闭度大于 0.8 时，可进行适当疏伐，伐后郁闭度保留在 0.6～0.7。

遭受严重自然灾害的水源涵养林应进行卫生伐，伐除受害林木。

6.2 低效林改造

6.2.1 改造对象

因人为干扰或经营管理不当而形成的人工低效林，符合下列条件之一时可以进行改造：

a）林木分布不均，林隙多，郁闭度低于 0.2；

b）年近中龄而仍未郁闭，林下植被盖度小于 30%；

c）病虫鼠害或其他自然灾害危害严重的林地。

6.2.2 改造方式

6.2.2.1 补植改造

主要适用于林相残破的低效林，根据林分内林隙的大小与分布特点，采用下列补植方式：

a）均匀补植：用于林隙面积较大，且分布相对均匀的低效林；

b）局部补植：用于林隙面积较小、形状各异，分布极不均匀的林分。

6.2.2.2　综合改造

主要用于林相老化和自然灾害引起的低效林。带状或块状伐除非适地适树树种或受害木，引进与气候条件、土壤条件相适应的树种进行造林。乔木林一次改造强度控制在蓄积的20%以内，灌木林一次改造强度控制在面积的20%以内。

7　林地基础设施建设

执行GB/T 18337.3—2001的规定。

8　档案管理

水源涵养林建设档案应以经营小班为基本单元建档，纳入建设单位森林资源档案和经营档案共同管理。

附 录 A
（资料性附录）
水源涵养林主要适宜乔灌草种

表 A.1 水源涵养林主要适宜乔木树种表

区域	主要造林树种
东北区	兴安落叶松、长白落叶松、日本落叶松、红松、樟子松、红皮云杉、鱼鳞云杉、冷杉、白桦、蒙古栎、辽东栎、槲栎、白榆、黄榆、朝鲜柳、旱快柳、紫椴、糠椴水曲柳、黄菠萝、胡桃楸、色木、白城杨、山杨、青杨、毛赤杨
三北区	兴安落叶松、华北落叶松、樟子松、油松、云杉、侧柏、祁连圆柏、山杨、白榆、白蜡、槭、刺槐、大叶榆、复叶槭、臭椿、心叶椴、悬铃木、胡杨、河北杨、小青杨、小黑杨、中黑防 1 与 2 号、中绥 12 号与 4 号、旱柳、旱布 329 柳、垂暴 109 柳、青杨、桦树
黄河区	油松、侧柏、华北落叶松、白皮松、华山松、杜松、云杉、白榆、文冠果、茶条槭、胡桃楸、山杏、刺槐、泡桐、臭椿、麻栎、栓皮栎、槲栎大果榆、蒙椴、旱柳、河北杨、槭树，红桦、苦楝、中林 46 杨、沙兰杨、白毛杨、黄连木、山茱萸、莘荑、板栗、核桃、油桐、漆树、香椿
北方区	油松、侧柏、臭椿、刺槐、麻栎、栓皮栎、黄栌、元宝枫、辽东栎、板栗、槲栎、赤松、华山松、华北落叶松、云杉、冷杉、蒙古松、白桦、色木、桦树、山杨、槭、椴树、杨、槐、泡桐、毛白杨、青杨、沙兰杨、旱柳、漆树、白檀、八角枫、中林 46 杨、黄连木、香椿
长江区	马尾松、云南松、华山松、思茅松、高血松、落叶松、杉木、云杉、冷杉、柳杉、秃杉、黄杉、滇油杉、柏木、藏柏、滇柏、墨西哥柏、冲天柏、麻栎、栓皮栎、青冈栎、滇青冈、高山栎、高山栲、元江栲、樟树、桢楠、檫木、光皮桦、白桦、红桦、西南桦、响叶杨、滇杨、意大利杨、红椿、臭椿、苦楝、旱冬瓜、桤木、榆树、朴树、旱莲、木荷、黄连木、珙桐、山毛榉、鹅掌楸、川楝、楸树、滇楸、梓木、刺槐、昆明朴、柚木、银桦、相思、女贞、铁刀木、银荆、枫香、毛竹
南方区	马尾松、华山松、黄山橙、湿地松、火炬松、柳杉、池杉、水杉、落羽杉、柏木、侧柏、栓皮栎、茅栗、麻栎、小叶栋、槲树、化香树、川桦、光皮桦、红桦、毛红桦、杉木、青冈栎、青檀、刺槐、银杏、茶杆竹、孝顺竹、杜仲、旱柳、苦楝、樟树、朴树、白榆、楸树、檫木、小叶杨、意大利杨、黄连木、木荷、榉树、枫香、南酸枣、朴树、乌桕、喜树、枫杨、泡桐、毛竹、漆树
热带区	马尾松、湿地松、火炬松、黄山松、南亚松、杉木、柳杉、木荷、红荷、枫香、藜蒴、红椎、鸭脚木、台湾相思、大叶相思、马占相思、粗果相思、窿缘桉、赤桉、雷林一号桉、尾叶桉、巨尾桉、刚果桉、山乌桕、麻栎、苦栎、杜英、马蹄荷、楹类、栲类、构类、石梓、格木、阿丁枫、红苞木、拟赤杨、任豆、杜英、火力楠、蝴蝶果、黄樟、阴香、南酸枣、木莲属、南岭黄檀、泡桐、榕属、毛竹

表 A.2 水源涵养林造林主要适宜灌草种表

区域	主要灌木树种	主要草种
东北区	胡枝子、沙棘、小叶锦鸡儿、树锦鸡儿、柠条锦鸡儿、柽柳、小叶黄杨、辽东水蜡、紫穗槐、榆叶梅、东北连翘、卫矛、金银忍冬、越橘、杜鹃、杜香、柳叶绣线菊、杞柳、蒙古柳、兴安刺玫、刺五加、毛榛、小黄柳、茶条槭、六道木	苔草、小叶樟、芍药、地榆、沙参、线叶菊、针茅、野豌豆、隐子草、冷蒿、冰草、早熟禾、紫羊茅、防风、碱草、艾蒿、苜蓿、驼绒藜、鹅冠草
三北区	锦鸡儿、柠条、毛条、山竹子、花棒、杨柴、黄柳、沙柳、杞柳、柽柳、沙拐枣、梭梭、胡枝子、沙棘、沙木蓼、紫穗槐、白刺、沙冬青、沙枣、四翅滨藜、白梭梭	沙蒿、沙打旺、甘草、苜蓿、羊草、打针茅、鸭茅
黄河区	绣线菊、虎榛子、黄蔷薇、狼牙齿、柄扁桃、沙棘、胡枝子、金银忍冬、连翘、麻黄、胡颓子、多花木兰、白刺花、山楂、柠条、荆条、黄栌、六道木、金露梅、酸枣、山皂角、花椒、枸杞、紫穗槐、山杏、山桃、四翅滨藜	黑麦草、毛尾草、早熟禾、驼绒藜、无芒雀麦、羊草、苜蓿、黄背草、白草、龙须草、沙打旺、冬棱草、小冠花、蒿类
北方区	紫穗槐、山杏、荆条、山桃、黄荆、柽柳、杞柳、绣线菊、照山白、胡枝子、金露梅、杜鹃、高山柳、尖叶锦鸡儿、鹅耳枥、山皂角、花椒、枸杞	蒿草、蓼、紫花针、羽柱针茅、昆仑针茅、苔草、驼绒藜、黄背草、白草、龙须草、沙打旺、冬棱草、小冠花
长江区	马桑、紫穗槐、化香、绣线菊、月月青、车桑子，盐肤木、狼牙齿、绢毛蔷薇、报春、爬柳、密枝杜鹃、山胡椒、乌药、箭竹、白花刺、火棘	芒草、野古草、蕨、白三叶、红三叶、黑麦草、苜蓿、雀麦
南方区	爬柳、密枝杜鹃、紫穗槐、胡枝子、夹竹桃、孛孛栎、枹树、茅栗、化香、白檀、海棠、野山楂、冬青、红果钓樟、绣线菊、马桑、水马桑、蔷薇、黄荆	香根草、芦苇、水烛、菖蒲、莲藕、芦竹、芒草、野古草
热带区	蛇藤、米碎叶、龙须藤、小果南竹、杜鹃	金茅、野古草、绒毛鸭子嘴、海芋、芭蕉、蕨类

附录 B
（资料性附录）
水源涵养林主要营造配置模式

表 B.1 水源涵养林主要营造配置模式表

区域	配置模式	适用条件	整地方法，规格（长 cm×宽 cm×深 cm）	密度/（穴或株/hm²）	混交方式适宜混交比
北方区	侧柏与栓皮栎、黄栌、火炬树混交	低山阳坡中薄土（土层小于 50 cm）	穴状整地规格 50×50×40	1 650	块状混交，针阔混交比 1∶2
	油松与栓皮栎混交	低山厚土（土层大于 50 cm）	穴状整地规格 80×80×60	1 110	不规则块状混交，针阔混交比 8∶2
	侧柏与五角枫混交	低山阳坡中厚土	鱼鳞坑整地规格 60×60×60	1 245	带状混交，针阔混交比 1∶2
	侧柏与黄栌混交	低山阳坡中薄土（土层小于 50 cm）	穴状整地规格 60×60×40	1 650	块状混交，针阔混交比 1∶2
	侧柏与刺槐混交	低山阴坡薄土（土层小于 25 cm）	穴状整地规格 70×70×40	1 650	块状混交，上部栽侧柏，下部栽刺槐，针阔混交比 1∶2
	侧柏与山杏混交	低山阳坡厚土（土层大于 50 cm）	鱼鳞坑整地规格 60×60×40	1 650	块状混交，上部栽侧柏，下部栽山杏，针阔混交比 1∶2
	黄栌纯林	低山阳坡中土（土层 25～50 cm）	鱼鳞坑整地规格 60×60×40	1 650	
	油松纯林	低山阳坡中厚土（土层大于 25 cm）	穴状整地规格 60×60×40	1 650	
	油松与黄栌混交	低山阴坡厚土（土层大于 50 cm）	穴状整地规格 80×80×60	1 110	不规则块状混交，针阔混交比 8∶2
	油松、侧柏与栾树混交	低山阳坡厚土（土层大于 50 cm）	鱼鳞坑整地规格 100×80×80	825	不规则块状混交，针阔混交比 2∶1
黄河区	侧柏或油松、野皂荚混交	石质山地或石灰岩干石山地	穴状整地	乔木 1 650，隔行同密度播种或栽植野皂荚	行间混交
	侧柏或油松、山桃或山杏混交	石质山地或土石山地	侧柏或油松大穴整地；山桃或山杏小穴整地；在石质山地同密度全部小穴	大穴植苗 825；小穴播种或栽植 1 650	行间混交
	侧柏或五角枫、锦鸡儿或荆条或狼牙刺	石质山地	侧柏或五角枫采用大穴整地	乔木密度 825，行间种植同等或多一倍的灌木	行间混交

区域	配置模式	适用条件	整地方法，规格（长 cm×宽 cm×深 cm）	密度/（穴或株/hm^2）	混交方式适宜混交比
黄河区	青杨或刺槐、沙棘混交	高海拔黄土丘陵（青杨沙棘林），低海拔黄土丘陵（刺槐沙棘）	乔木大穴整地，灌木小穴整地	乔木植苗825～1 650，灌木隔行同密度栽植	行间混交
	樟子松、杜松或油松、柠条或紫穗槐混交	太行山北端沙化地，高海拔种柠条，低海拔种紫穗槐	水平带整地	乔木植苗，灌木直播，密度1 650	宽带状混交方式
	侧柏、黄栌或陕西荚迷混交	石质山或土石山地	侧柏大穴整地，黄栌和陕西荚迷小穴整地	侧柏 1650，隔行小穴栽植等量黄栌和陕西荚迷	行间混交
	落叶松、沙棘混交	海拔 1 500～2 000 m 的土石山地	水平带整地	1 650	带状混交
	油松或侧柏、天然灌木混交	宜林荒山，阴坡种油松、阳坡种侧柏	穴状整地	乔木 825，灌木保留 3 300	不规则块状混交
	油松、辽东栎混交	海拔 1 500～2 000 m 的土石山地	小穴整地，辽东栎可在秋季直播	3 300	行间或小块状混交，比例 1∶1
	油松、五角枫混交	海拔 1 500～2 000 m 的土石山地阴坡	小穴整地	3 300	行间混交或带状混交，比例 1∶1
	油松、山杨或白桦混交	海拔 1 500～2 000 m 的土石山地阴坡	穴状整地	3 300	人工块状混交或油松与天然更新的山杨、白桦组成混交林
	华北落叶松、五角枫或北京花楸	海拔 1 500 m 以上的土石山阴坡	穴状整地	3 300	块状或行间混交，针阔比例 2∶1
	华北落叶松或日本落叶松、白桦或山杨混变	海拔 1500 m 以上的土石山阴坡	穴状整地	3 300	行间混交，或白桦、山杨小块状混交于落叶松林中
	侧柏、五角枫混交	海拔 1 500 m 以下的石质山地和土石山地	干石山大穴整地，土石山小穴整地	1 650～3 300	行间、带状（带宽 3m）或块状混交
	侧柏、刺槐混交	海拔 1 500 m 以下的土石山地	小穴整地	3 300	带状或块状混交，比例 1∶1 或 2∶1
	油松、刺槐混交	1500 m 以下的土石山地	小穴整地	3 300	带状或块状混交，比例 1∶1 或 2∶1
	野皂荚、荆条混交	石质山地	小穴整地	直播 4 950，栽植 3 300	带状或块状混交，比例 1∶1
	山桃、山杏、黄刺玫混交	土层薄的土石山或石质山地	小穴整地	直播 4 950，栽植 3 300	带状或块状混交，比例 1∶1∶1

区域	配置模式	适用条件	整地方法，规格（长 cm×宽 cm×深 cm）	密度/（穴或株/hm^2）	混交方式适宜混交比
黄河区	黄栌、狼牙刺、陕西荚迷混交	海拔 1 600 m 以下干石山或石质山地	小穴整地	直播 4 950，栽植 3 300	带状或块状混交，比例 1∶1∶1
	酸枣、锦鸡儿混交	海拔 1 200 m 以下黄土丘陵侵蚀沟、陡坡	小穴整地	直播 3 300～4 950	不规则块状混交
	沙棘、柠条混交	海拔 1 500m 以下的沙化土地	小穴整地	3 300	块状混交
东北区	山杏、刺槐	科尔沁沙地南缘	竹节壕整地	3 300	带状混交 7∶3
	山杏、大扁杏	半干旱山区	小穴整地	2 505	行状混交 1∶1
	落叶松、红松	长白山中低山区	穴状整地	3 300	行状混交 1∶4
	落叶松、樟子松、小黑杨与紫穗槐、胡枝子、沙棘混交	黑龙江东南部低山丘陵区	鱼鳞坑整地	3 300	星状混交 18∶1
三北区	落叶松、油松与山杏、柠条	阴山山脉中低山区	鱼鳞坑整地	乔木 833 株，灌木 833 丛	植生组混交
	落叶松、油松、侧柏与山杏、柠条、沙棘、荆条	半干旱丘陵区	鱼鳞坑整地	1 650	不规则块状混交
	山杏与柠条或沙棘、荆条混交	华北石质丘陵山地干旱阳坡	鱼鳞坑整地	3 300	不规则块状混交
	落叶松、山楂（忍冬）、红豆草混交	天山北坡陡坡	鱼鳞坑整地	乔灌木 1 650	3∶2∶5
	杏树、黑穗醋栗、苜蓿草	天山丘陵区	鱼鳞坑整地	乔灌木 1 250	行间混交 3∶3∶4
	刺槐与侧柏或白榆、杨树、紫穗槐混交	干旱、半干旱黄土丘陵沟壑区	鱼鳞坑或穴状整地	刺槐、侧柏、白榆 2 400～3 000，杨树 1 200，紫穗槐 4 500	带状或块状
长江区	青海云杉或桦树、山杨、圆柏与沙棘混交	长江源头区	鱼鳞坑或穴状整地	乔木植苗 2 500，沙棘点播 4 500	不规则块状混交
	川西云杉、高山松、青冈栎、冷杉	高山峡谷	鱼鳞坑或穴杭整地	3 300	行间混交 1∶1
	马尾松或湿地松、杉木与木荷或枫香、栎类、桤木等混交	中低山丘陵区	穴状整地	2 500	行间混交 1∶1
	毛竹	中低山厚土	大穴整地	母竹栽植 330～900	

区域	配置模式	适用条件	整地方法，规格（长 cm×宽 cm×深 cm）	密度/（穴或株/hm^2）	混交方式适宜混交比
长江区	滇柏或柏木、侧柏、藏柏与龙须草	白云质砂石山地	小穴整地	6 000～9 000	
	华山松或云南松（栽针保阔）	中山黄棕壤高原山地	小穴整地	4 000～6 000	不规则块状混交
南方区	杉木或马尾松与木荷或枫香、栎类、桤木、南酸枣等混交	中低山区	穴状整地	2 500	1∶1
	湿地松或火炬松与木荷、枫香、栎类、桤木混交	丘陵区	穴状整地	3 300	1∶1
	杉木或马尾松与毛竹混交	中低山厚土	穴状整地	杉木 1 875，毛竹 630	3∶1
	喜树、任豆与吊丝竹或木豆混交	石灰岩山地	穴状整地	1 350～1 800	带状混交 2∶1
热带区	马尾松、木荷、麻栎混交	山坡上部、山脊、山顶	穴状整地	3 450	随机混交 5∶3∶2
	马尾松、红荷木、台湾相思	山坡上部、山脊、山顶	穴状整地	3 450	随机混交 4∶3∶3
	青冈栎、石栎、酸枣、化香、石斑木	山坡中下部、各地厚土	穴状整地	3 900	4∶3∶1∶1∶1
	刺栲、台湾相思、鸭脚木、红荷木	山坡中下部、谷地厚土	穴状整地	3 900	3∶4∶1∶2
	马尾松或湿地松与台湾相思混交	丘陵红赤壤	穴状整地	3 705	带状混交 3∶2

参考文献

[1] LY/T 1607　造林作业设计规程.

[2] “国家特别规定的灌木林地”的规定. 林资发〔2004〕14 号.

[3] 森林资源规划设计调查主要技术规定. 林资发〔2003〕61 号.

[4] 余新晓，等. 水源涵养林研究与示范，中国林业出版社，2007.4.

[5] 余新晓，等. 土壤侵蚀过程与机制，科学出版社，2009.3.

第三章

行业标准与指南

第一节 行业标准

饮用水水源保护区标志技术要求

（HJ/T 433—2008）

1 适用范围

本标准规定了饮用水水源保护区标志的类型、内容、位置、构造、制作及管理与维护。

本标准适用于对饮用水水源保护区的规范建设与监督管理。

2 规范性引用文件

本标准引用了下列文件或其中的条款，凡是未注明日期的引用文件，其最新版本适用于本标准。

GB 2893 安全色

GB 5768 道路交通标志和标线

GB 5863 内河助航标志

GB 5864 内河助航标志的主要外形尺寸

GB/T 15566 图形标志使用原则与要求

HJ/T 338—2007 饮用水水源保护区划分技术规范

JT/T 279 公路交通标志板

3 术语和定义

下列术语和定义适用于本标准。

3.1 饮用水水源保护区

指国家为防治饮用水水源地污染、保证水源地环境质量而划定，并要求加以特殊保护的一定面积的水域和陆域。

3.2　饮用水水源保护区标志

指图形符号、文字和颜色等，用于向相关人群传递饮用水水源保护区的有关规定和信息，以保护饮用水水源地。

3.3　饮用水水源保护区图形标

指本标准推荐在全国统一使用的饮用水水源保护区标志性图形符号。

4　饮用水水源保护区图形标

饮用水水源保护区图形标如图 1 所示，其具体尺寸比例见附件 A，饮用水水源保护区 图形标的尺寸可根据实际情况按比例缩放。

图 1　饮用水水源保护区图形标

5　饮用水水源保护区标志的分类

饮用水水源保护区标志包括饮用水水源保护区界标、饮用水水源保护区交通警示牌和饮用水水源保护区宣传牌。

5.1　饮用水水源保护区界标：是在饮用水水源保护区的地理边界设立的标志。标识饮用水水源保护区的范围，并警示人们需谨慎行为。

5.2　饮用水水源保护区交通警示牌：警示车辆、船舶或行人进入饮用水水源保护区道路或航道，需谨慎驾驶或谨慎行为的标志。饮用水水源保护区交通警示牌又分为：饮用水水源保护区道路警示牌和饮用水水源保护区航道警示牌。

5.3　饮用水水源保护区宣传牌：根据实际需要，为保护当地饮用水水源而对过往人群进行宣传教育所设立的标志。

6　饮用水水源保护区标志的内容

6.1　饮用水水源保护区界标内容

界标正面的上方为饮用水水源保护区图形标。中下方书写饮用水水源保护区名称，如饮用水水源一级保护区、饮用水水源二级保护区等。下方为“监督管理电话：×××

×××××”等监督管理方面的信息，监督管理电话一般为当地环境保护行政主管部门联系电话。饮用水水源保护区界标正面内容的示意图如图 2 所示。

界标背面的上方用清晰、易懂的图形或文字说明根据 HJ/T 338—2007 划定的饮用水水源保护区范围，以标明保护区准确地理坐标和范围参数等为宜。中下方书写饮用水水源保护区具体的管理要求，可引用《中华人民共和国水污染防治法》以及其他有关法律法规中关于饮用水水源保护区的条款和内容。最下方靠右处书写“××政府××年设立”字样。饮用水水源保护区界标背面内容的示意图如图 3 所示。

图 2　饮用水水源保护区界标正面示意图

图 3　饮用水水源保护区界标背面示意图

6.2　饮用水水源保护区交通警示牌内容

6.2.1　饮用水水源保护区道路警示牌

道路警示牌采用《道路交通标志和标线》（GB 5768）中告示牌的形式。左边为饮用水水源保护区图形标，右边书写“您已进入××饮用水水源×级保护区　全长××公里”或“您已进入××饮用水水源×级保护区　从××至××”，提示过往车辆及行人谨慎驾驶或行为。在一般道路采用蓝色底色，在高速公路采用绿色底色。在道路警示牌的下方可配合使用道路交通标志中的禁令标志或其他安全标志。饮用水水源保护区道路警示牌示意图如图 4、图 5 所示。

图 4　饮用水水源保护区道路警示牌示意图（一般道路）

图 5　饮用水水源保护区道路警示牌示意图（高速公路）

在驶离饮用水水源保护区的路侧，可设立驶离告示牌，示意图如图 6、图 7 所示。

图 6　驶离饮用水水源保护区道路告示牌示意图（一般道路）

图 7　驶离饮用水水源保护区道路告示牌示意图（高速公路）

6.2.2　饮用水水源保护区航道警示牌

航道警示牌采用《内河助航标志》（GB 5863）中“专用标志”中“专用标”的形式。航道警示牌的设立位置参照《内河助航标志》的有关要求执行。

饮用水水源保护区航道警示牌上方为饮用水水源保护区图形标，下方书写“您已进入××饮用水水源×级保护区　全长××公里”或“您已进入××饮用水水源×级保护区　从××至××”，以提示过往船舶谨慎行驶，并告知在饮用水水源保护区范围内的行驶距离。

饮用水水源一级保护区，还可增设有关警示牌，书写“禁止船舶停靠”等有关法规规定的内容。

饮用水水源保护区航道警示牌如图 8、图 9 所示。

图 8 饮用水水源保护区航道警示牌　　图 9 饮用水水源一级保护区可增设警示牌

6.2.3 饮用水水源保护区宣传牌

各地方政府可根据实际需求设计宣传牌上的图形和文字，如介绍当地饮用水水源保护区的地形地貌、划分情况、保护现状、管理要求等。

饮用水水源保护区宣传牌宜在明显位置采用饮用水水源保护区图形标。

7 饮用水水源保护区标志的设立位置

7.1 饮用水水源保护区界标设立位置

7.1.1 饮用水水源保护区界标的设立位置应以根据 HJ/T 338—2007 最终确定的各级保护区界线进行设置，应充分考虑保护区地形、地标、地物的特点。

7.1.2 饮用水水源保护区界标一般设立于保护区陆域界线的顶点处。饮用水水源保护区陆域范围为矩形或接近矩形时（如某些河流型饮用水水源保护区），宜在陆域外侧两顶点处设置界标；饮用水水源保护区陆域范围为弧形或接近弧形时（如某些湖库型饮用水水源保护区），宜在陆域两个弧端点及弧顶处设置界标；饮用水水源保护区陆域范围为圆形或接近圆形时（如某些地下水饮用水水源保护区），宜在陆域四个方向的端点处设置界标；如果地下取水口为多个水井形成的井群，划定的保护区范围为多边形区域时，宜在多边形的各顶点处设立界标，也可结合水源地护栏围网等隔离防护工程设立界标。

7.1.3 在划定的陆域范围内，可根据环境管理需要在人群易见、活动处（如交叉路口、绿地休闲区等）设立界标。

7.1.4 饮用水水源保护区界标的设立应综合考虑饮用水水源一级保护区、二级保护区和准保护区的界标设立数量和分布而进行设置。

7.2 饮用水水源保护区交通警示牌的设立位置

饮用水水源保护区交通警示牌设在保护区的道路或航道的进入点及驶出点。

饮用水水源保护区道路警示牌设置于一级保护区、二级保护区和准保护区范围内的主干道、高速公路等道路旁。道路警示牌的具体设立位置应符合 GB 5768 的相关要求。

饮用水水源保护区航道警示牌的具体设立位置应符合 GB 5863 的相关要求。

7.3 饮用水水源保护区宣传牌的设立位置

饮用水水源保护区宣传牌的设立位置可根据实际需要在适当的位置设立饮用水源保护区宣传牌，但应符合 GB/T 15566 和 GB 5768 的相关要求。

8 饮用水水源保护区标志的构造

8.1 颜色

饮用水水源保护区图形标的基本色为蓝色，“两滴水”为绿色，“饮用水杯”为白色，文字为蓝色。

饮用水水源保护区界标的颜色宜采用绿底、白边，图案背景和文字为白色。

饮用水水源保护区道路警示牌的颜色一般道路为蓝底、白边，图案背景和文字为白色；高速公路为绿底、白边，图案背景和文字为白色。饮用水水源保护区航道警示牌的颜色为黄底、黑边、白色图案背景，黑色文字；立柱为黄色和黑色相间的斜向条纹。

饮用水水源保护区宣传牌颜色由各地方政府根据实际情况确定。

8.2 尺寸

饮用水水源保护区标志的尺寸见附录 B。

饮用水水源保护区标志的尺寸可根据实际情况按比例缩放。

8.3 支持方式

饮用水水源保护区界标宜采用双柱式的支持方式，尺寸可参考 GB 5768。

饮用水水源保护区交通警示牌的支持方式形式可多样，但必须符合 GB 5768 和 GB 5863 的规定。

饮用水水源保护区宣传牌的支持方式由地方主管部门根据实际情况确定。

标志柱的结构设计可参考 GB 5768 中交通标志柱的结构设计进行。

8.4 材质

饮用水水源保护区标志应遵循耐久、经济的原则，宜采用铝合金板、合成树脂类板材等材质。饮用水水源保护区界标如有必要，也可采用大理石等材质。

标志表面宜采用反光材料。道路警示牌的反光性能按照 GB 5768 执行。航道警示牌的灯质按照 GB 5863 执行。

9 饮用水水源保护区标志的制作

饮用水水源保护区标志由各级地方人民政府设立，国家环境保护行政主管部门统一监制。

标志的加工要求、外观质量及其测试方法可参照 JT/T 279 的有关规定执行。

10 饮用水水源保护区标志的管理与维护

饮用水水源保护区标志由各级地方政府或其环境保护行政主管部门负责管理和维护。

附 录 A

（资料性附录）

饮用水水源保护区图形标尺寸示意图

（图中线条宽度为 18）

图 A 饮用水水源保护区图形标尺寸比例示意图

附　录　B

（资料性附录）

饮用水水源保护区标志尺寸

B.1　饮用水水源保护区界标正面图示及尺寸（单位：毫米）

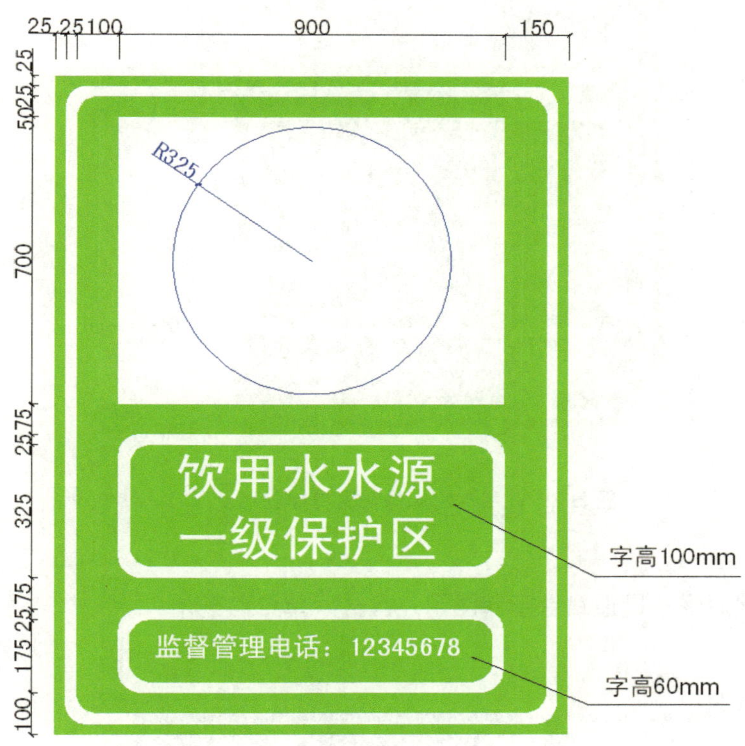

图 B.1　饮用水水源保护区界标正面图示及尺寸

B.2 饮用水水源保护区界标背面图示及尺寸（单位：毫米）

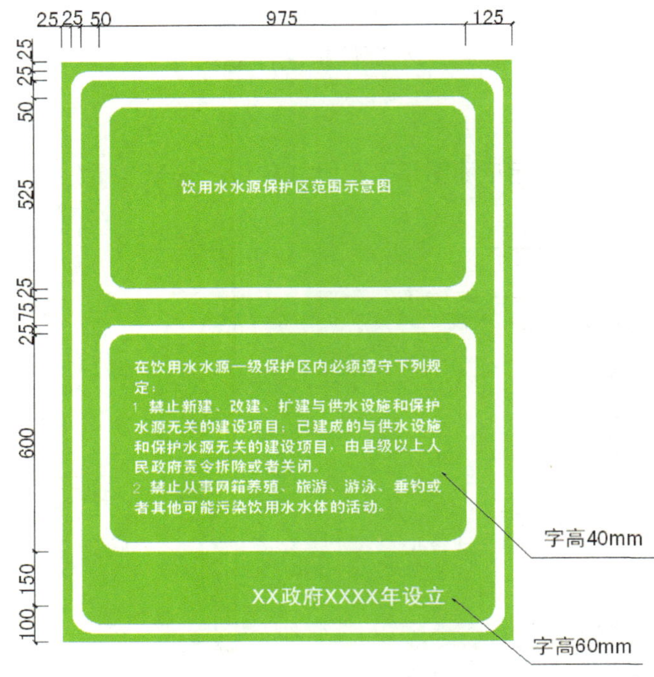

图 B.2 饮用水水源保护区界标图示及尺寸

B.3 饮用水水源保护区道路警示牌图示及尺寸（单位：毫米）

图 B.3 饮用水水源保护区道路警示牌图示及尺寸

B.4 饮用水水源保护区航道警示牌图示及尺寸（单位：毫米）

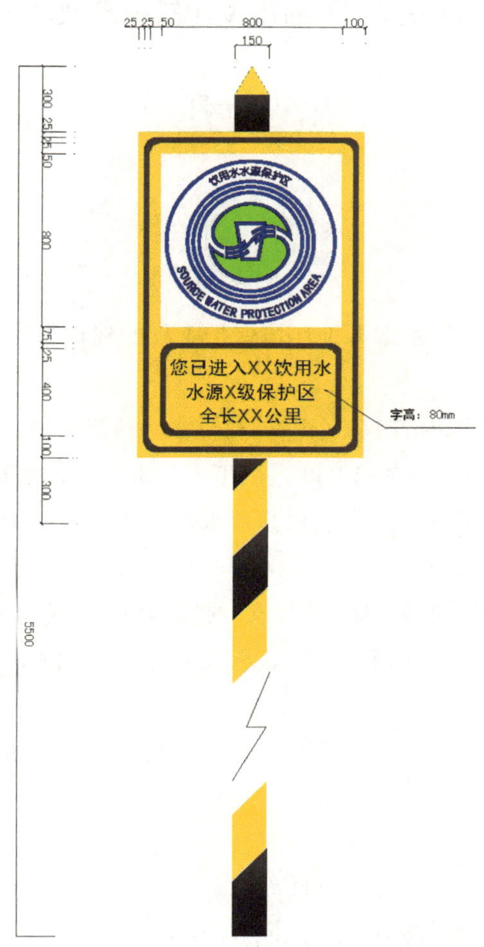

图 B.4 饮用水水源保护区航道警示牌图示及尺寸

农村饮用水水源地环境保护技术指南

（HJ 2032—2013）

1 总则

1.1 适用范围

本指南适用于农村饮用水水源地环境保护工程的建设与管理。

1.2 术语和定义

1.2.1 农村饮用水水源地：指向乡（镇）、村供水、有简易净化措施或无净化措施、并小于一定规模（供水人口一般在 1 000 人以下）的现用和规划饮用水水源地。

1.2.2 农村饮用水水源防护区：指农村饮用水水源按照本技术指南要求设定的污染防护区域。

1.2.3 农村连片供水：指向乡（镇）居民、村民提供的相对集中的简易供水方式。

1.2.4 农村分散供水：指乡（镇）居民、村民通过分散设置的水井或其他取水设施直接取水。

1.2.5 集水池：从水源取水向农户供水过程中，用作水量、水压调节的集水容器或构筑物。

1.3 规范性引用文件

本指南主要引用了以下文件，包括：

（1）《地表水环境质量标准》（GB 3838—2002）

（2）《地下水质量标准》（GB/T 14848—93）

（3）《生活饮用水卫生标准》（GB 5749—2006）

（4）《饮用水水源保护区划分技术规范》（HJ/T 338—2007）

（5）《饮用水水源保护区标志技术要求》（HJ/T 433—2008）

（6）《地表水和污水监测技术规范》（HJ/T 91—2002）

（7）《地下水环境监测技术规范》（HJ/T 164—2004）

（8）《村镇供水工程技术规范》（SL 310—2004）

（9）《镇（乡）村给水工程技术规程》（CJJ 123—2008）

（10）关于加强农村环境保护工作意见的通知（国办发〔2007〕63 号）

（11）关于进一步加强分散式饮用水水源地环境保护工作的通知（环办〔2010〕32 号）

2 农村饮用水水源分类

农村饮用水水源可以分为地表水源、地下水源和其他等类型，地表水源主要包括河流、湖库、山溪、坑塘等；地下水源主要包括浅层地下水、深层地下水、山涧泉水等类型；其他类型包括水窖、水柜等。

2.1 地表水源

2.1.1 河流型水源

根据水源水体规模、水量受水文、气象条件影响程度、季节变化影响及受区域水环境质量影响的程度，河流型水源可分为大中型河流和小型山溪。

2.1.2 湖库型水源

根据水源水体规模、水量受水文、气象条件影响程度、水质受区域水环境质量影响的程度，湖库型水源可分为大中型湖泊水库和塘坝。

2.2 地下水源

2.2.1 浅层地下水源

指直接从地下潜水含水层取水，易受地下水位变动以及地表水污染影响的水源。

2.2.2 深层地下水源

指从潜水含水层以下的承压含水层取水，水质、水量较为稳定的水源。

2.2.3 山涧泉水水源

指收集山涧出露泉水作为水源，供水量受水文气象条件影响较大，水质好且不易受到污染。

2.3 其他类型或特殊水源

2.3.1 水窖水源

指北方地区利用修建于地面以下并具有一定容积的水窖拦蓄雨水和地表径流作为水源。

2.3.2 水柜水源

指南方地区用于收集雨水或其他来水的小型地表蓄水设施。

3 农村新建饮用水水源地选址工程技术

3.1 新建饮用水水源地选址水质水量技术要求

新、改、扩建水源地，至少进行丰、枯两个季节的水质、水量监测。水质需满足GB 3838—2002或GB 14848—93中III类水质的规定，若无净化措施，则需满足GB 5749—2006的要求。水量不低于近、中期需水量的95%。

当地表和地下水源水质水量均符合要求时，应优先考虑地下水源。

3.2 新建饮用水水源地选址技术经济要求

当有多个水源可供选择时，除水质水量符合要求外，还要考虑供水的可靠性、基建投资、运行费用、施工条件和施工方法等。宜进行全面技术经济分析，作为选址的重要参考依据。

3.3 新建饮用水水源地选址技术

有条件的山区农村应尽量选择山泉水或地势较高的水库为水源，可以靠重力供水；平原地区农村一般选用地下水作为水源，并尽可能适度集中，以便于水源的卫生防护、取水设施工程建设及实施环境管理。

地下水源应选择包气带防污性好的地带，并按照地下水流向，在污染源及镇（乡）村的上游地区建设并应尽量靠近主要用水地区。

连片供水水源优先选择深层地下水，取水深度可根据当地地质结构确定。

设置于村前房后的单户或多户水源井，可以地下潜水作为水源。打井深度应根据当地水文地质条件确定，取水水量应满足正常用水需求，水质应满足饮用水水质要求。

3.4 农村饮用水水源地取水口设置要求

大型河流、湖库水源地取水口应尽量设在河、湖库中间。离岸水平距离应不小于30米，垂线方向应在最枯水位线下，且不小于0.5米。对于小型山溪和塘坝水源，应尽量避免周边环境对取水口的影响。

有条件地区，宜采用傍河取水方式设置取水井，避免从河道、湖库直接取水。取水井井口设置应高于河流、湖库正常防洪水位线。

3.5 取水工程设计要求

农村饮用水水源地的取水规模依据农村人均用水量及供水人口确定。农村居民人均用水量应包括生活和畜禽养殖等用水需要，有条件的地区，可根据实际计量水量进行确定；无计量条件的地区，可按50～150升/人·日进行估算。

集水池设计规模应为取水规模的0.8～1.5倍。对于供水水量不稳定或具有备用功能的水源，集水池设计规模至少为取水规模的3倍。

4 农村饮用水水源地保护工程技术

4.1 河流、湖库水源保护工程技术

河流、湖库水源保护工程技术包括取水口隔离及取水设施建设、水源标志设置、水源防护区划分、水源污染防治四个子项技术，其示意图见图1。工程位置参照本指南确定的水源防护区边界确定。采用傍河取水方式时，水源的保护工程参照地下水源保护工程进行。

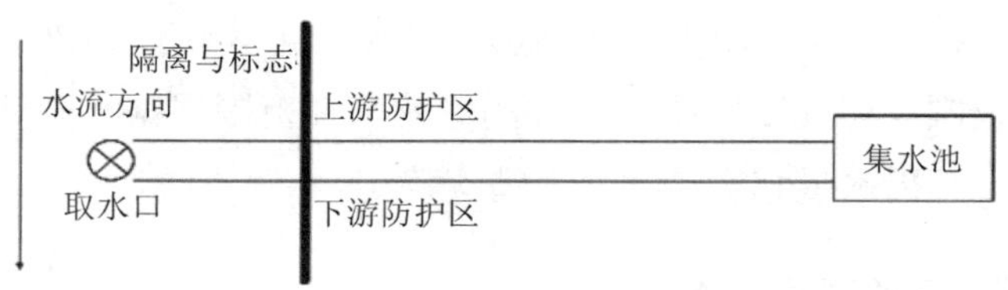

图 1 河流、湖库水源保护工程示意图

4.2 小型塘坝水源保护工程技术

小型塘坝水源保护工程技术包括取水口隔离及取水设施建设、水源标志设置、水源防护区划分、水源污染防护四个子项技术，其示意图见图 2。

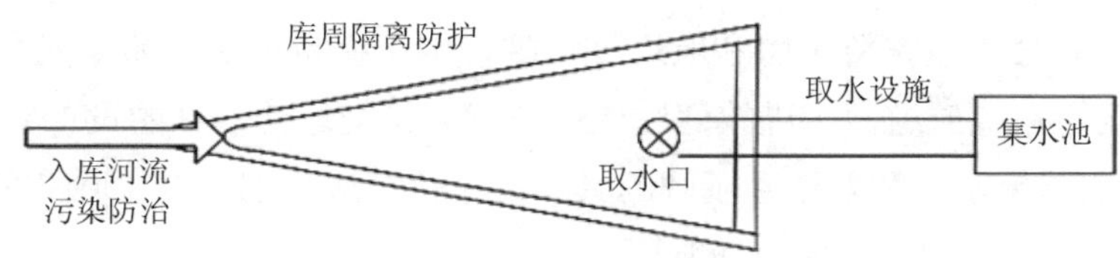

图 2 小型塘坝水源保护工程示意图

4.3 地下水源保护工程技术

小型塘坝水源保护工程技术包括取水口隔离及取水井建设、水源标志设置、水源防护区划分、水源污染防护四个措施，其示意图见图 3。

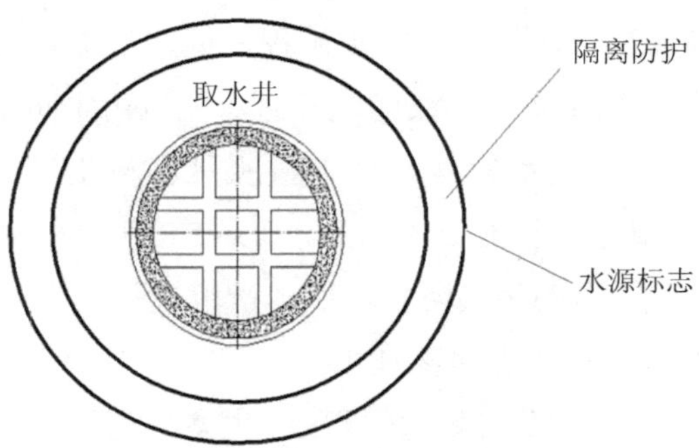

图 3 地下水源保护工程示意图

5 水源防护区划分技术

为了保护农村饮用水水源地环境，防止水源地污染，保障水源水质，划定水源防护区。

大型河流、湖库水源防护区范围：取水口陆侧岸边上游 50 米，下游 30 米、陆域纵深不小于 30 米的区域。

小型塘坝水源防护区范围：不大于库塘水面、正常水位线以上水平距离 50 米范围。

地下水水源防护区范围：应大于井的影响半径，且不小于 30 米。傍河取水水源及相应河流的保护范围参照此要求执行。井的影响半径范围根据水源地所处的水文地质条件、开采方式、开采水量和污染源分布情况确定。

6 水源保护区标志工程建设技术

农村饮用水水源防护区标志主要包括界标、交通警示牌和宣传牌。

6.1 界标

在防护区的地理边界设立界标，用于标识水源地及防护区的范围，并起到警示作用。界标的设置要求可参照 HJ/T 433—2008。

6.2 交通警示牌

交通警示牌分为道路警示牌和航道警示牌，用于警示车辆、船舶或行人进入饮用水水源保护区道路或航道，需谨慎驾驶或谨慎行为。交通警示牌的设置要求参照 HJ/T 433—2008。道路警示牌和航道警示牌的具体设立位置应分别符合《道路交通标志和标线》（GB 5768—2009）和《内河助航标志》（GB 5863—93）的相关要求。

6.3 宣传牌

根据实际需要，为保护当地饮用水水源而对过往人群进行宣传教育所设立的标志。宣传牌的设置要求参照 HJ/T 433—2008。

7 农村饮用水水源污染防护技术

农村大型河流、湖库型水源的污染防护工程依据《集中式饮用水水源环境保护指南（试行）》以及相应的饮用水水源污染防治规划、流域污染防治规划进行设计；生活污水、生活垃圾及畜禽养殖废水的处理处置按照《农村生活污染技术政策》（环发〔2010〕20 号）、《畜禽养殖污染防治技术规范》（HJ/T 81）及相关要求进行；小型河流、塘坝及地下水源其他污染类型的污染防护参照本指南进行。

7.1 小型河流、塘坝水源周边生态隔离技术

针对小型河流、塘坝饮用水水源，主要采取生态隔离措施，由两个子系统组成，即流域农田减量施肥子系统和生态隔离防护子系统，其中，生态隔离防护子系统包括植物篱、生态沟渠和植被缓冲带等技术，可根据实际需要和水源所处地形选择使用其中一种技术，或几种技术组合使用。

流域农田减量施肥子系统：在库塘周边农田中实施测土配方、合理施肥，以减少 N、P 的流失，从而减少农业非点源污染对周围水体的污染。

生态隔离防护带子系统：在库塘周边 50 米范围内，构建生态防护隔离带，应按照宽度大于 50 米、高度大于 1.5 米进行设置，主要起到阻隔人群活动影响的作用，同时

减少面源污染的影响。主要技术包括：

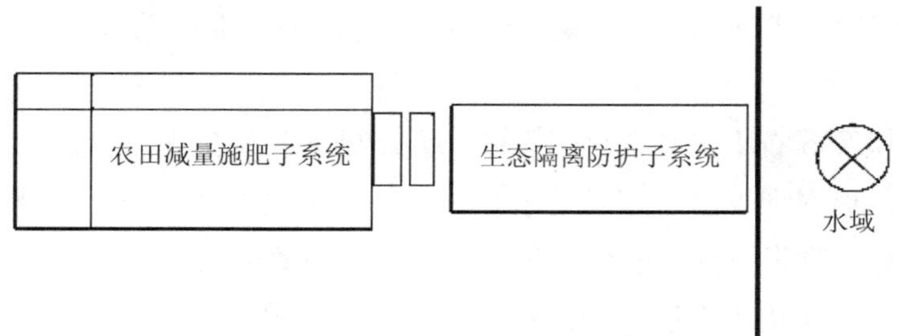

图 4 小型河流、塘坝饮用水水源污染防护工程示意图

植物篱：通过生物吸收作用等再次消耗氮磷养分、净化水质，提高养分资源的再利用率。库塘周边生态隔离系统的最佳结构为“疏林＋灌草”，这一结构可以通过密度控制来实现。需根据当地的气候条件，选取适宜的生物物种。适合水土保持的防护林树种主要有：松树、刺槐、栎类、凯木、紫穗槐等，须选择适合于本地区的树种。

生态沟渠：对沟渠的两壁和底部采用蜂窝状混凝土板材硬质化，在蜂窝状孔中种植对 N、营养元素具有较强吸收能力的植物，用于吸收农田排水中的营养元素，从而减少库塘水质的富营养化。

植被缓冲带：通常设置在下坡位置，植被种类选取以本地物种为主，乔木、灌木、草类等合理配置，布局上也要相互协调，以提高植被系统的稳定性。植被缓冲带要具备一定的宽度和连续性，宽度可结合预期功能和可利用土地范围合理设置。

7.2 塘坝水源入库溪流前置库技术

对于塘坝水源入库溪流，宜采用前置库技术。前置库的库容按照入库溪流日均流量的 0.5～1.5 倍进行设计。前置库由五个子系统组成，即地表径流收集与调节子系统；沉降与拦截子系统；生态透水坝及砾石床强化净化子系统；生态库塘强化净化子系统；导流子系统。

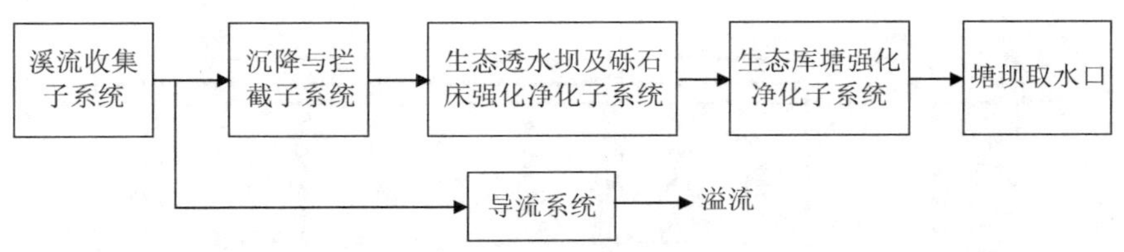

图 5 前置库系统的组成结构示意图

地表径流收集与调节子系统：利用现有沟渠适当改造，结合生态沟渠技术，收集地表径流并进行调蓄，对地表径流中污染物进行初级处理。

沉降与拦截子系统：利用库区入口的沟渠河床，通过适当改造，结合人工湿地原理构建生态河床，种植大型水生植物，建成生物格栅，既对引入处理系统的地表径流中的颗粒物、泥沙等进行拦截、沉淀处理，又去除地表径流中的N、P，以及其他有机污染物。

生态透水坝及砾石床强化净化子系统：利用砾石构筑生态透水坝，保持调节系统与库区水位差，透水坝以渗流方式过水。砾石床位于生态透水坝后，砾石床种植的植物、砾石孔隙与植物根系周围的微生物共同作用，高效去除N、P及有机污染物。

生态库塘强化净化子系统：利用具有高效净化作用的生物浮床、生物操纵技术、水生植物带、固定化脱氮除磷微生物等，强化清除N、P、有机污染物等。

导流子系统：暴雨时为防止系统暴溢，初期雨水引入前置库后，后期雨水通过导流系统流出。

7.3 地下水源地隔离防护技术

以水井为中心，周围设置坡度为5%的硬化导流地面，半径不小于3米，30米处设置导流水沟，防止地表积水直接下渗进入井水。导流沟外侧设置防护隔离墙，高度1.5米，顶部向外侧倾斜0.2米，或者生物隔离带宽度5米，高度1.5米。此外，如地下水源位于农业生产区，则需参照第7.1节小型塘坝水源周边生态隔离技术增设农田减量施肥子系统和生态截留沟渠子系统，以防止农药或化肥经灌渗进入地下蓄水层。

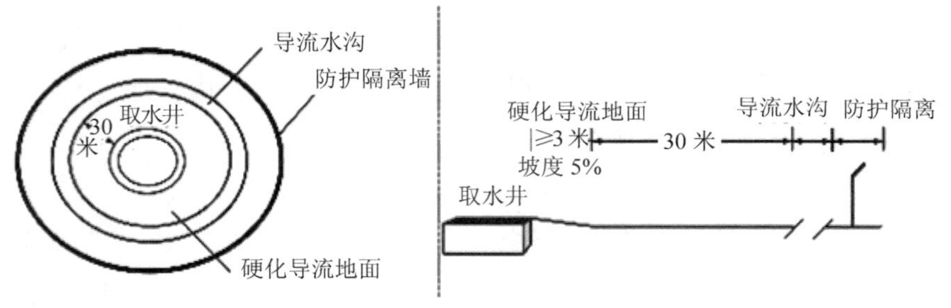

图6 地下水源地隔离防护示意图

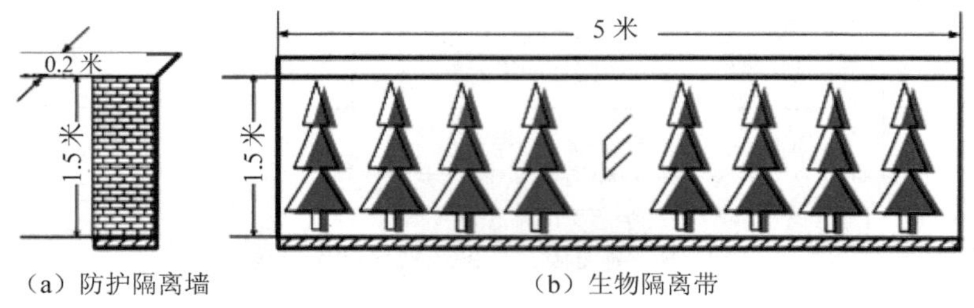

图7 地下水源取水口隔离工艺示意图

8 农村饮用水水源地环境管理技术

8.1 水源地水质日常监测技术要求

县级政府相关部门定期开展水源水质监测，监测点可设在水源取水口处。地表水源的监测项目为 GB 3838—2002 表 1 和表 2 中的指标；地下水源的监测项目为 GB/T 14848—93 表 1 中的指标。应定期开展细菌总数监测。

对于常规项目，有条件的地区应每年按照丰水期、平水期、枯水期开展水质监测；没有条件的地区，应每年监测一次。对于特定项目，应每 3～5 年监测一次，检出或者超标的指标，应按照常规项目的监测频次进行监测。

对于南北方地区较为特殊的水柜和水窖型水源，应尽量参照大型水源的要求，定期开展水质监测。

依据 GB 3838—2002 或 GB/T 14848—93 Ⅲ类标准对水源水质进行评价。

8.2 水源地水质水量达标要求

水源水质水量应满足本指南第 3.1 节相关要求。

当水质达不到上述要求时，应采取必要的净化措施或按照本指南中第 3 节的要求另选水源。

当水量达不到要求时，需采取增加供水量的相关措施或按照本指南中第 3 节的要求另选水源。

8.3 水源地环境管理能力建设技术

定期进行供水设施维护检修，建立日常保养、定期维护和大修理三级维护检修制度。

以乡、镇为单位，由配备的环保员或防疫员兼任化验员，或专门配备化验人员，设置简单实验室，装配必要仪器设备。水质监测人员上岗前须经采样技术及仪器使用培训。

定期对水源地相关设施进行运行维护：警示牌、隔离措施一年检修一次；前置库每年清理一次；植被隔离防护带草皮每年收割五次。

集中式饮用水水源编码规范

（HJ 747—2015）

1 适用范围

本标准规定了集中式饮用水水源编码规则。

本标准适用于饮用水水源环境管理工作中的信息采集、存储、应用和管理。

2 规范性引用文件

本标准引用了下列文件或其中的条款。凡是未注明日期的引用文件，其最新版本适用于本标准。

GB/T 2260 中华人民共和国行政区划代码

GB/T 10114 县级以下行政区划代码编制规则

环境统计报表填报指南 中国环境科学出版社，2008

3 术语和定义

3.1 饮用水水源 drinking water source

指提供生活及公共服务用水的水体，包括河流、湖泊、水库和地下水等。

3.2 集中式饮用水水源 centralized drinking water source

指通过输水管网送到用户的和具有一定供水规模（供水人口一般大于 1 000 人）的饮用水水源。

3.3 赋码对象 code objects

在本标准中特指集中式饮用水水源。

3.4 饮用水水源代码 code for drinking water source

指给饮用水水源赋予的一组有规律的、易于识别和处理的符号。

4 编码规则

4.1 代码结构

饮用水水源代码采用组合编码方式，由水系码、地址码、类型码和顺序码四部分组成。代码长度为 20 位。

4.2　代码表示形式

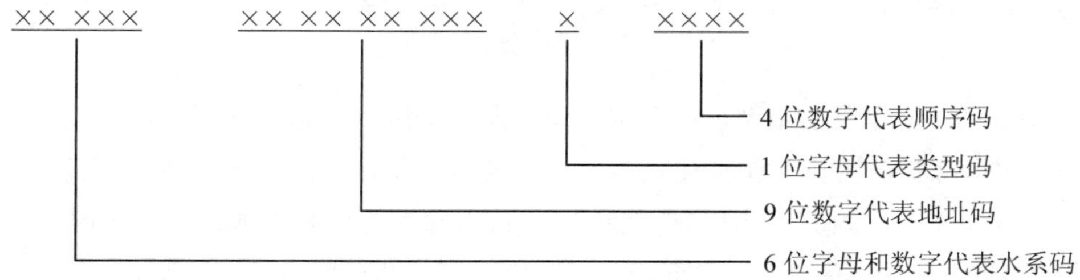

4.2.1　水系码

4.2.1.1　表示赋码对象所在水系代码，水系代码长度为 6 位。

4.2.1.2　按照《环境统计报表填报指南》附录 2-7 全国环境系统水系代码表中水系代码的前 6 位字母和数字编写。

4.2.1.3　对于未列入全国环境系统水系代码的饮用水水源，根据水源空间位置就近选择相关的水系。地下水型饮用水水源根据井群中心的位置就近选择水系。

4.2.2　地址码

4.2.2.1　表示赋码对象所在行政区划代码，地址码长度为 9 位。

4.2.2.2　地址码前 6 位数字参考 GB/T 2260，对饮用水水源赋予县及县以上行政区划代码；后 3 位数字参考 GB/T 10114，对饮用水水源赋予县级以下行政区划代码。

4.2.2.3　赋码对象为河流型、湖泊型、水库型的饮用水水源，依据最先建成且启用的取水口所在行政区地址进行编码。赋码对象为地下水型水源地，依据井群中心所在行政区地址进行编码。

4.2.3　类型码

4.2.3.1　表示赋码对象所属的水体类型代码，类型码长度为 1 位。

4.2.3.2　类型码中“S”表示河流型饮用水水源；“L”表示湖泊型饮用水水源；“R”表示水库型饮用水水源；“G”表示地下水型饮用水水源。其他数字或字母无意义。

4.2.4　顺序码

4.2.4.1　表示赋码对象的顺序代码，顺序码长度为 4 位。

4.2.4.2　采用递增赋码方式，其数字顺序应根据饮用水水源建成时间的先后顺序进行赋码，代码范围从 0001 到 9999。

4.2.4.3　同一行政区有多个水源时，对同一类型的饮用水水源，采用递增赋码方式编制顺序码。

4.3　代码的撤销与调整

4.3.1　代码的撤销

4.3.1.1　饮用水水源代码具有唯一性，若水源撤销，其代码应予以废止，且不得重新赋予其他水源。

4.3.1.2 撤销后又重新启用的饮用水水源，代码保持不变。

4.3.2 代码的调整

4.3.2.1 取水口位置发生微调，但仍位于原水源保护区内，水源代码保持不变。

4.3.2.2 水源保护区范围发生变化，但取水口位置不变，水源代码保持不变。

4.3.2.3 若饮用水水源所在地行政区划调整，饮用水水源代码中地址码随之调整，类型码不变，顺序码按递增赋码方式重新编制，原代码随即予以废止、备案。

附　录　A
（资料性附录）
集中式饮用水水源编码示例

四川省成都市彭州市龙门山镇湔江饮用水水源

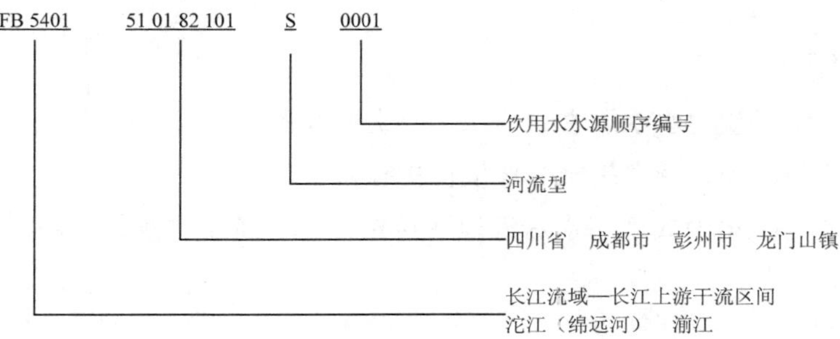

集中式饮用水水源地规范化建设环境保护技术要求

（HJ 773—2015）

1 适用范围

本标准规定了饮用水水源水量与水质、饮用水水源保护区建设与整治、监控能力、风险防控与应急能力、管理措施等环境保护技术要求。

本标准适用于集中式饮用水水源地（包括在用、备用和规划）环境保护规范化建设和监督管理。

2 规范性引用文件

本标准引用了下列文件中的条款。凡是未注明日期的引用文件，其最新版本适用于本标准。

GB 3838 地表水环境质量标准

GB 5768 道路交通标志和标线

GB 5863 内河助航标志

GB/T 14848 地下水质量标准

GB/T 26903 水源涵养林建设规范

HJ/T 91 地表水和污水监测技术规范

HJ/T 338 饮用水水源保护区划分技术规范

HJ/T 433 饮用水水源保护区标志技术要求

HJ 747 集中式饮用水水源编码规范

3 术语和定义

下列术语和定义适用于本标准。

3.1 饮用水水源地 drinking water source

提供居民生活及公共服务用水的取水水域和密切相关的陆域。

3.2 集中式饮用水水源地 centralized drinking water source

进入输水管网送到用户和具有一定取水规模（供水人口一般大于 1 000 人）的在

用、备用和规划水源地。依据取水区域不同，集中式饮用水水源地可分为地表水饮用水水源地和地下水饮用水水源地；依据取水口所在水体类型的不同，地表水饮用水水源地可分为河流型饮用水水源地和湖泊、水库型饮用水水源地。

3.3 饮用水水源保护区 drinking water source protection area

国家为防治饮用水水源地污染、保障水源水质而划定，并要求加以特殊保护的一定范围的水域和陆域。饮用水水源保护区分为一级保护区和二级保护区，必要时可划定准保护区。

3.4 风险源 risk source

可能向饮用水水源地释放有毒有害物质，造成饮用水水源水质恶化的污染源，包括但不限于工矿企业、事业单位以及输送石化、化工产品的管线等点源；运输危险化学品、危险废物及其他影响饮用水水源安全物质的车辆、船舶等流动源；有可能对水源地水质造成影响的无固定污染排放点的畜禽、水产养殖污水等非点源。

3.5 流程 flow path

污染物在一定时间内随着水体流动所经过的距离。

3.6 预警监控 early warning monitoring

在特定监测断面，选择特定指标，采用自动（在线）监测方式，监控水源水质变化状况及趋势，为风险防控提供决策信息的一种手段。

3.7 视频监控 video monitoring

利用视频（摄像头、监控仪）等设施，对敏感或重点区域进行实时监视的一种措施。

3.8 风险评估 risk assessment

因饮用水水源地所在区域污染源的非正常排放或自然过程对水源水质、水量可能造成破坏的环境风险进行的量化评估。

3.9 风险防控 risk prevention

有目的地通过计划、组织、控制、处置等活动来阻止风险事件发生，以降低损失程度的措施。

3.1 0 应急能力 emergency response capability

为应对水源地突发环境事件，所采取的污染控制、管理等临时应变措施的能力。

3.1 1 应急防护工程设施 emergency protective facilities

应急物资储备库、应急池、节制闸、拦污坝、导流渠、调水沟渠等应急防护工程和装备的统称。

4　水源水量水质要求

4.1　水量

地下水饮用水水源年实际取水量不大于年设计取水量；地表水饮用水水源取水量不造成生态环境破坏。

4.2　水质

4.2.1　地表水饮用水水源各级保护区水质满足 GB 3838 要求；湖泊、水库型水源综合营养状态指数 TLI 不大于 60。

4.2.2　地下水饮用水水源水质满足 GB/T 14848 要求。

5　保护区建设要求

5.1　保护区划分

5.1.1　依据 HJ/T 338，结合饮用水水源地实际情况划定饮用水水源保护区。

5.1.2　饮用水水源保护区划分方案依法审批并颁布实施。

5.2　保护区标志设置

5.2.1　依据 HJ/T 433，设置界碑、交通警示牌和宣传牌等标识，且状态完好。

5.2.2　保护区内道路、航道警示标志的设置，符合 GB 5768 和 GB 5863 要求。

5.3　隔离防护

5.3.1　在一级保护区周边人类活动频繁的区域设置隔离防护设施。

5.3.2　保护区内有道路交通穿越的地表水饮用水水源地和潜水型地下水饮用水水源地，建设防撞护栏、事故导流槽和应急池等设施。

5.3.3　穿越保护区的输油、输气管道采取防泄漏措施，必要时设置事故导流槽。

6　保护区整治要求

6.1　一级保护区

6.1.1　保护区内不存在与供水设施和保护水源无关的建设项目，保护区划定前已有的建设项目拆除或关闭，并视情况进行生态修复。

6.1.2　保护区内无工业、生活排污口。保护区划定前已有的工业排污口拆除或关闭，生活排污口关闭或迁出。

6.1.3　保护区内无畜禽养殖、网箱养殖、旅游、游泳、垂钓或者其他可能污染水源的活动。保护区划定前已有的畜禽养殖、网箱养殖和旅游设施拆除或关闭。

6.1.4　保护区内无新增农业种植和经济林。保护区划定前已有的农业种植和经济林，严格控制化肥、农药等非点源污染，并逐步退出。

6.2 二级保护区

6.2.1 点源整治

6.2.1.1 保护区内无新建、改建、扩建排放污染物的建设项目。保护区划定前已建成排放污染物的建设项目拆除或关闭，并视情况进行生态修复。

6.2.1.2 保护区内无工业和生活排污口。保护区内城镇生活污水经收集后引到保护区外处理排放，或全部收集到污水处理厂（设施），处理后引到保护区下游排放。

6.2.1.3 保护区内城镇生活垃圾全部集中收集并在保护区外进行无害化处置。

6.2.1.4 保护区内无易溶性、有毒有害废弃物暂存或转运站；无化工原料、危险化学品、矿物油类及有毒有害矿产品的堆放场所；生活垃圾转运站采取防渗漏措施。

6.2.1.5 保护区内无规模化畜禽养殖场（小区），保护区划定前已有的规模化畜禽养殖场（小区）全部关闭。

6.2.2 非点源控制

6.2.2.1 保护区内实行科学种植和非点源污染防治。

6.2.2.2 保护区内分散式畜禽养殖废物全部资源化利用。

6.2.2.3 保护区水域实施生态养殖，逐步减少网箱养殖总量。

6.2.2.4 农村生活垃圾全部集中收集并进行无害化处置。

6.2.2.5 居住人口大于或等于 1 000 人的区域，农村生活污水实行管网统一收集、集中处理；不足 1 000 人的，采用因地制宜的技术和工艺处理处置。

6.2.3 流动源管理

6.2.3.1 保护区内无从事危险化学品或煤炭、矿砂、水泥等装卸作业的货运码头。无水上加油站。

6.2.3.2 保护区内危险化学品运输管理制度健全。

6.2.3.3 保护区内有道路、桥梁穿越的，危险化学品运输采取限制运载重量和物资种类、限定行驶线路等管理措施，并完善应急处置设施。

6.2.3.4 保护区内运输危险化学品车辆及其他穿越保护区的流动源，利用全球定位系统等设备实时监控。

6.3 准保护区整治

6.3.1 准保护区内无新建、扩建制药、化工、造纸、制革、印染、染料、炼焦、炼硫、炼砷、炼油、电镀、农药等对水体污染严重的建设项目；保护区划定前已有的上述建设项目不得增加排污量并逐步搬出。

6.3.2 准保护区内无易溶性、有毒有害废弃物暂存和转运站，并严格控制采矿、采砂等活动。

6.3.3 准保护区内工业园区企业的第一类水污染物达到车间排放要求、常规污染物达到间接排放标准后，进入园区污水处理厂集中处理。

6.3.4 不能满足水质要求的地表水饮用水水源，准保护区或汇水区域采取水污染物容量总量控制措施，限期达标。

6.3.5 准保护区无毁林开荒行为，水源涵养林建设满足 GB/T 26903 要求。

7 监控能力建设要求

7.1 常规监测

7.1.1 监测断面设置

水质监测断面参考 HJ/T 91 设置并满足以下要求：

7.1.1.1 河流型饮用水水源：在取水口上游一级保护区、二级保护区水域边界至少各设置 1 个监测断面。

7.1.1.2 湖泊、水库型饮用水水源：在取水口周边一级保护区、二级保护区水域边界至少各设置 1 个监测点位。

7.1.1.3 地下水型饮用水水源：可在抽水井设置监测点；不具备条件的，可在水厂汇水池（加氯前）设置监测点。

7.1.2 监测指标及频次

按照各级环境保护主管部门每年下达的监测计划实施。

7.2 预警监控

7.2.1 日供水规模超过 10 万 m^3（含）的河流型水源地，预警监控断面设置在取水口上游如下位置：（1）两个小时及以上流程水域；（2）两个小时流程水域内的风险源汇入口；（3）跨省级及地市级行政区边界，并依据上游风险源的排放特征，优化监控指标和频次。潮汐河流，可依据取水口下游污染源分布及潮汐特征在取水口下游增加预警监控断面。

7.2.2 日供水规模超过 20 万 m^3（含）的湖泊、水库型水源地，预警监控断面设置在主要支流入湖泊、水库口的上游，设置要求同 7.2.1。并依据上游风险源的排放特征，优化监控指标和频次。综合营养状态指数 TLI 大于 60 的湖泊、水库型水源开展“水华”预警监控。

7.3 视频监控

7.3.1 日供水规模超过 10 万 m^3（含）的地表水饮用水水源地，在取水口、一级保护区及交通穿越的区域安装视频监控；日供水规模超过 5 万 m^3（含）的地下水饮用水水源地，在取水口和一级保护区安装视频监控。

7.3.2 饮用水水源地视频监控系统与水厂和环保部门的监控系统平台实现数据共享。

8　风险防控与应急能力建设要求

8.1　风险识别与防范

8.1.1　具备饮用水水源保护区及影响范围内风险源名录和风险防控方案。

8.1.2　定期或不定期开展饮用水水源地周边环境安全隐患排查及饮用水水源地环境风险评估。

8.2　应急能力

8.2.1　饮用水水源地有专项应急预案，做到“一源一案”，按照环境保护主管部门要求备案并定期演练和修订预案。

8.2.2　饮用水水源地周边高风险区域设有应急物资（装备）储备库及事故应急池等应急防护工程，上游连接水体设有节制闸、拦污坝、导流渠、调水沟渠等防护工程设施。

8.2.3　具备饮用水水源地突发环境事件应急处置技术方案及应急专家库。

8.2.4　具备应急监测能力。

9　管理措施要求

9.1　饮用水水源地名称规范，编码依据 HJ 747 编制，档案完整，做到“一源一档”。

9.2　按照环境监察要求定期巡查。

9.3　定期开展饮用水水源地环境状况评估。

9.4　饮用水水源地信息化管理平台完善。

9.5　定期公开饮用水水源地相关信息。

集中式饮用水水源地环境保护状况评估技术规范

（HJ 774—2015）

1 适用范围

本标准规定了集中式饮用水水源水量与水质、水源地环境管理状况及变化趋势评估的技术方法。

本标准适用于单个集中式饮用水水源地环境保护状况和行政区域（如城市、城镇或乡镇等）多个集中式饮用水水源地环境保护总体状况的评估。

2 规范性引用文件

本标准引用了下列文件中的条款。凡是未注明日期的引用文件，其最新版本适用于本标准。

GB 12268 危险货物品名表

GB 13690 化学品分类和危险性公示通则

HJ/T 338 饮用水水源保护区划分技术规范

HJ/T 433 饮用水水源保护区标志技术要求

HJ 747 集中式饮用水水源编码规范

HJ 773 集中式饮用水水源地规范化建设环境保护技术要求

3 术语和定义

下列术语和定义适用于本标准。

3.1 集中式饮用水水源地 centralized drinking water source

进入输水管网送到用户和具有一定取水规模（供水人口一般大于 1 000 人）的在用、备用和规划水源地。依据取水区域不同，集中式饮用水水源地可分为地表水饮用水水源地和地下水饮用水水源地；依据取水口所在水体类型不同，地表水饮用水水源地可分为河流型饮用水水源地和湖泊、水库型饮用水水源地。

3.2 达标水源 source water reaching the standard

依据国家环境保护主管部门的规定，水质评价结果满足国家相关标准要求的集中式饮用水水源。

3.3 水源达标率 rate of the source water quantity reaching the standard

水质达标的集中式饮用水水源数量与评估水源总数量的百分比。

3.4 水量达标率 rate of the water yield reaching the standard

水质达标的集中式饮用水水源取水量与评估水源取水总量的百分比。

3.5 预警监控 early warning monitoring

在特定监测断面，选择特定指标，采用自动（在线）监测方式，监控水源水质变化情况及趋势，为风险防控提供决策信息的一种手段。

3.6 视频监控 video monitoring

利用视频（摄像头、监控仪）等设施，对敏感或重点区域进行实时监视的一种措施。

3.7 分散式生活污水 decentralized domestic sewage

未纳入污水收集管网收集处理的乡镇、农村居民生活污水。

3.8 风险源 risk sources

可能向饮用水水源地释放有毒有害物质，造成饮用水水源水质恶化的污染源，包括但不限于工矿企业、事业单位以及输送石化、化工产品的管线等点源；运输危险化学品、危险废物及其他影响饮用水水源安全物质的车辆、船舶等流动源；有可能对水源地水质造成影响的无固定污染排放点的畜禽、水产养殖污水等非点源。

3.9 应急防护工程设施 emergency protective facilities

应急物资储备库、应急池、节制闸、拦污坝、导流渠、调水沟渠等应急防护工程和装备的统称。

4 评估方法

4.1 取水量保证状况

单个水源：取水量保证状况（WG）用取水量保证率 WGR_i 表示。地下水饮用水水源，实际取水量小于或等于设计取水量时，WGR_i 为 100%；否则，WGR_i 为 0。地表水饮用水水源，取水水位不低于设计枯水位时，WGR_i 为 100%；否则，WGR_i 为 0。

行政区域内水源：取水量保证率（$\mathrm{WGR_S}$）为参与评估水源取水量保证率的均值。计算公式为：

$$\mathrm{WGR_S} = \frac{\sum_{i=1}^{N} \mathrm{WGR}_i}{N} \tag{1}$$

式中：N——行政区域内参与评估的水源总数。

4.2 水源达标状况

水源达标状况用 SQ 表示。评估内容为水量达标率（WSR）和水源达标率（WQR）。

4.2.1 水量达标率

单个水源：水量达标率（WSR_i）的计算公式为：

$$WSR_i = \frac{水源达标取水量之和}{水源取水总量} \times 100\% \qquad (2)$$

行政区域内水源：水量达标率（WSR_S）的计算公式为：

$$WSR_S = \frac{水源达标取水量之和}{水源取水总量之和} \times 100\% \qquad (3)$$

4.2.2 水源达标率

单个水源：水源达标时，WQR_i 为 100%；否则，WQR_i 为 0。

行政区域内水源：水源达标率（WQR_S）为达标水源数量之和与饮用水水源总数量的百分比，计算公式为：

$$WQR_S = \frac{达标水源数量之和}{饮用水水源总数量} \times 100\% \qquad (4)$$

4.3 环境管理状况

环境管理状况用 MS 表示。评估内容为保护区建设、保护区整治、监控能力、风险防控与应急能力、管理措施 5 项。

4.3.1 保护区建设

4.3.1.1 保护区划分

保护区划分状况用保护区划分完成率 PD 表示。

单个水源地：参照 HJ/T 338，划分保护区并获批复，则 PD_i 为 100%；否则，PD_i 为 0。

行政区域内水源地：保护区划分完成率（PD_S）计算公式为：

$$PD_S = \frac{\sum_{i=1}^{N} PD_i}{N} \qquad (5)$$

式中：N——行政区域内参与评估的水源地总数。

4.3.1.2 保护区标志设置

保护区标志设置状况用标志设置完成率 PS 表示。

单个水源地：依据 HJ/T 433 完成标志设置的，PS_i 为 100%；未依据 HJ/T 433 设置的，PS_i 为 60%；未设置的，PS_i 为 0。

行政区域内水源地：保护区标志设置完成率（PS_S）计算公式为：

$$PS_S = \frac{\sum_{i=1}^{N} PS_i}{N} \tag{6}$$

式中：N——行政区域内参与评估的水源地总数。

4.3.1.3　一级保护区隔离

一级保护区隔离状况用隔离防护工程完成率 PF1 表示。

单个水源地：一级保护区隔离防护工程完成率 $PF1_i$ 计算公式为：

$$PF1_i = \frac{\text{实际完成的隔离防护工程量}}{\text{应完成的隔离防护工程量}} \times 100\% \tag{7}$$

应完成的隔离防护工程量依据 HJ 773 要求确定，实际完成的隔离防护工程量为评估时段内完成的工程量。

行政区域内水源地：一级保护区隔离防护工程建设完成率（$PF1_S$）的计算公式为：

$$PF1_S = \frac{\sum_{i=1}^{N} PF1_i}{N} \tag{8}$$

式中：N——行政区域内参与评估的水源地总数。

4.3.2　保护区整治

4.3.2.1　一级保护区整治

单个水源地：一级保护区整治状况用一级保护区整治完成率 PCR1 表示。包括建设项目拆除完成率 BCR1、排污口关闭完成率 DCR1 和网箱养殖拆除完成率 CBR1 三项指标。一级保护区整治率为 3 项指标的算术平均值。计算公式为：

$$PCR1_i = \frac{BCR1_i + DCR1_i + CBR1_i}{3} \tag{9}$$

其中，

$$BCR1_i = \frac{\text{建设项目拆除的建筑面积}}{\text{需拆除的建设项目建筑总面积}} \times 100\% \tag{10}$$

$$DCR1_i = \frac{\text{关闭排污口数量}}{\text{排污口总数量}} \times 100\% \tag{11}$$

$$CBR1_i = \frac{\text{网箱养殖拆除总面积}}{\text{网箱养殖总面积}} \times 100\% \tag{12}$$

一级保护区整治的具体要求依据 HJ 773。需拆除的建设项目建筑总面积、排污口总数量和网箱养殖总面积为评估时段初期现场调查的数据；建设项目拆除的建筑面积、关闭排污口数量和网箱养殖拆除总面积为评估时段内完成的工作量。无须整治指标的完成率视为 100%。

行政区域内水源地：一级保护区整治完成率 $PCR1_s$ 的计算公式为：

$$PCR1_s = \frac{\sum_{i=1}^{N} PCR1_i}{N} \tag{13}$$

式中：N——行政区域内参与评估的水源地总数。

4.3.2.2　二级保护区整治

单个水源地：二级保护区整治完成情况用整治完成率 PCR2 表示，包括点源、非点源污染控制及治理状况。分别用保护区内排污口关闭完成率 DCR2、分散式生活污水处理完成率 DDSR2、分散式畜禽养殖废物综合利用完成率 LWUR2 和网箱养殖整治完成率 CRR2 等 4 项指标表示。二级保护区整治完成率为以上 4 项指标的算术平均值。

其计算公式为：

$$PCR2_i = \frac{DCR2_i + DDSR2_i + LWUR2_i + CRR2_i}{4} \tag{14}$$

其中，

$$DDSR2_i = \frac{\text{分散式生活污水处理量}}{\text{分散式生活污水排放总量}} \times 100\% \tag{15}$$

$$LWUR2_i = \left(\frac{\text{废水综合利用总量}}{\text{废水产生总量}} + \frac{\text{废物综合利用总量}}{\text{废物产生总量}}\right) / 2 \times 100\% \tag{16}$$

$$CRR2_i = \frac{\text{网箱养殖整治总面积}}{\text{网箱养殖总面积}} \times 100\% \tag{17}$$

二级保护区整治的具体要求依据 HJ 773。分散式生活污水排放总量和网箱养殖总面积为评估时段初期现场调查数据；分散式畜禽养殖废水产生、利用总量，以及废物产生、利用总量可采用现场抽样调查方式获得；分散式生活污水处理量和网箱养殖整治总面积为评估时段内完成的工作量。无须整治指标的完成率视为 100%。

行政区域内水源地：二级保护区整治完成率 $PCR2_s$ 的计算公式为：

$$PCR2_s = \frac{\sum_{i=1}^{N} PCR2_i}{N} \tag{18}$$

式中：N——行政区域内参与评估的水源地总数。

4.3.2.3　准保护区整治

单个水源地：准保护区整治的完成情况用准保护区整治率 $PCQR_i$ 表示，包括工业污染源（含工业园区）废水达标排放率 $WRSR_i$、准保护区内水污染物排放总量削减完成率 $TCWR_i$ 及水源涵养林建设完成率 WCR_i。准保护区整治率为以上 3 项指标的算术平均值。

$$PCQR_i = \frac{WRSR_i + TCWR_i + WCR_i}{3} \tag{19}$$

其中，

工业污染源（含工业园区）废水排放达标率计算公式为：

$$WRSR_i = \frac{\text{达标排放的工业污染源数量}}{\text{工业污染源总数量}} \times 100\% \tag{20}$$

准保护区内水污染物排放总量削减完成率计算公式为：

$$TCWR_i = \frac{\text{污染物削减量}}{\text{污染物削减目标量}} \times 100\% \tag{21}$$

水源涵养林建设的完成率计算公式为：

$$WCR_i = \frac{\text{水源涵养林建设面积}}{\text{规划水源涵养林建设面积}} \times 100\% \tag{22}$$

准保护区整治的具体要求依据 HJ 773。工业污染源总数量为评估时段初期现场调查数据，达标排放的工业污染源数量为评估时段末现场调查数据。污染物削减目标量是指，为保证进入地表水饮用水水源二级保护区的水质达到目标要求，在准保护区或汇水区域范围内需要削减的污染物排放量。污染物削减量为评估时段内完成的削减量。规划水源涵养林建设面积为水源地相关规划要求的建设面积；水源涵养林建设面积为评估时段内完成的建设面积。无须整治的指标，$PCQR_i$ 视为 100%。

行政区域内水源地：整治完成率 $PCQR_s$ 的计算公式为：

$$PCQR_s = \frac{\sum_{i=1}^{N} PCQR_i}{N} \tag{23}$$

式中：N——行政区域内参与评估的水源地总数。

4.3.3　监控能力

监控能力状况用 WM 表示，为常规监测（含委托监测）（MI）、预警监控（WE）和视频监控（VS）的加权平均值。

$$WM = 0.7 \times MI + 0.3 \times (WE + VS)/2 \tag{24}$$

4.3.3.1 常规监测状况

单个水源地：常规监测完成率 MI_i 计算公式如下：

$$MI_i = \frac{完成监测的指标数量}{应完成的监测指标数量} \times 100\% \quad (25)$$

地表水饮用水水源地和地下水饮用水水源地“应完成的监测指标数量”，依据各级环境保护主管部门下达的监测任务要求确定。

行政区域内水源地：监测指标完成率 MI_s 计算公式为：

$$MI_s = \frac{\sum_{i=1}^{N} MI_i}{N} \quad (26)$$

式中：N——行政区域内参与评估的水源地总数。

4.3.3.2 预警监控状况

预警监控状况包括预警监控完成率和视频监控完成率两项指标。

单个水源地：预警监控（WE_i）和视频监控（VS_i）完成率的计算公式分别为：

$$WE_i = \frac{实际完成预警监控数量}{应完成的预警监控数量} \times 100\% \quad (27)$$

$$VS_i = \frac{实际完成视频监控数量}{应完成的视频监控数量} \times 100\% \quad (28)$$

预警监控和视频监控的建设要求依据 HJ 773。预警监控和视频监控建设数量为评估时段内完成的数量。不需要建设预警监控和视频监控的，WE_i 或 VS_i 视为 100%。

行政区域内水源地：预警监控完成率 WE_s 的计算公式为：

$$WE_s = \frac{\sum_{i=1}^{N} WE_i}{N} \quad (29)$$

视频监控完成率 VS_i 的计算公式为：

$$VS_s = \frac{\sum_{i=1}^{N} VS_i}{N} \quad (30)$$

式中：N——行政区域内参与评估的水源地总数。

4.3.4 风险防控与应急能力

4.3.4.1 风险防控

单个水源地：风险防控状况（RPC）用风险管理指标完成率 RMR 表示，包括风险源名录完成率 RDE_i 和危险化学品运输管理制度建立率 $DCBR_i$ 两项指标。风险管理指标完成率为 2 项指标的算术平均值。其计算公式为：

$$\mathrm{RMR}_i=\frac{\mathrm{RDE}_i+\mathrm{DCBR}_i}{2} \tag{31}$$

其中，危险化学品认定及分类，参照 GB 12268 和 GB 13690，风险源名录应包括风险源名单及相应的管理措施。

已建立风险源名录的，RDE_i 为 100%；否则，RDE_i 为 0。已建立危险化学品运输管理制度的，DCBR_i 为 100%；否则，DCBR_i 为 0。上游及周边无污染风险的水源地，其 RDE_i 和 DCBR_i 视为 100%。

风险源名录涉及范围：河流型水源为水源准保护区及上游 20 km、河道沿岸纵深 1 000 m 的区域；湖泊、水库型水源为准保护区或非点源污染汇入区域；地下水型水源为准保护区及其密切相关的汇水范围。未划定准保护区的水源地，范围为二级保护区（一级保护区）外的上述区域。

行政区域内水源地：风险管理指标完成率 RMR_s 的计算公式为：

$$\mathrm{RMR}_s=\frac{\sum_{i=1}^{N}\mathrm{RMR}_i}{N} \tag{32}$$

式中：N——行政区域内参与评估的水源地总数。

4.3.4.2 应急能力

单个水源地：应急能力（ERC）用应急管理指标完成率 EME 表示。包括饮用水水源地突发环境事件应急预案编制、修订与备案；应急演练；应对重大突发环境事件的物资和技术储备；应急防护工程设施建设；应急专家库；应急监测能力 6 项内容。

$$\mathrm{EME}_i=\frac{\sum_{1}^{6}\text{单项指标完成率}}{6} \tag{33}$$

其中，依据环境保护主管部门下达要求完成单项指标的，完成率为 100%；否则为 0。EME_i 为 6 个单项指标完成率的算术平均值。

行政区域内水源地：水源地可互为备用、有可替代的水源或实现多水源联网供水的，视同行政区具备应急供水能力，应急供水能力 EMS 为 100%；否则为 0。应急能力完成率 EME_s 的计算公式为：

$$\mathrm{EME}_s=\left(\frac{\sum_{i=1}^{N}\mathrm{EME}_i}{N}+\mathrm{EMS}\right)/2 \tag{34}$$

式中：N——行政区域内参与评估的水源地总数。

4.3.5　管理措施

单个水源地：管理措施（MM）用管理制度完成率 MSR 表示。包括水源编码、水源地档案制度、保护区定期巡查、环境状况定期评估、建立信息化管理平台和信息公开 6 项内容。

$$\mathrm{MSR}_i = \frac{\sum_{1}^{6} \text{单项指标完成率}}{6} \tag{35}$$

其中，水源编码依据 HJ 747。按照各级环保主管部门下达要求完成单项指标的，单项指标完成率为 100%；否则为 0。MSR_i 为 6 个单项指标完成率的算术平均值。

行政区域内水源地：管理制度完成率 $\mathrm{MSR_s}$ 的计算公式为：

$$\mathrm{MSR_s} = \frac{\sum_{i=1}^{N} \mathrm{MSR}_i}{N} \tag{36}$$

式中：N——行政区域内参与评估的水源地总数。

5　评估结果

5.1　分类评估

5.1.1　取水量保证状况评估

单个水源或行政区域内水源，其取水量保证状况评估得分为：

$$\mathrm{WG} = \mathrm{WGR} \times 100 \tag{37}$$

5.1.2　水源达标状况评估

单个水源或行政区域内水源，其水源达标状况评估得分为：

$$\mathrm{SQ} = (\mathrm{WSR} \times 0.7 + \mathrm{WQR} \times 0.3) \times 100 \tag{38}$$

5.1.3　环境管理状况评估

单个水源或行政区域内水源地，其环境管理状况 MS 评估得分为：

$$\mathrm{MS} = \sum (\mathrm{INDEX}_i \times \mathrm{W}_i) \times 100 \tag{39}$$

式中：INDEX_i 包括 PD、PS、PF1、PCR1、PCR2、PCQR、WM、RMR、EME、MSR。

各指标符号的含义及权重见表 1。

5.2　综合评估

单个水源或行政区域内水源地环境保护状况综合评估得分用 SWES 表示。SWES 由取水量保证状况（WG）、水源达标状况（SQ）和环境管理状况（MS）的单项得分加权计算后得到。计算公式如下：

$$SWES = WG \times 0.1 + SQ \times 0.6 + MS \times 0.3 \quad (40)$$

表 1 集中式饮用水水源地环境状况评估指标体系及权重表

目标层	系统层	权重	指标层（INDEX）	分权重（W_i）
集中式饮用水水源地环境保护状况评估指标体系（SWES）	取水量保证状况（WG）	0.1	取水量保证率（WGR）	1.0
	水源达标状况（SQ）	0.6	水量达标率（WSR）	0.7
			水源达标率（WQR）	0.3
	管理状况（MS）	0.3	保护区划分（PD）	0.10
			保护区标志设置（PS）	0.05
			一级保护区隔离防护（PF1）	0.10
			一级保护区整治（PCR1）	0.10
			二级保护区整治（PCR2）	0.10
			准保护区整治（PCQR）	0.05
			监控能力（WM）	0.10
			风险防控（RMR）	0.15
			应急能力（EME）	0.15
			管理措施（MSR）	0.10

5.3 特殊规定

5.3.1 未按照各级环境保护主管部门下达的监测计划完成全部水质指标监测，但据已监测指标评价结果为达标的水源，认定其水量达标率（WSR）为 60%，水源达标率（WQR）为 0。

5.3.2 未划定保护区的水源，其保护区标志设置、一级、二级和准保护区整治完成率均为 0。

5.3.3 发生饮用水水源地突发环境事件，并影响正常供水的，水源地及所在行政区的风险管理指标完成率（RMR）均为 0。

5.4 评估结果分级

5.4.1 分类评估结果分级

取水量保证状况（WG）、水源达标状况（SQ）和环境管理状况（MS）各自独立评估，评估结果的分级方式相同，评估分值与结果对照见表 2。

表 2 分类评估分值与结果对照表

序号	评估分值	评估结果
1	（WG、SQ、MS）≥90	优秀
2	60≤（WG、SQ、MS）<90	合格
3	（WG、SQ、MS）<60	不合格

5.4.2 综合评估结果分级

综合评估分值与结果对照见表3。

表3 综合评估分值与结果对照表

序号	评估分值	评估结果
1	SWES≥90	优秀
2	80≤SWES <90	良好
3	70≤SWES<80	合格
4	60≤SWES<70	基本合格
5	SWES<60	不合格

6 变化趋势评估方法

$$取水量保证状况变化：\Delta WG=WG_2-WG_1 \quad (41)$$

$$水源达标状况变化：\Delta SQ=SQ_2-SQ_1 \quad (42)$$

式中，ΔWG、ΔSQ——分别为取水量保证状况、水源达标状况变化分值；

WG_2、SQ_2——分别为评估时段内取水量保证状况、水源达标状况的分值；

WG_1、SQ_1——分别为上一评估时段内取水量保证状况、水源达标状况的分值。

$$环境管理状况变化：\Delta MS=MS_2-MS_1 \quad (43)$$

式中，ΔMS——环境管理状况变化分值；

MS_2——评估时段内环境管理状况的分值；

MS_1——上一评估时段内环境管理状况的分值。

取水量保证状况变化（ΔWG）、水源达标状况变化（ΔSQ）和环境管理状况变化评估分值（ΔMS）各自独立评估，评估结果分级方式相同，评估分值与结果对照见表4。

表4 不同评估时段变化评估分值与结果对照表

序号	评估分值（ΔWG、ΔSQ、ΔMS）	评估结果
1	ΔWG、ΔSQ、ΔMS≥5	显著改善
2	2≤ΔWG、ΔSQ、ΔMS <5	有所改善
3	0<ΔWG、ΔSQ、ΔMS <2	略有改善
4	0	保持不变
5	−2≤ΔWG、ΔSQ、ΔMS<0	略有下降
6	−5<ΔWG、ΔSQ、ΔMS<−2	有所下降
7	−5≥ΔWG、ΔSQ、ΔMS	显著下降

7　评估报告编制

7.1　一般编写要求

评估报告应从水源取水量保证状况、水源达标状况和环境管理状况三个方面分析水源水质及管理的现状和问题，分析问题产生原因，提出对策建议。包括：

取水量分析：重点分析水源取水量的保证状况。

水源达标状况：从不同类型水源水质达标状况入手，分析流域区域水环境特征、水质状况、水质目标、主要水质问题、主要超标因子及时段、主要污染源类型及排放特征和风险源分布等，应体现经济发展—环境压力—水源安全等方面因果关系。重点说明流域、区域特征污染物和污染源情况。

环境管理状况：考虑保护区建设、保护区整治、监控能力、风险防控与应急能力、管理措施现状及存在问题，从监管机制和技术支持等方面进行分析。

分析本评估时段和上一评估时段内水源取水量保证状况、水源达标状况和环境管理状况变化情况，详细分析并说明造成变化的主要原因。有连续 3 次及以上评估数据的，应进行趋势分析。

针对存在的问题，提出加强饮用水水源地环境保护的行政、经济和技术层面的对策及建议。

集中式饮用水水源地环境保护状况评估报告大纲可参考附录 A。

集中式饮用水水源地图件制作说明可参考附录 B。

7.2　评估数据获取

水源取水量数据主要来源于住建（水厂）、水利（务）等部门的供水量、取水量等相关数据。水质数据主要来源于环境保护主管部门开展的水质月监测、季度监测和水质全分析等手工监测数据以及自动监测站点的连续监测数据。

环境管理状况数据主要来源于现场调查和资料收集，主要包括水源地基础状况数据、保护区划分方案及图件，保护区标志设置的图片资料、保护区内及周边污染源统计资料、评估时段内开展环保专项执法行动资料、监测监控设施建设及监控设备运行、风险源名录、应急预案、行政区域内应急供水能力以及相关管理措施等文字和照片材料。

通过专项执法与现场检查，对收集到的数据及信息资料进行识别和核对，剔除无效或错误数据后再用于评估和计算。

附 录 A

（资料性附录）

集中式饮用水水源地环境保护状况评估报告编制大纲

集中式饮用水水源地环境保护状况评估报告

编制单位：

编制时间：

A.1 总 论

A.1.1 背景依据

阐述饮用水水源地环境保护的重要性、必要性及评估工作的重要意义。

A.1.2 评估目标范围

描述评估工作总体目标、评估时段及阶段目标，介绍评估范围内的城市（城镇）数量、饮用水水源地数量、类型及各类水源地比例等，并对水源地数量变化等情况进行说明。

A.1.3 工作流程与技术路线

依据评估工作实际情况设计。

A.1.4 主要结论

A.1.4.1 取水量保证状况

概括性描述水源取水量保证状况及水源未达到取水要求或超采的原因。

A.1.4.2 水源达标状况

概括性描述水源水质达标状况，不达标时概述原因。

A.1.4.3 环境管理状况

概括性描述环境保护与管理整体状况、存在问题及原因。

A.2 水源地基础状况

A.2.1 水源地基本状况

详细描述水源地取水量、服务人口，不同类型水源地数量、取水量和服务人口比例等。

A.2.2 水源取水量保证状况

详细描述水源取水工程建设及投运时间，设计取水量和实际取水量的情况，以及水源取水量取水保证率的状况。水源取水量不足的月份、涉及的水源名称以及区域应急供水的情况。

A.2.3 水源达标状况

详细描述水源水质总体状况，包括达标、不达标水源和相应的取水服务人口数量。

以水量达标率、水源达标率为依据，统计水源达标比例，分析各行政区域内水源达标具体状况。

不达标水源主要超标因子情况，按照不同水源分类统计，分析超标因子、超标倍数和超标月份。

A.2.3.1 河流型水源地水质状况

详细描述河流型水源地水质状况，包括达标水源、不达标水源数量和相应的取水服务人口及比例，达标取水量比例。

河流型水源地主要超标污染物、超标倍数、超标月份、主要超标污染物涉及的水源数量，主要超标污染物来源等，单独列出天然背景值超标、上游来水超标和仅粪大肠菌群超标的水源清单。特别说明高锰酸盐指数和氨氮超标的水源有关情况。

针对区域特征污染情况，分析超标原因，说明主要污染物来源。

A.2.3.2 湖泊、水库型水源地水质状况

详细描述湖泊、水库型水源地的水质状况，包括达标水源、不达标水源数量和相应的取水服务人口及比例，达标取水量比例。

单独描述水质评价结果、营养状态评价结果及湖泊、水库型饮用水水源地最终评价结果。

对湖泊、水库型水源地主要超标污染物、超标倍数、超标月份、涉及水源数量、主要超标污染物来源等进行详细描述。

单独列出天然背景值超标、上游来水超标和仅粪大肠菌群、总氮或（和）总磷超标的水源地清单，湖泊、水库型水源营养状态的评价结果。特别说明高锰酸盐指数和氨氮超标的水源有关情况。

分析区域特征污染情况，分析超标原因并说明主要污染物来源。

A.2.3.3 地下水型水源地水质状况

详细描述地下水型水源地的水质状况，包括达标水源、不达标水源数量和相应的服务人口及比例，达标取水量比例。

地下水型水源地主要超标污染物、超标倍数、超标月份及涉及的水源数量，主要超标污染物来源等，分析特征污染物主要来源和迁移转化过程。单独列出天然背景值超标、地表地下相互作用影响超标和仅总大肠菌群超标的水源地清单。

分析流域、区域特征污染情况，分析超标原因并说明主要污染物来源。

介绍水源地及周边区域评估时段内发生的环境事件的概况，主要包括事故发生的具体地点、污染类型、影响范围、处置措施及效果等。

A.2.4 水源地环境管理状况

对水源地环境管理状况进行整体描述，列出水源地管理状况较好和较差的行政区域和水源地。

A.2.4.1 保护区建设

（1）保护区划定

详细描述保护区划分和实施情况并说明数据来源。没有完成保护区划定的水源地，

应单独说明原因及进展。

（2）保护区标志设置

详细描述保护区标志设置数量和比例等情况，列明未完成标志设置的区域及相应水源地数量，并说明数据来源。未按 HJ/T 433 设置标志的区域和水源地，应单独说明标志设置的具体时间。

（3）一级保护区隔离防护

详细描述一级保护区隔离防护完成情况，包括隔离防护所采用的隔离类型和完成的工作量，应说明统计数据的来源。应进行隔离但未完成的，应说明原因，并分别列出整治完成较好和较差的行政区域和水源地名单。

A.2.4.2 保护区整治

（1）一级保护区整治

详细描述一级保护区整治完成情况，包括整治对象和完成的工作量，应说明统计数据来源。未完成整治的和整治率较低的，应说明原因，并分别列出整治完成较好和较差的行政区域和水源地名单。

（2）水源二级保护区整治

详细描述二级保护区整治完成情况，包括整治对象和完成的工作量。应说明统计数据的来源和统计方法。未完成整治和整治率较低的，应说明原因，并分别列出整治完成较好和较差的行政区域和水源地名单。

（3）准保护区整治

详细描述准保护区整治完成情况，包括整治对象和完成的工作量。应说明统计数据的来源和统计方法。未完成整治和整治率较低的，应说明原因，并分别列出整治完成较好和较差的行政区域和水源地名单。

A.2.4.3 监控能力

从常规监测和预警监控两个方面进行描述。

常规监测应对地表水和地下水水源地的监测情况分别描述，并说明数据来源及监测单位。

详细描述水源地监测断面设置情况、监测频次和监测指标。全面分析地表水全指标、常规指标的监测能力，地下水全指标、必测指标和其他指标及地方增加特征指标的监测能力。

预警监控能力重点描述预警监控点位、数量及分布（包括与取水口位置的距离、期间是否有污染源汇入以及预警监控点位是否跨界设置等情况），监控指标、频次；视频监控断面的点位、数量及分布，以及预警监控系统及数据平台建设情况等。

A.2.4.4 风险防控与应急能力

详细描述水源地环境风险管理状况并说明数据来源。重点说明指标完成率；描述指标完成情况，以识别水源地面临的主要污染风险，并列出风险较大的水源地名单。

详细描述各行政区域内应急供水能力、应对水源地突发环境事件的技术储备、物资储备和制度建设、应急防护工程设施建设、应急专家库、应急监测等状况，并列出完成较好和较差的行政区域和水源地名单。

A.2.4.5 管理措施

详细描述各行政区域内水源管理措施实施情况，主要包括水源地名称和水源编码的规范性、水源地档案管理制度的建设情况、定期巡查制度及落实情况、定期评估情况、水源信息化管理平台建设以及水源地信息公开情况等，并列出完成较好和较差的行政区域和水源地名单。

A.2.5 评估结果认定分析

描述各行政区域及水源地分类评估和综合评估的最终得分，依据分值分别确定分类评估和综合评估的结果和等级。

A.2.6 水质与环境管理状况变化评估

描述评价范围内不同评估时段，水源取水量保证状况、水源达标状况和水源地环境管理状况得分变化情况，确定水源取水量保证、水源达标以及水源地管理状况变化的结果和等级。

A.3 问题与成因分析

A.3.1 水质问题及成因分析

从不同类型水源地水量不足、水质超标、存在环境风险等问题入手，分析流域水环境特征、区域水质状况、水源主要超标因子及时段、水源地主要污染源及排放特征和风险源分布等，应体现经济发展—环境压力—水源地安全等方面因果关系。重点说明区域特征污染物和污染源情况。

针对天然背景造成的水质不达标，提供该地区饮用水水源地取水量、服务人口、现状水质、主要超标因子、污染物来源及该行政区域内饮用水水源地实施水质月报制度或开展月监测以来的水质监测数据。

针对跨界污染造成的水质不达标，提供该地区饮用水水源地的取水量、服务人口、现状水质、主要超标因子、污染物来源及行政区域边界跨界断面实施水质月报制度或开展月监测以来的水质监测数据。

A.3.2 环境管理问题及成因分析

从保护区建设、保护区整治、监控能力、风险防控与应急能力、管理措施等方面入手，对饮用水水源地在监管机制、环境监管能力和环境管理技术支持等方面存在的问题及原因进行分析。

A.3.3 不同评估时段水质和环境管理的变化分析

分析不同评估时段水源地水质变化趋势，包括水源数量、取水量保证率、水量达标率、水源达标率、达标取水量、超标因子及超标月份。有连续 3 个及以上数据的水源地，需做趋势分析并提供趋势分析图。

分析不同评估时段环境管理状况变化趋势，包括保护区划分及标志设置、一级保护区隔离、一级保护区整治（建设项目拆除、排污口关闭和网箱养殖拆除）、二级保护区整治（排污口关闭、生活污水处理、畜禽养殖废物综合利用和网箱养殖整治）、准保护区整治、监控能力、风险防控与应急能力、管理措施等相关指标不同评估时段的变化情况，详细分析并说明造成变化的主要原因。有连续 3 个及以上评估数据的，需做趋势分析并提供趋势分析图。

A.4 对策与建议

结合评估发现的问题，提出针对性地加强饮用水水源地环境保护的行政、经济和技术的对策与建议。

报告附表

附表 A.1 饮用水水源地基础状况表（评估时段为“年”，下同）

序号	省份	城市（城镇）	水源地名称	水源编码	水源地类型	服务人口/万人	设计取水量/（万 t/a）	实际取水量/（万 t/a）	已服务年限/a	地下水类型#		设计降深#/m	水位埋深#/m	取水量保证率/%	备注
										埋藏条件#	含水介质类型#				
1															
2															
……															

注：“#”地下水饮用水水源地填写。

附表 A.2 饮用水水源水质评价结果

附表 A.2-1 水质达标的地表水饮用水水源清单

序号	省份	城市（城镇）	水源地名称	水源地类型	水质类别	达标取水量/（万 t/a）	涉及服务人口/万人
1							
2							
……							

附表 A.2-2 水质不达标的地表水饮用水水源清单

序号	省份	城市（城镇）	水源地名称	水源地类型	水质类别	不达标取水量/（万 t/a）	涉及服务人口/万人	主要超标项目和倍数	不达标月份
1									
2									
……									

附表 A.2-3 湖泊（水库）型饮用水水源营养状态评价结果

序号	省份	城市（城镇）	水源地名称	综合营养状态指数分值（最大值）	综合营养状态指数分级（最大值）	总氮或（和）总磷超标（是/否）
1						
2						
……						

注：叶绿素 a、透明度、总氮、总磷和高锰酸盐指数 5 项指标有缺测的水源，不评价其营养状态。

附表 A.2-4 地表饮用水水源水质监测指标完成情况统计表

序号	省份	城市（城镇）	水源地名称	全指标分析缺测指标数量/个	监测月份	缺测指标名称
1						
2						
……						

附表 A.2-5 水质达标的地下水饮用水水源清单

序号	省份	城市（城镇）	水源地名称	水质类别	年达标取水量/（万 t/a）	涉及服务人口/万人
1						
2						
……						

附表 A.2-6 水质不达标的地下水饮用水水源清单

序号	省份	城市（城镇）	水源地名称	水质类别	不达标取水量（万 t/a）	涉及服务人口/万人	主要超标因子（倍数）	不达标月份
1								
2								
……								

附表 A.2-7 地下水饮用水水源水质监测指标完成情况统计表

序号	省份	城市（城镇）	水源地名称	全指标分析缺测指标数量/个	监测月份	缺测指标名称
1						
2						
……						

附表 A.2-8　饮用水水源水质状况汇总表

序号	省份	城市（城镇）	地表水源地数量/个	地下水源地数量/个	水源达标率/%	水量达标率/%	达标水量/（万 t/a）	不达标水量/（万 t/a）
1								
2								
……								

附表 A.3　饮用水水源地环境管理状况

附表 A.3-1　饮用水水源地监控能力调查表

序号	省份	城市（城镇）	水源名称	水源类型	是否完成水质全分析	是否开展预警监控	是否开展视频监控
1							
2							
……							

附表 A.3-2　饮用水水源地监控能力汇总表

序号	省份	城市（城镇）	涉及的地表水水源数量/个				涉及的地下水水源数量/个			
			水源总数	完成水质全分析	开展预警监控	开展视频监控	水源总数	完成水质全分析	开展预警监控	开展视频监控
1										
2										
……										

附表 A.3-3　饮用水水源保护区建设与管理措施状况调查表

序号	省份	城市（城镇）	水源名称	水源类型	保护区建设完成情况（是/否）			管理措施落实情况（是/否）					
					保护区划分	标志设置	一级保护区隔离	水源编码规范性	水源档案	定期巡查	定期评估	水源地信息化管理平台	信息公开
1													
2													
……													

附表 A.3-4　饮用水水源保护区建设与管理措施状况汇总表

序号	省份	城市（城镇）	完成保护区建设水源数量/个			管理措施落实的水源数量/个					
			保护区划分	标志设置	一级保护区隔离	水源编码规范性	水源档案	定期巡查	定期评估	水源地信息化管理平台	信息公开
1											
2											
……											

附表 A.3-5 饮用水水源地风险防控与应急能力状况调查表

序号	省份	城市（城镇）	水源名称	水源类型	风险防控情况（是/否）		应急能力情况（是/否）					
					风险源名录	危险化学品运输管理制度	应急预案编制、修订与备案	应急演练	应对重大突发环境事件的物资和技术储备	应急防护工程设施建设	应急专家库	应急监测能力
1												
2												
……												

附表 A.3-6 饮用水水源地风险防控与应急能力状况汇总表

序号	省份	城市（城镇）	完成风险防控的水源数量/个		具备应急能力的水源数量/个						
			风险源名录	危险化学品运输管理制度	应急供水能力	应急预案编制、修订与备案	应急演练	应对重大突发环境事件的物资和技术储备	应急防护工程设施建设	应急专家库	应急监测能力
1											
2											
……											

附表 A.3-7 饮用水水源保护区整治状况调查表

序号	省份	城市（城镇）	水源地名称	一级保护区整治							二级保护区整治									准保护区整治					
				建筑物/m^2			排污口数量/个		网箱养殖/m^2		排污口/个		生活污水/万 t			畜禽养殖/万 t		网箱养殖/m^2		达标排放		总量控制		水源涵养	
				年初面积	当年新增	拆除面积	年初数量	当年关闭数量	网箱养殖总面积	当年拆除面积	年初数量	当年关闭数量	年污水总量	年污水收集量	年污水处理量	年废物产生总量	年废物利用量	网箱养殖面积	当年整治面积	工业污染源（园区）数量	达标排放数量	是否需要实施	是否实施	涵养林面积/m^2	是否符合要求
1																									
2																									
……																									

附表 A.3-8 饮用水水源地环境管理状况汇总表

序号	省份	城市（城镇）	保护区建设完成率/%			监测监控完成率/%		保护区整治率/%			风险管理指标完成率/%	应急管理指标完成率/%		管理制度完成率/%
			保护区划分	保护区标志设置	一级保护区隔离	地表水	地下水	一级保护区	二级保护区	准保护区		地表水	地下水	
1														
2														
……														

附表 A.4 饮用水水源地环境保护状况年际变化对比表

附表 A.4-1 饮用水水源取水量及水源达标率年际变化对比表

序号	省份	城市（城镇）	水源数量变化/个		取水量保证率/%		水量达标率/%		水源达标率/%	
			上年度	本年度	上年度	本年度	上年度	本年度	上年度	本年度

附表 A.4-2 饮用水水源地环境管理状况年际变化对比表

序号	省份	城市（城镇）	保护区划分完成率/%		保护区标志设置完成率/%		一级保护区隔离防护完成率/%		一级保护区整治率/%		二级保护区整治率/%		准保护区整治率/%		监测监控完成率/%				风险管理指标完成率/%		应急管理指标完成率/%		管理制度完成率/%	
															上年度		本年度							
			上年度	本年度	上年度	本年度	上年度	本年度	上年度	本年度	上年度	本年度	上年度	本年度	地表水源	地下水源	地表水源	地下水源	上年度	本年度	上年度	本年度	上年度	本年度

附 录 B

（资料性附录）

集中式饮用水水源地图件制作说明

B.1 基础地理图层

（1）乡镇及以上级别的行政区界；（2）主要水系（河流、湖泊、水库等）

B.2 专题图层

（1）湖泊、水库型水源地；（2）地下水型水源地；（3）河流型水源地；（4）达标水源地；（5）不达标水源地

B.3 制图说明

集中式饮用水水源地电子地图所有图层尽可能为SHP格式，基础图比例尺可采用1∶1万、1∶2.5万、1∶5万中的一种，建议采用经纬度坐标系，至少包含（但不限）以下图层：

（1）基础地理图层：省级行政区界、地级行政区界、县级行政区界、河流、湖泊、水库。绘图时，底图底纹的色度要浅、淡；可根据需要对底图中的某些要素做必要的删减。

（2）专题图层：饮用水水源地取水口、河流型水源地、湖泊、水库型水源地、地下水型水源地、达标水源地、不达标水源地。

基础地理图层属性数据至少包含NAME（名称）字段，基础图层与专题图层，在不影响图纸内容识别的前提下，可合并绘制。

图名的字体、字大小及图名置放位置根据图幅幅面大小及图面整体布局确定。字体应易于辨认，中文应使用宋体、仿宋体、楷体、黑体、隶书体等，不得使用篆体和美术等字体；外文应使用印刷体、书写体等，不得使用美术体等字体。

图例类型	名称	图例格式	配色方案	大小/磅
线状	国家行政区界		RGB（255，190，190）	4
	省级行政区界		RGB（130，130，130）	3
	地级行政区界		RGB（130，130，130）	2
	县级行政区界		RGB（130，130，130）	1
	乡镇级行政区界		RGB（130，130，130）	0.5
	河流		RGB（115，223，255）	0.5～2

图例类型	名称	图例格式	配色方案	大小/磅
点状	河流型水源地		RGB（255，0，197）	8
	湖泊、水库型水源地		RGB（255，255，0）	8
	地下水型水源地		RGB（255，0，0）	8
	达标水源		RGB（0，92，230）	12
	不达标水源		RGB（255，0，0）	12

饮用水水源保护区划分技术规范

（HJ 338—2018）

1 适用范围

本标准规定了地表水饮用水水源保护区和地下水饮用水水源保护区划分、定界、饮用水水源保护区图件制作和饮用水水源保护区划分技术文件编制的技术要求。

本标准适用于集中式地表水、地下水饮用水水源保护区（包括备用和规划水源地）的划分和调整。

2 规范性引用文件

本标准引用了下列文件或其中的条款。凡是未注明日期的引用文件，其最新版本适用于本标准。

GB 3838　地表水环境质量标准

GB/T 14848　地下水质量标准

HJ/T 433　饮用水水源保护区标志技术要求

HJ 610　环境影响评价技术导则　地下水环境

HJ 941　企业突发环境事件风险分级方法

3 术语和定义

下列术语和定义适用于本标准。

3.1　饮用水水源保护区　drinking water source protection area

指为防止饮用水水源地污染、保证水源水质而划定，并要求加以特殊保护的一定范围的水域和陆域。饮用水水源保护区分为一级保护区和二级保护区，必要时可在保护区外划定准保护区。

3.2　集中式饮用水水源地　centralized drinking water source

进入输水管网送到用户和具有一定取水规模（供水人口一般大于 1 000 人）的在用、备用和规划水源地。依据取水区域不同，集中式饮用水水源地可分为地表水饮用水水源地和地下水饮用水水源地；依据取水口所在水体类型的不同，地表水饮用水水源地可分为河流型饮用水水源地和湖泊、水库型饮用水水源地。

3.3 饮用水水源一级保护区 primary protected area of drinking water source

指以取水口（井）为中心，为防止人为活动对取水口的直接污染，确保取水口水质安全而划定需加以严格限制的核心区域。

3.4 饮用水水源二级保护区 secondary protected area of drinking water source

指在一级保护区之外，为防止污染源对饮用水水源水质的直接影响，保证饮用水水源一级保护区水质而划定，需加以严格控制的重点区域。

3.5 饮用水水源准保护区 quasi protected area of drinking water source

指依据需要，在饮用水水源二级保护区外，为涵养水源、控制污染源对饮用水水源水质的影响，保证饮用水水源二级保护区的水质而划定，需实施水污染物总量控制和生态保护的区域。

3.6 风险源 risk source

可能向饮用水水源地释放有毒有害物质，造成饮用水水源水质恶化的污染源，包括但不限于工矿企业事业单位以及运输石化、化工产品的管线、规模化畜禽养殖等点源；运输危险化学品、危险废物及其他影响饮用水源安全物质的车辆、船舶等流动源；有可能对水源地水质造成影响的无固定污染排放点的分散式畜禽养殖和水产养殖污水等非点源。

3.7 潮汐河段 tidal reach

指河口地区河流中受潮汐影响明显的河段。

3.8 潜水 submerged groundwater

指地表以下第一个稳定隔水层以上，具有自由水面的地下水。

3.9 承压水 confined groundwater

指充满两个连续稳定隔水层之间含水层中的地下水。

3.1 0 孔隙水 pore water

指赋存并运移于松散沉积物颗粒间孔隙中的地下水。

3.1 1 裂隙水 fissure water

指赋存并运移于岩石裂隙中的地下水。

3.1 2 岩溶水 karst water

指赋存并运移于岩溶化岩层中的地下水。

3.1 3 傍河取水井 riverside pumping well

指布置在河流冲积层中的水源井，在抽水时不仅直接吸取含水层中的水，而且可以使河水经过含水层进入井中，这种水井实际上是一种地下水和地表水联合开发的形式。

4 总则

4.1 饮用水水源保护区的设置与管理

4.1.1 饮用水水源保护区分为地表水饮用水水源保护区和地下水饮用水水源保护区，地表水饮用水水源保护区包括一定范围的水域和陆域，地下水饮用水水源保护区指影响地下水饮用水水源地水质的开采井周边及相邻的地表区域。

4.1.2 饮用水水源地（包括备用和规划）都应设置饮用水水源保护区。饮用水水源存在以下情况之一的，应增设准保护区：

（1）因一、二级保护区外的区域点源、非点源污染影响导致现状水质超标的，或水质虽未超标，但主要污染物浓度呈上升趋势的水源；

（2）湖库型水源；

（3）流域上游风险源密集，密度大于 0.5 个/km^2 的水源；

（4）流域上游社会经济发展速度较快、存在潜在风险的水源。

此外，地下水型饮用水水源补给区也应划为准保护区。

4.1.3 饮用水水源保护区的设置应纳入当地社会经济发展规划、城乡规划、水污染防治规划、水资源保护规划和供水规划；跨县级及以上行政区的饮用水水源保护区的设置应纳入有关流域、区域、城市社会经济发展规划和水污染防治规划。

4.1.4 在水环境功能区和水功能区划分中，应优先考虑饮用水水源保护区的设置和划分，并与水环境功能区和水功能区相衔接；跨县级及以上行政区的河流、湖泊、水库、输水渠道，应协调两地的水环境功能区划和水功能区划，其上游地区不得影响下游（或相邻）地区饮用水水源保护区对水质的要求，并应保证下游有合理水资源量。

4.1.5 饮用水水源保护区的水环境监测与污染源监督应作为监督管理工作重点，纳入地方环境管理体系中，若不能满足保护区规定的水质要求时，应及时扩大保护区范围，加强污染治理。

4.1.6 应对现有饮用水水源地进行评价和筛选；对于因污染已达不到饮用水水源水质要求且经技术、经济论证证明饮用水功能难以恢复的水源地，应有计划地选址建设新水源地。

4.2 饮用水水源保护区的水质要求

4.2.1 地表水饮用水水源保护区及准保护区水质要求

地表水饮用水水源一级保护区的水质应满足 GB 3838 的相关要求。

地表水饮用水水源二级保护区的水质应满足 GB 3838 的相关要求，并保证流入一级保护区的水质满足一级保护区水质标准的要求。

地表水饮用水水源准保护区的水质应保证流入二级保护区的水质满足二级保护区

水质标准的要求。

4.2.2　地下水饮用水水源保护区及准保护区水质要求

地下水饮用水水源保护区（包括一级保护区、二级保护区）和准保护区水质指标应满足 GB/T 14848 的相关要求。

4.3　饮用水水源保护区划分的一般技术原则

4.3.1　饮用水水源保护区划分应考虑以下因素：水源地的地理位置、水文、气象、地质特征、水动力特性、水域污染类型、污染特征、污染源分布、排水区分布、水源地规模、水量需求、航运资源和需求、社会经济发展规模和环境管理水平等。

地表水饮用水水源保护区范围：应按照不同水域特点进行水质定量预测，并考虑当地具体条件，保证在规划设计的水文条件、污染负荷以及供水量时，保护区的水质能满足相应的标准。

地下水饮用水水源保护区范围：应根据当地的水文地质条件、供水量、开采方式和污染源分布确定，并保证开采规划水量时能满足相应的水质标准。

4.3.2　划定的饮用水水源一级保护区，应防止水源地附近人类活动对水源的直接污染；划定的饮用水水源二级保护区，应足以使所选定的主要污染物在向取水点（或开采井、井群）输移（或运移）过程中，衰减到所期望的浓度水平；在正常情况下可保证取水水质达到规定要求；一旦出现污染水源的突发事件，有采取紧急补救措施的时间和缓冲地带。

4.3.3　划定的水源保护区范围，应以确保饮用水水源水质不受污染为前提，以便于实施环境管理为原则。

4.4　饮用水水源保护区划分的技术步骤

4.4.1　开展饮用水水源地水量、水质状况、环境管理状况调查，分析水源地存在的水量、水质和管理问题，识别水源地主要环境问题和环境风险的情况，作为保护区划分的基础资料（饮用水水源地环境状况调查技术要求参见附录 A）。具体调查内容应根据拟划定保护区的水源类型和采用的保护区划分（调整）方法确定；调查深度根据保护区划分（调整）的实际需求确定。

4.4.2　依据不同水源地类型、取水规模、污染源分布状况、主要污染特征、取水口所在水体（水域、区域）水文、水动力条件、径补排特征等技术资料，结合环境管理、经济活动、土地利用现状及城乡规划要求，筛选出适宜的保护区划分方法，通过计算分析，合理确定各级保护区的水域、陆域范围，并初步确定保护区边界主要拐点的经纬度坐标和边界线。

4.4.3　编制饮用水水源保护区划分（调整）技术报告（大纲参见附录 B）。

4.4.4　组织专家对保护区划分技术报告和方案进行审议。

4.4.5 进行保护区现场定界，最终确定主要拐点的经纬度坐标，制作饮用水水源保护区图件。

饮用水水源保护区划分（调整）的技术步骤见图 1。

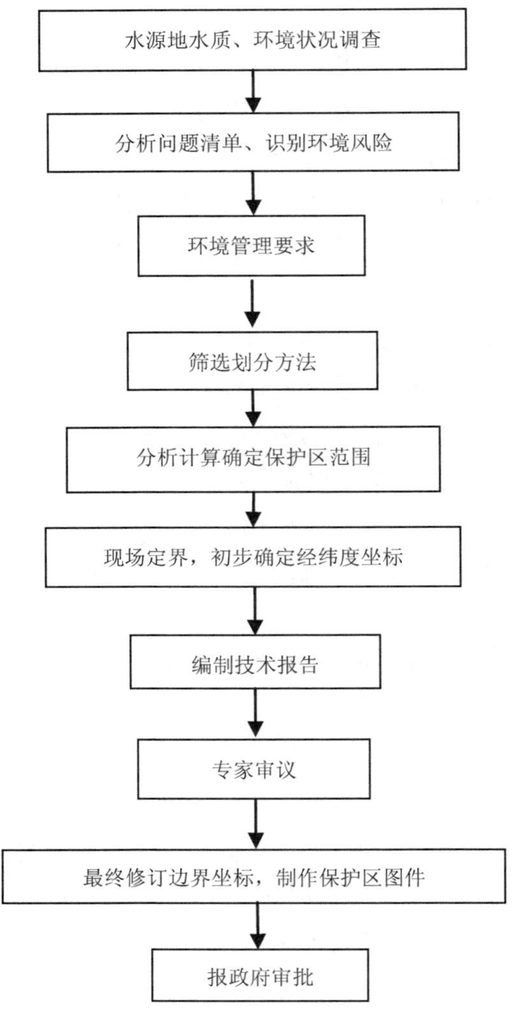

图 1 饮用水水源保护区划分技术步骤

4.5 饮用水水源保护区划分的技术方法及适用条件

4.5.1 地表水饮用水水源保护区划分方法

地表水饮用水水源保护区水域的划分有类比经验法、应急响应时间法、数值模型计算法 3 种方法；陆域的划分有类比经验法、地形边界法、缓冲区法 3 种方法。

当几种方法得到不完全相同的划分结果时，可以结合水源地区域开发、自然环境条件确定合理范围。

4.5.1.1 保护区水域划分方法

（1）类比经验法

按照相关法规、文件规定、依据统计结果和管理者的实践经验，确定保护区范围的一种方法。采用该方法划分保护区，水源地必须满足以下条件：水源地现状水质达标、主要污染类型为非点源污染，且上游 24 h 流程时间内无重大风险源，风险源分级方法参见 HJ 941。

采用类比经验法划分保护区后，应定期开展跟踪监测。若发现划分结果不合理，应及时予以调整。

（2）应急响应时间法

以应急响应时间内，污染物到取水口的流程距离作为保护区长度的一种计算方法。适用于河流型水源及湖泊、水库型水源入湖（库）支流的水域保护区划分。保护区上边界的水域距离计算公式为

$$S=\sum_{i=1}^{k}T_i\times V_i \tag{1}$$

式中：S —— 保护区水域长度，m；

T_i —— 从取水口向上游推算第 i 河段污染物迁移的时间，s；

V_i —— 第 i 河段平水期多年平均径流量下的流速，m/s。

当饮用水水源上游点源分布较为密集或主要污染物为难降解的重金属或有毒有机物时，应采用应急响应时间法。采用应急响应时间法时，应急响应时间的长短，应依据当地应对突发环境事件的能力确定，应急响应时间一般不小于 2 h。其计算公式为

$$T=T_0+\sum_{i=1}^{k}T_i \tag{2}$$

式中：T —— 应急响应时间，s；

T_0 —— 污染物流入最近河段的时间，s。

（3）数值模型计算法

以主要污染物浓度衰减到目标水质所需要的距离确定保护区范围的一种方法。小型、边界条件简单的水域可采用解析解进行计算。大型、边界条件复杂的水域采用数值解，需采用二维水质模型计算确定，二维水质模型及其求解方法参见附录 C。

当上游污染源以城镇生活、非点源为主，且主要污染物属于可降解物质时，应采用数值模型计算法。采用数值模型计算法时，其水域范围应大于污染物从现状水质浓度水平，衰减到 GB 3838 相关水质标准浓度所需的距离。

4.5.1.2 保护区陆域划分方法

（1）类比经验法

见 4.5.1.1（1）。

（2）地形边界法

以饮用水水源周边的山脊线或分水岭作为各级保护区边界的方法。其中，山脊线是水源周边地域的海拔最高点，分水岭是集水区域的边界。其中，第一重山脊线可以作为一级保护区范围，第二重山脊线或分水岭可作为二级或准保护区边界，该方法强调对流域整体的保护，适用于周边土地开发利用程度较低的地表水水源地。

（3）缓冲区法

划定一定范围的陆域，通过土壤渗透作用拦截地表径流携带的污染物，降低地表径流污染对饮用水水源的不利影响，从而确定保护区边界的方法。确定缓冲区宽度考虑的因素有地形地貌、土地利用、受保护水体大小以及设置缓冲区的合法性等。

4.5.2 地下水饮用水水源保护区划分方法

地下水饮用水水源保护区的划分有经验值法、经验公式法和数值模型计算法 3 种方法，可根据不同水源的水文地质特征和水源规模选择不同的保护区划分方法。

地下水饮用水水源保护区的划分，具备计算条件的水源地采用数值模型计算法，中小型水源可采用经验公式法，资料严重缺乏的，采用经验值法确定保护区范围。

应在收集相关的水文地质勘察、长期动态观测、水源地开采现状、规划及周边污染源等资料的基础上，用多种方法得到的结果合理确定。同时，应开展跟踪验证监测。若发现划分结果不合理，应及时予以调整。

4.5.2.1 单井保护区经验值法

依据含水层介质类型，以单井井口为中心，依据经验值确定保护区半径的划分方法。不同含水层介质的各级保护区半径如表 1 所示。

表 1 中小型潜水型水源保护区范围的经验值

介质类型	一级保护区半径 R/m	二级保护区半径 R/m
细砂	30	300
中砂	50	500
粗砂	100	1 000
砾石	200	2 000
卵石	500	5 000

注：二级保护区是以一级保护区边界为起点。

该方法适用于地质条件单一的中小型潜水型水源地。水文地质资料缺乏地区，应通过开展水文地质资料调查和收集获取介质类型。

4.5.2.2 单井保护区经验公式法

依据水文地质条件，选择合理的水文地质参数，采用经验公式计算确定单井各级保护区半径的方法。该方法适用于中小型孔隙水潜水型或孔隙水承压型水源地。不同介质类型的渗透系数和松散岩石给水度经验值可参考 HJ 610。

保护区半径计算的经验公式：

$$R = \alpha \times K \times I \times T / n \tag{3}$$

式中：R —— 保护区半径，m；

α —— 安全系数，一般取 150%（为了安全起见，在理论计算的基础上加上一定量，以防未来用水量的增加以及干旱期影响造成半径的扩大）；

K —— 含水层渗透系数，m/d；

I —— 水力坡度（为漏斗范围内的水力平均坡度），量纲 1；

T —— 污染物水平迁移时间，d；

n —— 有效孔隙度，量纲 1，采用水井所在区域代表性的 n 值。

4.5.2.3 井群水源保护区划分法

根据单个水源保护范围计算结果，群井内单井之间的间距大于一级保护区半径的 2 倍时，可以分别对每口井进行一级保护区划分；井群内的井间距小于等于一级保护区半径的 2 倍时，则以外围井的外接多边形为边界，向外径向距离为一级保护区半径的多边形区域作为一级保护区（示意图参见附录 D）；

群井内单井之间的间距大于二级保护区半径的 2 倍时，可以分别对每口井进行二级保护区划分；群井内的井间距小于等于二级保护区半径的 2 倍时，则以外围井的外接多边形为边界，向外径向距离为二级保护区半径的多边形区域作为二级保护区（示意图参见附录 D）。

4.5.2.4 数值模型计算法

利用数值模型，确定污染物相应时间的捕获区，划分单井或群井水源各级保护区范围的方法。水文地质条件比较复杂的水源地应采用数值模型计算法划分地下水源保护区（参见附录 E）。

该方法需要模拟含水层介质的参数，如孔隙度、渗透系数、饱和岩层厚度、流速等。如果参数不足，则需通过对含水层进行各种实验获取。

5 河流型饮用水水源保护区的划分

5.1 一级保护区

5.1.1 水域范围

采用类比经验法，确定一级保护区水域范围。

5.1.1.1 一般河流水源地，一级保护区水域长度为取水口上游不小于 1 000 m，下游不小于 100 m 范围内的河道水域。

5.1.1.2 潮汐河段水源地，一级保护区上、下游两侧范围相当，其单侧范围不小于 1 000 m。

5.1.1.3 一级保护区水域宽度，为多年平均水位对应的高程线下的水域。枯水期水面宽度不小于 500 m 的通航河道，水域宽度为取水口侧的航道边界线到岸边的范围；枯水期水面宽度小于 500 m 的通航河道，一级保护区水域为除航道外的整个河道范围；非通航河道为整个河道范围。

5.1.2 陆域范围

采用类比经验法，确定一级保护区陆域范围。

5.1.2.1 陆域沿岸长度不小于相应的一级保护区水域长度。

5.1.2.2 陆域沿岸纵深与一级保护区水域边界的距离一般不小于 50 m，但不超过流域分水岭范围。对于有防洪堤坝的，可以防洪堤坝为边界；并要采取措施，防止污染物进入保护区内[①]。

5.2 二级保护区

5.2.1 水域范围

5.2.1.1 满足条件的水源地，可采用类比经验法确定二级保护区水域范围。

5.2.1.1.1 二级保护区长度从一级保护区的上游边界向上游（包括汇入的上游支流）延伸不小于 2 000 m，下游侧的外边界距一级保护区边界不小于 200 m。

5.2.1.1.2 潮汐河段水源地，二级保护区不宜采用类比经验方法确定。

5.2.1.2 其他水源地，可依据水源地周边污染源的分布和排放特征，采用数值模型计算法或应急响应时间法。

5.2.1.2.1 采用二维水质模型法时，二级保护区的水域长度，应大于主要污染物从现状水质浓度水平，衰减到 GB 3838 相关水质标准要求的浓度水平所需的距离。所得到的二级保护区范围不得小于类比经验法确定的二级保护区范围，且二级保护区边界控制断面水质不得发生退化。

二维水质模型及其求解参见附录 C，大型、边界条件复杂的水域采用数值解方法，对小型、边界条件简单的水域可采用解析解计算。

5.2.1.2.2 采用应急响应时间法时，二级保护区的水域长度，应大于一定响应时间内的水流流程的距离。应急响应时间可根据水源地所在地区的应急能力状况确定，一般不小于 2 h，所得到的二级保护区范围不得小于类比经验法确定的二级保护区范围。

① 以防洪堤坝为保护区边界需满足以下 3 个条件：（1）该水源位于城市建成区内；（2）作为保护区边界的防洪堤坝应为本标准发布前已建设完工；（3）该水源水质近年来保持稳定达标。下同。

5.2.1.2.3 潮汐河段水源地，二级保护区宜采用数值模型计算法；按照下游的污水团对取水口影响的频率设计要求，计算确定二级保护区下游侧的外边界。

5.2.1.3 二级保护区水域宽度为多年平均水位对应的高程线下的水域。有防洪堤的河段，二级保护区的水域宽度为防洪堤内的水域。枯水期水面宽度不小于 500 m 的通航河道，水域宽度为取水口侧航道边界线到岸边的水域范围；枯水期水面宽度小于 500 m 的通航河道，二级保护区水域为除航道外的整个河道范围；非通航河道为整个河道范围。

5.2.2 陆域范围

以确保水源保护区水域水质为目标，可视情采用地形边界法、类比经验法和缓冲区法确定二级保护区陆域范围。

5.2.2.1 二级保护区陆域沿岸长度不小于二级保护区水域长度。

5.2.2.2 二级保护区陆域沿岸纵深范围一般不小于 1 000 m，但不超过流域分水岭范围。对于流域面积小于 100 km^2 的小型流域，二级保护区可以是整个集水范围。具体可依据自然地理、环境特征和环境管理需要确定。对于有防洪堤坝的，可以防洪堤坝为边界；并要采取措施，防止污染物进入保护区内。

5.2.2.3 当非点源为主要水质影响因素时，二级保护区沿岸纵深范围，主要依据自然地理、环境特征和环境管理的需要，通过分析地形、植被、土地利用、地面径流的集水汇流特性、集水域范围等确定。

5.3 准保护区

参照二级保护区的划分方法确定准保护区范围。

6 湖泊、水库型饮用水水源保护区的划分

6.1 湖泊、水库型饮用水水源地分级

依据湖泊、水库型饮用水水源地所在湖泊、水库规模的大小，将湖泊、水库型饮用水水源地进行分级，分级结果见表 2。

表 2 湖泊、水库型饮用水水源地分级表

	水源地类型		水源地类型
水库	小型 $V<0.1$ 亿 m^3	湖泊	小型 $S<100\ km^2$
	中型 0.1 亿 $m^3 \leqslant V<1$ 亿 m^3		大中型 $S\geqslant 100\ km^2$
	大型 $V\geqslant 1$ 亿 m^3		

注：V 为水库总库容；S 为湖泊水面面积。

6.2 一级保护区

6.2.1 水域范围

采用类比经验法确定一级保护区。

6.2.1.1 小型水库和单一供水功能的湖泊、水库应将多年平均水位对应的高程线以下的全部水域划为一级保护区。

6.2.1.2 小型湖泊、中型水库保护区范围为取水口半径不小于 300 m 范围内的区域。

6.2.1.3 大中型湖泊、大型水库保护区范围为取水口半径不小于 500 m 范围内的区域。

6.2.2 陆域范围

采用地形边界法、缓冲区法或类比经验法，确定湖泊、水库水源地一级保护区陆域范围。对于有防洪堤坝的，可以防洪堤坝为边界；并要采取措施，防止污染物进入保护区内。

6.2.2.1 小型和单一供水功能的湖泊、水库以及中小型水库为一级保护区水域外不小于 200 m 范围内的陆域，或一定高程线以下的陆域，但不超过流域分水岭范围。

6.2.2.2 大中型湖泊、大型水库为一级保护区水域外不小于 200 m 范围内的陆域，但不超过流域分水岭范围。

6.3 二级保护区

6.3.1 水域范围

6.3.1.1 满足条件的水源地，可采用类比经验法确定二级保护区水域范围。

小型湖泊、中小型水库一级保护区边界外的水域面积设定为二级保护区。

大中型湖泊、大型水库以一级保护区外径向距离不小于 2 000 m 区域为二级保护区水域面积，但不超过水域范围。

二级保护区上游侧边界现状水质浓度水平满足 GB 3838 规定的一级保护区水质标准要求的水源，其二级保护区水域长度不小于 2 000 m，但不超过水域范围。

6.3.1.2 依据水源地周边污染源的分布和排放特征，选择采用数值模型计算法或应急响应时间法，确定二级保护区水域范围。

采用数值模型计算法时，二级保护区的水域范围，应大于主要污染物从现状水质浓度水平衰减到 GB 3838 相关水质标准要求的浓度水平所需的距离。数值模型计算法参见附录 C。所得到的二级保护区范围不得小于类比经验法确定的二级保护区范围，且二级保护区边界控制断面水质不得发生退化。

采用应急响应时间法时，二级保护区的水域范围，应大于一定响应时间内流程的径向距离。应急响应时间可根据水源地所在地应急能力状况确定，一般不小于 2 h，所得到的二级水源保护区范围不得小于类比经验法确定的范围。

6.3.2 陆域范围

二级保护区陆域范围，应依据流域内主要环境问题，结合地形条件分析或缓冲区法确定。对于有防洪堤坝的，可以防洪堤坝为边界；并要采取措施，防止污染物进入保护区内。

6.3.2.1　依据环境问题分析方法

当非点源为主要污染源时，二级保护区陆域沿岸纵深范围，主要依据自然地理、环境特征和环境管理的需要，通过分析地形、植被、土地利用、森林开发、流域汇流特性、集水域范围等确定。

6.3.2.2　采用地形边界法或类比经验法

小型水库可将上游整个流域（一级保护区陆域外区域）设定为二级保护区。

单一功能的湖泊、水库、小型湖泊和平原型中型水库的二级保护区范围是一级保护区以外水平距离不小于 2 000 m 区域，山区型中型水库二级保护区的范围为水库周边山脊线以内（一级保护区以外）及入库河流上溯不小于 3 000 m 的汇水区域。二级保护区陆域边界不超过相应的流域分水岭。

大中型湖泊、大型水库可以划分一级保护区外径向距离不小于 3 000 m 的区域为二级保护区范围。二级保护区陆域边界不超过相应的流域分水岭。

6.4　准保护区

参照二级保护区的划分方法划分准保护区。

7　地下水型饮用水水源保护区的划分

7.1　地下水源规模分级

按含水层介质类型的不同，地下水分为孔隙水、基岩裂隙水和岩溶水三类；按地下水埋藏条件的不同，分为潜水和承压水两类；按开采规模，地下水水源地又可分为中小型水源地（日开采量小于 5 万 m^3）和大型水源地（日开采量大于或等于 5 万 m^3）。

7.2　孔隙水饮用水水源保护区

7.2.1　孔隙水潜水型水源保护区的划分方法

潜水型饮用水水源地应分别划分一级、二级和准保护区。

7.2.1.1　中小型水源保护区划分

7.2.1.1.1　一级保护区

以开采井为中心，按式（3）计算的结果为半径的圆形区域。式中，一级保护区 T 取 100 d。资料不足情况下，以开采井为中心，按表 1 所列的经验值 R 为半径的圆形区域。

7.2.1.1.2　二级保护区

以开采井为中心，按式（3）计算的结果为半径的圆形区域。式中，二级保护区 T 取 1 000 d。资料不足情况下，以开采井为中心，按表 1 所列的经验值 R 为半径的圆形区域。

7.2.1.1.3　准保护区

孔隙水潜水型水源的准保护区为补给区和径流区。

7.2.1.2 大型水源保护区划分

建议采用数值模型（参见附录 E），模拟计算污染物的捕获区范围为保护区范围。一、二级水源保护区范围不得小于类比经验法确定的范围。

7.2.1.2.1 一级保护区

以取水井为中心，溶质质点迁移 100 d 的距离所圈定的范围。

7.2.1.2.2 二级保护区

一级保护区以外，溶质质点迁移 1 000 d 的距离所圈定的范围。

7.2.1.2.3 准保护区

将水源的补给区划为准保护区。

7.2.2 孔隙水承压水型水源保护区的划分方法

7.2.2.1 中小型水源保护区划分

7.2.2.1.1 一级保护区

将上部潜水的一级保护区作为承压水型水源地的一级保护区，划分方法同孔隙水潜水中小型水源地。

7.2.2.1.2 二级保护区

一般不设二级保护区。

7.2.2.1.3 准保护区

将水源的补给区划为准保护区。

7.2.2.2 大型水源保护区划分

7.2.2.2.1 一级保护区

将上部潜水的一级保护区作为承压水的一级保护区，划分方法同孔隙水潜水大型水源地。

7.2.2.2.2 二级保护区

一般不设二级保护区。

7.2.2.2.3 准保护区

将水源的补给区划为准保护区。

7.3 裂隙水饮用水水源保护区

按成因类型不同分为风化裂隙水、成岩裂隙水和构造裂隙水，裂隙水需要考虑裂隙介质的各向异性。

7.3.1 风化裂隙、成岩裂隙潜水型水源保护区划分

7.3.1.1 中小型水源保护区划分

7.3.1.1.1 一级保护区

以开采井为中心，按式（3）计算的距离为半径的圆形区域。一级保护区 T 取 100 d。

7.3.1.1.2 二级保护区

以开采井为中心，按式(3)计算的距离为半径的圆形区域。二级保护区 T 取 1 000 d。

7.3.1.1.3 准保护区

将水源的补给区和径流区划为准保护区。

7.3.1.2 大型水源保护区划分

需要利用数值模型（参见附录 E），确定污染物相应时间的捕获区范围作为保护区。一、二级水源保护区范围不得小于类比经验法确定的范围。

7.3.1.2.1 一级保护区

以地下水开采井为中心，溶质质点迁移 100 d 的距离为半径所圈定的范围。

7.3.1.2.2 二级保护区

一级保护区以外，溶质质点迁移 1 000 d 的距离为半径所圈定的范围。

7.3.1.2.3 准保护区

将水源的补给区和径流区划为准保护区。

7.3.2 风化裂隙承压水型水源保护区划分

7.3.2.1 一级保护区

将上部潜水的一级保护区作为风化裂隙承压型水源地的一级保护区，划分方法根据上部潜水的含水层介质类型，参考对应介质类型的中小型水源地一级保护区的划分方法。

7.3.2.2 二级保护区

一般不设二级保护区。

7.3.2.3 准保护区

将水源的补给区划为准保护区。

7.3.3 成岩裂隙承压水型水源保护区划分

7.3.3.1 一级保护区

同风化裂隙承压水型。

7.3.3.2 二级保护区

一般不设二级保护区。

7.3.3.3 准保护区

将水源的补给区划为准保护区。

7.3.4 构造裂隙潜水型水源保护区划分

7.3.4.1 中小型水源地保护区划分

7.3.4.1.1 一级保护区

应充分考虑裂隙介质的各向异性。以水源地为中心，利用式（3），n 分别取主径流方向和垂直于主径流方向上的有效裂隙率，计算保护区的长度和宽度。*T* 取 100 d。

7.3.4.1.2 二级保护区

计算方法同一级保护区，*T* 取 1 000 d。

7.3.4.1.3 准保护区

将水源的补给区和径流区划为准保护区。

7.3.4.2 大型水源地保护区划分

利用数值模型（参见附录 E），确定污染物相应时间的捕获区作为保护区。一、二级水源保护区范围不得小于类比经验法确定的范围。

7.3.4.2.1 一级保护区

以地下水取水井为中心，溶质质点迁移 100 d 的距离为半径所圈定的范围。

7.3.4.2.2 二级保护区

一级保护区以外，溶质质点迁移 1 000 d 的距离为半径所圈定的范围。

7.3.4.2.3 准保护区

将水源的补给区和径流区划为准保护区。

7.3.5 构造裂隙承压水型水源保护区划分

7.3.5.1 一级保护区

同风化裂隙承压水型。

7.3.5.2 二级保护区

一般不设二级保护区。

7.3.5.3 准保护区

将水源的补给区划为准保护区。

7.4 岩溶水饮用水水源保护区

根据岩溶水的成因特点，岩溶水分为岩溶裂隙网络型、峰林平原强径流带型、溶丘山地网络型、峰丛洼地管道型和断陷盆地构造型 5 种类型。岩溶水饮用水水源保护区划分，须考虑溶蚀裂隙中的管道流与落水洞的集水作用。

7.4.1 岩溶裂隙网络型水源保护区划分

7.4.1.1 一级保护区

同风化裂隙水。

7.4.1.2 二级保护区

同风化裂隙水。

7.4.1.3 准保护区

必要时，将水源的补给区和径流区划为准保护区。

7.4.2 峰林平原强径流带型水源保护区划分

7.4.2.1 一级保护区

同构造裂隙水。

7.4.2.2 二级保护区

同构造裂隙水。

7.4.2.3 准保护区

必要时，将水源的补给区和径流区划为准保护区。

7.4.3 溶丘山地网络型、峰丛洼地管道型、断陷盆地构造型水源保护区划分

7.4.3.1 一级保护区

参照地表河流型水源地一级保护区的划分方法，即以岩溶管道为轴线，水源地上游不小于 1 000 m，下游不小于 100 m，两侧宽度按式（3）计算（若有支流，则支流也要参加计算）。同时，在此类型岩溶水的一级保护区范围内的落水洞处也宜划分为一级保护区，划分方法是以落水洞为圆心，半径 100 m 所圈定的区域，通过落水洞的地表河流按河流型水源一级保护区划分方法划分。

7.4.3.2 二级保护区

一般不设二级保护区。但一级保护区内有落水洞的水源，应划分落水洞周边汇水区域为二级保护区。

7.4.3.3 准保护区

必要时将水源补给区划为准保护区。

8 其他特殊情形水源地的划分要求

8.1 如果饮用水水源一级保护区或二级保护区内有支流汇入，应从支流汇入口向上游延伸一定距离，作为相应的一级保护区和二级保护区，划分方法可参照上述河流型水源保护区划分方法。根据支流汇入口所在的保护区级别高低及距取水口的远近，其范围可适当减小。

8.2 非完全封闭式饮用水输水河（渠）道均应划分一级保护区，其宽度范围可参照河流型水源保护区划分方法；在非完全封闭式输水河（渠）及其支流、高架、架空及周边无汇水的渠道可设二级保护区，其范围参照河流型二级保护区划分方法。

8.3 以上游的湖泊、水库为主要水源的河流型饮用水水源地，其饮用水水源保护区范围应包括湖泊、水库一定范围内的水域和陆域，保护区范围可参照湖库型水源地的划分方法确定。

8.4 入湖、库河流的保护区水域和陆域范围的确定，以确保湖泊、水库饮用水水源保护区水质为目标，参照河流型饮用水水源保护区的划分方法确定一级、二级保护区的范围。

8.5 傍河取水井，应按照河流型和地下水型水源分别划分一、二级保护区范围，将保护区的并集，作为傍河取水井的一级、二级保护区的范围。

8.6 截潜伏流型水源，应参照河流型水源的划分方法，划分一级、二级保护区范围。

8.7 取水口位置尚未确定的规划水源，可依据水源的类型，分别参照河流、湖泊水库及地下水水源划分的技术方法，划定一定范围的水域和陆域作为二级保护区，但应遵循水质反降级原则，即划分保护区后的水质目标，不得低于原水体所在水环境功能区或者水功能区的水质目标要求。

9 饮用水水源保护区定界要求

9.1 现场定界

为了便于开展日常环境管理工作，完成保护区划分技术方案和电子图件后，应立即开展现场定界工作。

9.2 定界要点及精度要求

充分利用具有永久性的明显标志，如分水线、行政区界线、公路、铁路、桥梁、大型建筑物、水库大坝、水工建筑物、河流汊口、航道、输电线、通信线等标示，结合水源保护区地形、地标、地物特点，确定各级保护区的地理界线、并修改完善电子图件。还应按照顺时针方向确定主要拐点的经纬度坐标，并最终确定各级保护区坐标红线图、表。

定界时，测量精度、记录数据和成果的精度应达到亚米级（误差不小于 1 dm）。

9.3 设立标志

饮用水水源保护区划分方案获得批准后，有关地方人民政府应当按照 HJ/T 433 的要求，在饮用水水源保护区边界设立界标，敏感区域设立警示标志。

10 饮用水水源保护区图件制作要求

10.1 制图比例尺及图件信息

饮用水水源保护区电子地图的基础图比例尺，可根据当地实际情况选用，但应不小于 1∶50 000，可利用经过纠正后的环境卫星数据；地理坐标可采用 2000 国家大地坐标系。

10.2 基础地理图层

基础地理信息应至少包含（但不限于）以下图层：

省级行政区界（如涉及）、地级行政区界（如涉及）、县级和乡镇行政区界、地形、水系、道路、航道、水利工程大坝；省级政府驻地、地级政府驻地、县级和乡镇政府驻地等。

10.3 专题图层

饮用水水源取水口、饮用水水源一级、二级和准保护区水域和陆域范围、环境质量监测点、污染源分布、旅游点和码头等。饮用水水源取水口、一级保护区、二级保护区、环境质量监测点等专题图层的属性数据，至少应包含 CD（饮用水水源地代码）、NAME（名称）、ID（顺序号）等字段。

基础地理图层属性数据，至少应包含 NAME（名称）字段。基础图层与专题图层，在不影响图纸内容识别的前提下，均可合并绘制。其中，面图层数据应包含面积信息；线图层数据应包含长度信息。

10.4 制图步骤

10.4.1 数据处理

依据前期调查资料，对饮用水水源地地形地貌等情况进行数据采集，主要包括水源地名称、地理位置及地理坐标、所在水系或河流湖库、水源地补给（客水情况）、径流和排泄情况、地质构造情况等。把处理好的数据建成各种数据图层（能与行政区划图叠加），方便输入作图软件作图。

10.4.2 成图

根据保护区划分结果，提取需要的各种数据图层，输入作图软件并对各个图层进行调试，做到科学分层、合理布局，从而完成保护区电子地图的制作。图例格式见表 3。

表 3 饮用水水源保护区电子地图图例格式要求（以 ArcGIS 为例）

图例类型	名称	图例格式	配色方案	大小/磅[a]
点状	地表水取水口	⊕	RGB（255，0，0）	8
	地下水取水口（水井）	⊕	RGB（255，0，0）	8
	排污口	▲	RGB（0，0，0）	12
	保护区边界的拐点	▪	RGB（0，0，0）	2
线状	保护区边界	——	RGB（0，0，0）	2
	国家行政区界	-·-·-	RGB（255，190，190）	4
	省级行政区界	·—·—	RGB（130，130，130）	3
	地级行政区界	-··-··-	RGB（130，130，130）	2
	县级行政区界	-----	RGB（130，130，130）	1
	乡镇级行政区界	-----	RGB（130，130，130）	0.5
	河流	～～	RGB（115，223，255）	0.5～2
	道路	——	RGB（0，0，0）	0.5

图例类型	名称	图例格式	配色方案	大小/磅[a]
面状	饮用水水源地一级保护区		RGB（255，0，0）	—
	饮用水水源地二级保护区		RGB（255，255，0）	—
	饮用水水源地准保护区		RGB（0，92，230）	
	水域		RGB（190，232，255）	—
	村镇		选用	—
	工业用地		选用	—
	农田		选用	—

[a] 为建议值，具体作图时可根据图件比例尺的大小确定图例的大小。1 磅=0.35 mm。

附 录 A
（资料性附录）
饮用水水源地环境状况调查技术要求

A.1 调查方式

采用资料收集、现场调查、现状监测与长期动态资料分析等方法。当现有资料不足时，应按照相关要求，组织现场监测及水文地质勘察与试验，并可选用不同历史时期地形图以及航空、卫星图片进行遥感图像解译配合地面的现状进行调查与评价。其中，资料收集以调查时前一年的资料为主，长期动态资料为近 10 年的相关资料。

A.2 调查范围

A.2.1 地表水水源地。水源周边对取水口影响较显著的水域和陆域，一般是取水口上游不小于 20 km 的汇水区域。

A.2.2 地下水水源地。包括地下水源的补给、径流、排泄区域，以及与地下饮用水水源地相关的主要污染源分布的区域。必要时，还应扩展至完整的水文地质单元及可能与水源地所在水文地质单元存在直接补排关系的区域。

A.3 水源地基础状况调查

A.3.1 水源地基础信息。水源名称、水源类型［如河流、湖泊（水库）、地下水］、取水口位置及附近的设施，包括水工建筑物、防洪堤工程、水上交通运输及航道分布等。

A.3.2 水源地运行状况。水源地建设时间、工程设计取水量、实际取水量、取水方式等；水源地使用状况（在用、备用、规划）。

A.3.3 地下水水源井的分布情况。包括取水层位、开采层的成井密度、水井结构、深度以及开采历史与规模。

A.3.4 水源服务区域。包括用水量、服务人口、与水厂的距离及输水方式。

A.3.5 水源服务水厂。包括水厂规模、处理工艺及处理效率。

A.3.6 应对突发环境事件的应急响应能力。包括物资储备、应急预案制定和演练、技术储备等情况。

A.3.7 管理状况。包括水源地及供水管理机制、管理制度、管理政策等。

A.4 社会经济及土地利用概况调查

A.4.1 社会经济状况

A.4.1.1 行政区划分、人口及分布。

A.4.1.2 水源地所在流域的产业结构及布局。包括工业结构（工业类型和布局、企业主要原料和产成品、距取水口的距离）、农业种植养殖结构、能源结构与道路交通状况等。

A.4.2 土地利用状况

A.4.2.1 土地利用格局。工业、交通、城镇用地、农村居民用地、农业种植用地、农业设施用地、林地、草地、荒山、沙洲等面积及比例。

A.4.2.2 水源涵养林、护岸林和自然湿地面积及维护情况。

A.4.2.3 水源地周边采石场面积，坡耕地面积及其占耕地面积比例，水土流失及治理面积，土壤侵蚀模数等参数。

A.5 相关规划、区划情况调查

水源（取水口）所在水体的水功能、水环境功能区划、区域土地利用规划、区域社会经济发展规划、城乡规划、区域水环境保护规划、区域供水规划、港口总体规划、航运发展规划、航道发展规划、公路网规划、河道采沙规划等涉及水源地保护相关内容等资料。

A.6 自然地理特征调查

A.6.1 水源地自然特征

A.6.1.1 地表水水源取水口及所在水域、地下水取水井或井群的地理位置和经纬度。

A.6.1.2 河流、湖泊（水库）流域边界；河流、湖泊（水库）的长度、面积、库容、水下地形。

A.6.1.3 河流、湖泊（水库）地表水体特征、规模、类型及地下水源地的水文地质特征。

A.6.2 地表水饮用水水源水文特征

A.6.2.1 流域面积及河流长度；流速、年径流量（年均值和频率值），含沙量。

A.6.2.2 丰水期、平水期、枯水期的天数；径流量及占全年径流量的百分比等。

A.6.2.3 河流平直及弯曲情况；水力坡度、水位、水深、河宽、流量、流速及其分布。

A.6.2.4 河网地区应调查各河段流向、流速、流量关系，了解流向、流速、流量的变化特点。

A.6.2.5 潮汐河口的水文调查与水文测量的内容，除与河流相同的内容外，还有潮汐河段的范围，涨潮、落潮及平潮时的水位、水深、流速、流向。

A.6.2.6 湖泊、水库的面积和形状，库容，水位，流入、流出的水量，停留时间，水库调度和贮量，水温分层情况及水流状况（湖流的流向和流速，环流的流向、流速及稳定时间）等。

A.6.3 地下水饮用水水源水文地质特征

A.6.3.1 水文、土壤和植被状况；地层岩性、地质构造、地貌特征与矿产资源；包气带岩性、结构、厚度、防污性能；含水层的分布特征、岩性组成、厚度、密度、孔隙度、渗透系数、赋存地点和富水程度；隔水层的岩性组成、厚度、孔隙度、渗透系数。

A.6.3.2 地下水的类型；地下水径流、补给和排泄条件；泉的成因类型、出露位置、形成条件及泉水流量、水质、水温、开发利用情况；地下水现状监测井的深度、结构以及成井历史、使用功能；地下水背景值等。

A.6.3.3 水文地质问题调查

地下水开采过程中水质、水量、水位的变化情况以及引起的环境水文地质问题。

A.7 饮用水水源水质调查

A.7.1 地表水源水质调查和评价

有监测资料以来近 10 年的水质监测数据及水质评价结果、超标项目、超标倍数、超标频次及超标原因。评价指标、方法和参数参照 GB 3838，湖泊、水库水源补充综合营养状态的评价。

A.7.2 地下水水源水质调查

A.7.2.1 调查地下水水位、水质的动态监测情况，了解和查明地下水水流与地下水化学组分的空间分布现状和变化趋势。

A.7.2.2 地下水饮用水水源水质评价指标和方法依据 GB/T 14848。

A.8 污染源调查

结合国家排污许可信息公开系统、环境影响评价、环保验收、在线监测等已有平台和数据库获取基础资料，并现场调查可能对水源地水质造成影响的污染源数量、分布和排放污染物的数量等情况，包括：点源、非点源、固体废物堆放（填埋）场、流动源及其他污染源调查，其中，非点源调查主要针对湖泊、水库型水源地。

A.8.1 点源

A.8.1.1 工业或生活排污口，包括：排污口名称、污染源位置（说明与取水口的距离和位置关系）、污染源排污口位置、排放量、排放方式、排放途径、去向、主要污染物及其浓度、废水处理和综合利用状况等。

A.8.1.2 规模化畜禽养殖，包括：规模化畜禽养殖企业的养殖种类及数量、年用水及排水量、排污方式、处理工艺、排放污水浓度、去向等。

A.8.2　非点源

A.8.2.1　种植业污染，包括：农田面积、坡度、农作物类型、土壤类型、年降雨量、轮作方式、历史和现状化肥农药施用种类和数量、施用方式等。

A.8.2.2　农村生活污水及固体废物，包括：农村综合用水量和排水量、农村人口数量、生产垃圾产生量及处理方式。

A.8.2.3　分散式畜禽养殖污染源，包括：分散式畜禽养殖企业的养殖种类及数量、年用水及排水量、排污方式、是否处理及处理工艺、排放污水浓度、去向等。

A.8.2.4　涉及重金属的矿产资源、放射性矿产资源和油田等分布情况调查。

A.8.3　固体废物堆放（填埋）场

A.8.3.1　工业固体废物堆放（填埋）场应测定其位置、堆积面积、堆积高度、堆积量等，开展堆放（填埋）场渗漏检测，并了解其底部、侧部渗透性能及防渗情况，以及堆放（填埋）废物的类型及组成情况。

A.8.3.2　对生活污染源中的生活垃圾、粪便等，应调查其物质组成及排放、储存、处理利用状况。

A.8.4　流动源

流动源应重点调查地表水水源取水口上游客货运码头分布、等级和前三年吞吐量及主要货种、水上交通运输量、运输物质类别、航道及航道保护范围等；地表水源取水口周边或上游有跨河大桥、地下水水源地周边陆地道路存在交通运输情况时，需补充调查如运输物质种类、车载重量、行驶路线等信息。

A.8.5　距离地下水饮用水水源较近的其他污染源

调查石油化工等原料或产品输送管道以及地下油罐、矿山等典型污染源。应对污染源所在区域可能污染的位置，如物料装卸区、储存区、事故池等开展包气带污染调查。包气带污染调查取样深度一般在地面以下 25～80 cm。当调查点所在位置一定深度之下有埋藏的排污系统或储藏污染物的容器时，取样深度应至少在排污系统或储藏污染物的容器底部以下。

A.9　饮用水水源地环境管理状况调查

A.9.1　饮用水水源保护区周边道路危险品的运输情况及管理措施。

A.9.2　饮用水水源地预警与应急能力情况。

A.9.3　曾经发生的突发环境事件及应急情况，包括突发环境事件的起因、污染类型、影响范围、持续时间、应对措施等。

附　录　B
（规范性附录）
饮用水水源保护区划分（调整）技术文件编制的基本要求

划分饮用水水源保护区，应编写正式的“××××饮用水水源保护区划分（调整）技术报告”技术文件。技术文件的基本内容应包括以下几个部分：

B.1　总则

B.1.1　划分目的或调整的必要性（理由）
B.1.2　划分（调整）依据
B.1.2.1　相关法律法规
B.1.2.2　相关已经批准实施的规划
B.1.3　保护区划分（调整）的技术路线

B.2　饮用水水源基础环境状况

B.2.1　饮用水水源地所在区域或流域的自然状况
B.2.2　饮用水水源地所在区域或流域的社会经济状况
B.2.3　饮用水水源地周边城乡土地使用现状及规划情况
B.2.4　饮用水水源地规划、水功能区划、重要生态功能区划等情况
B.2.5　饮用水水源保护区划分现状与问题（适用于保护区调整的水源）
B.2.6　饮用水水源地基础状况
B.2.7　饮用水水源地的水质状况调查评价
B.2.8　饮用水水源地周边及上游污染源调查
B.2.9　饮用水水源地水环境风险分析

基本内容包括水量、水质状况及发展趋势，可能对水源地产生污染影响的主要污染源、污染物及污染影响途径；作为饮用水水源开采的前景；与相邻水域的关系，包括饮用水水源取水口上、下游或相邻水域（或区域）的功能、水源水量和水质是否受本行政区外的影响；若受到其影响，列出影响途径、影响程度（水量、水质、生态、经济、人体健康等）等实测数据、定量计算和定性分析结果。

B.3　保护区划分（调整）与定界

B.3.1　确定各级保护区划分（调整）的技术方法，说明选用的技术指标、数值计算方

法及理由、准保护区划分（调整）的必要性及意义等。

B.3.2　初步划分（调整）结果及分析

B.3.2.1　一级保护区范围的确定

B.3.2.2　二级保护区范围的确定

B.3.2.3　准保护区范围的确定

B.3.3　保护区定界方案

B.3.4　保护区定界的技术说明

B.3.5　调整前后保护区范围的比较（适用于调整保护区的水源）

用图表示各级保护区的范围，并用表格确定红线坐标，以及标记保护区内污染源、集水区、排水区分布特性等。

B.4　饮用水水源保护区规范化建设与管理要求

饮用水水源保护区的规范化建设突出问题及整治措施，水源水质监测网站的布置，水质项目的常规和预警监测，污染源监督、应急预案制定和应急监测能力建设等。若水质尚未达标，应要求水源准保护区实施总量控制，并提出水质达标期限和相应的管理控制措施。

B.5　饮用水水源保护区建设投资估算

B.5.1　保护区规范化建设项目投资估算

B.5.2　规范化建设目标达标的可行性分析

B.6　饮用水水源保护区划分方案、图件及有关说明

饮用水水源保护区划分（调整）方案包括：保护区详细情况（包括取水口位置、监测点位、周边污染源分布等）图集；饮用水水源保护区登记表；一级、二级保护区和准保护区详细情况的文字说明，包括各级保护区边界主要拐点的经纬度坐标、面积和调整前后面积比较（适用于调整保护区的水源）；取水许可证明文件等内容。

附　录　C

（资料性附录）

二维水质模型基本方程及求解

二维水质模型的基本方程为

$$\frac{\partial C}{\partial t}=D_x\frac{\partial^2 C}{\partial x^2}+D_y\frac{\partial^2 C}{\partial y^2}-u_x\frac{\partial C}{\partial x}-u_y\frac{\partial C}{\partial y}-KC \tag{C.1}$$

在稳态条件下，$\frac{\partial C}{\partial t}=0$，上式可变形为

$$D_x\frac{\partial^2 C}{\partial x^2}+D_y\frac{\partial^2 C}{\partial y^2}-u_x\frac{\partial C}{\partial x}-u_y\frac{\partial C}{\partial y}-KC=0 \tag{C.2}$$

对于应用于水质模拟的二维模型，会涉及有无边界影响两类情况。

C.1　潮汐河段水源保护区范围的非稳态数值计算方法

对于潮汐河流，按照式（C.1），通过数值计算方法求解，确定保护区范围。

C.2　大型河流、湖泊及水库水源保护区范围的稳态数值计算方法

对于大型河流、湖泊及水库水源地，按照式（C.2），通过数值计算方法求解，确定保护区范围。

C.3　一般河流水源保护区范围的稳态解析解计算方法

C.3.1　无限宽水域岸边点源的稳态排放

在均匀流场中，当强度为 M 的点源排放到无限宽的水域中，见图 C.1。在边界条件为：

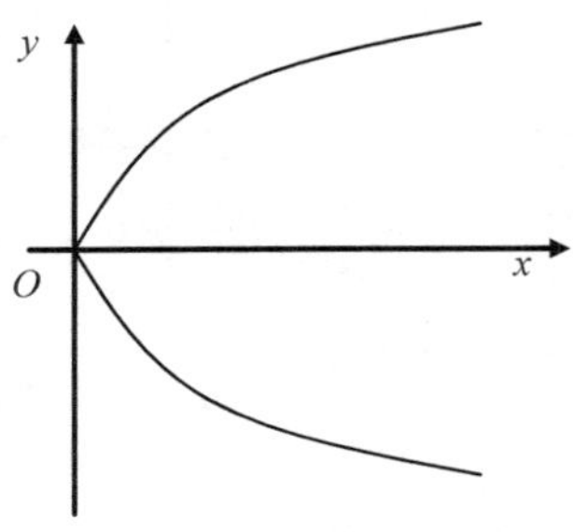

图 C.1　宽度无限水域中的点源排放

$\left.\frac{\partial C}{\partial y}\right|_{y=0}=0$ 时，式（C.2）的解析解为

$$C(x,y)=\frac{M}{4\pi h\left(x/u_x\right)^2\sqrt{D_xD_y}}\exp\left(-\frac{\left(y-u_yx/u_x\right)}{4D_y\,x/u_x}\right)\exp\left(-K\frac{x}{u_x}\right) \tag{C.3}$$

式中：u_y——y 方向的流速分量；

D_y——y 方向的扩散系数；

h——平均水深；

K——污染物的降解速率，m^3/s。

如果是顺直河道，在水深变化不大的情况下横向流速很小，近似为零；纵向扩散项远小于推流的影响，即可以忽略 u_y 项和 D_x 项，则式（C.2）可简化为

$$D_y\frac{\partial^2 C}{\partial y^2}-u_x\frac{\partial C}{\partial x}-KC=0 \tag{C.4}$$

相应的解析解为

$$C(x,y)=\frac{M}{u_xh\sqrt{4\pi D_yx/u_x}}\exp\left(-\frac{u_xy^2}{4D_yx}\right)\exp\left(-K\frac{x}{u_x}\right) \tag{C.5}$$

C.3.2 有边界水域连续点源的稳态排放

在有边界的情况下，污染物的扩散会因受到边界的阻碍而产生反射，这种反射可以通过设立虚源来模拟，即设想边界为一面镜子，镜子后面有一个与实际源强度相同、距离相同的虚拟反射源。当有两个边界时，反射会成为连锁式的。

当污染源在边界上，对于宽度无限大的环境（图 C.2），有

$$C(x,y)=\frac{2M}{u_xh\sqrt{4\pi D_yx/u_x}}\exp\left(-\frac{u_xy^2}{4D_yx}\right)\exp\left(-K\frac{x}{u_x}\right) \tag{C.6}$$

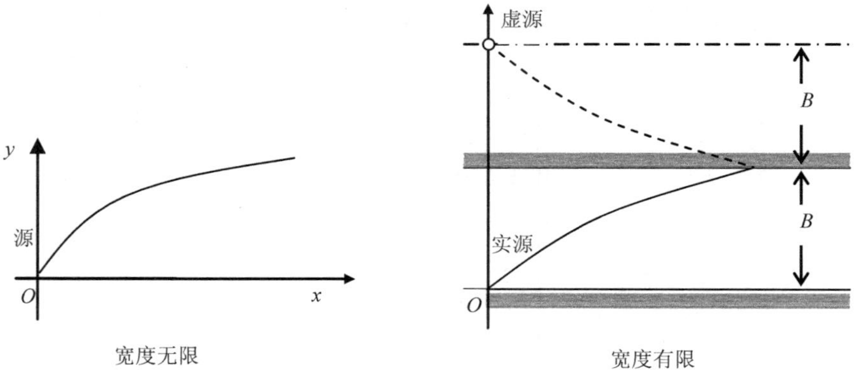

图 C.2 污染物的边界排放

可以看出，对于全反射的边界（不考虑扩散物质被边界吸附），污染物的浓度是没有反射时的两倍。

对于宽度为 B 的环境，则

$$C(x,y)=\frac{2M}{u_x h\sqrt{4\pi D_y x/u_x}}\left\{\sum_{n=-\infty}^{+\infty}\exp\left(-\frac{u_x(2nB-y)}{4D_y x}\right)\right\}\exp\left(-K\frac{x}{u_x}\right) \qquad (C.7)$$

当污染源在两个边界的中间时（见图 C.3），有

$$C(x,y)=\frac{M}{u_x h\sqrt{4\pi D_y x/u_x}}\left\{\sum_{n=-\infty}^{+\infty}\exp\left(-\frac{u_x(nB-y)}{4D_y x}\right)\right\}\exp\left(-K\frac{x}{u_x}\right) \qquad (C.8)$$

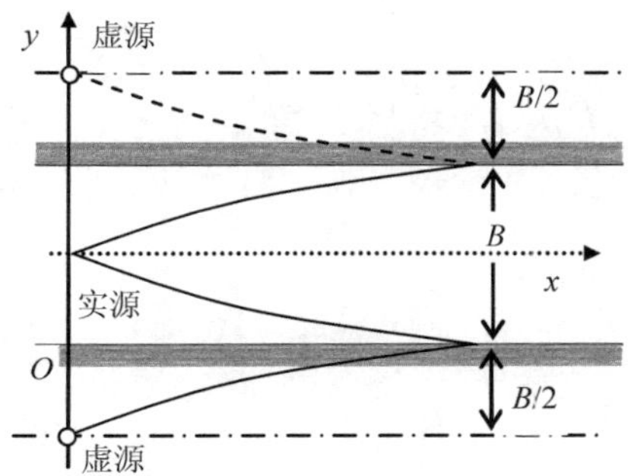

图 C.3　双边界的中心排放

边界的反射的影响随着距离的增加（n 的增大）而衰减很快，当 $n>4$ 以后，计算结果基本趋于稳定，计算时取 $n=4\sim5$ 就足够了。

如果污染源的位置既不位于边界，也不位于河流正中央，而是位于距岸 y_0（$0\leqslant y_0\leqslant B$）的位置，即可以表达为

$$C(x,y)=\frac{M}{u_x h\sqrt{4\pi D_y x/u_x}}\left\{\sum_{n=-\infty}^{+\infty}\exp\left(-\frac{u_x\left(y-(2nB\pm y_0)\right)^2}{4D_y x}\right)\right\}\exp\left(-K\frac{x}{u_x}\right) \qquad (C.9)$$

C.3.3　无边界水域点源的瞬时排放

瞬时点源排放时，无边界阻碍的情况下，边界条件为：$y=\pm\infty, \frac{\partial C}{\partial y}=0$ 时，其解析解为

$$C(x,y,t)=\frac{M}{4u_x h\sqrt{D_x D_y t^2}}\exp\left(-\frac{(x-u_x t)^2}{4D_x t}-\frac{(y-u_y t)^2}{4D_y t}\right)\exp\left(-K\frac{x}{u_x}\right) \quad (C.10)$$

有边界阻碍时，可将上式修正为

$$C(x,y,t)=\frac{M}{4u_x h\sqrt{D_x D_y t^2}}$$
$$\left\{\exp\left(-\frac{(x-u_x t)^2}{4D_x t}-\frac{(y-u_y t)^2}{4D_y t}\right)+\exp\left(-\frac{(x-u_x t)^2}{4D_x t}-\frac{(2b+y-u_y t)^2}{4D_y t}\right)\right\}\exp\left(-K\frac{x}{u_x}\right) \quad (C.11)$$

式中：b——污染源到边界的距离。

当为岸边排放时，即 b=0 时，上式可变为：

$$C(x,y,t)=\frac{2M}{4u_x h\sqrt{D_x D_y t^2}}\exp\left[-\frac{(x-u_x t)^2}{4D_x t}--\frac{(y-u_y t)^2}{4D_y t}\right]\exp(-Kt) \quad (C.12)$$

附　录　D
（资料性附录）
地下水水源保护区划分的概念模型

D.1　抽水井的水源开采影响区的概念模型

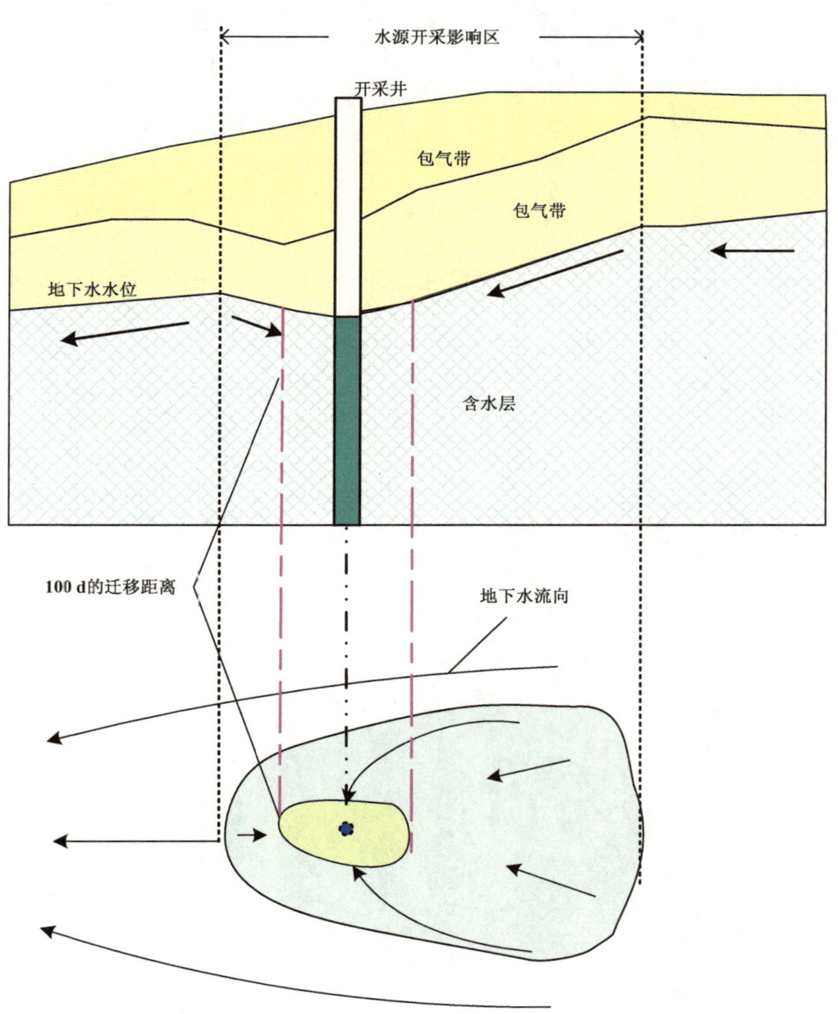

D.2 群井的水源保护区范围的概念模型图

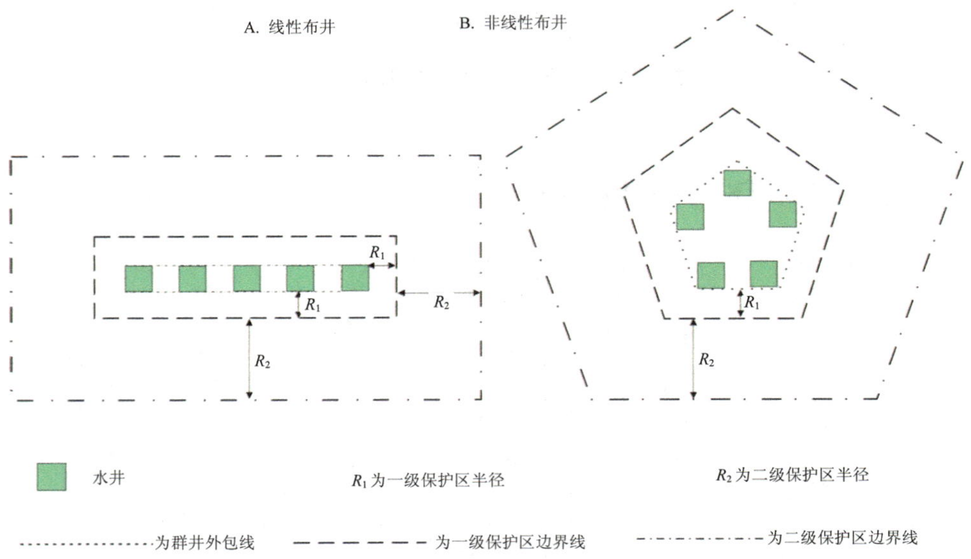

水井　　R_1为一级保护区半径　　R_2为二级保护区半径

················为群井外包线　— — — — — — 为一级保护区边界线　-·-·-·-·-·-为二级保护区边界线

附　录　E
（资料性附录）
地下水溶质运移数值模型

水是溶质运移的载体，地下水溶质运移数值模拟宜在地下水流场模拟基础上进行，因此地下水溶质运移数值模型包括水流模型和溶质运移模型两部分。

E.1　地下水水流模型

非均质、各向异性、空间三维结构、非稳定地下水流系统：

1）控制方程

$$S_s\frac{\partial h}{\partial t}=\frac{\partial}{\partial x}\left(K_x\frac{\partial h}{\partial x}\right)+\frac{\partial}{\partial y}\left(K_y\frac{\partial h}{\partial y}\right)+\frac{\partial}{\partial z}\left(K_z\frac{\partial h}{\partial z}\right)+q_s$$

式中：S_s —— 给水度，[L^{-1}]；

h —— 水位，[L]；

K_x，K_y，K_z —— 分别为 x，y，z 方向上的渗透系数，[LT^{-1}]；

t —— 时间，[T]；

q_s —— 源汇项，[T^{-1}]。

注：方括号[ ]中的符号为量纲，以下同。

2）初始条件

$$h(x,y,z,t)=h_0(x,y,z) \qquad (x,y,z)\in\Omega, t=0$$

式中：$h_0(x,y,z)$ —— 已知水位分布；

Ω —— 模型模拟区。

3）边界条件

第一类边界：

$$h(x,y,z,t)\big|_{\Gamma_1}=h(x,y,z,t) \qquad (x,y,z)\in\Gamma_1, t\geqslant 0$$

式中：Γ_1 —— 一类边界；

$h(x，y，z，t)$ —— 一类边界上的已知水位函数。

第二类边界：

$$k\frac{\partial h}{\partial \vec{n}}\bigg|_{\Gamma_2}=q(x,y,z) \qquad (x,y,z)\in\Gamma_2$$

式中：Γ_2 —— 二类边界；

K —— 三维空间上的渗透系数张量；

$\vec{n}$ —— 边界 Γ_2 的外法线方向；

$q(x, y, z)$ —— 二类边界上已知流量函数。

第三类边界：

$$\left.(k(h-z)\frac{\partial h}{\partial \vec{n}}+\alpha h)\right|_{\Gamma_3}=q\ (x,y,z)$$

式中：α —— 系数；

Γ_3 —— 三类边界；

k —— 三维空间上的渗透系数张量；

$\vec{n}$ —— 边界 Γ_3 的外法线方向；

$q(x, y, z)$ —— 三类边界上已知流量函数。

E.2 地下水水质模型

1）控制方程

$$R\theta\frac{\partial C}{\partial t}=\frac{\partial}{\partial x_i}\left(\theta D_{ij}\frac{\partial C}{\partial x_j}\right)-\frac{\partial}{\partial x_i}(\theta v_i C)-q_s C_s-q_s' C-\lambda_1\theta C-\lambda_2\rho_b\overline{C}$$

式中：R —— 迟滞系数，量纲 1；

$$R=1+\frac{\rho_b}{\theta}\frac{\partial\overline{C}}{\partial C}$$

ρ_b —— 介质密度，$[ML^{-3}]$；

θ —— 介质孔隙度，量纲 1；

C —— 组分的质量浓度，$[ML^{-3}]$；

$\overline{C}$ —— 介质骨架吸附的溶质质量浓度，$[ML^{-3}]$；

t —— 时间，$[T]$；

x，y，z —— 空间位置坐标，$[L]$；

D_{ij} —— 水动力弥散系数张量，$[L^2T^{-1}]$；

V_i —— 地下水渗流速度张量，$[LT^{-1}]$；

q_s —— 源和汇，$[T^{-1}]$；

C_s —— 源或汇水流中组分的质量浓度，$[ML^{-3}]$；

λ_1 —— 溶解相一级反应速率，$[T^{-1}]$；

λ_2 —— 吸附相一级反应速率，$[T^{-1}]$。

2）初始条件

$$C(x,y,z)=C_0(x,y,z) \qquad (x,y,z)\in\Omega, t=0$$

式中：$C_0(x,y,z)$ —— 已知浓度分布；

Ω —— 模型模拟区域。

3）定解条件

第一类边界 —— Dirichlet 边界：

$$C(x,y,z,t)=C_0(x,y,z,t) \qquad (x,y,z)\in\Gamma_1, t\geqslant 0$$

式中：Γ_1 —— 定浓度边界；

$C(x,y,z,t)$ —— 定浓度边界上的浓度分布。

第二类边界 —— Neumann 边界：

$$\theta D_{ij}\frac{\partial C}{\partial x_j}=f_i(x,y,z,t) \qquad (x,y,z)\in\Gamma_2, t\geqslant 0$$

式中：Γ_2 —— 通量边界；

$f_i(x,y,z,t)$ —— 边界 Γ_2 上已知的弥散通量函数。

第三类边界 —— Cauchy 边界：

$$\theta D_{ij}\frac{\partial C}{\partial x_j}-q_iC=g_i(x,y,z,t) \qquad (x,y,z)\in\Gamma_3, t\geqslant 0$$

式中：Γ_3 —— 混合边界；

$g_i(x,y,z,t)$ —— 边界 Γ_3 上已知的对流弥散总的通量函数。

第二节 行业指南

全国集中式生活饮用水水源地水质监测实施方案

（环办函〔2012〕1266号）

为深入贯彻落实科学发展观，加强饮用水水源地水质监测与监管，切实履行职责，推动全面解决事关人民群众身体健康的饮用水安全问题，落实《国家环境保护“十二五”规划》和《国务院关于加强环境保护重点工作的意见》（国发〔2011〕35号），制定本方案。

一、总体目标

全面、客观、准确地掌握我国集中式生活饮用水水源地取水量、水质状况及变化趋势，为饮用水水源地保护及时提供技术支撑，保障饮用水安全。

二、监测范围

全国31个省（区、市）行政区域内338个地级以上城市、2 862个县级行政单位所在城镇的所有在用集中式生活饮用水水源地及乡镇集中式生活饮用水水源地。

集中式生活饮用水水源地水质监测工作由各省（区、市）环境保护主管部门负责组织开展。

三、监测实施安排

（一）2012年12月，对全国338个地级以上城市（约861个集中式饮用水水源地）所有在用集中式地表水饮用水水源地，按《地表水环境质量标准》（GB 3838—2002）表1的基本项目（23项，化学需氧量除外）、表2的补充项目（5项）和表3的优选特定项目（33项，监测项目及推荐方法详见附表1），共61项，进行1次试监测，并向中国环境监测总站（以下简称“监测总站”）报送数据。

（二）2013年1月起，对全国地级以上城市（338个地级以上城市约861个集中式生活饮用水水源地)、县级行政单位所在城镇的所有在用集中式生活饮用水水源地开展监测，并向监测总站报送数据。

县级行政单位所在城镇集中式生活饮用水水源地监测任务原则上由所在县级环境监测站承担，所在县级环境监测站不具备能力的监测指标，由所属地市级监测站承担或由所在县委托其他具有资质的环境监测站完成。

（三）已开展集中式饮用水水源地水质监测的地级以上城市、县级行政单位所在城镇，若监测频次多于本方案的，可按本地区要求进行，但监测项目应与本方案一致。鼓励有条件的地区提前开展监测，并向监测总站报送数据。

（四）地级以上城市、县级行政单位所在城镇备用水源以及乡镇集中式生活饮用水水源地水质监测方式、时间、频次等由各省环境保护主管部门自行确定，监测项目可参照本方案进行。

四、监测时间与频次要求

（一）地级以上城市

地级以上城市集中式生活饮用水水源地（包括地表水和地下水水源地）每月上旬采样监测 1 次，由所在地级以上城市环境监测站承担。如遇异常情况，则须加密监测。

（二）县级行政单位所在城镇

县级行政单位所在城镇的集中式地表水饮用水水源地每季度采样监测 1 次，地下水饮用水水源地每半年采样监测 1 次。如遇异常情况，则须加密监测。

（三）水质全分析

地级以上城市集中式生活饮用水水源地每年 6—7 月进行 1 次水质全分析监测；县级行政单位所在城镇集中式生活饮用水水源地每 2 年开展 1 次水质全分析监测。

对于不具备全分析能力的地区，可委托具备全分析能力并取得计量认证和上岗证的其他环境监测站，或委托所属省级环境监测站完成全分析工作。在地方环保主管部门许可条件下，可适当发挥相关检测机构的作用。

五、监测点位

（一）河流：在水厂取水口上游 100 米附近处设置监测断面；水厂在同一河流有多个取水口，可在最上游 100 米处设置监测断面。

（二）湖、库：原则上按常规监测点位采样，在每个水源地取水口周边 100 米处设置 1 个监测点位进行采样。

（三）地下水：具备采样条件的，在抽水井采样。如不具备采样条件，在自来水厂的汇水区（加氯前）采样。

（四）河流及湖、库采样深度：水面下 0.5 米处。

六、监测项目

（一）地表水饮用水水源地

1．每月（县级行政单位所在城镇为每季）监测项目：《地表水环境质量标准》（GB 3838—2002）表 1 的基本项目（23 项，化学需氧量除外）、表 2 的补充项目（5 项）和表 3 的优选特定项目（33 项，监测项目及推荐方法详见附表 1），共 61 项（特定项目优选过程详见附 4：《地表水集中式生活饮用水水源地特定项目监测指标优选方案》），并统计取水量。各地可根据当地污染实际情况，适当增加区域特征污染物。

2．全分析项目：《地表水环境质量标准》（GB 3838—2002）中的 109 项。

（二）地下水饮用水水源地

1．每月（县级行政单位所在城镇为每半年）监测项目：《地下水质量标准》（GB/T 14848—1993）中 23 项（见环函〔2005〕47 号），并统计取水量。各地可根据当地污染实际情况，适当增加区域特征污染物。

2．全分析项目：《地下水质量标准》（GB/T 14848—1993）中的 39 项。

我部将对地表水集中式生活饮用水水源地水质监测特定项目实施动态调整机制，计划每 5 年规划期间优化调整 1 次。根据历年全分析结果，凡 5 年内有检出的有毒有害物质和存在潜在污染风险的指标，应作为特征污染物每月（每季或半年）开展监测。如连续 5 年未检出的指标，可不作为例行监测指标。

七、监测分析方法

优先选用国家或行业标准分析方法，或采用 EPA、ISO 分析方法，但应经过验证合格，其检出限、准确度和精密度应能达到质控要求。

地表水每月（每季）监测的 33 项优选特定项目可按附表 1 中方法进行。地下水可按《生活饮用水标准检验方法》（GB 5750）进行。

八、评价标准及方法

地表水水源地水质评价按《地表水环境质量标准》（GB 3838—2002）III类标准或对应的标准限值进行，评价方法按《地表水环境质量评价方法（试行）》（环办〔2011〕22 号）进行。

地下水水源地水质评价执行《地下水质量标准》（GB/T 14848—93）III类标准。水质评价以III类标准限值为依据，采用单因子评价法。

九、质量保证和质量控制

监测数据实行三级审核制度，监测任务承担单位对监测结果负责。省级环境监测站负责对行政区域内任务承担单位进行质量监督与考核，对任务承担单位报送的监测结果进行审核，并对最后上报监测总站的数据质量负责。

质量保证和质量控制按照《地表水和污水监测技术规范》(HJ/T 91—2002) 及《环境水质监测质量保证手册（第二版)》有关要求执行。

十、监测数据报送方式及格式

（一）地级以上城市

各地级以上城市环境监测站每月向省（区、市）环境监测中心（站）报送当月饮用水水源地监测数据，各省（区、市）环境监测中心（站）审核后，于当月 25 日前通过“饮用水水源地月报填报传输系统”软件将数据报送监测总站。

（二）县级行政单位所在城镇

各地级以上城市环境监测站负责汇总行政区域内所有县级行政单位所在城镇、乡镇的集中式生活饮用水水源地水质监测结果，并于 4 月、7 月、10 月 15 日及次年 1 月 15 日前向省（区、市）环境监测中心（站）报送上一季度地表水饮用水水源地水质监测数据，于 7 月 15 日及次年 1 月 15 日前向省（区、市）环境监测中心（站）报送上一半年地下水饮用水水源地水质监测数据。各省（区、市）环境监测中心（站）审核后，于 4 月、7 月、10 月 25 日及次年 1 月 25 日前通过“饮用水水源地月报填报传输系统”软件将数据报送监测总站。

（三）全分析监测数据

经各省（区、市）环境监测中心（站）审核后，于每年 10 月 15 日前通过“饮用水水源地月报填报传输系统”软件报送到监测总站。监测总站负责编写全国县级以上城市集中式生活饮用水水源地水质监测月报、年报。

（四）报送格式

报送监测数据时，若监测值低于检测限，在检测限后加“L”，表 1 的基本项目检测限应该满足地表水 I 类标准值的 1/4；表 2 和表 3 项目检测限须满足标准值的 1/4；未监测项目填写“-1”，若水源地未统计取水量填写“0”；超标项目由相关环境监测站组织核查，并向监测总站报送超标原因分析。

（五）监测结果发布

鉴于本方案实施过程中，地方环保部门要开展监测能力建设、技术人员培训等一系列工作，需经历一个能力水平提高和业务熟练过程。因此，现阶段全国集中式生活饮用水水源地水质监测数据在环保系统内部报送，待条件成熟后再研究数据公开事宜。

各地区可根据实际情况，自行确定集中式生活饮用水水源地水质监测数据公开事宜。

十一、保障措施

为保证集中式生活饮用水水源地水质监测工作的顺利实施，各级环保主管部门要加强组织领导，确保任务落实。要多渠道筹措资金，积极争取地方政府支持，切实加强各级环境监测部门饮用水水质监测能力建设，强化环境监测基础能力，推进监测站标准化建设。进一步加大监测技术人员培训力度，加大监测运行经费补助，保障实施集中式生活饮用水水源地水质监测工作所必需的人员、设备和资金等条件。

附表 1：

集中式生活饮用水水源地特定项目及分析方法

序号	监测项目	拟用监测分析方法/仪器	方 法 来 源
1	三氯甲烷	HS-GC-MS 法	HJ 620—2011
		P&T-GC-MS 法	GB/T 5750.8—2006（附录 A）
			《水和废水监测分析方法（第四版 增补版）》
2	四氯化碳	HS-GC-MS 法	HJ 620—2011
		P&T-GC-MS 法	GB/T 5750.8—2006（附录 A）
			《水和废水监测分析方法（第四版 增补版）》
3	三氯乙烯	HS-GC-MS 法	HJ 620—2011
		P&T-GC-MS 法	GB/T 5750.8—2006（附录 A）
			《水和废水监测分析方法（第四版 增补版）》
4	四氯乙烯	HS-GC-MS 法	HJ 620—2011
		P&T-GC-MS 法	GB/T 5750.8—2006（附录 A）
			《水和废水监测分析方法（第四版 增补版）》
5	甲醛	乙酰丙酮分光光度法	HJ 601—2011
6	苯	P&T-GC-MS 法	GB/T 5750.8—2006（附录 A）
			《水和废水监测分析方法（第四版 增补版）》
7	甲苯	P&T-GC-MS 法	GB/T 5750.8—2006（附录 A）
			《水和废水监测分析方法（第四版 增补版）》
8	乙苯	P&T-GC-MS 法	GB/T 5750.8—2006（附录 A）
			《水和废水监测分析方法（第四版 增补版）》
9	二甲苯	P&T-GC-MS 法	GB/T 5750.8—2006（附录 A）
			《水和废水监测分析方法（第四版 增补版）》
10	苯乙烯	P&T-GC-MS 法	GB/T 5750.8—2006（附录 A）
			《水和废水监测分析方法（第四版 增补版）》

序号	监测项目	拟用监测分析方法/仪器	方法来源
11	异丙苯	P&T-GC-MS 法	GB/T 5750.8—2006（附录 A）
			《水和废水监测分析方法（第四版 增补版）》
12	氯苯	GC-ECD 法	HJ 621—2011
		P&T-GC-MS 法	GB/T 5750.8—2006（附录 A）
			《水和废水监测分析方法（第四版 增补版）》
13	1,2-二氯苯	GC-ECD 法	HJ 621—2011
		P&T-GC-MS 法	GB/T 5750.8—2006（附录 A）
			《水和废水监测分析方法（第四版 增补版）》
14	1,4-二氯苯	GC-ECD 法	HJ 621—2011
		P&T-GC-MS 法	GB/T 5750.8—2006（附录 A）
			《水和废水监测分析方法（第四版 增补版）》
15	三氯苯	P&T-GC-MS 法	GB/T 5750.8—2006（附录 A）
		GC-ECD 法	HJ 621—2011
16	硝基苯	GC-ECD 法	GB 13194—91
		GC-MS 法	《水和废水监测分析方法（第四版 增补版）》
17	二硝基苯	GC-ECD 法	GB/T 5750.8—2006（31.1）
			《水和废水监测分析方法（第四版 增补版）》
18	硝基氯苯	GC-ECD 法	GB 13194—91
			GB/T 5750.8—2006（31.1）
		GC-MS 法	《水和废水监测分析方法（第四版 增补版）》
19	邻苯二甲酸二丁酯	GC-MS 法 HPLC 法	《水和废水监测分析方法（第四版 增补版）》 HJ/T 72—2001
		HPLC 法 GC-MS 法	《水和废水监测分析方法（第四版 增补版）》 HJ/T 72—2001
20	邻苯二甲酸二（2-乙基己基）酯	GC-MS 法	《水和废水监测分析方法（第四版 增补版）》
		HPLC 法	HJ/T 72—2001
		GC-FID 法	GB/T 5750.8—2006（12.1）
21	滴滴涕	GC-MS 法	GB/T 5750.8—2006（附录 B）
		GC-ECD 法	《水和废水监测分析方法（第四版 增补版）》
22	林丹	GC-MS 法	GB/T 5750.8—2006（附录 B）
		GC-ECD 法	《水和废水监测分析方法（第四版 增补版）》
23	阿特拉津	HPLC 法	HJ 587—2010
		GC-MS 法	GB/T 5750.8—2006（附录 B）
		GC-NPD 法	《水和废水监测分析方法（第四版 增补版）》
24	苯并[*a*]芘	HPLC 法	HJ 478—2009
25	钼	无火焰原子吸收分光光度法	GB/T 5750.6—2006（13.1）
		ICP-AES 法	GB/T 5750.6—2006（13.2）
		ICP-MS 法	GB/T 5750.6—2006（13.3）
26	钴	无火焰原子吸收分光光度法	GB/T 5750.6—2006（14.1）
		ICP-AES 法	GB/T 5750.6—2006（14.2）
		ICP-MS 法	GB/T 5750.6—2006（14.3）

序号	监测项目	拟用监测分析方法/仪器	方 法 来 源
27	铍	铬菁 R 分光光度法	HJ/T 58—2000
		石墨炉原子吸收分光光度法	HJ/T 59—2000
		桑色素荧光分光光度法	GB/T 5750.6—2006（20.1）
		ICP-AES 法	GB/T 5750.6—2006（20.4）
		ICP-MS 法	GB/T 5750.6—2006（20.5）
28	硼	姜黄素分光光度法	HJ/T 49—1999
		ICP-AES 法	GB/T 5750.5—2006（8.2）
		ICP-MS 法	GB/T 5750.5—2006（8.3）
29	锑	氢化物原子荧光法	GB/T 5750.6—2006（19.1）或《水和废水监测分析方法（第四版 增补版）》
		氢化物原子吸收分光光度法	GB/T 5750.6—2006（19.2）
		ICP-MS 法	GB/T 5750.6—2006（19.4）
30	镍	无火焰原子吸收分光光度法	GB/T 5750.6—2006（15.1）
		ICP-MS 法	GB/T 5750.6—2006（15.3）
31	钡	石墨炉原子吸收分光光度法	HJ 602—2011 或 GB/T 5750.6—2006（16.1）
		ICP-AES 法	GB/T 5750.6—2006（16.2）或《水和废水监测分析方法（第四版 增补版）》
		ICP-MS 法	GB/T 5750.6—2006（16.3）
		铬酸盐间接分光光度法	《水和废水监测分析方法（第四版 增补版）》
		石墨炉原子吸收分光光度法	GB/T 14673—1993 或 GB/ T 5750.6—2006（18.1）
		ICP-AES 法	GB T 5750.6—2006（18.2）或《水和废水监测分析方法（第四版 增补版）》
		ICP-MS 法	GB/T 5750.6—2006（18.3）
32	钒	钽试剂（BPHA）萃取分光光度法	GB15503—1995
		石墨炉原子吸收分光光度法	GB/T 14673—1993 或 GB/ T 5750.6—2006（18.1）
		ICP-AES 法	GB T 5750.6—2006（18.2）或《水和废水监测分析方法（第四版 增补版）》
		ICP-MS 法	GB/ T 5750.6—2006（18.3）
33	铊	无火焰原子吸收分光光度法	GB/T 5750.6—2006（21.1）
		ICP-MS 法	GB/T 5750.6—2006（21.3）

农村饮用水水源地环境保护项目建设与投资指南

1　总则

1.1　适用范围

本指南适用于农村饮用水水源地环境保护项目的建设与投资。

1.2　术语与定义

1.2.1　植物篱：是指在坡地上相隔一定距离密集种植多年生草本、乔木或灌木植物，形成无间断性或接近连续的植物带；具有分散地表径流、保土蓄水、改善土壤物理性质、增加土壤肥力等功能，能有效控制农村面源污染；具有构建容易、建造成本低、使用方便简单、经济效益高等特点，一般不需要专业知识与技术即可运用。

1.2.2　生态沟渠：生态沟渠由农田排水沟渠及其内部种植的植物组成，是一种湿地生态系统和水生廊道系统，通过沟渠拦截径流和泥沙，植物滞留和吸收氮、磷等，实现生态拦截氮、磷等的功能，具有占地面积小、运行和建设费用低、水质净化效率高等特点。

1.2.3　植被缓冲带：是位于水生和陆地之间的过渡地带，一般被描述为长的、线状的邻近溪流，河流、湖泊、水库等各种水体的植被带，通称为岸线植被缓冲带或岸线缓冲带，分为原生植被缓冲带和人工植被缓冲带，人工植被缓冲带又分为森林缓冲带、林农复合缓冲带和农田缓冲带；具有保水固土，过滤径流，防浪护堤，改善水文状况，提供生物栖息地、保护生物多样性和生态系统完整性等功能。

1.2.4　前置库：是利用水库的蓄水功能，将因表层土地中的污染物淋溶而产生的径流污水截留在水库中，延长水力停留时间，经物理、生物作用强化净化后，排入所要保护水体，其功能主要包括蓄浑放清、净化水质等，具有投资小、见效快、效果好等特点，是控制面污染源的一种有效的方法。

1.3　规范性引用文件

制定本指南主要参考了以下文件，包括：

（1）《国务院办公厅转发环境保护部等部门〈关于实行“以奖促治”加快解决突出的农村环境问题实施方案〉的通知》（国办发〔2009〕11 号）

（2）《中央农村环境保护专项资金管理暂行办法》（财建〔2009〕165 号）

（3）《中央农村环境保护专项资金环境综合整治项目管理暂行办法》（环发〔2009〕48 号）

（4）《中央农村环保专项资金环境综合整治项目申报指南（试行）》

（5）《农村环境综合整治“以奖促治”项目环境成效评估办法（试行）》

（6）《分散式饮用水水源地环境保护指南（试行）》

（7）《集中式饮用水水源地环境保护指南》（环办〔2012〕50 号）

（8）《饮用水水源保护保护区划分技术规范》（HJ/T 338—2007）

（9）《饮用水水源保护区标志技术要求》（HJ/T 433—2008）

（10）《道路交通标志和标线》（GB 5768—2009）

（11）《公共信息导向系统设置原则与要求》（GB/T 15566.1—2007）

1.4 技术模式选取

农村饮用水水源地保护工程分为河流、湖库水源保护工程技术、小型塘坝水源保护工程技术和地下水源保护工程技术 3 种类型。河流、湖库水源保护工程技术包括取水设施、取水口隔离和饮用水水源标志三项子技术。小型塘坝水源保护工程技术应包括取水设施、水源污染防护、取水口隔离和饮用水水源标志四个子项技术。地下水源保护工程技术工程内容包括：取水设施子工程、取水口隔离子工程和饮用水水源标志子工程。

保护区标志和隔离防护设施为各类水源地保护必备的两项技术。生态拦截工程可更有效的保护水源地，已有沟塘分布基础的水源地可优先选用生态沟渠。就不同地形而言，生态沟渠可在平原河网地区得到较大规模的应用，小规模应用则不受地形限制。前置库系统可优先选取具有天然坡降地势的水源地类型，实际应用中不受区域限制。植被缓冲带多应用于河流湖泊水源，目前应用较为广泛，可作为水源保护的基本措施。

2 农村饮用水水源选址工程技术

2.1 概述

要选择水质良好、水量充足、便于卫生防护的水源。水质应符合 GB 3838 或 GB/T 14848 的三类以上水质，在水源保护区内无大型工业污染源。当地表水源不能满足规定要求时，应优先考虑水质达标的地下水作为给水水源或采取必要方法净化达标。当有多个水源可供选择时，应考虑供水的可靠性、基建成本、运行费用、施工条件和施工方法等，进行全面技术经济分析与评价后确定。水源防护区域范围内应杜绝一切可能危害水源水质的设施和有碍水源水质的行为。新建水源地或改、扩建存在水质安全隐患的水源地，要监测丰、枯两个季节的水质与水量，保证满足水环境质量标准及供水需求。

2.2 建设内容

大型河流、湖库水源地取水口应尽可能离开岸边，距离大于 30 m；取水口位置应在最枯水位线以下 0.5 m。取水时尽可能采用傍河取水方式，设置取水井而非从大型河道、湖库直接取水；井口设置应高于大型河流、湖库正常防洪水位线。地下水源应设置在镇（乡）村的上游地区，选择包气带防污性好的地带；打井深度按照当地水文地质条件，以保证满足取水水量和取水水质达到饮用水水质要求为准。

2.3　投资估算指标

水源选址投资主要为新建或改建水源费用，挖建取水井费用在 60～200 元/m，因水位深度、土层质地而异。

3　保护区标志设置

3.1　概述

饮用水水源保护区标志包括界标、交通警示牌和宣传牌。各类饮用水水源地均须设置警示标志。饮用水水源保护区界标一般设立于保护区陆域界线的端点处。随保护区域形状不同，在相应形状顶端设置界标，如多边形即设置在多边形的顶点；弧形设置在弧顶切点；圆形设置在外切正方形的端点，并结合水源地护栏围网等隔离防护工程设立界标。根据环境管理需要在人群易见、活动处（如交叉路口、绿地休闲区等）设立界标。饮用水水源保护区界标的设立应综合考虑饮用水水源一级保护区、二级保护区和准保护区的界标设立数量和分布进行设置。饮用水水源保护区交通警示牌设在保护区的道路或航道的进入点及驶出点。饮用水水源保护区道路警示牌设置于一级保护区、二级保护区和准保护区范围内的主干道、高速公路等道路旁。饮用水水源保护区宣传牌的设立位置可根据实际需要在适当的位置设立饮用水水源保护区宣传牌。各地方政府可根据实际需求设计宣传牌上的图形和文字，如介绍当地饮用水水源保护区的地形地貌、保护现状、管理要求等。

3.2　建设内容

饮用水水源保护区标志的颜色与材质选取、尺寸要求及设立方式参见《饮用水水源保护区标志技术要求》（HJ/T 433—2008）。

3.3　投资估算指标

饮用水水源保护区标志由各级地方人民政府设立，国家环境保护行政主管部门统一监制，价格按各地的定额而异。标志的加工要求、外观质量及测试方法参照《公路交通标志板》（JT/T 279）。根据饮用水水源保护区内界桩、界碑的不同类型和数量，按照各地区的定额进行投资估算。

交通警示牌遵循国家标准《道路交通标志和标线》（GB 5768—2009），标志底板材料性能执行标准 JT/T 279—2004 的反光交通标志牌的单价，参考价格（表 1）如下：

（1）1.2 毫米厚铝板做按标准图案贴好反光膜，反光牌制作单价：320 元/平方米，如 1.2 毫米铝板，直径 50 厘米=90 元/块，直径 60 厘米=120 元/块，交通牌背后配铝槽码 15 元/块；

（2）1.5 毫米厚铝板做按标准图案贴好反光膜，制作单价：360 元/平方米，如 1.5

毫米铝板，直径 50 厘米=95 元/块，直径 60 厘米=130 元/块，交通牌背后配铝槽码 15 元/块；

（3）用厚度 2.0 毫米厚铝板做按标准图案贴好反光膜，制作单价：400 元/平方米，如 2.0 毫米铝板，直径 50 厘米=100 元/块，直径 60 厘米=145 元/块，交通牌背后配铝槽码 15 元/块。

设置交通警示牌的投资主要分为两部分：一是制作耗材花费，二是安置交通警示牌的人力花费。制作材料花费参考以上价格。埋设费用因各地的经济发展水平不同而存在一定差异，较发达地去如东南沿海埋设交通警示牌的工资标准在 90～120 元/（人·天），西北地区 40～80 元/（人·天）。

饮用水水源保护区宣传牌的造价因其大小和造型而略有差异，价格分布在 300～800 元/块的区间内，并累加各地相应的埋设费设置每块宣传牌的造价。

表 1　农村饮用水水源地保护标志投资参考（价格水平年：2010 年）

内容	具体要求与投资参考
材料费	1. 界标：300～500 元/块，以设计规格为准
	2. 交通警示牌 材质要求：铝板，且按标准图案贴好反光膜 规格和单价：1.2 mm 厚：260～380 元/m^2 1.5 mm 厚：290～430 元/m^2 2.0 mm 厚：320～480 元/m^2
	3. 宣传牌：300～800 元/块，因大小和造型而异

饮用水水源保护区标志由各级地方人民政府设立，国家环境保护行政主管部门统一监制，价格以各地定额为准。标志的加工要求、外观质量及其测试方法参照 HJ/T 433 —2008 中规定。

4　隔离防护设施

4.1　概述

为防止人类活动造成不利影响，按照 HJ/T 338—2007 划分的保护区和保护范围，依据水源地的自然地理、环境特征和环境管理需要，在人群活动较为频繁的一级保护区陆域外围边界应设置隔离防护设施。该设施包括物理防护和生物防护，前者包括护栏、隔离网、隔离墙；鉴于隔离墙对生态环境的不利影响，推荐采用护栏、隔离网；生物防护主要为植物篱构建。取水简易且水量大的河流、湖库型水源存在易受污染的问题。因此，应在水源地周围应设立隔离防护篱，利用植物的吸附和分解作用，拦截农业污染物进入水源。

4.2 建设内容

4.2.1 物理防护

物理隔离防护设施应遵循耐久、经济的原则。目前应用较多的护栏和隔离网，是电焊网片护栏和勾花隔离网。参照高速公路隔离网设计，饮用水水源地的防护栏规格为高度 1.7 m，顶部 0.2 m 向内倾斜。

4.2.2 生物防护——植物篱

植物篱建设的关键步骤包括树种选择和植物配置、带间距确定、栽植密度和栽种技术。

植物篱应选择区域适应性强、具有较好生态效益（多年生、分枝密、根系发达、生物量大等）且兼具一定经济效应的物种，结合实际需要可辅助栽种一些景观植物。一般由乔木、灌木和草本三类搭配组成。格局设置应参照本地天然植被格局及乔灌草比例。

栽植密度因植被种类而异，如果根茎萌发力强则形成篱墙需时短，可设置较大株距，否则应密植；依据灌木或草本实行单行和多行；以植物篱能最大程度的发挥其水土保持、改善土壤养分和控制面源污染的生态功能为宗旨。

带间距设置应满足四方面基本要求：有效减轻侵蚀、尽量减少植物篱与带间作物的竞争、便于耕作、确保最高土地利用效率。应根据坡边坡度、土地厚度和植物冠幅的大小以及林木栽种技术等综合确定其数值。

表 2 几种特定坡度条件下临界坡长和植物篱带间距

坡度（°）	临界坡长（m）	最大水平带间距（m）
5	9.2	9.1
10	6.0	5.9
15	4.2	4.0
20	2.8	2.7
25	1.8	1.7

4.3 投资估算指标

表 3 农村饮用水水源地隔离防护投资参考（价格水平年：2010 年）

类型	种类	价格参考
物理防护	材料费	铁网防护栏：高 1.7m；平均（180±35）元/m
		PVC 浸塑护栏：高 1.7m；平均（95±20）元/m
		PVC 隔离网：高 1.7m；平均（60±15）元/m
	运行维护费	平均（5±1）元/m
生物防护	材料费	平均（700±150）元/m^2
	运行维护费	平均（2.0±0.4）元/m^2

其中，在构建植物篱等生物防护措施种植的植物品种各异，根据各地区的地形地貌、气候条件选择当地的优势树种，沿隔离保护区的边界建设防护林，具体投资因地域差异，按各地的定额确定。树种价格按照树高、蓬径不同而异，部分树种价格（表 4）参考如下。

表 4 植物物种参考价格（价格水平年：2010 年）

植物种类	参考价格（元）	植物种类	参考价格（元）
狗牙根 籽播	2.32	花叶蔓 25 株/m^2	21.41
籽播白三叶	2.42	黄馨 H35-40 20 棵/m^2	22.71
紫三叶	2.82	红叶小檗 H30-35 25 棵/m^2	25.88
百慕大	5.58	南天竹 H25-30 16 棵/m^2	26.16
鸢尾 30 棵/m^2	5.86	绣线菊 H25-30 25 棵/m^2	28.38
红花酢浆草 36 棵/m^2	6.67	金丝桃 H30-35 25 棵/m^2	28.38
早园竹 H250-300 3 棵/m^2	8.24	丰花月季 H30-35 25 棵/m^2	28.38
麦冬 36 株/m^2	8.47	木槿 H80-90 9 棵/m^2	28.55
茭白 20 棵/m^2	9.04	毛鹃 H20-25 25 棵/m^2	33.38
阔叶麦冬+石蒜 36 株/m^2	10	珊瑚木 H50-70 16 株/m^2	33.94
红叶美人蕉 H35-40 12 棵/m^2	12.15	刚竹 φ3 4 株/m^2	35.43
早园竹 H250-300 5 棵/m^2	13.74	红叶石楠 H25-30 20 株/m^2	37.88
阔叶麦冬 36 株/m^2	15	南天竹 H25-30 25 棵/m^2	40.88
红叶美人蕉 H35-40 16 棵/m^2	16.2	夹竹桃 H101-130 16 棵/m^2	42.17
芒 20 株/m^2	16.5	红叶卢竹 H110-120 30 棵/m^2	43.42
火棘 H25-30 25 棵/m^2	18.38	金边黄杨 H30-35 36 株/m^2	44.56
火棘 H25-30 25 棵/m^2	18.38	金边黄杨 H30-35 36 株/m^2	44.56
火棘 H25-30 25 棵/m^2	18.38	金边黄杨 H30-35 36 株/m^2	44.56
金叶女贞 H25-30 25 棵/m^2	20.88	金镶玉竹 H150-180 16 棵/m^2	47.16
大叶栀子 H45-50 25 棵/m^2	20.88	蔷薇 H80-100 12 棵/m^2	49.62
芦苇 H150-180 20 棵/m^2	20.95	木槿 H80-90 16 棵/m^2	50.75

5 农村饮用水水源污染防护技术

5.1 生态沟渠

5.1.1 概述

生态沟渠具有良好的水文效应、水环境效应和生态效应，适用于各类规模水源地保护工程。该技术占地面积小，适用于原本已有沟渠系统的农田区域，对水源地四周原有的沟渠进行改造可降低建设成本，有效拦截农田径流污染从而保护农村饮用水水源。

5.1.2 建设内容

生态沟渠主要由工程部分和生物部分组成。工程部分等高开沟，两侧沟壁可由蜂窝状水泥板组成，也可由木桩或扁竹固定。沟渠内部可以构建拦截坝或拦截箱减缓水速，延长水力停留时间，使流水携带的颗粒物质和养分等得以沉淀和去除。后期运行和维护包括隔离带管理（植被收割等）和疏浚清淤等内容。

植物的选择多以耐污性较好、生长适应能力较强、根系较为发达的植物为主，同时考虑美观性和当地的气候条件。植物种类合理配置，可包含挺水、浮水、漂浮及沉水植被类型及岸边护坡植物。种类选取以本地物种为主，可适当引入去污或繁殖能力较强的其他种类。

5.1.3　投资估算指标

表5　农村饮用水水源地环境保护生态沟渠投资参考（价格水平年：2010年）

内容	价格参考
土方开挖及整理	10～15元/m^3
植物栽种	种类：以水生植物为主 价格：15～25元/m^2，价格随种类而异
石料、木桩	100～200元/m^3，因石料种类而异
植被收割	8～12元/m^2
疏浚清淤	15～20元/m^3
运行维护费用	0.16～0.24元/（m^3·a）

5.2　植被缓冲带

5.2.1　概述

植被缓冲带是控制流域非点源污染、保持水土和提高生物多样性最有效的策略之一；可有效保护河流及湖泊类型饮用水水源。植被缓冲带必须具备一定的宽度和高度才能起到阻隔人群活动的作用。植物种植在配置和布局上要相互协调，乔木、灌木、草类相结合，充分考虑空间分布上的均匀、合理性及树种组成结构的稳定性。同时，也应考虑本地立地条件（包括影响林木生长的气候、地形、地质、土壤、植被等环境条件的总称）和适生植物的种类，因地制宜。不同树种搭配的复合型植被缓冲带具有较佳的水文水质和生态效应。

表6　植被缓冲带宽度设置参数

推荐功能	宽度（m）
水质保护	5～30
岸边生境缓冲带	30～500
水体岸边稳定	10～20
洪水削减	20～152
碎屑输入	3～10

5.2.2 建设内容

植被缓冲带一般设置在下坡位置，植被种类选取以本地物种为主，适当复杂的缓冲带结构布局有利于构建更稳定的植被系统。缓冲带宽度的设置应结合预期功能与可利用土地范围。

5.2.3 投资估算指标

表 7 植被缓冲带建设投资估算参考（价格水平年：2010 年）

内容	价格参考
土方开挖	10～15 元/m^3
基质填埋	200～400 元/t
植被种植	15～25 元/m^2
运行维护费用	15～25 元/（$m^3 \cdot a$）

5.3 塘坝水源入库溪流前置库技术

5.3.1 概述

前置库系统综合良好的沉降效应、水文效应、生物效应，具有较强的水体净化功能，适用于缺少污水收集设施的地区进行面源污染控制，解决农田灌溉污染问题，保护饮用水水源；更适用于有一定降雨量基础的山地区域，多设置在江河入湖口。典型前置库通过在入湖口筑坝，建成位于主体湖泊水库上游的小型水库，用于截留进入主体水库的污染物。若生态强化处理系统不能满足前置库水质相关要求，应建设集中式污水处理处置设施，使得入库水质满足相关要求。

5.3.2 建设内容

可选技术包括生态河道构建技术、生物浮床净化和生物操作技术、生态透水坝构建技术以及前置库系统的运行调控技术。工程包括土建、河道工程及生态工程。

库区内水生植被要达到一定规模，应占总库区面积 30%左右。应合理设置挺水植物、浮叶植物与沉水植物的比例，保障水质的同时应注意控制水生植物或藻类的过度生长，同时要防止水生植物过度生长造成二次污染。

物种选择遵循因地制宜原则，以本地物种为主，尽量避免引入外来物种。根据库区景观要求，配置不同高度与形态的植物，保证种类多样性的同时满足水体净化要求。鱼类应避免过量繁殖，可通过人工调控避免水体强烈扰动，通过食物链达到水生生物间的动态平衡，维持水生生态系统的良性循环。

5.3.3　投资估算指标

表 8　前置库系统子系统指标投资估算参考（价格水平年：2010 年）

内容	参考价格
河道工程和生态工程	小型规模：20 万～50 万元
	中到大型：80 万～100 万元
水生植被种植	15～40 元/m^2
河道清淤疏浚	300 元/h
透水坝和砾石床	600～900 元/t
生物浮床	300～600 元/m^2
机械设备租赁	1 500～2 000 元/d
运行调控管理	小型规模：1 万～5 万元/a
	中到大型：10 万～20 万元/a

畜禽养殖禁养区划定技术指南（摘录）

（环境保护部办公厅 2016年10月28日）

……

2 划定依据

（1）《环境保护法》
（2）《畜牧法》
（3）《水污染防治法》
（4）《大气污染防治法》
（5）《畜禽规模养殖污染防治条例》
（6）《水污染防治行动计划》
（7）《饮用水水源保护区划分技术规范》（HJ/T 338—2007）
（8）其他有关法律法规和技术规范

……

4 基本要求

以优化畜禽养殖产业布局、控制农业面源污染、保障生态环境安全为目的，以统筹兼顾、科学可行、依法合规、以人为本为基本原则，根据《全国主体功能区划》《全国生态功能区划（修编版）》，综合考虑各区域主体功能定位及生态功能重要性，在与生态保护红线格局相协调前提下，以饮用水水源保护区、自然保护区的核心区和缓冲区、风景名胜区、城镇居民区、文化教育科学研究区等区域为重点，兼顾江河源头区、重要河流岸带、重要湖库周边等对水环境影响较大的区域，科学合理划定禁养区范围，切实加强环境监管，促进环境保护和畜牧业协调发展。

5 划定范围

5.1 饮用水水源保护区

包括饮用水水源一级保护区和二级保护区的陆域范围。已经完成饮用水水源保护区划分的，按照现有陆域边界范围执行；未完成饮用水水源保护区划分的，参照《饮用水水源保护区划分技术规范》（HJ/T 338—2007）中各类型饮用水水源保护区划分方法确定。

其中，饮水水源保护一级保护区内禁止建设养殖场。饮用水水源二级保护区禁止建设有污染物排放的养殖场（注：畜禽粪便、养殖废水、沼渣、沼液等经过无害化处理用作肥料还田，符合法律法规要求以及国家和地方相关标准不造成环境污染的，不属于排放污染物）。

……

生态保护红线划定指南（摘录）

（环办生态〔2017〕48号）

……

7.2 校验划定范围

根据科学评估结果，将评估得到的生态功能极重要区和生态环境极敏感区进行叠加合并，并与以下保护地进行校验，形成生态保护红线空间叠加图，确保划定范围涵盖国家级和省级禁止开发区域，以及其他有必要严格保护的各类保护地。

（1）国家级和省级禁止开发区域

——国家公园；

——自然保护区；

——森林公园的生态保育区和核心景观区；

——风景名胜区的核心景区；

——地质公园的地质遗迹保护区；

——世界自然遗产的核心区和缓冲区；

——湿地公园的湿地保育区和恢复重建区；

——饮用水水源地的一级保护区；

——水产种质资源保护区的核心区；

——其他类型禁止开发区的核心保护区域。

对于上述禁止开发区域内的不同功能分区，应根据生态评估结果最终确定纳入生态保护红线的具体范围。位于生态空间以外或人文景观类的禁止开发区域，不纳入生态保护红线。

集中式地表水饮用水水源地突发环境事件应急预案编制指南

（试行）

（生态环境部公告 2018年第1号）

1 总则

1.1 目的

指导市、县级人民政府开展集中式地表水饮用水水源地（以下简称水源地）突发环境事件应急预案（以下简称水源地应急预案）编制工作，提高水源地应急预案的针对性、实用性和可操作性，为水源地应急预案编制工作提供技术支撑。

1.2 适用范围

本指南规定了水源地应急预案编制程序以及预案文本应涵盖的主要内容与具体要求。

本指南主要针对因固定源、流动源、非点源突发环境事件以及水华灾害等事件情景所导致的水源地突发环境事件的预案编制工作。

本指南适用于市、县级人民政府组织编制和修订水源地应急预案，县级以下人民政府亦可参照执行。

行政区域内有多个水源地的，可一个水源地编制一个应急预案，也可以多个水源地统一编制一个水源地应急预案，但要为每一个水源地单独编制一个符合各自特点和特定突发环境事件情景的应急响应专章。应急响应专章的编制程序和文本内容可参照本指南要求执行。

1.3 原则

（1）系统性原则。编制水源地应急预案，应全面掌握和分析行政区域内水源地的风险源信息、可能发生的突发环境事件情景和应急资源状况，逐一梳理明确各部门应对突发环境事件的工作职责、应急流程和任务分工，有效提升政府和有关部门的应急准备能力与应急处置能力。

（2）针对性原则。编制水源地应急预案，应在全面调查和了解行政区域内水源地环境风险状况的基础上，针对不同类型的水源地、面临的不同环境风险，以及可能发生的突发环境事件情景，制定切实有效的应急处置措施。

（3）协调性原则。水源地应急预案，应作为市、县级人民政府突发事件应急预案编制体系的重要组成部分，水源地应急预案与行政区域内的企业突发环境事件应急预案、道路交通事故应急预案、水上交通事故应急预案和城市供水系统重大事故应急预案等有机衔接。

1.4 依据

以下文件适用于本指南。

1.4.1 法律、法规和规章

《中华人民共和国环境保护法》

《中华人民共和国突发事件应对法》

《中华人民共和国水污染防治法》

《危险化学品安全管理条例》（国务院令第 591 号）

《饮用水水源保护区污染防治管理规定》（环境保护部令第 16 号）

《突发环境事件信息报告办法》（环境保护部令第 17 号）

《突发环境事件调查处理办法》（环境保护部令第 32 号）

《突发环境事件应急管理办法》（环境保护部令第 34 号）

《城市供水水质管理规定》（建设部令第 156 号）

《生活饮用水卫生监督管理办法》（住房城乡建设部、国家卫生计生委令第 31 号）

1.4.2 有关预案、标准规范和规范性文件

《国家突发环境事件应急预案》

《国家突发公共事件总体应急预案》

《国家安全生产事故灾难应急预案》

《地表水环境质量标准》（GB 3838）

《突发环境事件应急监测技术规范》（HJ 589）

《集中式饮用水水源地规范化建设环境保护技术要求》（HJ 773）

《集中式饮用水水源地环境保护状况评估技术规范》（HJ 774）

《企业突发环境事件风险分级方法》（HJ 941）

《突发环境事件应急预案管理暂行办法》（环发〔2010〕113 号）

《集中式地表饮用水水源地环境应急管理工作指南》（环办〔2011〕93 号）

《集中式饮用水水源环境保护指南（试行）》（环办〔2012〕50 号）

《企业突发环境事件风险评估指南（试行）》（环办〔2014〕34 号）

《企业事业单位突发环境事件应急预案备案管理办法（试行）》（环发〔2015〕4 号）

《行政区域突发环境事件风险评估推荐方法》（环办应急〔2018〕9 号）

1.5　专用术语

下列专用术语适用于本指南。

1.5.1　集中式地表水饮用水水源地

指进入输水管网、送到用户且具有一定取水规模（供水人口一般大于 1 000 人）的在用、备用和规划的地表水饮用水水源地。依据取水口所在水体类型不同，可分为河流型水源地和湖泊（水库）型水源地。

1.5.2　饮用水水源保护区

指国家为防治饮用水水源地污染、保障水源地环境质量而划定，并要求加以特殊保护的一定面积的水域和陆域。饮用水水源保护区（以下简称水源保护区）分为一级保护区和二级保护区，必要时可在水源保护区外划定准保护区。

1.5.3　地表水饮用水水源地风险物质（以下简称水源地风险物质）

指《地表水环境质量标准》中表 1、表 2 和表 3 所包含的项目与物质，以及该标准之外其他可能影响人体健康的项目与物质。

1.5.4　饮用水水源地突发环境事件（以下简称水源地突发环境事件）

指由于污染物排放或自然灾害、生产安全事故、交通运输事故等因素，导致水源地风险物质进入水源保护区或其上游的连接水体，突然造成或可能造成水源地水质超标，影响或可能影响饮用水供水单位（以下简称供水单位）正常取水，危及公众身体健康和财产安全，需要采取紧急措施予以应对的事件。

1.5.5　水质超标

指水源地水质超过《地表水环境质量标准》规定的Ⅲ类水质标准或标准限值的要求。

《地表水环境质量标准》未包括的项目，可根据物质本身的危害特性和有关供水单位的净化能力，参考国外有关标准（如世界卫生组织、美国环境保护署等）规定的浓度值，由市、县级人民政府组织有关部门会商或依据应急专家组意见确定。

2　水源地应急预案编制过程

2.1　明确编制主体

市、县级人民政府可在其上级环境保护主管部门的指导下，组织编制本行政区域内水源地应急预案。

位于本市（或县）行政区域内的市（或县）级水源地应急预案，由相应的市（或县）级人民政府负责编制；

跨县级行政区域水源地应急预案，可由有关县级人民政府协商后共同编制，或由其共同的上一级人民政府负责编制，有关县级人民政府参与；

跨省（或市）级行政区域水源地应急预案，由有关市级人民政府协商后共同编制，或各自编制本市所辖行政区域的水源地应急预案，并与相邻市级人民政府建立应急联动机制；

水源地所属行政区域与供水区域分属不同行政区域的水源地应急预案，由水源地所属市、县级人民政府商供水市、县级人民政府共同编制。

2.2 成立编制工作领导小组

市、县级人民政府成立水源地应急预案编制工作领导小组。成员单位应包括政府应急管理、公安消防、财政、国土资源、环境保护、供水管理（住房城乡建设或水务）、交通运输、水利、农业、卫生、安全生产监管、气象、通信管理、宣传、战区（武装）等部门。

编制工作领导小组下设办公室，具体负责水源地应急预案的起草、征求意见、审查、报批和日常管理等工作。

2.3 制定工作路线

水源地应急预案编制的工作路线见图 1。

2.4 开展环境状况调查与风险评估

水源地基础状况调查和风险评估的主要内容与要求见附件 1。

2.5 划分事件情景

根据风险评估结果，参考下列分类提出可能发生的水源地突发环境事件情景。

2.5.1 固定源突发环境事件

可能发生突发环境事件的排放污染物企业事业单位，生产、储存、运输、使用危险化学品的企业，产生、收集、贮存、运输、利用、处置危险废物的企业，以及尾矿库等固定源，因自然灾害、生产安全事故、违法排污等原因，导致水源地风险物质直接或间接排入水源保护区或其上游连接水体，造成水质污染的事件。

2.5.2 流动源突发环境事件

在公路或水路运输过程中，由于交通事故等原因，导致油品、化学品或其他有毒有害物质进入水源保护区或其上游连接水体，造成水质污染的事件。

2.5.3 非点源突发环境事件

主要包括以下两种情形：一是暴雨冲刷畜禽养殖废物、农田或果园土壤，导致大量细菌、农药、化肥等随地表或地下径流进入水源保护区或其上游连接水体，造成水质污染的事件；二是闸坝调控等原因，导致坝前污水短期内集中排放造成水源保护区或其上游连接水体水质污染的事件。

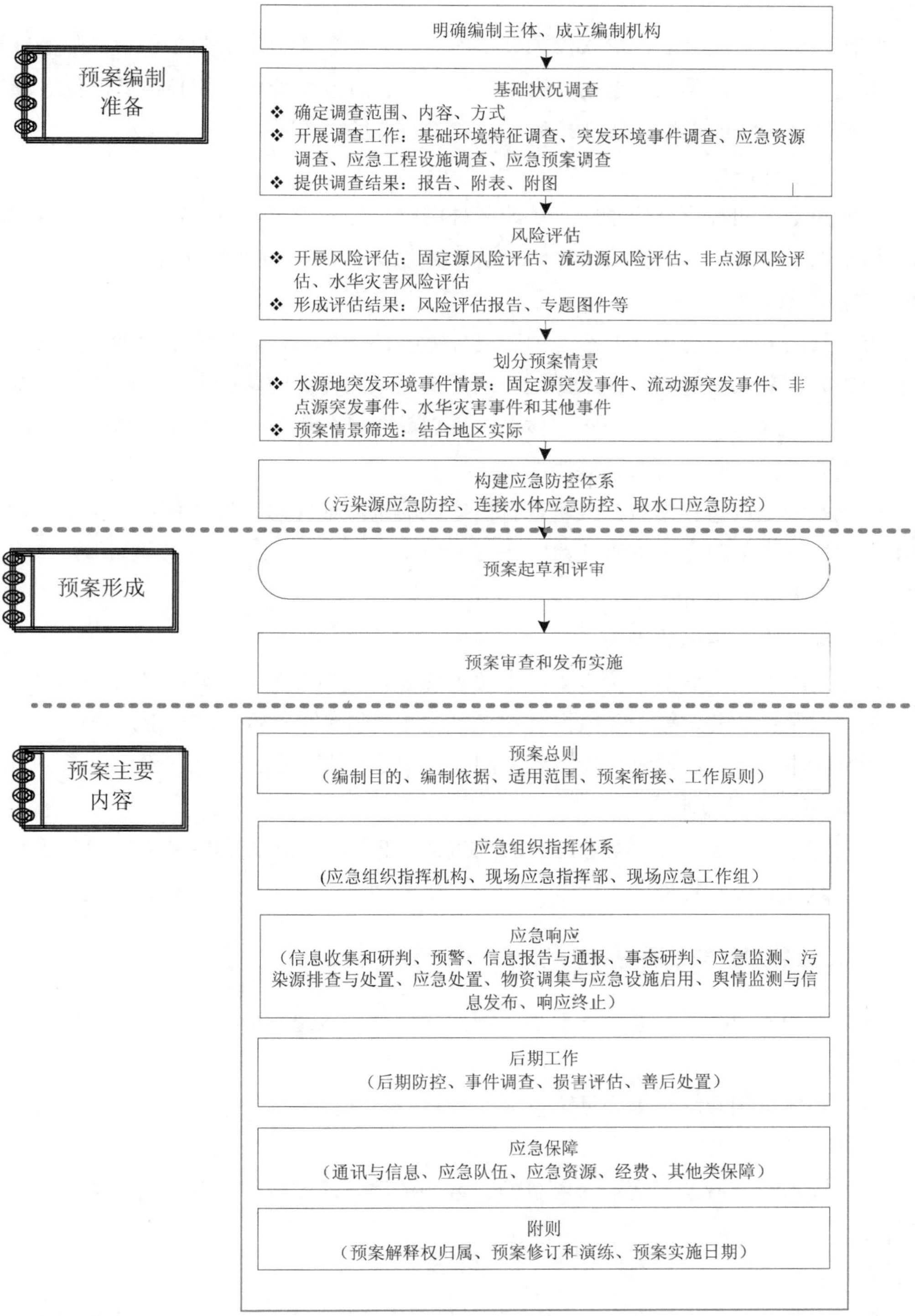

预案编制准备

明确编制主体、成立编制机构

↓

基础状况调查

- ❖ 确定调查范围、内容、方式
- ❖ 开展调查工作：基础环境特征调查、突发环境事件调查、应急资源调查、应急工程设施调查、应急预案调查
- ❖ 提供调查结果：报告、附表、附图

↓

风险评估

- ❖ 开展风险评估：固定源风险评估、流动源风险评估、非点源风险评估、水华灾害风险评估
- ❖ 形成评估结果：风险评估报告、专题图件等

↓

划分预案情景

- ❖ 水源地突发环境事件情景：固定源突发事件、流动源突发事件、非点源突发事件、水华灾害事件和其他事件
- ❖ 预案情景筛选：结合地区实际

↓

构建应急防控体系
（污染源应急防控、连接水体应急防控、取水口应急防控）

↓

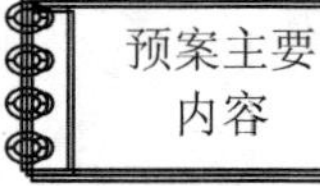

预案起草和评审

↓

预案审查和发布实施

预案主要内容

预案总则
（编制目的、编制依据、适用范围、预案衔接、工作原则）

应急组织指挥体系
（应急组织指挥机构、现场应急指挥部、现场应急工作组）

应急响应
（信息收集和研判、预警、信息报告与通报、事态研判、应急监测、污染源排查与处置、应急处置、物资调集与应急设施启用、舆情监测与信息发布、响应终止）

后期工作
（后期防控、事件调查、损害评估、善后处置）

应急保障
（通讯与信息、应急队伍、应急资源、经费、其他类保障）

附则
（预案解释权归属、预案修订和演练、预案实施日期）

图 1　预案编制工作路线

2.5.4 水华灾害事件

封闭型或半封闭型的水域（湖泊、水库）在营养条件、水动力条件、光热条件等适宜情况下，浮游藻类大量繁殖并聚集，使水体色度发生变化、水体溶氧降低、藻类厌氧分解产生异味或毒性物质，导致水华灾害的事件。

2.5.5 其他事件情景

主要为上述四种事件情景中一种或多种同时出现的情形。根据需要，还可考虑汛期、枯水期、雨雪冰冻或台风等特殊时期可能造成水源地水质污染的情景。

2.6 完善应急防控体系

市、县级人民政府应针对水源地突发环境事件的特点，以保障水源地水质安全和满足应急处置需求为目的，在水源地基础调查与风险评估的基础上，构建“风险源—连接水体—取水口”三级应急防控体系，规划和布设各级防控工程和措施。应急防控体系建设的主要内容与要求见附件 2。

编制水源地应急预案时，应将现有已建成的水源地应急防控体系纳入预案中，或明确可建设防控工程和措施的具体地址。

2.7 预案的编制和评审

组织编写水源地应急预案。

预案文本编制完成后，应多方征求意见建议，包括有关人民政府及有关部门、供水单位，以及社会公众等，并组织召开专家论证会和专家评审会进行论证评审。

预案文本论证评审通过后，报送编制工作领导小组审查。

2.8 预案审查和发布实施

预案文本经编制工作领导小组审查通过后，报送组织编制预案的人民政府进行审议，审议通过后颁布实施。

3 水源地应急预案的主要内容

预案文本应包括预案总则、应急组织指挥体系、应急响应、后期工作、应急保障和附则等内容。

水源地应急预案编制提纲见附件 3。

3.1 预案总则

应明确水源地应急预案的编制目的、编制依据、适用范围、预案衔接和工作原则等内容。

3.1.1 编制目的

编制水源地应急预案的目的，是为有效应对水源地突发环境事件，最大程度降低突发环境事件对水源地水质影响，为规范水源地突发环境事件应对的各项工作提供指导。

3.1.2　编制依据

列明水源地应急预案编制所依据的法律、法规、规章和技术标准规范，以及组织编制预案的人民政府关于水源地保护管理的有关规定等。

3.1.3　适用的地域范围

应明确水源地应急预案适用的地域范围，即启动水源地应急预案的范围。该范围既不可向水源保护区上游和周边区域无限延伸，也不可仅限于水源保护区。

不同水源地自然条件和管理情况的差异较大，各地可根据水源保护区及其连接水体的流速、流量、可能发生的突发环境事件情景，以及所属市、县级人民政府及有关部门最快的应急响应时间等因素，综合考虑确定水源地应急预案适用的地域范围。

建议水源地应急预案适用的地域范围，包括水源保护区、水源保护区边界向上游连接水体及周边汇水区域上溯 24 小时流程范围内的水域和分水岭内的陆域，最大不超过汇水区域的范围。假定水源地上游连接水体流速分别为 1 米/秒或 0.1 米/秒，则水源地应急预案适用的地域范围应分别不少于 86.4 千米或 8.6 千米。

3.1.4　预案衔接

水源地应急预案既可以作为政府的专项应急预案独立编制，也可以作为政府突发（水）环境事件应急预案的子预案专篇编制。

水源地应急预案编制过程中，应充分收集整理有关市、县级人民政府及有关部门的应急预案，并与这些预案中的有关要求相互衔接。由于水源地的重要性和敏感性，若上述预案中存在要求不一致的情况，水源地应急预案应坚持从严原则进行要求，避免出现组织指挥不协调、信息报告不及时、应对措施不得力等情况。

在与政府和部门预案衔接方面，应重点在组织指挥体系、适用的地域范围、预警分级、信息报告、应急保障等方面进行衔接，确保突发环境事件的应急组织指挥方式协调一致。以发生在流域汇水区域内、水源地应急预案适用地域范围外的突发（水）环境事件为例，事件发生后，首先启动所在行政区域的政府或部门突发（水）环境事件应急预案，一旦污染物迁移到水源地应急预案适用的地域范围，则适用并启动水源地应急预案。具体要求见本指南第 3.3.2 节。

在与有关单位的应急预案衔接方面，应重点与可能产生相互影响的上下游企业事业单位的有关预案相互衔接，针对突发环境事件发生、发展及污染物迁移的全过程，共同配合做好污染物拦截、信息收集研判、事件预警和应急响应等工作。

3.1.5　工作原则

应对水源地突发环境事件时，组织体系一般采取统一领导、分工负责、协调联动的原则；应对措施一般采取快速反应、科学处置、资源共享、保障有力的原则。

编制工作领导小组应根据当地实际情况，确定有关工作原则。

3.2 应急组织指挥体系

3.2.1 应急组织指挥体系构成

应包括应急组织指挥机构和现场应急指挥部。根据突发环境事件影响程度和应急处置工作需要，还包括可能的外部应急救援力量，如上级或周边地区的市、县级人民政府及有关部门、专业应急组织、应急咨询或支援机构等。

3.2.1.1 应急组织指挥机构

应明确应急组织指挥机构的领导、组成部门、职责分工和日常应急管理职责。

市、县级人民政府应组织有关部门和单位成立水源地突发环境事件应急组织指挥机构，并明确各单位职责。

应急组织指挥机构，应包括总指挥、副总指挥、协调办公室和专项工作组。其成员包括但不限于以下单位：政府应急管理、公安消防、财政、国土资源、环境保护、供水管理（住房城乡建设或水务）、交通运输、水利、农业、卫生、安全生产监管、气象、通信管理、宣传、战区（武装）等部门。

考虑到水源地的重要性和敏感性，一般情况下，市、县级人民政府负责市、县级水源地突发环境事件应对工作，总指挥由市、县级人民政府负责人或主要负责人担任。跨行政区域水源地突发环境事件的应对工作，由各有关行政区域人民政府共同负责，或由其共同的上一级地方人民政府负责，总指挥由相应的人民政府负责人或主要负责人或共同的上一级地方人民政府负责人或主要负责人担任。对需要国家层面协调处置的跨省级行政区域水源地突发环境事件，按照《国家突发环境事件应急预案》的要求执行。

应急组织指挥机构组成、职责分工和成员名单编写要求及示例见附件 4。

3.2.1.2 现场应急指挥部

应明确成立现场应急指挥部的组织程序、组成部门、工作职责和要求。当信息研判和会商判断水源地水质可能受影响时，应立即成立现场应急指挥部。见本指南第 3.3.1.2 节。

根据不同突发环境事件情景，可在应急组织指挥机构中选择有直接关系的部门和单位成立现场应急指挥部，全面负责指挥、组织和协调水源地突发环境事件的应急响应工作。

3.2.1.3 现场应急工作组

应包括应急处置组、应急监测组、应急供水保障组、应急物资保障组、应急专家组和综合组等，并列明现场应急工作组职责及人员名单、专业方向和具体工作。

应急工作组组成、职责分工和人员名单编写要求及示例见附件 5。

3.2.2 具体要求

应急组织指挥机构、现场应急指挥部的组成及工作职责，应作为水源地应急预案的重要组成部分。

水源地应急预案应列出所有参与应急指挥、协调活动的负责人姓名、所处部门、职务和联系电话，其间如有人员变化应及时更新。联系人列表应将第一联系人列在首位，并按照先后次序排列所有联系人。

应明确应急状态下，请求支援的外部应急救援力量名单，以及支援方式、支援能力、装备水平、联系人及联系电话、最快可抵达时限等，并及时更新。联系单位列表应将第一联系单位列在首位，并按照先后次序排列所有联系单位。

应急组织指挥机构和现场应急指挥部的人员均应建立 AB 角制度，即明确各岗位的主要责任人和替补责任人。重要的应急岗位应有多个替补人员。

上述内容均应以预案附件的形式予以明确。

3.3 应急响应

一般包括信息收集和研判、预警、信息报告与通报、事态研判、应急监测、污染源排查与处置、应急处置、物资调集及应急设施启用、舆情监测与信息发布、响应终止等工作内容。

水源地应急预案编制可参考以下应急响应工作线路图。

3.3.1 信息收集和研判

应明确信息收集和研判的责任单位、过程和具体要求。

3.3.1.1 信息收集

应明确信息收集的责任单位、信息来源、信息收集范围和途径。其中，信息收集范围应与水源地应急预案适用的地域范围保持一致。

信息来源包括但不限于以下途径。

（1）水源地所属行政区域的市、县级人民政府、环境保护、住房城乡建设、水务等部门，可通过流域、水源地或供水单位开展的水质监督性监测（常规断面）、在线监测（常规和预警监控断面）等日常监管渠道获取水质异常信息，也可以通过水文气象、地质灾害、污染源排放等信息开展水质预测预警，获取水质异常信息。

（2）环境保护部门可通过水源地上游及周边主要风险源监控获取异常排放信息，也可通过“12369”热线、网络等途径获取突发环境事件信息；公安交通部门可通过交通事故报警获取流动源事故信息；水利部门可通过对湖泊（水库）藻密度变化情况的监测，获取水华事件信息。

（3）通过本级人民政府不同部门之间、上下游相邻行政区域政府之间建立的信息收集与共享渠道，获取突发环境事件信息。

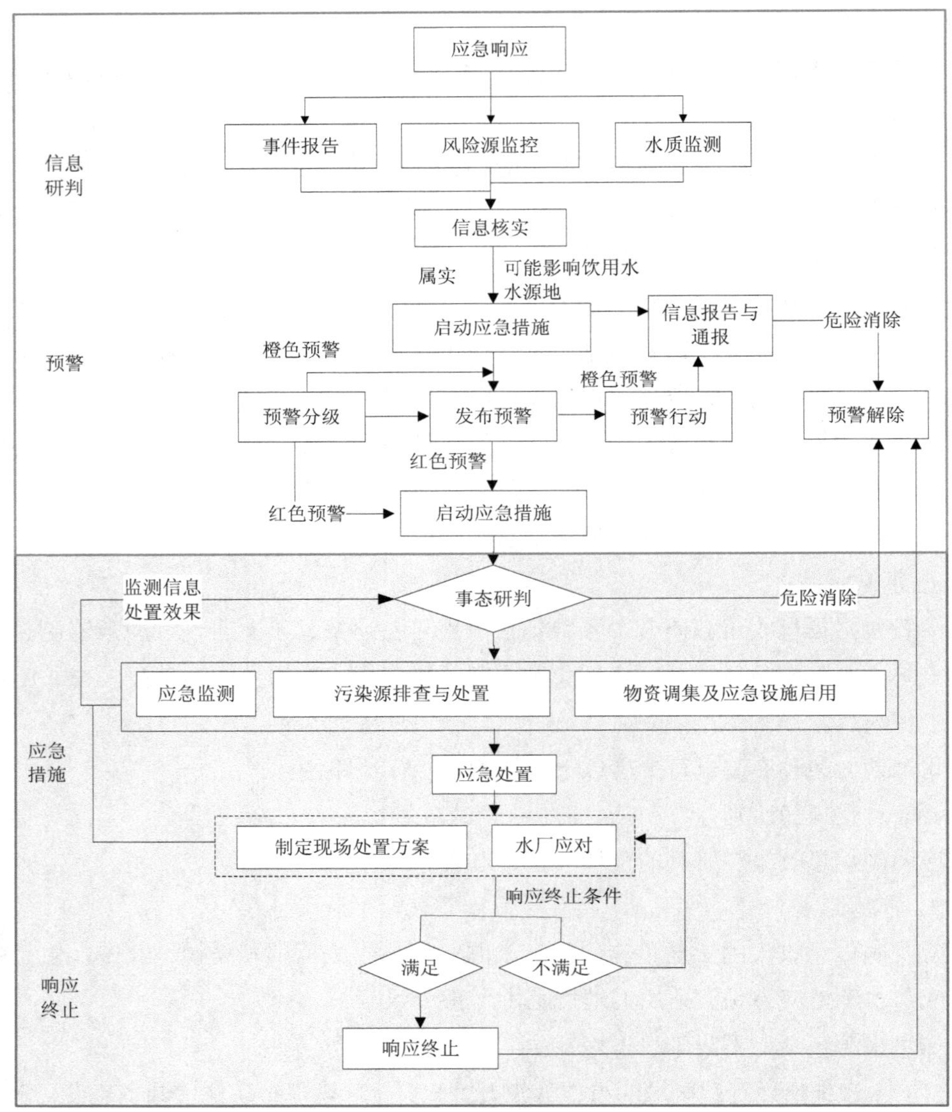

图 2　水源地突发环境事件应急响应工作路线

3.3.1.2　信息研判与会商

应明确负责信息核实和研判的责任单位，信息研判的程序和方法等具体内容。

通过日常监管渠道首次发现水质异常或群众举报、责任单位报告等获取突发事件信息的部门，应第一时间开展以下工作。

（1）核实信息的真实性。

（2）进一步收集信息，必要时通报有关部门共同开展信息收集工作。

（3）将有关信息报告本级人民政府。

接到信息报告的人民政府应立即组织有关部门及应急专家进行会商，研判水质变化趋势，若判断可能对水源地水质造成影响，应立即成立现场应急指挥部。

3.3.2 预警

应明确预警级别、启动预警的条件、预警发布、预警行动及解除的条件、发布单位和责任单位等内容。

3.3.2.1 预警分级

水源地突发环境事件预警分级应与政府有关突发（水）环境事件应急预案的预警分级相互衔接。

水源地应急预案属于政府专项预案，并且有适用的地域范围。为提高效率、简化程序，各地可根据水源地重要性、污染物的危害性、事态的紧急程度、采取的响应措施以及对取水可能造成的影响等实际情况，简化水源地应急预案的预警级别。实践中，可简化为橙色和红色两级预警，甚至红色一级预警。

发布预警，即应采取预警行动或同时采取应急措施。一般发布橙色预警时，仅采取预警行动；发布红色预警时，在采取预警行动的同时，应启动应急措施。

以橙色和红色两级预警为例，当污染物迁移至水源地应急预案适用的地域范围，但水源保护区或其连接水体尚未受到污染，或是污染物已进入水源保护区上游连接水体，但应急专家组研判认为对水源地水质影响可能较小、可能不影响取水时，为橙色预警；当污染物已进入（或出现在）水源保护区或其上游连接水体，且应急专家组研判认为对水源地水质影响可能较大时、可能影响取水时，为红色预警。

3.3.2.2 预警的启动条件

应根据信息获取方式，综合考虑突发事件类型、发生地点、污染物质种类和数量等情况，制定不同级别预警的启动条件。

以红色预警为例，下列情形均可作为预警启动条件。

（1）通过信息报告发现，在一级、二级保护区内发生突发环境事件。

（2）通过信息报告发现，在二级保护区上游汇水区域 4 小时流程范围内发生固定源或流动源突发环境事件，或污染物已扩散至距水源保护区上游连接水体的直线距离不足 100 米的陆域或水域。

（3）通过信息报告发现，在二级保护区上游汇水区域 8 小时流程范围内发生固定源或流动源突发环境事件，或污染物已扩散至距水源保护区上游连接水体的直线距离不足 200 米的陆域或水域，经水质监测和信息研判，判断污染物迁移至取水口位置时，相应指标浓度仍会超标的。

（4）通过监测发现，水源保护区或其上游连接水体理化指标异常。

①在二级保护区内，出现自动站水质监测指标超标或生物综合毒性异常，经实验室监（复）测确认的；

②在二级保护区上游 8 小时流程范围内，出现水质监测指标、有毒有害物质或生物综合毒性异常，且污染物浓度持续升高的；

③在二级保护区上游 4 小时流程范围内，出现水质监测指标、有毒有害物质或生物综合毒性异常的。

（5）通过监测发现，水源保护区或其上游连接水体感官性状异常，即水体出现异常颜色或气味的。

（6）通过监测发现，水源保护区或其上游连接水体生态指标异常，即水面出现大面积死鱼或生物综合毒性异常并经实验室监测后确认的。

3.3.2.3 发布预警和预警级别调整

应明确负责发布预警的责任单位、预警信息内容和发布对象。一般由现场应急指挥部负责对事件信息进行跟踪收集和研判，并根据达到的预警级别条件发布相应的预警。

预警信息发布后，可根据事态发展、采取措施的效果，适时调整预警级别并再次发布。

预警发布的对象，应主要针对组织实施预警行动和应急处置行动的部门和单位。

3.3.2.4 预警行动

应明确预警信息发布后，实施预警行动的组织部门和责任人、实施程序、时限要求和主要工作内容等。一般情况下，发布红色预警时，现场应急指挥部的总指挥应当到达现场，组织开展应急响应工作。

预警行动包含但不限于以下内容。

（1）下达启动水源地应急预案的命令。

（2）通知现场应急指挥部中的有关单位和人员做好应急准备，进入待命状态，必要时到达现场开展相关工作。

（3）通知水源地对应的供水单位进入待命状态，做好停止取水、深度处理、低压供水或启动备用水源等准备。

（4）加强信息监控，核实突发环境事件污染来源、进入水体的污染物种类和总量、污染扩散范围等信息。

（5）开展应急监测或做好应急监测准备。

（6）做好事件信息上报和通报。

（7）调集所需应急物资和设备，做好应急保障。

（8）在危险区域设置提示或警告标志。

（9）必要时，及时通过媒体向公众发布信息。

（10）加强舆情监测、引导和应对工作。

3.3.2.5 预警解除

应明确预警解除的条件、程序及解除预警的责任主体。

当判断危险已经解除时，由发布预警的责任单位宣布解除预警，终止已经采取的有关行动和措施。具体要求见本指南第 3.3.10 节。

3.3.3 信息报告与通报

3.3.3.1 信息报告程序

应明确不同情况下负责信息报告的部门、单位及责任人和报告程序等。

（1）发现已经造成或可能造成水源地污染的有关人员和责任单位，应按照有关规定立即向本级人民政府应急组织指挥机构及环境保护等部门报告。

（2）水源地突发环境事件发生地所属行政区域的市、县级人民政府有关部门在发现或得知水源地突发环境事件信息后，应立即进行核实，了解有关情况。经过核实后，第一时间向本级人民政府应急组织指挥机构和上级人民政府主管部门报告。

（3）上级人民政府主管部门先于下级人民政府主管部门获悉水源地突发环境事件信息的，可要求下级人民政府主管部门核实并报告相应信息。

（4）特殊情况下，若遇到敏感事件或发生在重点地区、特殊时期，或可能演化为重大、特别重大突发环境事件的信息，有关责任单位和部门应立即向本级人民政府应急组织指挥机构报告。

3.3.3.2 信息通报程序

应明确负责信息通报的责任单位、信息通报的对象和程序。

对经核实的水源地突发环境事件，接报的有关部门应向本级人民政府和有关部门通报。通报的部门至少应包括环境保护、供水管理（住房城乡建设或水务）、卫生、水行政等部门；根据水源地突发环境事件的类型和情景，还应通报消防（遇火灾爆炸）、交通（遇水上运输事故）、公安（遇火灾爆炸、道路运输事故）、安监、农业（遇大面积死鱼）等部门。

水源地突发环境事件已经或可能影响相邻行政区域的，事件发生地人民政府及有关部门应及时通报相邻区域同级人民政府及有关部门。

3.3.3.3 信息报告和通报内容

应明确不同阶段信息报告和通报的内容及形式要求。

按照不同的时间节点，水源地突发环境事件报告分为初报、续报和处理结果报告。初报是发现或得知突发环境事件后的首次报告；续报是查清有关基本情况、事件发展情况后的报告，可随时报告；处理结果报告是突发环境事件处理完毕后的报告。

（1）初报应报告水源地突发环境事件的发生时间、地点、信息来源、事件起因和性质、基本过程、主要污染物和数量、监测结果、人员伤亡情况、水源地受影响情况、事件发展趋势、处置情况、拟采取的措施以及下一步工作建议等初步情况。

（2）续报应在初报的基础上，报告事件及有关处置措施的进展情况。

（3）处理结果报告应在初报、续报的基础上，报告突发环境事件的处置措施、过程和结果等详细情况。

应采用传真、网络、邮寄或面呈等方式书面报告，情况紧急时，可通过电话报告，但应及时补充书面报告。书面报告应说明突发环境事件报告单位、报告签发人、联系人及联系电话等内容，并尽可能提供地图、图片以及有关的多媒体资料。

3.3.4　事态研判

应明确发布预警后，组织事态研判的指挥体系、参与人员名单、实施程序和基本内容。

发布预警后，一般由现场应急指挥部总指挥按照水源地应急预案中列明的副总指挥、协调办公室、专项工作组成员及名单，迅速组建参加应急指挥的各个工作组，跟踪开展事态研判。

事态研判包括但不限于以下内容：事故点下游沿河水利设施工程情况、判断污染物进入河流的数量及种类性质、事故点下游水系分布（包括清洁水情况）、距离水源地取水口的距离和可能对水源地造成的危害，以及备用水源地情况。

事态研判的结果，应作为制定和动态调整应急响应有关方案、实施应急监测、污染源排查与处置和应急处置的重要基础。

3.3.5　应急监测

3.3.5.1　开展应急监测程序

应明确发布预警后，实施应急监测的具体部门。

事件处置初期，实施应急监测的部门应按照现场应急指挥部命令，根据现场实际情况制定监测方案、设置监测点位（断面）、确定监测频次、组织开展监测、形成监测报告，第一时间向现场应急指挥部报告监测结果和污染浓度变化态势图，并安排人员对突发环境事件监测情况进行全过程记录。

事件处置中期，应根据事态发展，如上游来水量、应急处置措施效果等情况，适时调整监测点位（断面）和监测频次。

事件处置末期，应按照现场应急指挥部命令，停止应急监测，并向现场应急指挥部提交应急监测总结报告。

3.3.5.2　制定应急监测方案

应急监测方案应包括依据的技术规范、实施人员、布点原则、采样频次和注意事项、监测结果记录和报告方式等。

应急监测重点是抓住污染带前锋、峰值位置和浓度变化，对污染带移动过程形成动态监控。当污染来源不明时，应先通过应急监测确定特征污染物成分，再进行污染源排查和先期处置。

应急监测原则和注意事项包括但不限于以下内容。

（1）监测范围。应尽量涵盖水源地突发环境事件的污染范围，并包括事件可能影响区域和污染物本底浓度的监测区域。

（2）监测布点和频次。以突发环境事件发生地点为中心或源头，结合水文和气象条件，在其扩散方向及可能受到影响的水源地位置合理布点，必要时在事故影响区域内水源取水口、农灌区取水口处设置监测点位（断面）。应采取不同点位（断面）相同间隔时间（一般为 1 小时）同步采样监测方式，动态监控污染带移动过程。

①针对固定源突发环境事件，应对固定源排放口附近水域、下游水源地附近水域进行加密跟踪监测。

②针对流动源、非点源突发环境事件，应对事发区域下游水域、下游水源地附近进行加密跟踪监测。

③水华灾害突发事件若发生在一级、二级保护区范围，应对取水口不同水层进行加密跟踪监测。

（3）现场采样。应制定采样计划和准备采样器材。采样量应同时满足快速监测、实验室监测和留样的需要。采样频次应考虑污染程度和现场水文条件，按照应急专家组的意见确定。

（4）监测项目。通过现场信息收集、信息研判、代表性样品分析等途径，确定主要污染物及监测项目。监测项目应考虑主要污染物在环境中可能产生的化学反应、衍生成其他有毒有害物质，有条件的地区可同时开展水生生物指标的监测，为后期损害评估提供第一手资料。

（5）分析方法。具备现场监测条件的监测项目，应尽量在现场监测。必要时，备份样品送实验室监（复）测，以确认现场定性或定量监测结果的准确性。

（6）监测结果与数据报告。应按照有关监测技术规范进行数据处理。监测结果可用定性、半定量或定量方式报出。监测结果可采用电话、传真、快报、简报、监测报告等形式第一时间报告现场应急指挥部。

（7）监测数据的质量保证。应急监测过程中的样品采集、现场监测、实验室监测、数据统计等环节，都应有质量控制措施，并对应急监测报告实行三级审核。

3.3.6 污染源排查与处置

3.3.6.1 明确排查对象

当水质监测发现异常、污染物来源不确定时，应明确负责开展溯源分析的部门、责任人及工作程序。根据特征污染物种类、浓度变化、释放总量、释放路径、释放时间，以及当时的水文和气象条件，迅速组织开展污染源排查。

针对不同类型污染物的排查重点和对象如下。

（1）有机类污染：重点排查城镇生活污水处理厂、工业企业，调查污水处理设施运行、尾水排放的异常情况。

（2）营养盐类污染：重点排查城镇生活污水处理厂、工业企业、畜禽养殖场（户）、农田种植户、农村居民点、医疗场所等，调查污水处理设施运行、养殖废物处理处置、农药化肥施用、农村生活污染、医疗废水处理及消毒设施的异常情况。

（3）细菌类污染：重点排查城镇生活污水处理厂、畜禽养殖场（户）、农村居民点，调查污水处理设施运行、养殖废物处理处置、医疗场所、农村生活污染的异常情况。

（4）农药类污染：重点排查农药制造有关的工业企业、果园种植园（户）、农田种植户、农灌退水排放口，调查农药施用和流失的异常情况。

（5）石油类污染：重点排查加油站、运输车辆、港口、码头、洗舱基地、运输船舶、油气管线、石油开采、加工和存贮的工业企业，调查上述企业和单位的异常情况。

（6）重金属及其他有毒有害物质污染：重点排查采矿及选矿的工业企业（含化工园区）、尾矿库、危险废物储存单位、危险品仓库和装卸码头、危化品运输船舶、危化品运输车辆等，调查上述企业和单位的异常情况。

3.3.6.2　切断污染源

对水源地应急预案适用地域范围内的污染源，应明确负责实施切断污染源的部门、程序、方法及工作要点；对水源地应急预案适用地域范围外的污染源，按有关突发环境事件应急预案要求进行处置。

处置措施主要采取切断污染源、收集和围堵污染物等，包括但不限于以下内容。

（1）对发生非正常排放或有毒有害物质泄漏的固定源突发环境事件，应尽快采取关闭、封堵、收集、转移等措施，切断污染源或泄漏源。

（2）对道路交通运输过程中发生的流动源突发事件，可启动路面系统的导流槽、应急池或紧急设置围堰、闸坝等，对污染源进行围堵并收集污染物。

（3）对水上船舶运输过程中发生的流动源突发事件，主要采取救援打捞、油毡吸附、围油栏、闸坝拦截等方式，对污染源进行围堵并收集污染物。

（4）启动应急收集系统集中收集陆域污染物，设立拦截设施，防止污染物在陆域漫延，组织有关部门对污染物进行回收处置。

（5）根据现场事态发展对扩散至水体的污染物进行处置。

3.3.7　应急处置

3.3.7.1　制定现场处置方案

应明确不同事件情景下现场处置方案的制定程序、基本内容、责任单位和时限等具体要求。

现场处置方案包括但不限于以下内容：应急监测、污染处置措施、物资调集、应急队伍和人员安排、供水单位应对等。

根据污染特征，水源地突发环境事件的污染处置措施如下。

（1）水华灾害突发事件。对一级、二级水源保护区的水华发生区域，采取增氧机、藻类打捞等方式减少和控制藻类生长和扩散；有条件的，可采用生态调水的方式，通过增加水体扰动控制水华灾害。

（2）水体内污染物治理、总量或浓度削减。根据应急专家组等意见，制定综合处置方案，经现场应急指挥部确认后实施。一般采取隔离、吸附、打捞、扰动等物理方法，氧化、沉淀等化学方法，利用湿地生物群消解等生物方法和上游调水等稀释方法，可以采取一种或多种方式，力争短时间内削减污染物浓度。现场应急指挥部可根据需要，对水源地汇水区域内的污染物排放企业实施停产、减产、限产等措施，削减水域污染物总量或浓度。

（3）应急工程设施拦截污染水体。在河道内启用或修建拦截坝、节制闸等工程设施拦截污染水体；通过导流渠将未受污染水体导流至污染水体下游，通过分流沟将污染水体分流至水源保护区外进行收集处置；利用前置库、缓冲池等工程设施，降低污染水体的污染物浓度，为应急处置争取时间。不能建设永久应急工程的，应事先论证确定可建设应急工程的地址，并在预案中明确。

针对污染物可采取的物理、化学、生物处理技术如表 3-1 所示。

表 3-1 适用于处理不同超标项目的推荐技术

超标项目	推 荐 技 术
浊度	快速砂滤池、絮凝、沉淀、过滤
色度	快速砂滤池、絮凝；活性炭吸附；化学氧化预处理：臭氧、氯、高锰酸钾、二氧化氯
嗅味	化学氧化预处理：臭氧、氯、高锰酸钾、二氧化氯、活性炭
氟化物	吸附法：氧化铝、磷酸二钙；混凝沉淀法：硫酸铝、聚合氯化铝；离子交换法；电渗析法
氨氮	化学氧化预处理：氯、高锰酸钾；深度处理：臭氧-生物活性炭
铁、锰	锰砂；化学氧化预处理：氯、高锰酸钾；深度处理：臭氧-生物活性炭
挥发性有机物	生物活性炭吸附
三氯甲烷和腐殖酸	前驱物的去除：强化混凝、粒状活性炭、生物活性炭；氯化副产物的去除：粒状活性炭
有机化合物	生物活性炭、膜处理
细菌和病毒	过滤（部分去除）；消毒处理：氯、二氧化氯、臭氧、膜处理、紫外消毒
汞、铬等部分重金属（应急状态）	氧化法：高锰酸钾；生物活性炭吸附（部分去除）
藻类及藻毒素	化学氧化预处理：除藻剂法、高锰酸钾、氯；微滤法；气浮法；臭氧氧化法

3.3.7.2 供水安全保障

应明确与供水单位通报联络的工作人员姓名、职务和联系电话，掌握供水单位的应急监测能力、深度处理设施的处理能力和启动时间、备用水源启动时间等。建立向供水单位通报应急监测信息制度，并在启动预警时第一时间通知供水单位。

供水单位应根据污染物的种类、浓度、可能影响取水口的时间，及时采取深度处理、低压供水或启动备用水源等应急措施，并加强污染物监测，待水质满足取水要求时恢复取水和供水。无备用水源的，应使用应急供水车等设施保障居民用水。

3.3.8 物资调集及应急设施启用

应明确负责物资调集的工作人员姓名、职务和联系电话。根据应急物资调查结果，列明应急物资、装备和设施清单，以及调集、运输和使用方式。清单应包括物资、装备和设施的种类、名称、数量、存放位置、规格、性能、用途和用法等信息，还应明确应急物资、装备、设施的定期检查和维护要求。

应急物资、装备和设施包括但不限于以下内容。

（1）对水体内污染物进行打捞和拦截的物资、装备和设施，如救援打捞设备、油毡、围油栏、筑坝材料、溢出控制装备等。

（2）控制和消除污染物的物资、装备和设施，如中和剂、灭火剂、解毒剂、吸收剂等。

（3）移除和拦截移动源的装备和设施，如吊车、临时围堰、导流槽、应急池等。

（4）雨水口垃圾清运和拦截的装备和设施，如格栅、清运车、临时设置的导流槽等。

（5）针对水华灾害，消除有毒有害物质产生条件、清除藻类的物资、装备和设施，如增氧机、除草船等。

（6）对污染物进行拦截、导流、分流及降解的应急工程设施，如拦截坝、节制闸、导流渠、分流沟、前置库等。

3.3.9 舆情监测与信息发布

应明确舆情信息收集分析与信息公开的责任单位、对象和方式。现场应急指挥部在突发环境事件发生后，应第一时间向社会发布信息，并针对舆情及时发布事件原因、影响区域、已采取的措施及成效、公众应注意的防范措施、热线电话等。

3.3.10 响应终止

应明确应急响应终止的条件和程序，包括提出应急响应终止建议的部门、批准部门、发布应急响应终止信息的部门和渠道、发布对象等。

符合下列情形之一的，可终止应急响应。

（1）进入水源保护区陆域范围的污染物已成功围堵，且清运至水源保护区外，未向水域扩散时。

（2）进入水源保护区水域范围的污染团已成功拦截或导流至水源保护区外，没有向取水口扩散的风险，且水质监测结果稳定达标。

（3）水质监测结果尚未稳定达标，但根据应急专家组建议可恢复正常取水时。

3.4 后期工作

包括后期防控、事件调查、损害评估、善后处置等内容。

3.4.1 后期防控

应明确响应终止后污染防控的内容和工作要点，并落实到责任单位。如针对泄漏的油品、化学品进行回收；进行后期污染监测和治理，消除投放药剂的残留毒性和后期效应，防止次生突发环境事件；事故场地及漫延区域的污染物清除完成后，对土壤或水生态系统进行修复；部分污染物导流到水源地下游或其他区域，对这些区域的污染物进行清除等。

3.4.2 事件调查

根据有关规定，应由环境保护主管部门牵头，有关部门配合，组织开展事件调查，查明事件原因和性质，提出整改防范措施和处理建议。

3.4.3 损害评估

根据有关规定，应及时组织开展污染损害评估，并将评估结果向社会公布。

3.4.4 善后处置

应明确善后处置工作内容，包括损害赔偿、风险源整改和污染场地修复等具体工作方案，并落实到责任单位。

3.5 应急保障

应急保障部分，应包括通讯与信息保障、应急队伍保障、应急物资保障、应急资源保障、经费保障及其他保障等内容。

3.5.1 通讯与信息保障

应明确应急组织指挥机构的联络方式，包括联络人的姓名、联系电话等。

应明确承担救援保障任务的部门和人员，建立应急救援机构和人员通讯录。

应明确授予应急组织指挥机构获取与饮用水水源有关信息的权限，列明备用水源管理部门、具有启用备用水源权限的联系人名单和联系电话。

应明确对外发布事件信息及应急处置进展情况的部门和渠道。

3.5.2 应急队伍保障

应列明应急队伍人员名单，包括姓名、联系电话、专业、职务和职责等，并明确应急队伍日常管理办法和不同部门、人员之间的协作方式，提出制定应急培训计划和演练方案的要求。

应急队伍培训，由市、县级人民政府根据应急队伍知识技能掌握程度自定，至少每年一次，包括信息报告、个体防护、应急资源使用、应急监测布点及监测方法、应急处置方法等培训科目。

3.5.3 应急资源保障

应明确应急资源（包括药剂、物资、装备和设施）的配备、保存、更新及养护方案。应根据事件和演练经验，持续改进提高药剂、物资、装备的存放规范、应急设施的建设要求，确保事件发生时能够快速高效的使用应急资源。

3.5.4 经费保障

应明确应急工作经费（包括水源地应急预案编制、演练、修订及应急处置等费用）来源、预算编制、审核、资金管理和使用办法。如将应急管理部门预算、应急物资采购费用列入年度预算予以保障；应急处置结束后，据实核销应急处置费用；加强应急工作经费的审计和监督管理，确保专款专用等。

3.5.5 其他保障

应明确负责物资运输、设备设施运输、医疗卫生救助、治安和社会动员保障等任务的责任单位、责任人、保障方式、办法及具体要求。

3.6 附则

应明确水源地应急预案涉及的名词术语、解释权属、定期修订、演练和实施日期等要求。

3.6.1 名词术语

指水源地应急预案编制过程中使用的、需要明确规定并解释的词语。

3.6.2 预案解释权属

水源地应急预案的解释权一般归属组织编制预案的市、县级人民政府预案编制部门。

3.6.3 预案演练和修订

应明确预案实施前后，市、县级人民政府组织预案演练和修订的具体要求。

演练内容主要包括通讯系统是否正常运作、信息报送流程是否畅通、各应急工作组配合是否协调、应急人员能力是否满足需要等。演练结束后，市、县级人民政府应对演练情况进行总结评估，并根据演练结果及时修订完善。

3.6.4 预案实施日期

一般由市、县级人民政府确定预案印发和实施的具体时间。

附件 1：

水源地基础状况调查和风险评估主要内容与要求

一、确定调查范围

针对水华灾害事件情景，调查范围为湖泊（水库）型水源地多年平均水位线以下的全部水域。

针对其他事件情景，调查范围为水源保护区，以及从保护区边界向上游连接水体及周边汇水区域上溯 24 小时流程范围内的水域及分水岭内的陆域，最大不超过汇水区域的范围。

二、调查内容与方式

调查内容包括基础环境特征调查、历史突发环境事件调查、应急资源调查、应急工程设施调查、应急预案调查 5 个方面。

调查方式有资料收集法、现场踏勘法、遥感信息收集法和随机访谈法等。

三、基础环境特征调查

调查行政区域内基础环境特征，为编制预案提供依据。

（一）一般性调查内容

水源地基本状况。包括取水口位置和日取水量、日供水量和供水服务人口、水源保护区范围和规范化建设情况、备用水源名称、位置和日供水量等。

自然地理特征。包括水文、气象、水系组成、闸坝分布等。

社会经济状况。包括行政区划、人口及分布、产业规模和结构等。

水环境监测状况。包括断面名称、断面位置、断面属性、监测频次、监测指标和富营养化指标等。

水环境质量状况。包括水质现状、主要污染物、富营养化状况、水生生物等。

（二）固定源调查与风险评估

1. 调查内容

固定源各类排放口的位置、排放方式、排放去向，水源地风险物质类型及存量、主要风险环节及其风险防范措施等。其中，对于地下油气管线固定源，其排放口位置主要考虑油气管线穿越环境敏感点位置的情况。

2. 固定源风险识别与评估

以风险源调查的结果为基础，识别可能造成水源地水质污染的主要风险源，并进行风险大小筛查，形成水源地风险源名录。

参照国家和地方制定的环境风险评估方法，对单一企业和水源地进行环境风险评估，确定评估指标，得出定性以及定量的评估结论。企业环境风险评估，可参照《企业突发环境事件风险评估指南（试行）》和《企业突发环境事件风险分级方法》进行评估。水源地环境风险评估可参考《集中式饮用水水源环境保护指南（试行）》和《行政区域突发环境事件风险评估推荐方法》进行评估。

（三）流动源调查与风险评估

1. 调查内容

跨越水体或沿江、沿湖泊（水库）建设的县级及以上公路、铁路和桥梁及其现有环境风险防控措施，危险化学品管理制度建设和危险化学品运输车辆监管等情况。包括公路、铁路和桥梁的位置、长度、宽度，公路、铁路、桥梁和水源保护区及取水口的位置关系，公路、铁路的车流量，桥梁可承受的最大载重量，公路、铁路和桥梁现有环境风险防控措施，危险化学品运输种类、运载量、运输车辆的安全防护措施等。

水源地连接水体的航道分布、航道与取水口的位置关系、船舶运输油品化学品种类和规模、船舶运输登记监管、水上交通运输安全防护措施等情况。

2. 流动源风险识别与评估

以风险源调查的结果为基础，重点识别可能发生突发环境事件并造成水源地水质污染的公路、铁路和桥梁的名称，依据其公路建设等级的高低、距离取水口的距离、危险化学品运输的状况等内容，进行风险筛查，依据风险筛查的结果，编制形成水源地流动源风险源名录。

结合一级、二级保护区及上游流动源分布的特征，参考《集中式饮用水水源环境保护指南（试行）》，对流动源的风险进行评估，识别应重点防控的道路、路段和桥梁。

（四）非点源调查与风险评估

1. 调查内容

水土流失状况。包括不同强度的水土流失面积、年平均侵蚀总量、年平均侵蚀模数。

土地利用状况。包括土地利用类型、面积、分布及变化态势等。

农田径流污染状况。包括耕地（不同坡度的坡耕地）分布及比例，种植作物种类、农药化肥施用情况（农药化肥种类、施用量、施用时间）、不同类型肥料施用的比例及营养物质比例、农药施用比例及污染物比例、氮磷或农药流失情况。

畜禽养殖污染状况。包括分散式畜禽养殖数量、粪便污染物排泄量、处理情况及污染物平均流失情况。

农村生活污染状况。包括农村人口、农村生活污水及垃圾产生情况、污染物含量、处理处置情况及污染物流失情况。

闸坝调控状况。包括闸坝工程位置及分布、闸门开启及运行调度情况，最大下泄水量、闸坝前水质状况等情况。

2. 非点源风险识别与评估

结合一级、二级保护区及上游非点源排放的特征，参考《集中式饮用水水源环境保护指南（试行）》，开展非点源的风险评估，识别应重点防控的区域和时段。

（五）水华灾害调查与风险评估

1. 调查内容

封闭或半封闭型的水域（湖泊、水库）水生生态状况及时空变化特征。包括浮游植物（藻类）数量及种类组成、浮游动物数量及种类组成、底栖动物数量及种类组成、沉水植被分布与种类组成等。

2. 水华灾害风险识别与评估

综合营养盐条件（氮、磷浓度）、水动力条件（风速、流速）、光热条件（温度、光照、悬浮物）、浮游植物生长状况（叶绿素 a 浓度）等可能造成水华爆发的综合性因素，采用层次分析法和专家打分法，对湖泊（水库）的水华灾害的风险进行评价，识别应重点防控的区域和时段。

四、突发环境事件调查及分析

调查行政区域内突发环境事件和涉水突发环境事件历史资料。如与水体污染可能有关的涉危化品生产安全事故、交通运输事故等事件记录，包括事件类型、事件原因、发生过程、主要影响、处置情况等。

分析行政区域内涉水突发环境事件特征。综合发生频次、危害程度等信息，辨识主要的易发突发环境事件、易发时段及区域。

五、应急资源调查

收集现有环境应急资源信息。

（一）一般性调查内容

第一时间可以调用的环境应急资源情况。包括环境应急队伍和应急物资、装备、场所等资源，可以是实体资源，也可以是记录的资源信息，同时调查人员、物资等管理、维护、获取方式与时限情况。

环境应急队伍。指应急管理、抢险救援和专家队伍，包括承担应急计划、指挥、组织、协调等管理任务的管理人员，承担监测、处置、救援、调查等行动任务的抢险救援人员，提供应急业务、知识、技术等支持任务的专家以及志愿者等人员。

环境应急物资。指消耗性物资，一般不列为固定资产，包括个人防护物资、围堵物资、处理处置物资等。

环境应急装备。指可重复使用的设备，包括应急监测、应急装置、应急交通、应急通讯、应急急救等设备。

环境应急场所调查。指临时或长期活动处所，包括应急处置场所、应急物资或装备存放场所、应急指挥场所等。

（二）重点关注内容

应根据当地易发突发环境事件情景，确定应急资源调查的工作重点。以水华灾害事件情景为例，应重点调查水体曝气增氧设备、藻类打捞和收割设备情况、硫酸铜和高锰酸钾等杀藻物资储存量、位置等资源情况。

六、应急工程设施调查

调查应急工程设施的基本情况，并制作应急工程设施信息表。

包括可用于拦截污染物进入水体的设施，以及建设在连接水体上的水利闸坝和航运船闸等工程设施。

可拦截污染物进入水体的应急工程设施。调查企业厂区内、事故发生地点或污染物迁移路径上的污染物拦截工程设施，如事故导流槽、应急池、缓冲塘等，其建设进展、分布、处置能力和管理主体等情况。

连接水体的应急工程设施。调查连接水体的防护工程，如拦污坝、节制闸、导流渠、调水沟渠等，其建设、分布、拦截或处置能力、调度方式、管理主体等情况。

七、应急预案调查

调查与水源地应急预案有关的预案情况。包括国家、省、市、县级人民政府（所属行政区域与上游行政区域）、部门（环境保护、水利、交通运输、卫生、安全生产监管等）、排污单位、供水单位的突发环境事件应急预案，分析其预案的主要内容、程序及具体要求，明确水源地应急预案与有关预案的衔接节点、衔接内容和要求。

八、调查结论和评估结果

1. 调查评估结论应详细说明各类调查的结果和结论。预期成果包括调查报告、调查表格、专题图等形式。

（1）调查报告。包括但不限于基础环境特征调查、突发环境事件调查、应急资源调查、应急工程设施调查、应急预案调查等内容。

（2）调查表格。包括但不限于水源地信息表、风险源清单表、应急资源清单表（队伍、物资、装备、场所）、应急工程设施清单表。

（3）专题图。包括但不限于水源地分布、水质监测点位分布、风险源分布、应急物资储备场所分布、应急工程设施分布等图件。

2. 风险评估成果

依据上述风险评估结果，识别并预测水源地突发环境事件发生的概率、时间、可能发生的区域、可能影响的水域、事件可能造成的影响和后果等，为后续预警和应急处置各项工作提供参考。

应详细说明各类风险源风险评估结果和结论。预期成果包括风险评估报告和专题图。

（1）风险评估报告。包括但不限于风险源分布与排放特征分析、取水口敏感性分析、水源地风险物质迁移过程分析、不同类型风险源风险排序、区域风险评估结果等内容。

（2）提出在高风险和敏感区域建设应急防控工程的对策建议。

（3）专题图。包括但不限于水源地、风险源分布、高风险区域分布、主要风险物质特征等图件。

附件2：

水源地应急防控体系建设的主要内容与要求

应急防控体系建设包括但不限于以下内容。

一、风险源应急防控

（1）结合水源地基础状况调查和风险评估结果，以源头管控为目的，对可能影响水源地的主要风险源加强监控，全过程监控水源地风险物质产生至排放的各关键环节。

（2）针对水源地主要风险源，结合不同预案情景，设置或优化风险源应急防控工程，为应急响应提供支撑。

①经风险评估认定的重点防控固定源单位，应储备必要的应急物资，完善污染物拦截、导流、收集和处置的应急工程设施，防止污染物排向外环境。

②经风险评估认定的重点防控道路和桥梁，应设置导流槽、应急池等，拦截和收集污染物，防止污染扩散。

③经风险评估认定的重点防控化学品运输码头、水上交通事故高发地段以及油气

管线等，有关单位应储备救援打捞、油毡吸附、围油栏、临时围堰等应急物资，拦截和收集污染物，防止污染扩散。

二、连接水体的应急防控

（1）结合水源地基础状况调查和风险评估结果，加强水源地风险预警监控，优化连接水体的预警断面布设和预警监控指标。

预警断面设置，应采取风险源分类监控、风险源影响的快速警示、应急响应时间缓冲、经济技术可行等原则。

结合风险源调查评估结果，一般可以考虑在连接水体的跨省（市）界断面、风险源汇入的下游水域（包括集中污水处理设施排污口、城市总排口、排污单位排污口、重点防控道路和桥梁、重点防控的化学品运输码头、主要支流入河口等下游水域）、距离取水口×小时迁移时间的上游水域边界（×小时按照当地应急响应时间考虑）以及水源地二级保护区边界等地点，设置预警断面。

在常规监测、自动监测的基础上，根据流域污染特征，可以适当增加预警指标，采用生物毒性综合预警手段对重金属、有机污染物等有毒有害物质进行实时监控。

（2）结合水源地基础状况调查，设置或优化连接水体应急防控工程，为应急响应提供支撑。

①在连接水体的现有水利工程基础上，建设或提前规划拦污坝、节制闸、导流渠、分流沟、蓄污湿地、前置库等工程设施。

②在重点防控道路、桥梁和危化品运输码头的临近水域，建设围堰等防护设施。

③根据河道和水文条件，提前规划水流改道、迁移等工程设施。

三、取水口的应急防控

（1）结合水源地基础状况调查和风险评估结果，加强水源地取水口的自动监控。根据流域污染特征，可以适当增加监控指标。可采用生物毒性综合预警手段实现对重金属、有机污染物等有毒有害物质的实时监控。根据水源地特征，可以增加不同垂直深度的水质自动监控，为改变取水层位等应急措施提供依据。

（2）结合水源地基础状况调查和风险评估结果，设置取水口应急工程。

①针对供排水格局交错、风险源分布较为密集的区域，实施取水口优化工程；

②针对深水湖库型水源地，垂向布设多个取水口，预置改变取水层位的应急工程；

③针对水华风险较高的湖库型水源地，储备或预置曝气装置、藻类拦截等设施，以及水华期的控藻工程；

④针对沿岸具备傍河取水条件的地域，预置傍河地下水井及取水设施，实施改变

取水方式的应急工程等；

⑤建设调水沟渠应急工程，通过调水稀释措施，降低污染物浓度。

四、其他

（1）增加供水单位深度处理工艺。

（2）启动备用水源。

（3）改变水源供给方式，如联网供水或供水车临时应急供水等。

附件 3：

水源地突发环境事件应急预案编制提纲

一、总则

（一）编制目的

（二）编制依据

（三）适用范围

（四）预案衔接

（五）工作原则

二、应急组织指挥体系

（一）应急组织指挥机构

（二）现场应急指挥部

（三）现场应急工作组

三、应急响应

（一）预警

（二）信息报告与通报

（三）事态研判

（四）应急监测

（五）污染源排查与处置

（六）应急处置

（七）物资调集及应急设施启用

（八）舆情监测与信息发布
（九）响应终止

四、后期工作

（一）后期防控
（二）事件调查
（三）损害评估
（四）善后处置

五、应急保障

（一）通讯与信息保障
（二）应急队伍保障
（三）应急资源保障
（四）经费保障
（五）其他保障

六、附则

（一）名词术语
（二）预案解释权属
（三）预案演练和修订
（四）预案实施日期

七、附件

附件 4：

应急组织指挥机构和职责示例

（各地可根据实际情况设置）

应急组织指挥机构组成		主要负责人和联系电话	日常职位	日常职责	应急职责
总指挥	一般由分管环境保护工作的市、县级人民政府负责人或主要负责人担任	明确具体的责任人、联系电话，确保通讯畅通，能及时联系	明确具体人员的日常职位	（1）贯彻执行国家、地方人民政府及有关部门关于水源地突发环境事件的各项要求； （2）组织编制、修订和批准水源地应急预案； （3）指导加强水源地突发环境事件应急管理体系建设； （4）协调保障水源地突发环境事件应急管理工作经费	（1）发生水源地突发环境事件时，亲自（或委托副总指挥）赶赴现场进行指挥，组织开展现场应急处置； （2）贯彻执行当地或上级人民政府及有关部门的应急指令； （3）按照预警、应急启动或终止条件，决定预案的启动或终止； （4）研判突发环境事件发展态势，组织制定并批准现场处置方案； （5）组织开展损害评估等后期工作
副总指挥	一般由政府副秘书长（或政府应急管理部门主要负责人）和环境保护部门主要负责人同时担任			（1）协助总指挥开展有关工作； （2）组织指导预案培训和演练、应急救援队伍建设和能力评估等工作； （3）指导开展水源地突发环境事件风险防范和应急准备工作	（1）协助总指挥组织开展现场应急处置； （2）根据分工或总指挥安排，负责现场的具体指挥协调； （3）负责提出有关应急处置建议； （4）负责向场外人员通报有关应急信息； （5）负责协调现场与场外应急处置工作； （6）停止取水后，负责协调保障居民用水； （7）处置现场出现的紧急情况

应急组织指挥机构组成		主要负责人和联系电话	日常职位	日常职责	应急职责
协调办公室	一般由市、县级人民政府应急管理部门、水源地管理或环境保护等有关部门的工作人员组成。日常协助总指挥、副总指挥开展水源地突发环境事件应急管理体系建设；应急期间，协调组织有关部门落实总指挥、副总指挥的指令和要求	明确具体的责任人、联系电话，确保通讯畅通，能及时联系	明确具体人员的日常职位	（1）组织编制、修订水源地应急预案； （2）负责水源地应急预案的日常管理，开展预案培训和演练、应急救援队伍建设和能力评估等工作； （3）组织开展水源地突发环境事件风险防范和应急准备工作	（1）贯彻执行总指挥、副总指挥的各项指令和要求； （2）负责信息汇总上报，并与有关的外部应急部门、组织和机构进行联络； （3）负责调动应急人员、调配应急资源和联络外部应急组织或机构； （4）收集整理有关事件数据
专项工作组	一般由公安消防、财政、国土资源、环境保护、住房城乡建设或水务、交通运输、水利、农业、卫生、安全生产监管、气象、通信、宣传和战区（武装）等有关部门负责应急管理或水源地管理的工作人员组成			—	消防：在处置火灾爆炸事故时，防止消防水进入水源地及其连接水体。 公安：查处导致水源地突发环境事件的违法犯罪行为
				财政：负责保障水源地突发环境事件应急管理工作经费	负责保障水源地突发环境事件应急处置期间的费用
				国土资源：规划、建设和管理适用于水源地突发环境事件应急处置的场地	负责保障水源地突发环境事件应急处置的场地
				环境保护：负责水源地日常监测，及时上报并通报水源地水质异常信息。开展水源地污染防治的日常监督和管理	负责应急监测，督促、指导有关部门和单位开展水源地污染物削减处置等工作
				住房城乡建设或水务（供水单位）：负责供水单位日常管理工作，对供水单位水质异常现象进行调查处理，及时上报并通报供水单位水质异常信息	负责指导供水单位的应急处置工作，组织供水单位进行应急监测，落实停止取水、启动深度处理设施和切换备用水源等应急工作安排

应急组织指挥机构组成		主要负责人和联系电话	日常职位	日常职责	应急职责
专项工作组	一般由公安消防、财政、国土资源、环境保护、住房城乡建设或水务、交通运输、水利、农业、卫生、安全生产监管、气象、通信、宣传和战区（武装）等有关部门负责应急管理或水源地管理的工作人员组成	明确具体的责任人、联系电话，确保通讯畅通，能及时联系	明确具体人员的日常职位	交通运输：负责危险化学品运输车辆跨越水源保护区道路桥梁的日常应急管理工作，建设维护道路桥梁应急工程设施	协助处置交通事故次生的水源地突发环境事件，事故发生后及时启用道路桥梁应急工程设施，并负责保障应急物资运输车辆快速通行
				水利：负责指导水源地水利设施建设和管理	按照应急指挥部要求，利用水利工程进行污染团拦截、降污或调水稀释等工作
				农业：管理暴雨期间入河农灌退水排放行为，防范农业面源导致的水源地突发环境事件	协助处置因农业面源、渔业养殖导致的水源地突发环境事件。对具有农灌功能的水源地，在应急期间暂停农灌取水
				卫生：负责自来水管网末梢水水质卫生日常管理，及时上报并通报管网末梢水水质异常信息	负责管网末梢水水质应急监测，确保应急期间居民饮水卫生安全
				安全生产监管：防范企业生产安全事故次生水源地突发环境事件，及时上报并通报事故信息	协助处置因企业生产安全事故、违法排污等导致的水源地突发环境事件
				气象：及时上报、通报和发布暴雨、洪水等气象信息	负责应急期间提供水源地周边气象信息
				—	通信管理：负责应急期间的通信保障
				—	宣传：负责应急期间的新闻发布、对外通报和信息公开等工作
				—	战区（武装）：对影响范围大或严重的水源地突发环境事件的应急响应工作进行支援支持
				应急物资所属部门：负责有关应急物资的日常维护管理	负责有关应急物资的使用管理

附件 5：

应急工作组职责示例

（各地可根据实际情况设置）

应急工作组组成		主要负责人和联系电话	日常职位和专业方向	应急职责
应急处置组	为现场应急处置机构，一般由熟悉水源地情况或水体应急处置修复工作的人员组成	明确具体的责任人、联系电话，确保通讯畅通，能及时联系	明确具体人员的日常职位和专业方向	（1）负责组织制定应急处置方案； （2）负责现场污染物消除、围堵和削减，以及污染物收集、转运和异地处置等工作
应急监测组	为应急监测机构，一般由环境保护、住房城乡建设、卫生和水利等有关部门的人员组成			（1）负责制定应急监测方案； （2）负责在污染带上游、下游分别设置断面进行应急监测； （3）负责应急期间的水源地、供水单位和管网末梢水的水质监测
应急供水保障组	为供水保障机构，一般由住房城乡建设、水利、环境保护、卫生等有关部门的人员组成			（1）负责制定应急供水保障方案； （2）负责指导供水单位启动深度处理设施或备用水源以及应急供水车等措施，保障居民用水
应急物资保障组	为后勤保障机构，一般由负责管理应急物资的部门或单位的人员组成			（1）负责制定应急物资保障方案； （2）负责调配应急物资、协调运输车辆； （3）负责协调补偿征用物资、应急救援和污染物处置等费用
应急专家组	为参谋机构，一般由水源地管理、水体修复、环境保护和饮水卫生安全等方面的专家组成			为现场应急处置提供技术支持
综合组	为综合协调机构，一般由熟悉应急管理、信息报告、信息发布和舆情应对等方面的人员组成			负责信息报告、信息发布和舆情应对等工作

生态保护红线管理办法（暂行）（摘录）

……

第三章　人类活动管控

第十六条　【管控要求】生态保护红线内禁止城镇化和工业化活动，严禁不符合主体功能定位的各类开发活动。生态保护红线内的国家公园、自然保护区、森林公园、风景名胜区、地质公园、世界自然遗产、湿地公园、饮用水水源保护区、水产种质资源保护区等各类保护地，按照相应的法律法规和规章制度进行管理。相关保护要求与本办法不一致的，按照最严格的要求执行。

……

全国重要饮用水水源地安全保障评估指南

（试行）

（水利部水资源司　2015 年 4 月）

1　适用范围

本指南规定了全国重要饮用水水源地安全保障评估的内容、工作程序、指标体系、赋分标准和评估方法。

本指南适用于全国重要饮用水水源地的安全保障年度评估，其他饮用水水源地安全保障评估可参照执行。

2　规范性引用文件

《中华人民共和国水法》

《中华人民共和国水污染防治法》

《地表水环境质量标准》（GB 3838—2002）

《地下水质量标准》（GB/T 14848—93）

《地表水资源质量评价技术规程》（SL 395—2007）

《水环境监测规范》（SL 219—2013）

《地下水监测规范》（SL 183—2005）

3　术语和定义

以下术语和定义适用于本指南。

（1）饮用水水源地：提供居民生活及公共服务用水取水工程的水源地域。主要包括河道型、湖库型和地下水型。

（2）饮用水水源地安全保障：为使水源地能持续满足一定供水保障率的水量和满足一定水质要求而采取的工程建设、环境保护、水量水质监控及相关管理的保障措施的统称。

（3）饮用水水源保护区：为防止饮用水水源地污染、保证水源地环境质量而划定，并要求加以特殊保护的一定面积的水域和陆域。饮用水水源保护区分为一级和二级保护区，必要时还可以在饮用水水源保护区外围划定一定的区域作为准保护区。

（4）年度供水保证率：河道型和湖库型饮用水水源地的年度供水保证率为年度来水量（包括调水水量）与设计枯水年来水量的百分比。地下水型饮用水水源地的年度供水保证率为年度实际供水量与设计供水量的百分比。

（5）应急备用水源地：在常规供水水源因自然灾害或突发水污染事件等特殊情况引发供水量严重不足或暂时停止供水情况下，能及时补充或替代常规供水水源，满足一定时间内生活用水需求，并具有完备的接入自来水厂的供水配套设施的水源地。

（6）饮用水水源地信息监控系统：以水量、水质、水位、流速等水文水资源监测信息采集、传输和分析处理能力为基础，运用计算机应用技术和通信网络建立饮用水水源地水质水量安全监控信息系统。

4　总则

4.1　评估内容

根据本指南确定的 4 类 25 项指标，对饮用水水源地水量保证、水质合格、监控完备、制度健全 4 个方面进行综合评估。

4.2　评估程序

（1）印发评估方案；

（2）各水源地按照评估方案的要求，建立水量、水质、监控、管理 4 个方面的评估档案；

（3）各水源地按照评估方案的要求开展自评估，完成自评估报告并上报印发评估方案的部门；

（4）印发评估方案的部门联合相关省水利厅水源地主管部门组织成立评估组，通过现场核查及档案核查等方式对各水源地安全保障情况进行定性及定量综合评估，形成初步评估意见，并反馈各水源地；

（5）根据各水源地对初步评估意见的反馈，形成正式评估意见。

具体评估程序见图 1。

5　评估指标体系

全国重要饮用水水源地安全保障评估指标体系共分为 4 个一级指标和 25 个二级指标，详见表 1。

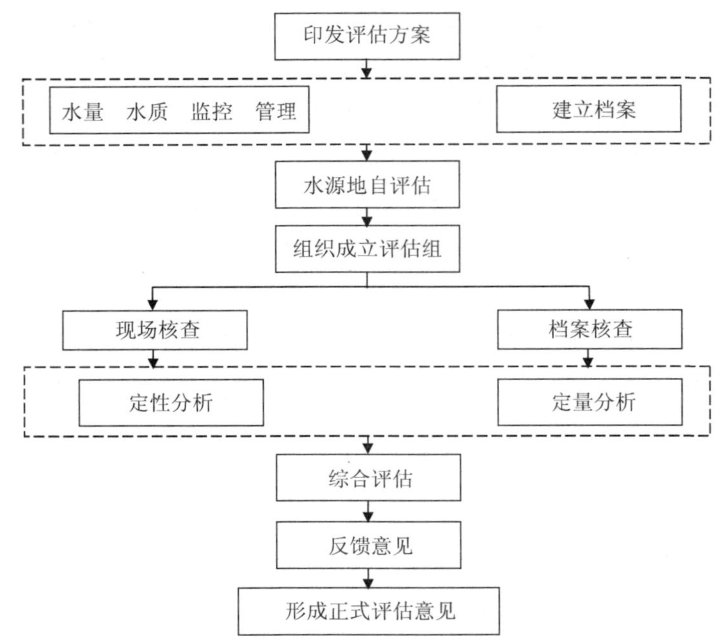

图 1 饮用水水源地安全保障评估程序

表 1 全国重要饮用水水源地安全保障评估指标体系

一级指标	二级指标	评估标准
水量评估	年度供水保证率	年度供水保证率达到 95%以上
	应急备用水源地	建立重要城市应急备用水源地；备用水源能够满足特殊情况下一定时间内生活用水需求，并具有完备的接入自来水厂的供水配套设施
	水量调度管理	流域和区域调度中，应有优先满足饮用水供水要求的调度配置方案，确保相应保证率下取水工程正常运行的水量和水位； 制订特殊情况下的区域水资源配置和供水联合调度方案，建立特枯年或连续干旱年的供水安全储备
	供水设施运行	供水设施完好，取水和输水工程运行安全；取水口处河势稳定；地下水水源地采补基本平衡，长期开采不产生明显的地质和生态环境问题
水质评估	取水口水质达标	地表水饮用水水源地取水口能够按照《地表水环境质量标准》（GB 3838）规定的基本项目和补充项目进行监测，每月至少监测 2 次，并且水质达到或优于《地表水环境质量标准》（GB 3838）III类标准； 地下水饮用水水源地能按照《地下水质量标准》（GB/T 14848）水质监测指标进行监测，每月至少监测 1 次，并且供水水质达到或优于《地下水质量标准》（GB/T 14848）III类标准
	封闭管理及界标设立	一级保护区内有条件的地方应实行封闭管理；保护区边界设立明确的地理界标和明显的警示标志；取水口和取水设施周边设有明显的具有保护性功能的隔离防护设施

一级指标	二级指标	评估标准
水质评估	入河排污口设置	在饮用水水源保护区内禁止设置排污口
	一级保护区综合治理	饮用水水源地一级保护区内，没有与供水设施和保护水源无关的建设项目；没有从事网箱养殖、没有畜禽饲养场、旅游、游泳、垂钓或者其他可能污染饮用水水体的活动
	二级保护区综合治理	二级保护区内，无排放污染物的建设项目；从事网箱养殖、畜禽饲养场、旅游等活动的应按规定采取措施防止污染饮用水水体
	准保护区综合治理	准保护区内，没有对水体产生严重污染的建设项目，没有危险废物、生活垃圾堆放场所和处置场所
	含磷洗涤剂、农药和化肥等使用	保护区内采取禁止或限制使用含磷洗涤剂、农药、化肥以及限制种植养殖等措施
	交通设施管理	保护区范围内有公路、铁路通过的，交通设施应建设和完善桥面雨水收集处置设施与事故环境污染防治措施，在进入保护区之前应设立明显的警示标志
	植被覆盖率	一级保护区内适宜绿化的陆域，植被覆盖率应达到 80%以上，二级保护区内适宜绿化的陆域，植被覆盖率应逐步提高
监控评估	视频监控	实现对饮用水水源地安全的全方位监控。管理部门建立自动在线监控设施，对饮用水水源地取水口及重要供水工程设施实现 24 小时自动视频监控
	巡查制度	建立巡查制度，饮用水水源一级保护区实行逐日巡查，二级保护区实行不定期巡查，做好巡查记录
	特定指标监测	地表水水源地按照《地表水环境质量标准》（GB 3838）规定的特定项目，每年至少进行 1 次定期排查性监测； 湖库型饮用水水源地，还应按照《地表水资源质量评价技术规程》（SL 395）规定的项目开展营养状况监测； 地下水饮用水水源地能按照《地下水监测规范》（SL 183）有关规定，对水位和采补量进行定期监测
	水质水量在线监测	取水口附近水域具有水质水量在线监测
	信息监控系统	具备水量、水质、水位、流速等水文水资源监测信息采集、传输和分析处理能力，建立饮用水水源地水质水量安全监控信息系统
	应急监测能力	加强针对突发污染事件及藻华等水质异常现象的应急监测能力建设，具备预警和突发事件发生时，加密监测和增加监测项目的应急监测能力
管理评估	保护区划分	完成饮用水水源保护区划分，报省级人民政府批准实施
	部门联动机制	建立水源地安全保障部门联动机制，实行资源共享和重大事项会商制度
	法规体系	制定饮用水水源地保护的相关法规、规章或办法，并经批准实施
	应急预案及演练	制定应对突发水污染事件、洪水和干旱等特殊条件下供水安全保障的应急预案； 每年至少开展一次应急演练，建立健全有效的预警机制； 建立应对突发事件的人员、物资储备机制和技术保障体系
	管理队伍	重要饮用水水源地的管理和保护应配备专职管理人员，落实工作经费；加强技术人员培训，提高监测能力和水平
	资金保障	建立稳定的饮用水水源地保护资金投入机制

6 评估指标分值及评估方法

根据饮用水水源地类型，本指南将水源地分为湖库型、河道型和地下水型 3 种类型，表 2～表 5 中未做标注的表明适用于此 3 类水源地，标注过的按标注类型进行评估。

6.1 水量保障

水量保障评估共 4 项二级指标，满分 30 分，水量保障评估指标分值及评估方法详见表 2。

表 2 水量保障评估指标分值及评估方法

一级指标	二级指标	分值	评估方法	档案材料或说明
水量评估	年度供水保证率	14	年度供水保证率达到 95%以上的，得 14 分	[湖库型水源地、河道型水源地]对于供水保证率达到 95%以上的，提供年度来水量（包括调水水量）及设计枯水年来水量数据；对于供水保证率低于 95%的，应说明原因和拟采取的措施等。 [地下水型水源地] 对于供水保证率达到 95%以上的，提供年度供水量及可开采量数据；对于供水保证率低于 95%的，应说明原因和拟采取的措施等
			年度供水保证率不能达到 95%的，得 0 分	
	应急备用水源地建设	8	供水城市建立应急备用水源地，并能满足一定时间内生活用水需求，并且具有完善的接入自来水厂的供水配套设施的，得 8 分	已建立备用水源地的，提供备用水源地建设相关批复文件、设计规模、运行情况以及配套供水设施的相关设计文件、现场照片等材料；如供水储备或配套供水设施不完善的，应说明原因及主要影响，同时说明相关补救措施；对于尚未建设应急备用水源地的，应说明原因
			已建立应急备用水源地，但供水储备和供水配套设施有一项不完善的，得 6 分	
			已建立应急备用水源地，但供水储备和供水配套设施均不完善的，得 3 分	
			没有建立应急备用水源地的，得 0 分	
	水量调度管理	4	流域和区域供水调度中有优先满足饮用水供水要求，能确保相应保证率下取水工程正常运行所需水量和水位要求的，并且制订了特殊情况下的区域水资源配置和供水联合调度方案，并经批准实施的，得 4 分	流域和区域供水调度中有优先满足饮用水供水要求的，建立水量、水位双控制指标的，提供该调度配置方案；没有相关调度配置方案的，说明对实际供水是否产生不利影响等。已经编制特殊情况下的区域水资源配置和供水联合调度方案，并经批准实施的，提供该方案，说明供水安全储备情况；没有制订特殊情况下的区域水资源配置和供水联合调度方案的，应说明原因
			流域和区域供水调度中有优先满足饮用水供水要求，但没有制订特殊情况下的区域水资源配置和供水联合调度方案的，得 2 分	

一级指标	二级指标	分值	评估方法	档案材料或说明
水量评估	水量调度管理	4	有特殊情况下区域水资源配置和供水联合调度方案，但流域区域供水调度中没有优先满足饮用水供水要求的，得1分	流域和区域供水调度中有优先满足饮用水供水要求的，建立水量、水位双控制指标的，提供该调度配置方案；没有相关调度配置方案的，说明对实际供水是否产生不利影响等。已经编制特殊情况下的区域水资源配置和供水联合调度方案，并经批准实施的，提供该方案，说明供水安全储备情况；没有制订特殊情况下的区域水资源配置和供水联合调度方案的，应说明原因
			两者均没有的，得0分	
	供水设施运行	4	供水设施完好，取水和输水工程运行安全的，得4分	[湖库型水源地、河道型水源地]供水设施完好，取水和输水工程运行安全的，应说明主要供水设施的名称、地点、规模、建设及改扩建时间等信息，提供供水设施相关照片、检修记录等材料；取水设施、输水设施偶尔出现事故影响供水，经过抢修后能够安全运行的，应简要说明事故经过、影响、补救措施等；对于安全隐患较严重的，说明理由。[地下水型水源地] 供水设施完好，应说明主要供水设施的名称、地点、规模、建设及改扩建时间等信息；取水设施、输水设施偶尔出现事故影响供水，经过抢修后能够安全运行的，应简要说明事故经过、影响、补救措施等。地下水采补基本平衡，提供5年系列的水位和取水量数据、图表等相关证明材料；轻度超采，提供超采率；地下水严重超采的，说明原因
			取水设施、输水设施偶尔出现事故影响供水，经过抢修后能够安全运行的，得2分	
			取水设施、输水设施经常出现生产事故，影响供水的，得0分	

6.2　水质保障

水质保障评估共9项二级指标，满分40分，水质保障评估指标分值及评估方法详见表3。

表3　水质保障评估指标分值及评估方法

一级指标	二级指标	分值	评估方法	档案材料或说明
水质评估	取水口水质达标率	20	[湖库型水源地、河道型水源地]取水口水质全年达到或优于III类标准的次数不小于80%的，监测频次达到每月至少2次，且监测项目达到《地表水环境质量标准》中规定的基本项目和补充项目的，得20分。[地下水型水源地] 取水口水质全年达到或优于III类标准的次数不小于80%的，监测频次达到每月至少1次，且按照《地下水质量标准》(GB/T 14848)中规定的监测项目开展监测的，得20分	[湖库型水源地、河道型水源地]应按年度提供每月水质监测报告，监测两次的取两次平均值，全年按频次法进行水质达标评价，达标次数不小于80%的为达标，否则为不达标。提供水质监测单位资质情况。供水水质（基本项目和补充项目）低于《地表水环境质量标准》(GB 3838) III类标准的，应对水质不达标的原因进行分析，并就所采取的防治措施进行说明；未采取有效措施，供水水质未明显改善或存在继续恶化风险的，应说明原因。

一级指标	二级指标	分值	评估方法	档案材料或说明
水质评估	取水口水质达标率	20	以上任一条件没有达到的，得 0 分	[地下水型水源地] 应按年度提供每月水质监测报告，监测两次的取两次平均值，全年按频次法进行水质达标评价，达标次数不小于80%的为达标，否则为不达标。 对于背景情况影响水质，但满足水厂要求的，可以不参评。提供水质监测单位资质情况。 水质低于《地下水质量标准》（GB/T 14848）III类标准的，应分析原因，并就所采取的防治措施进行说明
	封闭管理及界标设立	4	[湖库型水源地]一级保护区实现全封闭管理，且界标、警示标示以及隔离防护设施完善的，得 4 分。 [河道型水源地] 一级保护区取水口半径 50 米内进行全封闭管理，且界标、警示标示以及隔离防护设施完善的，得 4 分。 [地下水型水源地] 一级保护区实现单井封闭管理，且界标、警示标示以及隔离防护设施完善的，得 4 分	[湖库型水源地、河道型水源地]提供应封闭管理和实际封闭管理公里数及工程合同、验收等材料；设立了边界地理界标、警示标示、隔离防护设施的，提供图片、照片、数量等信息；设有地理界标、警示标示及隔离保护设施，但不完善的，说明原因。未开展相关工作的，提供未来开展相关工作的计划、方案，说明未能开展相关工作的理由。 [地下水型水源地] 设立了边界地理界标、警示标示、隔离防护设施的，提供图片、照片、数量等信息；设有地理界标、警示标示及隔离保护设施，但不完善的，说明原因。未开展相关工作的，提供未来开展相关工作的计划、方案，说明未能开展相关工作的理由
			实现部分封闭或界标、警示标示以及隔离防护设施等不完善的，得 2 分	
			未开展相关工作的，得 0 分	
	入河排污口设置	3	一、二级保护区内没有入河排污口的，得 3 分	存在入河排污口的，提供建设项目和排污口的数量、类型、规模和图片等信息；清理效果不明显或者未采取清理措施的，应说明原因
			保护区内有入河排污口的，得 0 分	
	一级保护区综合治理	3	[湖库型水源地、河道型水源地]没有与供水设施和保护水源无关的建设项目，没有从事网箱养殖、畜禽养殖、旅游、游泳、垂钓或者其他可能污染饮用水水体的活动，水面没有树枝、垃圾等漂浮物的，得 3 分。 [地下水型水源地] 没有与供水设施和保护水源无关的建设项目，没有垃圾堆放、旱厕、加油站或者其他可能污染饮用水水体的活动的，得 3 分	[湖库型水源地、河道型水源地]存在与供水设施和保护水源无关的建设项目的，应提供建设项目的数量、类型和规模等信息，说明理由和治理措施；无网箱养殖、畜禽养殖、旅游等活动，提供相关禁止性文件或其他证明材料；存在上述活动的，说明理由和治理措施。 [地下水型水源地] 存在与供水设施和保护水源无关的建设项目的，应提供建设项目的数量、类型和规模等信息，说明理由和治理措施。 存在上述可能污染饮用水水体活动的，应说明所采取的清理措施和效果，对于清理效果不明显，或者未采取清理措施的，应说明原因
			有上述建设项目或存在上述污染水体活动的，得 0 分	

一级指标	二级指标	分值	评估方法	档案材料或说明
水质评估	二级保护区综合治理	2	[湖库型水源地、河道型水源地]没有排放污染物的建设项目，从事网箱养殖、畜禽养殖、旅游等活动的按照规定采取了防止污染饮用水水体措施的，得2分。 [地下水型水源地]没有严重污染的企业，没有城市垃圾、粪便和易溶、有毒有害废弃物堆放场和转运站，没有污水灌溉农田的，得2分	存在排放污染物的建设项目的，应提供建设项目和排污口的数量、类型和规模等信息，说明理由和治理措施； 无网箱养殖、畜禽养殖、旅游等活动，无固体废物贮存、堆放场所的，提供相关禁止性文件或其他证明材料；存在上述活动或场所的，提供活动或场所分布范围、类型和规模等信息，说明理由和拟治理措施
			有排放污染物的建设项目或上述活动场所，未按照规定采取了防止污染饮用水水体措施的，得0分	
	准保护区综合治理	2	没有对水体产生严重污染的建设项目，没有危险废物、生活垃圾堆放场所和处置场所的，得2分	存在上述建设项目或场所的，应提供建筑物、活动分布范围、类型和规模等信息，说明所采取的清理措施和效果，清理效果不明显，或者未采取清理措施的，应说明原因
			存在上述情况的，得0分	
	含磷洗涤剂、农药和化肥等使用	2	[湖库型水源地、河道型水源地]保护区内采取禁止或限制使用含磷洗涤剂、农药、化肥以及限制种植养殖等措施的，得2分。 [地下水型水源地]保护区内禁止利用透水层孔隙、裂隙、溶洞及废弃矿坑储存农药的，得2分	不存在使用含磷洗涤剂、农药和化肥情况的，提供相关禁止性文件或其他证明材料；存在上述活动的，说明理由和未来治理措施
			没有禁止或限制的，得0分	
	保护区交通设施管理	3	保护区无公路、铁路通过；若有公路、铁路通过，并已建设和完善桥面雨水收集处置设施与事故环境污染防治措施，并在进入保护区之前应设立明显的警示标志的，得3分	保护区无公路、铁路通过或若有铁路、公路通过，已建设和完善桥面雨水收集处置设施与事故环境污染防治措施，并且公路、铁路进入保护区之前设立有明显的警示标志或采取部分防护措施的，提供相关图片或其他证明材料；保护区有公路、铁路通过，但没采取相应防治措施的，应说明原因
			保护区有公路、铁路通过，但采取部分防治措施的，且有警示标志的，得2分	
			保护区有公路、铁路通过，但没采取相应防治措施的，得0分	
	保护区植被覆盖率	1	一级保护区内适宜绿化的陆域，植被覆盖率应达到80%以上，二级保护区内适宜绿化的陆域植被覆盖率逐步提高的，得1分	提供相关规划或文件，应说明保护区范围内的植被覆盖情况及植被分布情况；对于植被覆盖率不符合要求的，应说明近年所采取的绿化措施及效果
			保护区植被覆盖率不满足上述要求的，得0分	

6.3 监控保障

监控保障评估共 6 项二级指标，满分 15 分，监控保障评估指标分值及评估方法详见表 4。

表 4 监控保障评估指标分值及评估方法

<table>
<tr><th>一级指标</th><th>二级指标</th><th>分值</th><th>评估方法</th><th>档案材料或说明</th></tr>
<tr><td rowspan="9">监控评估</td><td rowspan="3">视频监控</td><td rowspan="3">2</td><td>建立自动在线监控设施，对饮用水水源地取水口及重要供水工程设施实现 24 小时自动视频监控的，得 2 分</td><td rowspan="3">已建立自动在线监控设施，应提供水源地监控体系具体情况，包括设备名称、运行状况、图片等；未建设自动在线监控设施的，应说明原因</td></tr>
<tr><td>管理部门建立自动在线监控设施，但不能对取水口和重要供水工程实现 24 小时自动视频监控的，得 1 分</td></tr>
<tr><td>管理部门没有建立自动在线监控设施的，得 0 分</td></tr>
<tr><td rowspan="3">巡查制度</td><td rowspan="3">2</td><td>建立巡查制度，并且一级保护区实现逐日巡查，二级保护区实行不定期巡查，巡查记录完整的，得 2 分</td><td rowspan="3">建立巡查制度的，提供巡查制度文件和巡查记录；巡查制度未建立或者不完善的，应说明原因以及相关工作计划</td></tr>
<tr><td>建有巡查制度，但一级保护区不能实现逐日巡查，巡查记录不完整的，得 1 分</td></tr>
<tr><td>没有建立巡查制度的，得 0 分</td></tr>
<tr><td rowspan="3">特定指标监测</td><td rowspan="3">3</td><td>[湖库型水源地]按照《地表水环境质量标准》规定的特定项目每年至少进行 1 次排查性监测，并且按照《地表水资源质量评价技术规程》（SL 395）规定项目开展营养状况监测的，得 3 分。
[河道型水源地] 按照《地表水环境质量标准》规定的特定项目每年至少进行 1 次排查性监测的，得 3 分。
[地下水型水源地] 能按照《地下水监测规范》（SL 183）有关规定对水位、取水量等进行定期监测的，得 3 分</td><td rowspan="3">[湖库型水源地]开展排查性监测或营养状况监测的，说明监测项目、监测频次以及达标情况等内容；对于未按规定对特定项目开展排查性监测或营养状况监测的，或者监测结果不达标的，应说明原因，并提出改进措施和工作计划。
[河道型水源地] 开展排查性监测的，说明监测项目、监测频次以及达标情况等内容；对于未按规定对特定项目开展排查性监测的，或者监测结果不达标的，应说明原因，并提出改进措施和工作计划。
[地下水型水源地] 开展水位、取水量监测的，提供监测单位、项目、频次、结果等</td></tr>
<tr><td>[湖库型水源地]开展排查性监测或营养状况监测其中一项的，得 2 分</td></tr>
<tr><td>没按上述要求开展监测的，得 0 分</td></tr>
</table>

一级指标	二级指标	分值	评估方法	档案材料或说明
监控评估	在线监测	3	取水口附近水域具有水质水量在线监测的，得3分	取水口附近水域实现在线监测的，提供在线监测设施位置、运行情况，在线监测数据等材料
			取水口附近水域没有水质水量在线监测的，得0分	
	信息监控系统	2	建立水质水量安全监控系统，具备取水量、水质、水位等水文水资源监测信息采集、传输和分析处理能力的，得2分	具备水量、水质、水位等监测信息采集、传输和分析处理能力，建立水源地水质水量安全监控信息系统的，提供数据报送方式、频率、分析报告，系统开发的相关文件、合同、系统图片等
			水质水量安全监控系统，具备上述1～2项能力的，得1分	
			没有建立饮用水水源地水质水量安全信息监控系统的，得0分	
	应急监测能力	3	具备预警和突发事件发生时，加密监测和增加监测项目的应急监测能力的，得3分	具备突发事件发生时，加密监测和增加监测项目的应急监测能力的，提供监测单位资质、能力及其他证明材料；对于应急监测体系不完善的，应说明原因，提供相关工作计划或方案
			具备预警和突发事件发生时，具备加密监测或增加监测项目能力之一的，得2分	
			应急监测能力难以满足应对突发性应急监测需要的，得0分	

6.4 管理保障

管理保障评估共6项二级指标，满分15分，管理保障评估指标分值及评估方法详见表5。

表5 管理保障评估指标分值及评估方法

一级指标	二级指标	分值	评估方法	档案材料或说明
管理评估	保护区划分	3	完成保护区划分工作并报省级人民政府批准实施的，得3分	完成保护区划分并报省级人民政府批准实施的，提供相关批复文件；未进行保护区划分的，应说明原因
			未划分水源保护区的，得0分	
	部门联动机制	2	建立水源地安全保障部门联动机制，实行资源共享和重大事项会商制度的，得2分	水源所在地人民政府建立水源地安全保障部门联动机制，实行资源共享和重要事项会商制度的，应提供联动机制建立的相关文件，说明联席会议或会商会议制度
			未建立水源地部门联动机制的，得0分	
	法规体系	2	制定饮用水水源地保护的相关法规、规章或办法，并经批准实施的，得2分	制定了水源地保护相关法规、规章或办法，并经批准实施的，提供相关法规、规章或办法；没有开展相关工作的，说明情况
			没有制定饮用水水源地保护的相关法规、规章或办法的，得0分	

一级指标	二级指标	分值	评估方法	档案材料或说明
管理评估	应急预案及演练	3	制定应对突发水污染事件、洪水和干旱等特殊条件下供水安全保障的应急预案，每年至少开展一次应急演练，并建立人员、物资储备机制和技术保障体系，每具备一项得 1 分，共 3 分	制定应对突发性水污染事件、洪水和干旱等特殊条件供水安全保障应急预案，并经批准实施的，提供该预案；实行定期演练的，提供定期演练记录、照片等材料；建立人员、物资、技术保障体系的，提供该体系组成、物资储备场所、清单等
			应急预案、应急演练或应急储备都没有的，得 0 分	
	管理队伍	3	水源地的管理和保护配备专职管理人员，落实工作经费，加强管理和技术人员培训的，得 3 分	配备专职管理人员，落实工作经费，加强培训工作的，应说明专职管理人员具体人员和职责，提供工作预算和人员培训记录、培训证明；人员配备不到位，工作经费相对紧张，关键管理和技术岗位培训能够保证的，提供培训证明、培训记录；对于人员和工作经费缺失的，应说明原因及所采取的措施等
			人员配备不到位，工作经费相对紧张，关键管理和技术岗位培训能够保证的，得 2 分	
			人员和工作经费缺失严重，已经明显影响水源地管理工作效率，并且无明显改善趋势的，得 0 分	
	资金保障	2	建立稳定的饮用水水源地保护资金投入机制的，得 2 分	有稳定的资金投入机制的，提供资金投入机制类型、资金来源等材料；对于尚未形成稳定的资金投入机制的，应说明理由和改进计划
			未建立稳定的资金投入机制的，得 0 分	

7 评估结果分级

全国重要饮用水水源地安全保障评估综合得分等于四项指标得分的总和。按照得分多少，分为优、良、中、差四级，饮用水水源地综合评估结果分级见表 6。

表 6 饮用水水源地综合评估结果分级表

级别	优	良	中	差
得分	≥90	80≤得分<90	60≤得分<80	<60

生活饮用水集中式供水单位卫生规范

1　范围

本规范规定了生活饮用水集中式供水单位的安全供水风险管理、水源选择与卫生防护、生活饮用水生产的卫生要求、水质监测与检验、突发水污染事件的处理、生活饮用水卫生监督和直接从事供管水人员卫生要求。

本规范适用于城乡各类供水规模的集中式供水单位。

2　规范性引用文件

下列文件中的条款通过本规范的引用而成为本规范的条款。凡是标注日期的引用文件，其随后所有的修改（不包括勘误内容）或修订版均不适用于本规范。凡是不注日期的引用文件，其最新版本适用于本规范。

GB 3838　地表水环境质量标准

GB 5749　生活饮用水卫生标准

GB/T 5750　（所有部分）生活饮用水标准检验方法

GB/T 14848　地下水质量标准

GB/T 17218　饮用水化学处理剂卫生安全性评价

GB/T 17219　生活饮用水输配水设备及防护材料的安全性评价标准

CJ/T 206　城市供水水质标准

SL 308　村镇供水单位资质标准

3　术语和定义

下列术语和定义适用于本规范。

3.1　生活饮用水　drinking water

供人生活的饮水和生活用水。

3.2　集中式供水　centralized water supply

自水源集中取水，通过输配水管网送到用户或者公共取水点的供水方式，包括自建设施供水。为用户提供日常饮用水的供水站和为公共场所、居民社区提供的分质供水也属于集中式供水。

3.3　小型集中式供水　small centralized water supply

农村日供水在 1 000 m^3 以下（或供水人口在 1 万人以下）的集中式供水。

3.4 集中式供水单位 centralized water supply enterprises

从事集中式供水的企业，或者由企业、事业或居民社区兴办的集中式供水工程管理单位。集中式供水单位是负责向居民提供安全饮用水的基层单位或基层单位的管理机构。

3.5 涉及饮用水卫生安全的产品 drinking water related products which may occur health problems

涉及饮用水卫生安全的产品，简称涉水产品，是指饮用水生产和输配过程中使用的与饮用水接触的管材、管件、储水容器、联接止水材料、机械部件、防护涂料、内衬、化学处理剂、水质处理器（含过滤、消毒、软化、除氟、除砷、增压等）以及由于可溶性物质溶出并可能对人体健康构成威胁的产品。

3.6 安全供水风险管理 risks management for safe drinking water supply

安全供水风险管理又称饮用水安全计划（drinking water safety plan），是一种由饮用水供水单位编制的管理计划，针对从水源到居民取水点的供水全过程中各环节存在的风险，提出应采取的相应措施，从而保证饮用水安全的系统管理。

3.7 水质监测与检验 water quality monitoring and determination

水质监测是为了解饮用水水质，污染物种类与浓度，来源及其变化规律，对水体进行长期、多次观察或采样检验。水质检验是采用理化、毒理学、微生物学或放射性等方法对水样进行定量或定性检验以阐明水样性质。

3.8 突发水污染事件 emergency event of water supply pollution

取水、制水和输水过程受到外界污染，短时间内引起供水水质的感官性状、一般化学、毒理学、细菌学和放射性等指标发生改变，超过《生活饮用水卫生标准》（GB 5749—2006）限值要求，造成或可能造成危害公众健康和生命安全的事件。

3.9 饮用水卫生监督 hygienic surveillance for drinking water

按照国家法律、法规、标准的规定，各级卫生部门对集中式供水单位提供的生活饮用水的安全性和可接受性进行持续的公共卫生评估和审查，借以发现和评价饮用水是否会对饮用者健康产生急性、慢性危害或潜在风险，并向集中式供水单位提出不安全饮用水处理意见。

饮用水卫生监督包括预防性卫生监督和经常性卫生监督。

3.10 直接从事供管水人员 waterworks staff who may contact the supplied water

是指从事制水、取样、化验、水池水箱清洗、管网维修等工种中与饮用水直接接触的人员。

4　安全供水风险管理

4.1　集中式供水单位的责任。集中式供水单位向公众提供的饮用水应保证安全；在居民取水点所取得的水，在任何时间都应符合《生活饮用水卫生标准》（GB 5749—2006）规定；集中式供水单位的供水区内不应暴发或流行因饮用水质量而引起的水源性疾病。
4.2　安全供水风险管理。对水源到居民取水点所有供水主要环节进行风险评价和运行监测，针对存在的实际问题，采取相应措施，保证供水水质持续地符合现行《生活饮用水卫生标准》（GB 5749—2006）要求。
4.3　集中式供水单位应根据各自具体情况，自行制订安全供水风险管理方案。制订安全供水风险管理方案的方法参见附录 A.1

5　水源选择和卫生防护

水源水质量是保证饮用水安全的重要组成部分。集中式供水单位应做好水源选择和卫生防护。
5.1　集中式供水单位应选择水质良好、水量充沛、便于防护的水源。取水点应设在城市和可能对饮用水水源有污染的工矿企业的上游。
5.2　新建、改建、扩建集中式供水工程的水源选择，应根据城乡远期和近期规划、历年来的水质、水文、水文地质、环境影响评价资料、取水点及附近地区的卫生状况和水源性地方病等资料，从卫生、环保、水资源、技术等多方面进行综合评价，并经当地卫生行政部门水源水质监测和卫生学评价合格后，方可作为生活饮用水水源。
5.3　集中式供水单位应积极参与由当地饮用水供水主管部门和当地政府主持的饮用水水源保护工作。
5.4　集中式供水单位在参与地表水水源卫生防护工作中需落实以下技术要求：
5.4.1　取水点周围半径 100 米的水域内，严禁捕捞、网箱养殖、停靠船只、游泳和从事其他可能污染水源的任何活动。
5.4.2　取水点上游 1 000 米至下游 100 米的水域不应排入工业废水和生活污水；沿岸防护范围内不应堆放废渣，不应设立有毒、有害化学物品仓库、堆栈，不应设立装卸垃圾、粪便和有毒有害化学物品的码头，不应使用工业废水或生活污水灌溉及施用难降解或剧毒的农药，不应排放有毒气体、放射性物质，不应从事放牧等可能污染水域水质的活动。
5.4.3　以河流为供水水源的集中式供水，由集中式供水单位及其主管部门会同卫生、环保、水利等部门，根据实际需要，经当地政府批准后，可把取水点上游 1 000 米以外的一定范围河段划为水源保护区，严格控制上游污染物排放量。
5.4.4　受潮汐影响的河流，生活饮用水取水点上下游及其沿岸的水源保护区范围应相应扩大，扩大范围由集中式供水单位及其主管部门会同卫生、环保、水利等部门研究确定。

5.4.5 作为生活饮用水水源的水库和湖泊，应根据不同情况，将取水点周围部分水域或整个水域及其沿岸划为水源保护区，并参照 5.4.1 和 5.4.2 的要求进行管理。

5.4.6 对生活饮用水水源的输水明渠、暗渠，应重点保护，严防污染、破坏和水量流失。

5.5 集中式供水单位在参与地下水水源卫生防护工作中需落实以下技术要求：

5.5.1 生活饮用水地下水水源保护区、构筑物的防护范围及影响半径的范围，应根据生活饮用水水源地所处的地理位置、水文地质条件、供水的数量、开采方式和污染源的分布，由集中式供水单位及其主管部门会同卫生、环保及规划设计、水文地质等部门研究确定。

5.5.2 在单井或井群的影响半径范围内，不应使用工业废水或生活污水灌溉和施用难降解或剧毒的农药，不应修建渗水厕所、渗水坑，不应堆放废渣或铺设污水渠道，并不应从事破坏深层土层的活动。

5.5.3 在地下水取水影响半径范围内严禁任何单位将工业废水和生活污水排入渗坑或渗井中。

5.5.4 人工回灌的水质应符合有关规定要求。

6 生活饮用水生产的卫生要求

6.1 集中式供水单位应遵守有关生活饮用水卫生管理的法律、法规、标准和技术规范。

6.2 集中式供水单位应建立健全生活饮用水卫生管理规章制度。

6.3 集中式供水单位应有分管领导和专职或兼职工作人员管理生活饮用水卫生工作。

6.4 在新建、改建、扩建集中式供水工程时，集中式供水单位需向当地卫生行政部门申请进行预防性卫生监督。给水工程设计应符合有关国家给水设计规范和标准。

6.5 集中式供水单位配备的水净化处理设备、设施应满足净水工艺要求。

6.6 集中式供水单位应具有持续消毒设施，并保证能正常运转。

6.7 生活饮用水输水、储水和配水等设施应密封，不应与排水设施及非生活饮用水的管网相连接。

6.8 集中式供水单位使用的涉及饮用水卫生安全产品应符合卫生安全的有关规定和产品质量标准；这些产品应具有省级以上卫生行政部门颁发的卫生许可批准文件。

集中式供水单位在购入涉及饮用水卫生安全的产品时，应索取该产品的卫生许可批准文件，并进行验收。经验收合格后方可入库待用，并按品种、批次分类贮存于原料库，避免混杂，防止污染。

6.9 自建生活饮用水供水系统，未经当地供水主管部门、卫生行政部门同意不应与当地公共供水系统连接。

6.10 集中式供水单位应对取水、输水、净水、储水和配水等设施加强质量管理，建立放水、清洗、消毒、检修与检验的制度及操作规程，保证供水水质。

6.11 各类储水设备要定期清洗和消毒；管网末梢应定期放水清洗，防止水质污染。

6.12 新建水处理设备、设施、管网等在投产前，或修复后，应严格冲洗、消毒，经水质检验合格后方可正式通水。

6.13 水处理剂和消毒剂的投加和贮存间应通风良好，有防腐蚀、防潮设备。应备有安全防范和处理事故的应急处理设施，并有防止二次污染的措施。

6.14 集中式供水单位不应将未经处理的污泥水直接排入生活饮用水水源的地表水一级保护区水域中。

6.15 集中式供水单位应划定生产区的范围。生产区外围30米范围内应保持良好的卫生状况。不应设置生活居住区；不应修建渗水厕所和渗水坑；不应堆放垃圾、粪便、废渣；不应铺设污水渠道。该区域内如种有树木花草或农作物，不应喷洒有毒害农药。

6.16 单独设立的泵站、沉淀池和清水池的外围30米的范围内，其卫生要求与6.15条的要求相同。

6.17 集中式供水单位应针对取水、输水、净水、储水和配水等可能发生污染的环节，制订和落实防范措施，加强检查，严防污染事件发生。

7 水质监测与检验

为保证饮用水安全，需及时、准确掌握水质监测检验资料，以便了解情况，采取合理措施；在供水的最后环节，应经监测和检验证明供水能保证安全时才可向居民供水。

7.1 集中式供水单位对水源水、出厂水、管网末梢和居民取水点的取样点布置、采样频率、检验指标选择、合格率计算以及评价方法可按照供水主管部门的有关规定、标准进行。本规范的附录A.2是一般情况的水质监测方法，可以作为参考。

7.2 集中式供水单位应具有与供水规模相适应的水质检验功能，配备相适应的检验人员和仪器设备。

7.3 集中式供水单位为控制制水过程中的水质，应进行有效的运行监测以调节处理技术。运行监测的指标和频率由集中式供水单位根据本单位实际情况自行确定。附录A1中有关内容可以作为运行监测指标选择的参考。

7.4 集中式供水单位的水质检验需按照国家标准《生活饮用水标准检验方法》（GB/T 5750）进行。检验《生活饮用水标准检验方法》（GB/T 5750）中不含有的检验项目与方法可参考同类国家标准方法进行。

鼓励有条件的集中式供水单位采用在线自动监测。自动监测能更及时反映水质存在的问题。

小型集中式供水单位因设备和技术条件的限制，可以采用简易检验方法或者速测箱方法，但这些方法应具有符合要求的灵敏度和准确度。

7.5 集中式供水单位因条件限制，对部分指标不具备水质检验能力者可以委托经计量认证合格的检验机构进行检验。检验要求同 7.4 节。

7.6 集中式供水单位负责的水源水、出厂水和管网末梢水的水质监测点数量和布局、监测指标选择，监测频率由当地县级以上供水行政主管部门和卫生行政部门协商确定。

7.7 集中式供水单位水质监测资料及其月报、年报、突发污染事件应急报告等应报送当地卫生行政部门。报送水质监测资料的内容和办法由当地供水行政主管部门和卫生行政部门商定。

8 突发水污染事件的处理

8.1 根据突发污染事件的性质、危害程度和涉及范围，突发污染事件分为：特别重大事件（Ⅰ级）、重大事件（Ⅱ级）、较大事件（Ⅲ级）和一般事件（Ⅳ级）。突发事件的分级原则按附录 A.3 处理。

8.2 集中式供水单位应建立应对突发污染事件的组织机构和工作制度，做好人员、技术、物资和设备储备；制定本单位的污染事件应急处置预案，开展相关技能培训和演练；对可能引发污染事件的风险因素及时进行检测、分析和预警，做到早发现、早报告、早处置。

8.3 当发现污染事件时，集中式供水单位有责任向所在地供水行政主管部门和卫生行政部门报告情况，报告时限和内容如下：

8.3.1 初次报告：应在发现事件 2 小时内完成。包括突发事件发生的时间、地点、范围、污染程度、影响人口、水源类型、供水方式、水处理情况以及近期供水系统的运行及维护情况；发病人数、死亡人数、就诊医院、临床诊断；饮用水污染物的可疑种类和现场快速检验结果；事件发展趋势及拟采取应急处置措施等。

8.3.2 阶段报告：应在事件发生后 24 小时至 48 小时内完成。包括现场控制情况、造成事件发生的主要原因、过程和进展情况、物理、化学、微生物实验室结果、初步结论。

8.3.3 终结报告：应在事件处置后 72 小时内完成。包括整体事件的描述、事件发生的确切原因、应急处置过程、受害人救治状况、事件最终结论、经验和教训等。

8.4 事件发生后，集中式供水单位应与卫生行政部门合作，查找污染原因并立即启动应急处置预案，按事态进展及其危害程度采取相应控制措施。

8.4.1 经初步分析确定主要污染源和污染物时，应协助有关部门采取一切可能的措施减少、控制、消除污染，如关闭闸门、打捞污染物、引水冲洗等，必要时通知居民停止用水。同时制定水质应急检测方案，及时掌握水源水、出厂水和管网末梢水水质污染趋势和动态变化。

8.4.2 当确定供水水质污染时，应迅速采取措施，及时调整水处理工艺，强化水处理工艺的净化效果。如污染以现有净化工艺不能控制时，及时上报当地政府，建议停止供水，启动临时供水措施；并通过媒体通告居民在事件未解除前，不得饮用受污染的水。对可能存在严重污染的水源和造成严重后果的供水设备、设施实施临时性封闭措施，防止事态扩大蔓延。

8.4.3 在启用应急储备水源或采取临时供水时，对供水水质应进行检测，做好输送水管道、送水车、储水容器的清洗消毒以及送水人员的健康管理。对送水过程进行全程监控，防止水质污染。

8.4.4 根据供水污染情况，增加对水源水、出厂水和管网末梢水检测的样本和频次，掌握水质变化趋势，并及时向卫生行政部门报告。

8.4.5 当污染得到有效控制，可以恢复供水时，应对取水、输水、净水、储水和配水等设备、设施进行清洗消毒，应经卫生行政部门对出厂水、末梢水进行现场采样，检测合格后方可重新供水。

9 生活饮用水卫生监督

根据有关法律、法规，卫生部门应对集中式供水单位进行卫生监督，集中式供水单位应接受卫生监督。

9.1 预防性卫生监督

对新建、扩建和改建的集中式供水单位时在以下方面应经卫生审查：

9.1.1 水源选择和卫生防护。厂址选择，水厂设计与环境审查；水质净化、消毒设施设计；输配水管网设计以及水质检验设施。

9.1.2 竣工验收

9.1.3 供水单位直接从事供管水人员体检与卫生知识培训

9.1.4 卫生许可证发放

集中式供水单位在从事生产或者供应活动前应取得当地县级以上地方人民政府卫生行政部门签发的卫生许可证。取得卫生许可证的条件如下：

（1）已具备上述9.1.1至9.1.3的各项资料；

（2）已经建立相应的卫生管理制度，并有相应管理人员；

（3）供水设备运行和效果正常；

（4）供水水质符合GB 5749—2006规定。

9.2 经常性卫生监督

已建并正常从事供水的集中式供水单位在以下方面需经卫生监督：

9.2.1 水源水水质是否符合饮用水水源水水质要求，或者经过综合、深度净化处理后能否符合生活饮用水水质标准的要求。

9.2.2 检查水厂净化过程是否保证供水安全。

9.2.3 检查消毒设施是否正常运行，水质检验工作是否正常开展。

9.2.4 供水水质监督监测。

9.2.4.1 出厂水水质卫生监督检验

对日产水 5 万立方米以上的集中式供水单位（含自建设施供水单位）进行出厂水监测。监测项目为适合当地情况的常规检验项目以及根据当地实际情况确定的非常规检验项目。监测频率不少于每年 2 次。

对日产水 5 万立方米以下的集中式供水单位（含自建设施供水单位）可抽取部分水厂采样检验，抽取的比例不应少于日产水 5 万立方米以下的集中式供水单位总数的 10%。监测项目和频率同上。

9.2.4.2 管网末梢水水质监督监测

按供水区域的人口数估算管网末梢水水质监督监测的样品数(参见本规范附录 A.2 中表 5)，监测项目和频率参照 9.2.4.1 节进行。

9.2.4.3 二次供水水质监督监测参照 9.2.4.2 节进行。

9.2.5 供水水质卫生监督监测数据评估

供水水质卫生监督监测数据应按《生活饮用水卫生标准》规定的限值评价。水样检验结果应符合《生活饮用水卫生标准》要求。

9.2.6 卫生行政部门应将供水水质卫生监督监测结果向供水单位及其当地供水主管部门通报，必要时可提出提高饮用水安全性的建议。供水水质卫生监督监测结果是否向公众发布有当地政府确定。

10 直接从事供管水人员卫生要求

10.1 直接从事供、管水的人员必须每年进行一次健康检查。取得体检合格证后方可上岗工作。凡患有痢疾、伤寒、病毒性肝炎、活动性肺结核、化脓性或渗出性皮肤病及其他有碍生活饮用水卫生的疾病或病源携带者，不应直接从事供、管水工作。

10.2 直接从事供、管水的人员，上岗前须进行卫生知识培训，上岗后每年进行一次卫生知识培训，未经卫生知识培训或培训不合格者不应上岗工作。

10.3 集中式供水单位从业人员应当保持良好的个人卫生习惯和行为。不应在生产场所吸烟，不应进行有碍生活饮用水卫生的活动。

第四章
部门规章与规范性文件

第一节　部门规章

饮用水水源保护区污染防治管理规定

（环境保护部令　第 16 号）

根据《国务院办公厅关于做好规章清理工作有关问题的通知》（国办发〔2010〕28 号），特公布《关于废止、修改部分环保部门规章和规范性文件的决定》，自公布之日起施行。

2010 年 12 月 22 日

饮用水水源保护区污染防治管理规定

第一章　总　则

第一条　为保障人民身体健康和经济建设发展，必须保护好饮用水水源。根据《中华人民共和国水污染防治法》特制定本规定。

第二条　本规定适用于全国所有集中式供水的饮用水地表水源和地下水源的污染防治管理。

第三条　按照不同的水质标准和防护要求分级划分饮用水水源保护区。饮用水水源保护区一般划分为一级保护区和二级保护区，必要时可增设准保护区。各级保护区应有明确的地理界线。

第四条　饮用水水源各级保护区及准保护区均应规定明确的水质标准并限期达标。

第五条　饮用水水源保护区的设置和污染防治应纳入当地的经济和社会发展规划和水污染防治规划。跨地区的饮用水水源保护区的设置和污染治理应纳入有关流域、区域、城市的经济和社会发展规划和水污染防治规划。

第六条 跨地区的河流、湖泊、水库、输水渠道，其上游地区不得影响下游饮用水水源保护区对水质标准的要求。

第二章 饮用水地表水源保护区的划分和防护

第七条 饮用水地表水源保护区包括一定的水域和陆域，其范围应按照不同水域特点进行水质定量预测并考虑当地具体条件加以确定，保证在规划设计的水文条件和污染负荷下，供应规划水量时，保护区的水质能满足相应的标准。

第八条 在饮用水地表水源取水口附近划定一定的水域和陆域作为饮用水地表水源一级保护区。一级保护区的水质标准不得低于国家规定的《地表水环境质量标准》Ⅱ类标准，并须符合国家规定的《生活饮用水卫生标准》的要求。

第九条 在饮用水地表水源一级保护区外划定一定水域和陆域作为饮用水地表水源二级保护区。二级保护区的水质标准不得低于国家规定的《地表水环境质量标准》Ⅲ类标准，应保证一级保护区的水质能满足规定的标准。

第十条 根据需要可在饮用水地表水源二级保护区外划定一定的水域及陆域作为饮用水地表水源准保护区。准保护区的水质标准应保证二级保护区的水质能满足规定的标准。

第十一条 饮用水地表水源各级保护区及准保护区内均必须遵守下列规定：

一、禁止一切破坏水环境生态平衡的活动以及破坏水源林、护岸林、与水源保护相关植被的活动。

二、禁止向水域倾倒工业废渣、城市垃圾、粪便及其他废弃物。

三、运输有毒有害物质、油类、粪便的船舶和车辆一般不准进入保护区，必须进入者应事先申请并经有关部门批准、登记并设置防渗、防溢、防漏设施。

四、禁止使用剧毒和高残留农药，不得滥用化肥，不得使用炸药、毒品捕杀鱼类。

第十二条 饮用水地表水源各级保护区及准保护区内必须分别遵守下列规定：

一、一级保护区内

禁止新建、扩建与供水设施和保护水源无关的建设项目；禁止向水域排放污水，已设置的排污口必须拆除；不得设置与供水需要无关的码头，禁止停靠船舶；禁止堆置和存放工业废渣、城市垃圾、粪便和其他废弃物；禁止设置油库；禁止从事种植、放养畜禽和网箱养殖活动；禁止可能污染水源的旅游活动和其他活动。

二、二级保护区内

禁止新建、改建、扩建排放污染物的建设项目；原有排污口依法拆除或者关闭；禁止设立装卸垃圾、粪便、油类和有毒物品的码头。

三、准保护区内

禁止新建、扩建对水体污染严重的建设项目；改建建设项目，不得增加排污量。

第三章　饮用水地下水源保护区的划分和防护

第十三条　饮用水地下水源保护区应根据饮用水水源地所处的地理位置、水文地质条件、供水的数量、开采方式和污染源的分布划定。

第十四条　饮用水地下水源保护区的水质均应达到国家规定的《生活饮用水卫生标准》的要求。

各级地下水源保护区的范围应根据当地的水文地质条件确定，并保证开采规划水量时能达到所要求的水质标准。

第十五条　饮用水地下水源一级保护区位于开采井的周围，其作用是保证集水有一定滞后时间，以防止一般病原菌的污染。直接影响开采井水质的补给区地段，必要时也可划为一级保护区。

第十六条　饮用水地下水源二级保护区位于饮用水地下水源一级保护区外，其作用是保证集水有足够的滞后时间，以防止病原菌以外的其他污染。

第十七条　饮用水地下水源准保护区位于饮用水地下水源二级保护区外的主要补给区，其作用是保护水源地的补给水源水量和水质。

第十八条　饮用水地下水源各级保护区及准保护区内均必须遵守下列规定：

一、禁止利用渗坑、渗井、裂隙、溶洞等排放污水和其他有害废弃物。

二、禁止利用透水层孔隙、裂隙、溶洞及废弃矿坑储存石油、天然气、放射性物质、有毒有害化工原料、农药等。

三、实行人工回灌地下水时不得污染当地地下水源。

第十九条　饮用水地下水源各级保护区及准保护区内必须遵守下列规定：

一、一级保护区内

禁止建设与取水设施无关的建筑物；禁止从事农牧业活动；禁止倾倒、堆放工业废渣及城市垃圾、粪便和其他有害废弃物；禁止输送污水的渠道、管道及输油管道通过本区；禁止建设油库；禁止建立墓地。

二、二级保护区内

（一）对于潜水含水层地下水水源地

禁止建设化工、电镀、皮革、造纸、制浆、冶炼、放射性、印染、染料、炼焦、炼油及其他有严重污染的企业，已建成的要限期治理，转产或搬迁；禁止设置城市垃圾、粪便和易溶、有毒有害废弃物堆放场和转运站，已有的上述场站要限期搬迁；禁止利用未经净化的污水灌溉农田，已有的污灌农田要限期改用清水灌溉；化工原料、矿物油类及有毒有害矿产品的堆放场所必须有防雨、防渗措施。

（二）对于承压含水层地下水水源地

禁止承压水和潜水的混合开采，做好潜水的止水措施。

三、准保护区内

禁止建设城市垃圾、粪便和易溶、有毒有害废弃物的堆放场站，因特殊需要设立转运站的，必须经有关部门批准，并采取防渗漏措施；当补给源为地表水体时，该地表水体水质不应低于《地表水环境质量标准》III类标准；不得使用不符合《农田灌溉水质标准》的污水进行灌溉，合理使用化肥；保护水源林，禁止毁林开荒，禁止非更新砍伐水源林。

第四章　饮用水水源保护区污染防治的监督管理

第二十条　各级人民政府的环境保护部门会同有关部门做好饮用水水源保护区的污染防治工作，并根据当地人民政府的要求制定和颁布地方饮用水水源保护区污染防治管理规定。

第二十一条　饮用水水源保护区的划定，由有关市、县人民政府提出划定方案，报省、自治区、直辖市人民政府批准；跨市、县饮用水水源保护区的划定，由有关市、县人民政府协商提出划定方案，报省、自治区、直辖市人民政府批准；协商不成的，由省、自治区、直辖市人民政府环境保护主管部门会同同级水行政、国土资源、卫生、建设等部门提出划定方案，征求同级有关部门的意见后，报省、自治区、直辖市人民政府批准。

跨省、自治区、直辖市的饮用水水源保护区，由有关省、自治区、直辖市人民政府商有关流域管理机构划定；协商不成的，由国务院环境保护主管部门会同同级水行政、国土资源、卫生、建设等部门提出划定方案，征求国务院有关部门的意见后，报国务院批准。

国务院和省、自治区、直辖市人民政府可以根据保护饮用水水源的实际需要，调整饮用水水源保护区的范围，确保饮用水安全。

第二十二条　环境保护、水利、地质矿产、卫生、建设等部门应结合各自的职责，对饮用水水源保护区污染防治实施监督管理。

第二十三条　因突发性事故造成或可能造成饮用水水源污染时，事故责任者应立即采取措施消除污染并报告当地城市供水、卫生防疫、环境保护、水利、地质矿产等部门和本单位主管部门。由环境保护部门根据当地人民政府的要求组织有关部门调查处理，必要时经当地人民政府批准后采取强制性措施以减轻损失。

第五章　奖励与惩罚

第二十四条　对执行本规定保护饮用水水源有显著成绩和贡献的单位或个人给予表扬和奖励。奖励办法由市级以上（含市级）环境保护部门制定，报经当地人民政府批准实施。

第二十五条　对违反本规定的单位或个人，应根据《中华人民共和国水污染防治法》及其实施细则的有关规定进行处罚。

第六章　附　则

第二十六条　本规定由国家环境保护部门负责解释。

第二十七条　本规定自公布之日起实施。

生活饮用水卫生监督管理办法

（原建设部　原卫生部令第53号，2010年2月12日《卫生部关于修改〈公共场所卫生管理条例实施细则〉等规范性文件部分内容的通知》予以修改，经住房城乡建设部常务会议、国家卫生计生委委主任会议审议通过并于2016年4月17日发布　住房城乡建设部　国家卫生计生委令第31号予以修改，自2016年6月1日起施行）

第一章　总　则

第一条　为保证生活饮用水（以下简称饮用水）卫生安全，保障人体健康，根据《中华人民共和国传染病防治法》及《城市供水条例》的有关规定，制定本办法。

第二条　本办法适用于集中式供水、二次供水单位（以下简称供水单位）和涉及饮用水卫生安全的产品的卫生监督管理。

凡在中华人民共和国领域内的任何单位和个人均应遵守本办法。

第三条　国务院卫生计生主管部门主管全国饮用水卫生监督工作。县级以上地方人民政府卫生计生主管部门主管本行政区域内饮用水卫生监督工作。

国务院住房城乡建设主管部门主管全国城市饮用水卫生管理工作。县级以上地方人民政府建设行政主管部门主管本行政区域内城镇饮用水卫生管理工作。

第四条　国家对供水单位和涉及饮用水卫生安全的产品实行卫生许可制度。

第五条　国家鼓励有益于饮用水卫生安全的新产品、新技术、新工艺的研制开发和推广应用。

第二章　卫生管理

第六条　供水单位供应的饮用水必须符合国家生活饮用水卫生标准。

第七条　集中式供水单位取得工商行政管理部门颁发的营业执照后，还应当取得县级以上地方人民政府卫生计生主管部门颁发的卫生许可证，方可供水。

第八条　供水单位新建、改建、扩建的饮用水供水工程项目，应当符合卫生要求，选址和设计审查、竣工验收必须有建设卫生计生主管部门参加。

新建、改建、扩建的城市公共饮用水供水工程项目由建设行政主管部门负责组织选址、设计审查和竣工验收，卫生计生主管部门参加。

第九条　供水单位应建立饮用水卫生管理规章制度，配备专职或兼职人员，负责饮用水卫生管理工作。

第十条　集中式供水单位必须有水质净化消毒设施及必要的水质检验仪器、设备和人员，对水质进行日常性检验，并向当地人民政府卫生计生主管部门和建设行政主管部门报送检测资料。

城市自来水供水企业和自建设施对外供水的企业，其生产管理制度的建立和执行、人员上岗的资格和水质日常检测工作由城市建设行政主管部门负责管理。

第十一条　直接从事供、管水的人员必须取得体检合格证后方可上岗工作，并每年进行一次健康检查。

凡患有痢疾、伤寒、甲型病毒性肝炎、戊型病毒性肝炎、活动性肺结核、化脓性或渗出性皮肤病及其他有碍饮用水卫生的疾病的和病原携带者，不得直接从事供、管水工作。

直接从事供、管水的人员，未经卫生知识培训不得上岗工作。

第十二条　生产涉及饮用水卫生安全的产品的单位和个人，必须按规定向政府卫生计生主管部门申请办理产品卫生许可批准文件，取得批准文件后，方可生产和销售。

任何单位和个人不得生产、销售、使用无批准文件的前款产品。

第十三条　饮用水水源地必须设置水源保护区。保护区内严禁修建任何可能危害水源水质卫生的设施及一切有碍水源水质卫生的行为。

第十四条　二次供水设施选址、设计、施工及所用材料，应保证不使饮用水水质受到污染，并有利于清洗和消毒。各类蓄水设施要加强卫生防护，定期清洗和消毒。具体管理办法由省、自治区、直辖市根据本地区情况另行规定。

第十五条　当饮用水被污染，可能危及人体健康时，有关单位或责任人应立即采取措施，消除污染，并向当地人民政府卫生计生主管部门和建设行政主管部门报告。

第三章　卫生监督

第十六条　县级以上人民政府卫生计生主管部门负责本行政区域内饮用水卫生监督监测工作。

供水单位的供水范围在本行政区域内的，由该行政区人民政府卫生计生主管部门负责其饮用水卫生监督监测工作；

供水单位的供水范围超出其所在行政区域的，由供水单位所在行政区域的上一级人民政府卫生计生主管部门负责其饮用水卫生监督监测工作；

供水单位的供水范围超出其所在省、自治区、直辖市的，由该供水单位所在省、自治区、直辖市人民政府卫生计生主管部门负责其饮用水卫生监督监测工作。

铁道、交通、民航行政主管部门设立的卫生监督机构，行使国务院卫生计生主管部门会同国务院有关部门规定的饮用水卫生监督职责。

第十七条 新建、改建、扩建集中式供水项目时，当地人民政府卫生计生主管部门应做好预防性卫生监督工作，并负责本行政区域内饮用水的水源水质监测和评价。

第十八条 医疗单位发现因饮用水污染出现的介水传染病或化学中毒病例时，应及时向当地人民政府卫生计生主管部门和卫生防疫机构报告。

第十九条 县级以上地方人民政府卫生计生主管部门负责本行政区域内饮用水污染事故对人体健康影响的调查。当发现饮用水污染危及人体健康，须停止使用时，对二次供水单位应责令其立即停止供水；对集中式供水单位应当会同城市建设行政主管部门报同级人民政府批准后停止供水。

第二十条 供水单位卫生许可证由县级以上人民政府卫生计生主管部门按照本办法第十六条规定的管理范围发放，有效期四年。有效期满前六个月重新提出申请换发新证。

第二十一条 涉及饮用水卫生安全的产品，应当按照有关规定进行卫生安全性评价，符合卫生标准和卫生规范要求。

利用新材料、新工艺和新化学物质生产的涉及饮用水卫生安全产品应当取得国务院卫生计生主管部门颁发的卫生许可批准文件；除利用新材料、新工艺和新化学物质外生产的其他涉及饮用水卫生安全产品应当取得省级人民政府卫生计生主管部门颁发的卫生许可批准文件。

涉及饮用水卫生安全产品的卫生许可批准文件的有效期为四年。

第二十二条 凡取得卫生许可证的单位或个人，以及取得卫生许可批准文件的饮用水卫生安全的产品，经日常监督检查，发现已不符合卫生许可证颁发条件或不符合卫生许可批准文件颁发要求的，原批准机关有权收回有关证件或批准文件。

第二十三条 县级以上人民政府卫生计生主管部门设饮用水卫生监督员，负责饮用水卫生监督工作。县级人民政府卫生计生主管部门可聘任饮用水卫生检查员，负责乡、镇饮用水卫生检查工作。

饮用水卫生监督员由县级以上人民政府卫生计生主管部门发给证书，饮用水卫生检查员由县级人民政府卫生计生主管部门发给证书。

铁道、交通、民航的饮用水卫生监督员，由其上级行政主管部门发给证书。

第二十四条 饮用水卫生监督员应秉公执法，忠于职守，不得利用职权谋取私利。

第四章　罚　则

第二十五条 集中式供水单位安排未取得体检合格证的人员从事直接供、管水工作或安排患有有碍饮用水卫生疾病的或病原携带者从事直接供、管水工作的，县级以上地方人民政府卫生计生主管部门应当责令限期改进，并可对供水单位处以 20 元以上 1 000 元以下的罚款。

第二十六条　违反本办法规定，有下列情形之一的，县级以上地方人民政府卫生计生主管部门应当责令限期改进，并可处以 20 元以上 5 000 元以下的罚款：

（一）在饮用水水源保护区修建危害水源水质卫生的设施或进行有碍水源水质卫生的作业的；

（二）新建、改建、扩建的饮用水供水项目未经卫生计生主管部门参加选址、设计审查和竣工验收而擅自供水的；

（三）供水单位未取得卫生许可证而擅自供水的；

（四）供水单位供应的饮用水不符合国家规定的生活饮用水卫生标准的。

第二十七条　违反本办法规定，生产或者销售无卫生许可批准文件的涉及饮用水卫生安全的产品的，县级以上地方人民政府卫生计生主管部门应当责令改进，并可处以违法所得 3 倍以下的罚款，但最高不超过 30 000 元，或处以 500 元以上 10 000 元以下的罚款。

第二十八条　城市自来水供水企业和自建设施对外供水的企业，有下列行为之一的，由建设行政主管部门责令限期改进，并可处以违法所得 3 倍以下的罚款，但最高不超过 30 000 元，没有违法所得的可处以 10 000 元以下罚款：

（一）新建、改建、扩建的饮用水供水工程项目未经建设行政主管部门设计审查和竣工验收而擅自建设并投入使用的；

（二）未按规定进行日常性水质检验工作的。

第五章　附　则

第二十九条　本办法下列用语的含义是：

集中式供水：由水源集中取水，经统一净化处理和消毒后，由输水管网送至用户的供水方式（包括公共供水和单位自建设施供水）。

二次供水：将来自集中式供水的管道水另行加压、贮存，再送至水站或用户的供水设施；包括客运船舶、火车客车等交通运输工具上的供水（有独自制水设施者除外）。

涉及饮用水卫生安全的产品：凡在饮用水生产和供水过程中与饮用水接触的连接止水材料、塑料及有机合成管材、管件、防护涂料、水处理剂、除垢剂、水质处理器及其他新材料和化学物质。

直接从事供、管水的人员：从事净水、取样、化验、二次供水卫生管理及水池、水箱清洗人员。

第三十条 本办法由国务院卫生计生主管部门、国务院住房城乡建设主管部门负责解释。

第三十一条 本办法自一九九七年一月一日起施行。

第二节 部门规范性文件

关于印发《全国饮用水水源地基础环境调查及评估工作方案》的通知

(环办〔2008〕28号)

各省、自治区、直辖市环境保护局(厅),新疆生产建设兵团环境保护局:

按照党的十七大关于建设生态文明战略思想的总体要求,为重点解决危害人民群众健康和影响可持续发展的突出环境问题,确保《国家环境保护“十一五”规划》中关于饮用水安全保障目标的实现,我局决定开展全国饮用水水源地基础环境调查及评估工作(以下简称调查及评估工作)。这是继《全国城市饮用水水源地环境保护规划》编制工作之后,开展的一次范围更加广泛、内容更加丰富、时间更为紧迫、技术要求更为严格的基础性工作,将为各地经济社会又好又快发展提供全面准确的水源地基础环境信息,也是2008年度全国环保厅局长会议上提出的明确任务。

为做好本次调查与评估工作,我局组织技术牵头单位(环保总局环境规划院)编制了《全国饮用水水源地基础环境调查及评估工作方案》(详见附件),并经专家审核通过。现印发给你们,请遵照执行。各地应根据实际工作需要,加强领导与协调,明确本地区技术牵头单位,积极配合总局环境规划院做好辖区内饮用水水源地基础环境调查与评估工作,并努力争取同级财政配套资金支持。

我局将采取调度与检查相结合的方式进行督促指导,并于每季度将调查及评估工作进展情况予以通报。

特此通知。

附件:全国饮用水水源地基础环境调查及评估工作方案

二〇〇八年三月六日

环境保护部办公厅

附件：

全国饮用水水源地基础环境调查及评估工作方案

第 1 章 项目背景

1.1 我国饮用水水源地环境保护进展

《国家环境保护“十一五”规划》（国发〔2007〕37 号）明确要求，围绕实现“十一五”规划确定的主要污染物排放控制目标，把污染防治作为重中之重，把保障城乡人民饮水安全作为首要任务。2006 年以来，国家环保总局开展了 661 个县级以上城市（含县级市）集中式饮用水水源地环境基础状况的调查评估工作，编制完成了《全国城市饮用水水源地环境保护规划（讨论稿）》。2006 年 10 月，国务院批准实施《全国农村饮水安全工程“十一五”规划》，为改善农村饮水安全提供了保障。2007 年 10 月，国家发改委、建设部、水利部、卫生部和环保总局联合印发了《全国城市饮用水安全保障规划（2006—2020 年）》，对全国 661 个城市和县级政府所在地城镇的饮用水安全保障工作做了全面的部署。

1.2 调查与评估工作的紧迫性

上述规划编制过程中，国家各有关部门开展了大量的基础调查，极大地推动了我国饮用水水源地环境管理工作。2005 年，国家环保总局组织完成了 56 个环保重点城市 206 个重点水源地有机污染物的监测调查工作；2006 年，国家发改委、水利部、建设部、卫生部对 120 个城市 152 个典型饮用水水源地有机污染物进行了调查。2005 年开始，国家环保总局建立了 113 个环保重点城市饮用水水源地水质月报制度。但是，全国 4 555 个（引自《全国城市饮用水安全保障规划（2006—2020 年）》）设市城市及县级政府所在地城镇集中式饮用水水源地的环境状况仍有待进一步深入调查和评估，乡镇饮用水水源地环境建设与管理调查及评估工作尚未开展。上述规划陆续进入实施阶段，要落实大量的污染防治工程与管理措施，因此，迫切需要在更大范围内开展全国饮用水水源地基本状况的调查，进一步摸清底数，针对不同区域、不同类型的饮用水水源地研究环境对策，提高广大人民群众的饮水安全保障水平。

第 2 章 项目基本情况

2.1 指导思想

深入贯彻落实党的十七大精神，按照建设生态文明、加强生态环境保护、提高可持续发展能力的要求，以科学发展观为统领，以《国务院关于落实科学发展观加强环境保护的决定》和《国家环境保护“十一五”规划》为指导，科学调查与综合评估全国饮用水水源地基础环境状况，保质保量，把调查评估与推进水源地环境管理相结合；把调查成果与水源地污染防治相结合，为经济又好又快发展提供全面准确的水源地基础环境信息。

2.2 总体目标

重点查明全国城镇和典型乡镇饮用水水源地环境基础状况，建立并完善集中式饮用水水源地基础信息；科学评估全国饮用水水源地基础环境状况，为饮用水水源地污染防治管理工作提供支持，为构建环境友好型社会提供技术政策支撑。

2.3 调查基准年

调查基准年为 2007 年，补充使用 2005 年以来的相关数据资料。

2.4 调查范围

全国除港、澳、台地区外的 31 个省（自治区、直辖市）城镇集中式饮用水水源地及典型乡镇饮用水水源地（本书城镇指县级政府所在地，乡镇指县级政府所在地之外的镇）。

2.5 调查与评估内容

调查城镇饮用水水源地社会经济状况、水资源利用状况、土地利用状况等基础信息，调查水源地属性及水质水量状况以及影响饮用水水源水质的主要因素，调查饮用水水源地保护区划分情况、监管能力建设情况、环境管理制度执行情况。

第 3 章 总体思路和技术路线

3.1 总体思路

（1）重点调查，全面评估

重点开展城镇集中式饮用水水源地及部分典型乡镇水源地环境基础状况调查，建立并完善集中式饮用水水源地环境基础信息，全面评估饮用水水源地环境质量、环境建设与环境管理状况，统筹建立我国饮用水水源地环境状况评估体系。

（2）统筹协调，综合分析

以饮用水水源地保护为重中之重，综合考虑总量减排、污染源普查、水环境功能区划等相关环境管理工作，综合分析饮用水水源地基础建设、环境管理、污染预防、污染治理及应急保障等一系列问题，提出饮用水水源地环境管理对策建议，完善法律法规及标准体系。

（3）典型推进，力争突破

基于调查与评估分析，选择典型饮用水水源地，分类研究污染防治对策；在部分地区选择对饮用水水源地有影响的典型污染源，识别对饮用水水源地的环境影响。通过典型类型饮用水水源地与典型污染源的污染防治对策研究，提出污染防治技术政策的对策建议。

3.2 技术路线

（1）规范制定与技术培训

国家环保总局组织技术支持单位，制定饮用水水源地环境状况调查与评估技术规范，编写技术培训教材，开展全国饮用水水源地环境调查与评估的技术培训，指导全国饮用水水源地基础环境调查与评估工作的开展。

（2）全面调查与综合评估

各省重点组织开展城镇集中式饮用水水源地和典型乡镇饮用水水源地调查与评估工作，建立并完善集中式饮用水水源地基础环境信息。

（3）成果汇总与信息管理

基于全国城镇集中式饮用水水源地、典型乡镇饮用水水源地及典型污染源的调查与评估，采集、汇总与分析基础调查信息，建立并完善国家集中式饮用水水源地环境调查数据库，为饮用水水源地科学管理提供基础依据。

（4）防治对策与管理政策

在全面调查与评估我国饮用水水源地环境状况的基础上，针对不同类型（河流型、湖库型和地下水型等）集中式饮用水水源地，研究提出饮用水水源地污染防治对策；从宣传教育、监控预警、风险评估、管理规范等方面，研究提出集中式饮用水水源地环境管理的技术经济政策建议。

第 4 章 任务分解和工作内容

4.1 专题一：饮用水水源地环境状况调查与评估

（1）目标

查明城镇集中式饮用水水源地规模、类型、建设情况、环境状况、污染源和环境管理等基础状况，启动典型乡镇的饮用水水源地状况调查与评估。

（2）主要内容

①制定饮用水水源地环境状况调查技术大纲。制定全国统一的饮用水水源地环境状况调查标准规范，明确基础状况调查的范围、项目、方式、数据收集来源、监测办法、监测项目、计算方法、调查问卷等内容，保证调查成果的一致性、有效性、可比性和适用性。

②开展饮用水水源地环境状况调查。城镇及典型乡镇社会基础信息：包括人口、GDP、水资源利用及土地利用，全面调查城镇集中式饮用水水源地及典型乡镇饮用水水源地的综合信息，全面调查影响饮用水水源水质的主要因素和管理状况，选择典型乡镇调查饮用水水源水质状况、水源地监控状况、环境安全预警与风险管理状况等。

③建立饮用水水源地环境状况信息数据库。对城镇集中式饮用水水源地、典型乡镇饮用水水源地环境状况及典型污染源调查数据进行采集、汇总和分析整理，初步建立并进一步完善国家集中式饮用水水源地环境基础信息数据库。

④评估饮用水水源地环境状况。研究建立饮用水水源地环境状况评估的综合指标体系和评估标准，从环境质量达标程度、污染源特征及影响程度、现行法律标准执行状况、水源地环境建设的规范程度、监管能力建设和水平等方面进行全面评估。

4.2 专题二：饮用水水源地环境管理对策

（1）目标

在饮用水水源地基础环境调查与评估的基础上，开展不同类型饮用水水源地污染防治对策研究，制定并完善集中式饮用水水源地环境管理体系、环境政策体系和技术保障体系，研究制定饮用水水源地监控预警方案、信息平台方案和宣传教育方案，提升水源地环境管理水平，提高水源地水质安全保障能力。

（2）主要内容

①提出不同类型饮用水水源地污染防治对策建议。结合全国城市饮用水水源环境保护规划成果，在全国饮用水水源地环境基础信息调查与评估的基础上，针对不同区域河流型、湖泊水库型及地下水型饮用水水源地特点，综合分析污染物的主要来源、

分布特征及变化趋势，分别研究提出针对不同类型饮用水水源地的污染防治和水质改善对策建议。

②提出饮用水水源地环境管理政策体系完善建议。研究水源地水质监控、饮用水水源保护区管理、水源地风险管理、水源地管理机构与管理制度建设等技术要求，研究建立饮用水水源地管理指标体系，提出进一步完善的建议，为饮用水水源地实施科学管理提供技术支撑。

③提出饮用水水源地技术保障体系完善建议。在饮用水水源地基础环境调查和评估基础上，收集和调研国内外饮用水水源地治理技术措施，研究饮用水水源地环境保护的技术保障体系，提出进一步完善的建议，为我国饮用水水源地环境保护的开展提供技术支撑。

④提出城镇集中式饮用水水源地监控及预警方案。针对乡镇饮用水水源地基础条件差、监控能力相对较低的现状，研究制定水质监控方案及环境安全预警和风险管理方案，提升饮用水水源地的监管能力和水平。

⑤提出城镇集中式饮用水水源地环保宣传教育方案建议。针对各类饮用水水源地环境保护情况，研究提出饮用水水源地保护宣传教育对策，充分利用电视、网络、手册等多种媒介，使公众掌握饮用水水源地保护的科学知识，推动饮用水水源地保护工作转变成社会参与，人人有责全民行动。

第 5 章　实施方案及预期成果

5.1　进度安排

（1）2007 年 11 月—2008 年 2 月

制定《全国饮用水水源地基础环境调查及评估工作方案》，编制调查与评估技术大纲，完成各专项调查评估技术规范。

（2）2008 年 3—4 月

组织开展全国技术培训工作，典型地区（福建省、湖南省、宁夏回族自治区）全面启动调查与评估工作。

（3）2008 年 5—8 月

各地全面开展本辖区的调查与评估工作，典型地区于 6 月底前提交辖区调查与评估报告，其他省（自治区、直辖市）于 8 月底前提交辖区调查与评估报告。

（4）2008 年 9—10 月

技术组汇总验收各项专题成果，并在各省（自治区、直辖市）辖区内调查及评估报告的基础上，形成《全国饮用水水源地基础环境调查及评估报告》（初稿）上报总局。

（5）2008 年 11—12 月

环保总局组织论证并审查《全国饮用水水源地基础环境调查及评估报告》。

5.2　组织方式

项目由国家环保总局污染控制司主持，全国 31 个省（直辖市、自治区）环保部门具体实施，国家环保总局环境规划院等近 20 个单位作为技术支持单位参加。

①国家环保总局污染控制司。项目主持单位，督促、指导国家集中式饮用水水源保护信息数据库的建设。指导、督促、协调调度全国城镇集中式饮用水水源地及典型乡镇水源地环境基础状况调查与评估工作。指导、督促技术支持单位，提出集中式饮用水水源管理技术政策建议。负责项目综合协调、组织管理和实施，开展国际交流，向总局领导汇报工作进展，召开有关会议。

②全国 31 个省（直辖市、自治区）环保部门。项目实施单位，按照环保总局的统一要求，负责组织本辖区的饮用水水源地环境状况的调查与评估工作。宁夏、湖南、福建等省区作为典型区域全面开展调查与评估，并配合开展有关典型污染源调查与评估工作。

③国家环保总局环境规划院。技术组长单位，负责项目的技术组织与协调，包括组织制定调查与评估技术大纲，组织对各级环保部门进行技术培训，组织有关技术支持单位对各地进行技术支持，组织开展各省（直辖市、自治区）调查与评估成果的技术验收，组织开展各技术支持单位研究成果的技术验收，组织编写全国饮用水水源地环境状况调查与评估的总报告。

④中国环境科学研究院。协助制定调查与评估技术大纲并培训各级环保部门，参与制定饮用水水源地环境管理技术政策，开展我国饮用水安全保障标准体系评估工作。重点对江西等省提供技术及相关支持。

⑤中日环境保护中心。国家饮用水水源地调查数据采集系统及基础数据库建设。研究构建集中式饮用水水源地管理制度体系。开展饮用水水源保护宣传教育工作。

⑥中国环境监测总站。集中式饮用水水源地监测数据的更新，研究制定饮用水水源地监控方案。

⑦国家环境保护总局南京环境科学研究所。专题开展农药化肥与畜禽养殖对饮用水水源地环境影响评估与防治对策研究，重点对江苏、浙江、上海、福建 4 省市提供技术及相关支持。

⑧国家环境保护总局华南环境科学研究所。重点对广东、广西、贵州、海南 4 省提供技术及相关支持。

⑨其他技术支持单位。技术组长单位组织其他技术支持单位配合制定有关技术规

范、建立网络平台和开展技术培训，对各省（自治区、直辖市）提供技术及相关支持，开展典型污染源对水源地的环境影响评估与控制对策研究，开展饮用水水源地污染防治管理条例研究与制定；开展数据库和信息系统标准化建设。

5.3 预期成果

建立国家饮用水水源地基础环境信息数据库，完成全国饮用水水源地基础环境调查及评估综合报告及各专题研究报告。

关于进一步加强饮用水水源安全保障工作的通知

（环办〔2009〕30号）

各省、自治区、直辖市环境保护局（厅），新疆生产建设兵团环境保护局：

近年来，我国突发环境事件不断发生，对群众饮水安全造成严重威胁。仅2008年，我部直接调度处理的突发环境事件就高达135起，其中威胁群众饮用水水源安全的事件高达46起。2009年以来，又相继发生了江苏省盐城饮用水水源酚污染、广东省韶关市水源水华暴发等事件，对饮用水安全构成了很大威胁。各地应认真汲取这些水污染事件的经验教训，进一步加强辖区饮用水水源保护工作。现就有关事宜通知如下：

一、加强辖区饮用水水源安全风险隐患排查。在全国饮用水水源基础环境调查及评估工作基础上，全面排查饮用水水源保护区、准保护区内及上游地区的污染源，加强对可能影响饮水安全的制药、化工、造纸、冶炼等重点行业、重点污染源的监督管理，建立风险源名录，从源头控制隐患。一旦发生饮用水水源污染事故，要迅速查清并切断污染来源，在当地政府统一领导下，开展污染防控工作，确保群众饮水安全。

二、依法查处饮用水水源保护区内的违法排污行为。严厉打击水源保护区内一切威胁水质安全的违法行为，发现一起查处一起，公开曝光查处结果。严格按照《水污染防治法》的要求，坚决取缔饮用水水源一级保护区内所有与供水设施和水源保护无关的建设项目，禁止网箱养殖、旅游、餐饮等可能污染饮用水水源水体的活动；坚决取缔二级保护区内所有违法建设项目，采取严格措施，防止网箱养殖、旅游等活动污染饮用水水源水体。

三、加强交通运输行业的污染防治工作。配合交通及海事部门，严格按照《危险化学品安全管理条例》及《内河交通安全管理条例》等法律法规的要求，加强饮用水水源保护区、准保护区内及上游地区油类和危险化学品运载、装卸和储存设施的监管，督促其完善防溢流、防渗漏、防污染措施。各相关码头要配备足够的污染物、废弃物接收设施。

四、进一步加强饮用水水源水质监测工作。针对存在风险隐患的水源，要加密跨界断面水质及污染特征因子监测频次，及时了解水质变化状况，及时发现问题、解决问题。要加强环境应急监测能力建设，一旦发生污染事故，要迅速准确监测分析出污染物种类、数量、来源和潜在危害，及时提出应急处理处置建议。国家环保重点城市要按照我部的统一要求，开展饮用水水源水质监测工作，并按程序上报监测结果。

五、进一步完善饮用水水源保护基础工作。按照《饮用水水源保护区划分技术规范》及《饮用水水源保护区标志技术要求》，全面开展饮用水水源保护区划分与调整工作，在各级保护区边界及穿越保护区的交通干道设立明显的标识标志。要编制突发饮用水水源污染事故应急预案，加强应急演练，为处理重大突发污染事件提供管理及技术储备，有效防范饮用水安全风险；针对薄弱环节，完善饮用水水源应急监管体系。逐步开展典型乡镇及农村地区饮用水水源基础环境状况调查评估工作。

六、完善饮用水安全保障工作报告制度。辖区内发生或可能发生的突发饮用水水源污染事件，一经核实要及时上报，坚决杜绝瞒报、漏报行为。对可能影响饮用水安全的污染事故要按程序报告相关人民政府和上级环保部门，并及时向当地城建、卫生、水利等部门和自来水处理厂通报有关信息，加大自来水厂处置力度，确保群众饮用水安全。

各级环保部门要把饮用水水源环境保护工作摆上重要议事日程，进一步加强组织领导，切实落实有关措施，确保群众饮水安全。请将有关贯彻落实情况于2009年6月30日前上报我部。

二〇〇九年三月十二日

关于进一步加强分散式饮用水水源地环境保护工作的通知

（环办〔2010〕132 号）

各省、自治区、直辖市环境保护厅（局），新疆生产建设兵团环境保护局：

为落实国务院办公厅《关于加强农村环境保护工作意见的通知》（国办发〔2007〕63 号）的要求和贯彻国务院关于强化饮用水安全的会议精神，加强分散式饮用水水源周边环境保护和监测管理工作，特别是及时掌握农村饮用水水源环境状况，防止水源污染事故发生，现就加强分散式饮用水水源管理的有关事项通知如下：

一、加强调查评估，摸清分散式饮用水水源基础环境状况。在 2008—2010 年度全国饮用水水源地基础环境状况调查及评估工作基础上，进一步拓展分散式饮用水水源地调查、监测与评估范围，及时掌握其水质及环境管理状况和变化趋势，为科学有序开展分散式饮用水水源环境保护工作奠定基础。

二、加强污染防治，稳步改善分散式饮用水水源水质状况。结合分散式饮用水水源地基础环境状况，科学确定水源保护范围。针对调查评估工作中发现的问题，制定相应的污染防治对策，重点做好饮用水水源保护范围及其周边的工业及生活污染治理、农业源污染防治和水生态修复等工作，切实削减污染物产生总量，禁止有毒有害物质进入水源水体。严厉打击威胁水源水质安全的违法行为，发现一起查处一起，公开曝光查处结果。

三、加强应急预警，及时消除分散式饮用水水源环境安全威胁。编制分散式饮用水水源污染事故应急预案，为处理突发污染事件提供管理及技术储备，有效防范风险。加强对可能影响水源安全的制药、化工、造纸、冶炼等重点行业、重点污染源的监督管理，建立风险源名录，从源头控制隐患。一旦发生饮用水水源污染事故，要迅速查清并切断污染来源，在当地政府统一领导下，开展污染防控工作，确保群众饮水安全。

四、加强部门协调，提升分散式饮用水水源安全保障水平。饮水安全保障是一个系统工程，各有关部门、各级政府的共同参与，是饮用水水源安全保障的基本条件。要建立协同监管机制，明确相关部门职责及管理权限，齐心协力做好分散式饮用水水源环境管理及安全保障工作。在条件允许的地区，推广城乡统一供水工作。充分利用“以奖促治”、“以奖代补”中央农村环保专项资金等资金渠道，进一步加强分散式饮用水水源地环境保护工作。

五、加强宣传教育，鼓励公众参与分散式饮用水水源环境保护工作。逐步公开分散式饮用水水源达标状况，进一步完善公众参与及监督机制，充分利用广播电视、报刊杂志及网络等媒体普及有关知识，提高公众饮水安全风险防范意识，共同参与水源地保护相关工作。

为加强对分散式饮用水水源地环境保护工作的指导，在认真总结近年来工作实践经验的基础上，我部组织编制了《分散式饮用水水源地环境保护指南（试行）》。现印发给你们，请在分散式饮用水水源地环境保护及管理工作中参考。

附件：分散式饮用水水源地环境保护指南（试行）

二〇一〇年九月二十六日

附件：

分散式饮用水水源地环境保护指南

（试　行）

1　总则

1.1　适用范围

本指南规定了分散式饮用水水源地选址、建设、污染防治和环境管理等要求。

本指南适用于分散式饮用水水源地（包括现用、备用和规划水源地）的环境保护工作。

1.2　规范性引用文件

本指南内容引用了下列文件中的条款。凡是不注明日期的引用文件，其有效版本适用于本指南。

GB 3838　地表水环境质量标准

GB/T 14848　地下水质量标准

GB 5749　生活饮用水卫生标准

GB 15618　土壤环境质量标准

HJ/T 81　畜禽养殖业污染防治技术规范

GB 18596　畜禽养殖业污染物排放标准

HJ/T 433 饮用水水源保护区标志技术要求

HJ/T 91 地表水和污水监测技术规范

HJ/T 164 地下水环境监测技术规范

GB 50445 村庄整治技术规范

GB 7959 粪便无害化卫生标准

1.3 术语和定义

下列术语和定义适用于本指南。

1.3.1 分散式饮用水水源地

指供水小于一定规模（供水人口一般在 1 000 人以下）的现用、备用和规划饮用水水源地。根据供水方式可分为联村、联片、单村、联户或单户等形式（以下简称“饮用水水源地”或“水源地”）。

1.3.2 水源保护范围

为了防治饮用水水源地污染，保障分散式饮用水水源地环境质量，在以下区域内采取必要的污染防治措施。

地表水水源保护范围：河流型水源地取水口上游不小于 1 000 米，下游不小于 100 米，两岸纵深不小于 50 米，但不超过集雨范围；

湖库型水源地取水口半径 200 米范围的区域，但不超过集雨范围；

水窖水源保护范围：集水场地区域。

地下水水源保护范围：取水口周边 30～50 米范围。

1.3.3 粪便无害化处理

对人畜粪便采取一定处理措施，使其达到国家和地方粪便无害化相关标准的过程。

1.3.4 卫生厕所

有墙、有顶，厕坑及贮粪池不渗漏，厕内清洁，无蝇蛆，基本无臭，贮粪池密闭有盖，粪便及时清除并进行无害化处理的厕所。

1.3.5 人工湿地

人工筑成的水池或沟槽，底面铺设防渗漏隔水层，填充一定深度的土壤或料层，种植芦苇类维管束植物或根系发达的水生植物，污水由湿地一端通过布水管渠进入，与生长在填料表面的微生物和水中溶解氧进行充分接触而获得净化。

1.3.6 稳定塘

污水停留时间长的天然或人工塘，主要依靠微生物好氧和（或）厌氧作用，以多级串联运行，稳定污水中的有机污染物。

2 水源地选址和建设

2.1 水源地的基本类型和特点

饮用水水源地可以分为地表水源、地下水源和其他等类型，地表水源主要包括河流、湖库（坑、塘）、山涧水、集水池等类型，地下水源主要包括井水、泉水等类型。在地表水与地下水都极度匮乏的特殊情况下，可考虑收集降水作为水源。

2.1.1 地表水

（1）河流

河流型水源优点是取水简易且水量大；缺点是易受污染。

（2）湖库

湖库型水源优点是水量充足、供水稳定且取水便利；缺点是易发生水体富营养化。

（3）水窖

水窖型水源优点是水源获得较为直接容易，缺点是供水量不稳定，水质水量均难以保证及控制。

2.1.2 地下水

（1）井水

井水型水源的优点是靠近用水区，取水简易，水质稳定且不易被污染；缺点是易受地下水位影响，干旱地区取水深度较深，一般家庭自备井难以获得较优质的水源。

（2）泉水

泉水型水源的优点是水质好且不易受到污染；缺点是供水量不稳定，有潜在污染的可能。

2.2 水源地选址

在现有水源水质、污染源等环境状况调查的基础上，按照是否水量充足、水质良好、取水便捷、潜在风险低等条件，判断现有水源是否可以继续使用。在现有水源供水量或供水水质不满足需求的情况下，可选择新的饮用水水源地。新水源地的选择需对现场进行环境状况调查，同时进行水源水质检测。

按照饮用水质的安全性，一般的顺序是井水、泉水、河流、水库、湖泊。按照饮用水量的充足性，一般的顺序是水库、湖泊、河流、井水、泉水。按照输送水的便捷性，一般的顺序是井水、河流、泉水、水库、湖泊。

水源地不应位于洪水淹没区、浸泡区、坍塌及其他形变区。河流型饮用水水源一般应选择在居住区上游河段，水流顺畅、采用河岸渗透取水傍河取水方式；应尽量避开回流区、死水区和航运河道；在有潮汐影响的河流取水时，应避免咸潮对取水水质的影响。湖库型饮用水水源，要考虑湖库泥沙淤积或水生生物生长对取水口周围的影响，应采用中层水；应避开支流入口、大坝等区域。地下水型水源应尽量设在地下水污染源的上游，选择包气带防污性好的地带；地下水型水源应避开排水沟、工业企业和农业生产设施等人为活动影响，周围20～30米内无厕所、粪坑、垃圾堆、畜圈、渗水坑、有毒有害物质和化学物质堆积等。

同时，有条件的地区可参考上述要求选择备用水源地，选择与现有水源地相对独立控制取水的水源地作为备用水源地。

2.3　水源地的建设

2.3.1　地表水水源地建设

河流、湖库型水源，取水点应尽量靠近河流中泓线、湖库中心或距离河岸、湖边较远的地方。宜修建取水码头或跳板以便直接从河流、湖库中心取水。若采用导流渠、蓄水池或潜水泵从水体中心引水，宜修建砂滤井或用砂滤缸进行混凝沉淀和消毒。在池塘多的地区应采用分塘取水。河流取水口周围100米及上游500米处，湖库周围500米处应设立隔离防护设施或标志。

水窖应修建专门的雨水收集池，并在收集池附近修建简单的沉淀、净化处理设施。收集池周围修置排水沟，防止地面径流污染水源。严重缺水地区水窖集水场应尽可能选择开阔地带，土壤有害因子背景值较高的地区应采用场地硬化的方式。

2.3.2　地下水水源地建设

地下水井应有井台、井栏和井盖，宜采用相对封闭的水井；井底与井壁要确保水井的卫生防护；大口井井口应高出地面50厘米，并保证地面排水畅通。室外管井井口应高出地面20厘米，周围应设半径不小于1.5米的不透水散水坡。联村、联片或单村取水井水周围100米处应设立隔离防护设施或标志。

在泉水水源附近建设引泉池，泉水周围100米及上游500米处应修建栅栏等隔离防护设施，在泉水旁设简易导流沟，避免雨水或污水携带大量污染物直接进入泉水。引泉池应设顶盖封闭，并设通风管。引泉池进口、检修孔孔盖应高出周边地面一定距离。池壁应密封不透水，壁外用黏土夯实封固。引泉池周围应作不透水层，地面应建设一定坡度坡向的排水沟；引泉池池壁上部应设置溢流管，池底应设置排空管。

2.4　水源地的环境要求

水源水质应符合国家有关生活饮用水水源水质的规定。采用地表水为生活饮用水水源时，水质应参照执行《地表水环境质量标准》（GB 3838）规定；采用地下水为生活饮用水水源时，水质应参照执行《地下水质量标准》（GB/T 14848）规定。在没有水质净化处理的情况下，水源应参照执行《生活饮用水卫生标准》（GB 5749）规定。当水质不符合国家生活饮用水水源水质规定时，不应作为饮用水水源。若限于条件需加以利用时，应采用相应的净化工艺进行处理，处理后的水质应参照执行《生活饮用水卫生标准》（GB 5749）规定。

3 水源地污染防治

3.1 生活污水防治

水源保护范围内不得修建渗水的厕所、化粪池和渗水坑，现有公共设施应进行污水防渗处理，取水口应尽量远离这些设施。

水源保护范围内生活污水应避免污染水源，根据生活污水排放现状与特点、农村区域经济与社会条件，按照《农村生活污染技术政策》（环发〔2010〕20 号）及有关要求，尽可能选取依托当地资源优势和已建环境基础设施、操作简便、运行维护费用低、辐射带动范围广的污水处理模式。

3.1.1 分散处理

将农村污水按照分区进行污水管网建设并收集，以稍大的村庄或邻近村庄的联合为宜，每个区域污水单独处理。污水分片收集后，采用适宜的中小型污水处理设备、人工湿地或稳定塘等形式处理村庄污水。

分散处理模式具有布局灵活、施工简单、建设成本低、运行成本低、管理方便、出水水质有保障等特点。适用于村庄布局分散、规模较小、地形条件复杂、污水不易集中收集的村庄污水处理。在中西部村庄布局较为分散的地区，宜采用分散处理模式。

3.1.2 集中处理

集中处理模式对村庄产生的污水进行集中收集，统一建设处理设施处理村庄全部污水。污水处理采用自然处理、常规生物处理等工艺形式。

集中处理模式具有占地面积小、抗冲击能力强、运行安全可靠、出水水质好等特点，适用于村庄布局相对密集、规模较大、经济条件好、企业或旅游业发达地区污水处理。在东部村庄密集、经济基础较好的地区，宜采用集中处理模式。

3.1.3 纳入市政管网统一处理

纳入市政管网统一处理模式指村庄内所有生活污水经污水管道集中收集后，统一接入邻近市政污水管网，利用城镇污水处理厂统一处理村庄污水。

该处理模式具有投资少、施工周期短、见效快、统一管理方便等特点。适用于距离市政污水管网较近，符合高程接入要求的村庄污水处理。靠近城市或城镇、经济基础较好，具备实现农村污水处理由“分散治污”向“集中治污、集中控制”转变条件的农村地区可以采用。

3.2 固体废物防治

水源保护范围内禁止设立粪便、生活垃圾的收集、转运站；禁止堆放医疗垃圾；禁止设立有毒、有害化学物品仓库、堆栈。

水源保护范围内厕所达到国家卫生厕所标准，与饮用水水源保持必要的安全卫生距离。水源保护范围内粪便应实现无害化处理，防止污染水源地。对新厕所的粪便无害化处理效果进行抽样检测，粪大肠菌、蛔虫卵应符合现行国家标准《粪便无害化卫生标准》（GB 7959）的规定。

遵循“减量化、资源化、无害化”的原则，鼓励农村生产生活垃圾分类收集，对不同类型的垃圾选择合适的处理处置方式。厨余、瓜果皮、植物农作物残体等可降解有机类垃圾，可用作牲畜饲料，或进行堆肥处理。煤渣、泥土、建筑垃圾等惰性无机类垃圾，可用于修路、筑堤或就地进行填埋处理。废纸、玻璃、塑料、泡沫、农用地膜、废橡胶等可回收类垃圾可进行回收再利用。医疗废弃物、农药瓶、电池、电瓶等有毒有害或具有腐蚀性物品等有毒有害类垃圾，要严格按照国家的有关规定进行妥善处理处置。

倡导水源保护范围内农村垃圾就地分类，综合利用，应按照“组保洁、村收集、镇转运、县处置”的模式进行收集，将可回收类垃圾回收再利用，对有毒有害类垃圾进行无害化处理，避免就地堆放造成水源污染。开展农村医疗废物、废弃农药瓶、电池、电瓶等有毒有害固体废物回收工作，实行县政府出资回收、环保局集中处置、乡镇政府分片转运、村级环保协管员代收暂管的处理模式。

3.3　农药污染防治

水源保护范围内宜发展有机农业，采取适当农艺技术并辅以生物及物理措施，防治病虫害的发生。水源保护范围内严禁施用高残留、高毒农药（如克百威、涕灭威、甲磷胺等），农药包装物及清洗器械的污水按照国家和地方有关标准妥善处置，不应随意丢弃和处置。应选用低毒低残留农药或生物、物理防治方法。

3.3.1　选用低毒农药

选用低毒农药是通过改良农药的毒性，选用毒性小、环境适应性强的农药，来降低其对水源的污染。农药的化学特性是影响农药渗漏的最重要因子，在生产中应尽量选用被土壤吸附力强、降解快、半衰期短的低毒农药。

3.3.2　应用生物农药

生物农药具有无污染、无残留、高效、低成本的特点，应大力推广应用。与传统的化学农药相比，生物农药具有对人畜安全、环境兼容性好、不易产生抗性、易于保护生物多样性和来源广泛等优点；但多数生物农药作用速度缓慢、受环境因素影响较大，田间使用技术也不够成熟。

3.3.3　生物降解

生物降解是通过生物的作用将大分子有机物分解成小分子化合物的过程，包括动物降解、植物降解、微生物降解等，具有低耗、高效、环境安全等优点，成为防治农药污染最有优势的技术。可针对农药品种、环境条件在受农药污染的水源保护范围内培养专性微生物、种植特定植物、投放特定土壤动物等来降解农药。

3.4 化肥污染防治

水源保护范围内应采用测土配方施肥、优化施肥方案等方式确定化肥合理用量。鼓励施用有机肥，发展有机农业。在农田和水源之间建立生态缓冲带或保护带拦截农田流出的养分，防止养分直接流入水源。

化肥污染防治方法主要有测土配方施肥、施用缓释肥、发展有机农业等方法。

3.4.1 测土配方施肥

测土配方施肥是以土壤测试和肥料田间试验为基础，根据作物需肥规律、土壤供肥性能和肥料效应，在满足植物生长和农业生产需要的基础上，提出氮、磷、钾及中、微量元素等肥料的施用数量、施肥时期和施用方法。通过测土配方施肥，可以有效减少化肥施用量、提高化肥利用率，减少化肥流失对饮用水水源的污染。

3.4.2 施用缓释肥

缓释肥是在化肥颗粒表面包上一层很薄的疏水物质制成包膜化肥，对肥料养分释放速度进行调整，根据作物需求释放养分，达到元素供肥强度与作物生理需求的动态平衡。目前，缓释肥主要有涂层尿素、覆膜尿素、长效碳铵等类型。缓释肥可以控制养分释放速度，提高肥效，减少肥料施用量和损失量，降低对水源的污染。

3.4.3 发展有机农业

有机农业是遵照一定的有机农业生产标准，在生产中不采用基因工程获得的生物及其产物，不使用化学合成的农药、化肥、生长调节剂、饲料添加剂等物质，遵循自然规律和生态学原理，协调种植业和养殖业的平衡，采用一系列可持续发展的农业技术以维持持续稳定的农业生产体系的一种农业生产方式。在水源保护范围内宜发展有机农业，有效减少农用化学物质对水源的污染风险；建立作物轮作体系，利用秸秆还田、绿肥施用等措施保持土壤养分循环。

3.4.4 建设生态缓冲带

在农田和饮用水水源间建设生态缓冲带，利用缓冲带植物的吸附和分解作用，拦截农田氮磷等营养物质进入水源。

3.5 畜禽养殖污染防治

分散式饮用水水源保护范围内禁止建设畜禽养殖设施。对于分散式饮用水水源保护范围外可能对水源产生影响的畜禽养殖场和养殖小区，鼓励种养结合和生态养殖，推动畜禽养殖业污染物的减量化、无害化和资源化处置。水源保护范围之外可能对水源产生影响的畜禽养殖场（小区），应按照《畜禽养殖污染防治管理办法》的要求，其清粪工艺、粪便贮存及处理利用、污水处理、畜禽尸体处置、污染物监测等应符合

《畜禽养殖业污染防治技术规范》（HJ/T 81）的相关规定；污染物的排放应按《畜禽养殖业污染物排放标准》（GB 18596）执行。分散式饮用水水源保护范围周边的分散式畜禽养殖圈舍应尽量远离取水口，应配备粪便、污水污染防治设施，禁止向水体直接倾倒畜禽粪便和污水。采取有效措施防止畜禽粪便在堆放过程中随水流失，鼓励建设沼气池，配套改厨、改厕、改圈，并保障运行良好，无害化处理后的沼液和沼渣可还田利用。

3.6　工业污染防治

禁止在水源保护范围内新建、改建、扩建排放污染物的建设项目，已建成排放污染物的建设项目，应依法予以拆除或关闭。饮用水水源受到污染可能威胁供水安全的，应当责令有关企业事业单位采取停止或者减少排放水污染物等措施。

在水源保护范围周边的工业企业进行统筹安排，工业企业发展要与新农村建设相结合，合理布局，应限制发展高污染工业企业。

3.7　其他污染防治

水源保护范围内禁止从事洗涤、旅游、水产养殖或者其他可能污染饮用水水体的活动。

危险化学品的生产装置和储存数量构成重大危险源的储存设施，与水源的距离应符合环境影响评价要求或国家有关规定。运输有毒有害物质的车辆，应按规定办理有关手续，并配备防渗、防溢、防漏的安全保护装置，方可通行。

4　藻类水华控制和地下水污染修复

4.1　藻类水华控制

当分散式饮用水水源发生藻类水华时，优先考虑更换水源，无可替换水源时再启动藻类水华控制工作。针对湖库型饮用水水源地的水华主要发生区域，分析其水文、水化学特征、营养负荷特征，以不同水华发生特征为基础，研究制定水华控制方案。适合分散式饮用水水源地的除藻技术有机械打捞、工程物理、生物控藻三类。

4.1.1　机械打捞

高效机械打捞和水藻高效分离技术：通过合适的过滤或者絮凝等技术与装置，高效打捞并实现藻水分离。

藻类打捞时间和地点确定技术：根据短期的气象与水文预测信息，确定在未来时间内藻类水华易聚集的时间和地点，组织人员和机械，在藻类高度聚集的水域打捞藻类，提高打捞效率。

藻类与畜禽粪便混合发酵生产沼气技术：根据藻类难以发酵的特点，将其与畜禽粪便混合，提高发酵生产沼气的效率。

4.1.2 工程物理

利用过滤、紫外线、电磁电场等物理学方法，对藻类进行杀灭或抑制的技术。

物理方法除藻效果普遍较好，可持久使用，但一次性投入成本很高且处理能力有限，大都局限于水处理工程中的应用。

4.1.3 生物控藻

生物控藻技术即利用藻类的天敌及其产生的生长抑制物质来控制或杀灭藻类的技术，主要包括：①利用藻类病原菌（细菌、真菌）抑制藻类生长；②利用藻类病毒（噬藻体）控制藻类的生长；③利用植物的抑制物质、植物间的相互抑制以及富集和争夺营养源的抑藻作用；④利用食藻鱼类控制藻类生长；⑤酶处理技术。

生物防治是最为科学的方法，藻类不易采用化学药剂来彻底杀灭，一是难以做到，二是代价太大，三是造成环境污染或破坏生态平衡；改用生物学方法并不是彻底杀灭或消除藻类，而是利用生态平衡原理将藻类的生长和繁殖控制在非危害水平之下，从而控制藻体数量、防治富营养化带来的各种危害。

4.2 地下水污染修复

当地下水型分散式饮用水水源发生污染时，优先考虑更换水源，无可替换水源时再启动地下水污染修复工作。地下水污染防治技术主要有物理法修复技术、化学法修复技术、生物法修复技术和复合修复技术等。

4.2.1 物理法修复

物理法修复指技术的核心原理或关键部分是以物理规律起主导作用的技术，主要包括水动力控制法、流线控制法、屏蔽法、被动收集法等。

（1）水动力控制法

水动力控制修复技术是建立井群控制系统，通过人工抽取地下水或向含水层内注水的方式，改变地下水原来的水力梯度，进而将受污染的地下水体与未受污染的清洁水体隔开。井群的布置可以根据当地的具体水文地质条件确定。

（2）流线控制法

流线控制法设有一个抽水廊道、一个抽油廊道（设在污染范围的中心位置）、两个注水廊道（分布在抽油廊道两侧）。首先从上面的抽水廊道中抽取地下水，然后把抽出的地下水注入相邻的注水廊道内，以确保最大限度地保持水力梯度。同时在抽油廊道中抽取污染物质，但要注意抽油速度不能高，但要略大于抽水速度。

（3）屏蔽法

屏蔽法是在地下建立各种物理屏障，将受污染水体圈闭起来，以防止污染物进一步扩散蔓延。常用的灰浆帷幕法是用压力向地下灌注灰浆，在受污染水体周围形成一道帷幕，从而将受污染水体圈闭起来。

（4）被动收集法

被动收集法是在地下水流的下游挖一条足够深的沟道，在沟内布置收集系统，将水面漂浮的污染物质如油类污染物等收集起来，或将所有受污染的地下水收集起来以便处理的一种方法。

4.2.2　化学法修复

地下水污染的化学修复技术指技术的核心流程使用化学原理的技术，归纳起来主要有两种方式，即有机黏土法和电化学动力修复技术。

（1）有机黏土法

有机黏土法是利用人工合成的有机黏土有效去除有毒化合物。利用土壤和蓄水层物质中含有的黏土，在现场注入季铵盐阳离子表面活性剂，使其形成有机黏土矿物，用来截住和固定有机污染物，防止地下水进一步污染。

（2）电化学动力修复技术

电化学动力修复技术是利用土壤、地下水和污染电动力学性质对环境进行修复的新技术。电化学动力修复技术将电极插入受污染的地下水及土壤区域，通直流电后，在此区域形成电场。在电场的作用下水中的离子和颗粒物质沿电力场方向定向移动，迁移至设定的处理区进行集中处理；同时在电极表面发生电解反应，阳极电解产生氢气和氢氧根离子，阴极电解产生氢离子和氧气。

4.2.3　生物法修复

生物法修复是指利用天然存在的或特别培养的生物（植物、微生物和原生动物），在可调控环境条件下将污染物降解、吸收或富集的生物工程技术。

生物法修复技术适用于烃类及衍生物，如汽油、燃油、乙醇、酮、乙醚等，不适合处理持久性有机污染物。

4.2.4　复合法修复

复合法修复技术是兼有以上两种或多种技术属性的污染处理技术，其关键技术同时使用了物理法、化学法和生物法中的两种或全部。如渗透性反应屏修复技术同时涉及物理吸附、氧化－还原反应、生物降解等几种技术；抽出处理修复技术在处理抽出水时同时使用了物理法、化学法和生物法；注气－土壤气相抽提技术则同时使用了气体分压和微生物降解两种技术。

5　水源地环境管理

5.1　完善环境管理机制

应结合当地实际情况，因地制宜地建立健全分散式饮用水水源地环境管理机制。联村供水的经营单位要设立专人负责水源地环境管理；单村、联户、单户取水的村应安排专人负责水源地环境管理。

农村饮用水水源地保护是“以奖促治”政策重点支持之一，要认真贯彻落实《关于实行“以奖促治”加快解决突出的农村环境问题的实施方案》，环境问题突出的分散式饮用水水源地应积极申请“以奖促治”资金，有针对性地实施农村分散式饮用水水源地污染防治，切实保障分散式饮用水水源地环境安全。

5.2 开展环境信息调查和风险源排查

应至少每五年组织开展一次分散式饮用水水源地基础环境调查。了解分散式饮用水水源地分布、服务人口等情况，综合考虑区域经济社会发展水平、水资源、水文地质等因素，筛选一定比例代表性强的分散式饮用水水源地开展水质监测，排查影响分散式饮用水水源地环境风险源，并对水源保护范围内污染状况进行综合评估，建立分散式饮用水水源地动态数据库。对于因受污染已达不到饮用水水源水质要求，经论证难以恢复饮用水功能的水源地，地方政府应有计划地进行撤销和调整。

5.3 加强环境应急管理

建立污染防治联动体系，相邻地区或上下游地区应建立监测预警、信息沟通及联席会议机制，一旦发生突发水环境污染事件或存在重大水环境隐患，应立即通知相邻区域或上下游政府及环保部门，及时对水源地污染采取措施，启动应急预案，保障环境安全。

当地政府、周边企业和供水单位应分别编制分散式饮用水水源防范突发环境事件的应急预案，并开展应急演练。加强分散式饮用水水源地突发环境事件的预防、报告与处置，加强水源安全的预防，发现饮用水水源水质污染情况应立即向环保部门举报，当地环保部门在接报后应立即向当地人民政府报告，并派人赶赴现场对水质进行检查监测，如发现水质异常应立即通报，禁止取水。分类给出分散式饮用水水源地突发环境事件的原因及处置方法。

在灾害等特殊条件下，水源地可能会遭受污染，应及时启动水源地突发环境事件应急预案，并密切监测水质。分析水质恶化原因，并采取相应措施。如水质恶化是由于水源地本身的原因或者不可抗拒外力引起，应考虑更换水源地；如水质发生重大变化的原因是外部环境变化所致，应上报上级主管部门后采取相关措施减少或消除环境变化对水质的影响。

在条件具备的情况下，尽量请专业人员采用专业的仪器、设备对当地水源进行水质全面检测。在应急情况下，可配备便携水质检测仪器（如目测比色计、便携式水质细菌检验箱、便携式水质理化检验箱等），对细菌总数、大肠菌群和部分肠道致病菌及水质理化等重要指标进行快速检测（通常便携式水质检测仪器可以在 1 小时内获得检测结果）。在缺少必要的仪器设备和技术条件的应急情况下，可以用一些简易可行的经验判断方法来判断水质。

（1）眼看

清洁的饮水应是无色透明的，如水体颜色异常，则表明水质变坏。水体受到腐殖质污染，可出现黄棕或黄褐色；受到锰盐、铁盐污染，则出现黄褐或铁锈色；水体混有藻类，呈黄绿色；混有泥沙、黏土，则呈混浊而有异常颜色。

（2）鼻闻

清洁的水是没有异常气味的，受到污染后，往往有异味。饮水被粪便污染可有粪臭味；受苯、甲苯等污染，会有芳香味；水中有含硫有机物，会有臭蛋味。根据水的气味特点，可初步判断污染源，为保护和处理水质提供条件。

（3）查水温

地面水的温度常随外界气候变化，而地下水的温度较为恒定。如果水温突然增高，则不论地面水或地下水，往往是受到污染的表现。当水质受到粪便、污物、动植物残体污染，这些有机物分解时，会放出大量热，使水温升高。从卫生角度讲，水温越低，水质越好。

（4）查沉淀物

被污染的饮水，通常含有较多的固体悬浮物和溶解性物质。因此，水中悬浮物和溶解物的含量，可作为衡量水质的重要指标。检查时，可将饮水装入透明玻璃瓶中，经过 24 小时沉淀，再观察瓶底的沉淀物；沉淀物多，则水质不清洁。

（5）舌尝

清洁的饮用水应是无异常味道的。水的异味，大致可分苦、咸、酸、甜、涩 5 种。异味的存在说明水质变坏。水中含有氯化钠、氯化钾时，水变咸、变苦；含有硫酸钠、硫酸镁时，水味变苦；含有铁盐、锌盐时，水味变涩；含有某些金属氧化物、金属盐或有机物时，水味变甜；含有腐殖质、藻类、异味物质，则有鱼腥味、霉味等味道。

5.4　保障水质安全

现有水源地使用要加强卫生防护，做好卫生清理与消毒工作，注意看管维护。定期整治水源地附近环境，避免病毒、细菌污染水源。水源周边的厕所、禽畜圈棚、禽畜尸体应定期清理干净，清理时不得采用就地焚烧方式。

5.5　加强公众参与

加强水源环境防护方面知识宣传和技术指导，大力推广科学种田、合理施用农药和化肥，增强农民的饮用水水源环境保护意识，建立公众参与的水源地环境保护机制。

保护水源人人有责，禁止人为污染水源。当发现饮用水水源的水质发生变化时要及时向有关部门反映；当发现有违法行为时要及时制止；当发现污染饮用水水源的行为时，要及时向有关部门举报。

保护、宣传两手抓，水源保护靠大家。提高农民自发保护饮用水源地的认识，在积极了解饮用水保护的重要性以及保护知识的同时，向家人、朋友、邻居宣传饮用水水源保护，加强权利和责任意识。

附录 A：

分散式饮用水水源地主要污染防治技术表

类别	污染防治技术	优点	缺点	适用性
建设项目和活动	隔离防护	从源头控制新建项目和活动，成本低，效益显著	容易破坏	适用于工业等新建项目的管理
	违法建设项目整治	对违法建设项目进行管理，效益显著	行政执法难度较大	适用于工业等污染防治
农村生活污水处理	分散处理	布局灵活、施工简单、管理方便	占地面积大，易受气温影响	适用于村庄布局分散、规模较小、地形条件复杂、污水不易集中收集的村庄污水处理
	集中处理	占地面积小、抗冲击能力强、运行安全可靠、出水水质好	成本较高	适用于村庄布局相对密集、规模较大、经济条件好、村镇企业或旅游业发达的单村或联村污水处理
	接入市政管网统一处理	投资少、施工周期短、见效快、统一管理方便	受与市政管网距离和接管高程要求的限制	距离市政污水管网较近（一般 5 千米以内），符合高程接入要求的村庄污水处理
固体废物污染防治	填埋	成本低，技术简便，适应性强	渗滤液容易污染地下水	适用广泛
	焚烧	成本低，技术简便	一次性投资大；运行成本高；在垃圾焚烧过程中排放大量烟气，易造成大气污染	适用于生活垃圾焚烧场设备技术完备区域
	堆肥	无害化程度较高，减量化效果较为明显	污染土壤	适用于农村生活污染防治
农药污染防治	选用低毒农药	农药毒性小，残留少	成本高	适用于所有农田
	应用生物农药	高效、对人畜无毒、不污染环境；对植物无毒害，保证产品质量	防治效果一般较为缓慢，控制有害生物范围较窄	
	生物降解	无毒、无二次污染，而且可以工业化发酵生产菌种，并大规模推广应用	成本高	
化肥污染防治	推广测土配方施肥	根据作物需肥规律平衡施肥，提高肥效，减少不必要的养分投入	施肥观念不容易改变	适用于所有农田

类别	污染防治技术	优点	缺点	适用性
化肥污染防治	施用缓释肥	减少施肥次数，提高肥效	成本稍高	适用于经济价值高的作物
	发展有机农业和生态农业	知识密集型的现代农业体系；减少化学品的投入，减少排放	生产难以规范化、管理运作缺乏标准	知识密集型农业
	建设生态缓冲带	有效过滤从农田流失的沉积物、营养物质和杀虫剂，对农田径流起到阻滞作用，有效减少固体颗粒的养分含量	植物种类应科学选择，否则造成二次污染	适用于水域两岸农田的农业非点源污染防治
藻类水华控制	机械打捞	效果较好，成效较快	耗费人力财力巨大，而且打捞出来的藻的处理，以及打捞作业人员的安全问题都未有很好的解决	适用于藻类生长较多的水源
	工程物理	效果普遍较好，可持久使用	一次性投入成本很高，且处理能力有限	大都局限于水处理工程中的应用
	生物除藻	效用持久，无二次污染，具有高效、廉价和环保的特点，具有综合效益，是最有前途的一种控藻方法	高效、广谱的生物技术仍有待于开发	常应用于水华发生的早期阶段，除藻效果比较好
地下水污染修复	水动力控制修复技术	设备简单，运行成本低廉；在污染初期防止污染物扩散效果好；修复效率高	受当地的水文地质条件限制；对重力大于水的污染物质处理效果甚微	适用于土壤和地下水等的修复
	流线控制法	原理简单易懂，技术要求不高，运行成本低；治理效率高，修复周期短	只能用于密度比水大的大批量有机物污染治理	适用于场地可能变化状况
	屏蔽法、被动收集法	成本低，原理简单；地下水污染初期治理效果好	只对地下水中轻质污染物修复效果好	适用于污染范围较小的地区
	有机黏土法	原理简单、易操作、成本低、吸附效果好；永久消除地下水污染	生物降解速率比较慢	对初期固定污染物效果明显

类别	污染防治技术	优点	缺点	适用性
地下水污染修复	电化学动力修复技术	不对当地土壤结构和地下所处的生态环境产生影响；投资少、效率高；安装操作容易；不受当地水文地质条件限制	对吸附性不强的有机污染物修复效果不会太理想	适用于污染范围小的区域
	生物修复技术	投资小，维护费用低；操作简便；对周围环境影响小；修复效率高，可最大限度降低污染物浓度，并且污染物可在原地被降解清除	不能降解所有的有机污染物；受介质渗透性的影响，可能会产生二次污染	适用部分有机污染地区
	渗透性反应屏修复技术	就地修复，工程设施较简单；能够达到对多数污染物的去除作用；经济成本低；可以根据含水层的类型、含水层的水力学参数、污染物种类、污染物浓度高低等选择合适的反应装置	设施全部安装在地下，更换修复方案很麻烦；反应材料需要定期更换；可能会产生二次污染	适用多种地下水污染
	抽出处理修复技术	设备简单，易于安装和操作；适用范围广；地上污水净化处理工艺比较成熟；修复周期短	对于重非水相液体来说，治理耗时长而且效果不明显；需定期对场地设备检修维护，运行成本较高	只对有机污染物中的轻非水相液体去除效果明显

附录 B：

本指南用词说明

1．为便于在执行本指南条文时区别对待，对要求严格程度不同的用词说明如下：

（1）表示很严格，非这样做不可的：

正面词采用“必须”，反面词采用“严禁”或“禁止”；

（2）表示严格，在正常情况下均应这样做的：

正面词采用“应”，反面词采用“不应”或“不得”；

（3）表示允许稍有选择，在条件许可时首先应这样做的：

正面词采用“宜”，反面词采用“不宜”；

表示有选择，在一定条件下可以这样做的，采用“可”。

2．条文中指明应按其他有关标准、规范执行时，写法为：“应符合……规定”或“应按……执行”。

关于开展全国城市集中式饮用水水源环境状况评估工作的通知

（环办〔2011〕4号）

各省、自治区、直辖市环境保护厅（局），各地级以上城市环境保护局：

为加强饮用水水源环境监管，我部自2009年开始组织全国环境保护重点城市开展了集中式地表水饮用水水源环境状况评估（以下简称“水源评估”）工作，并将评估结果向各省（区、市）人民政府进行通报，有效推动了饮用水水源环境问题的解决。为巩固和深化这一成果，我部决定自2011年起将水源评估范围扩展到地级及以上城市饮用水水源（含地表和地下饮用水水源）。

水源评估是保障饮用水安全的基础性工作，全面、准确了解和掌握水源环境状况，对于加强饮用水水源环境监管具有重要意义。各地要充分认识这项工作的重要性，本着实事求是的原则，客观评价本辖区饮用水水源的环境质量及管理状况，坚决杜绝瞒报、虚报及漏报行为。

为确保水源评估工作的顺利进行，我部在前一阶段工作的基础上，广泛吸纳各方意见，提出了《全国城市集中式饮用水水源环境状况评估技术方案（暂行）》《评估所需材料的报送要求》及《2011年度参与评估的城市水源名单》（见附件一、附件二、附件三），现印发给你们。请以省（区、市）为单位，按要求于每年3月底前将前一年度评估材料报送我部，并抄报同级人民政府。

环境保护部办公厅

二〇一一年一月十九日

关于印发《集中式地表饮用水水源地环境应急管理工作指南（试行）》的通知

（环办〔2011〕93号）

各省、自治区、直辖市环境保护厅（局），新疆生产建设兵团环境保护局，副省级城市环境保护局，各环境保护督查中心：

目前，我国饮用水环境安全形势严峻。全国约有81%的化工石化建设项目分布在江河沿岸水域、人口密集区等环境敏感区域，近40%的城镇集中式饮用水水源地未划定保护区，环境安全隐患突出。受安全生产、交通事故、自然灾害、违法排污等多种因素的影响，突发环境事件仍然处于高发期，饮用水安全受到严重威胁。

“十一五”期间，发生饮用水重特大突发环境事件38起，2011年仅上半年就发生了6起饮用水突发环境事件，其中有的事件威胁几十万人乃至上百万人的饮用水安全，引起社会广泛关注，甚至影响社会稳定。党中央、国务院领导高度重视饮用水安全，近年来多次作出重要批示，要求切实采取有效措施积极防范风险，妥善处置事件，确保群众健康和社会稳定。保障饮用水安全已经成为当前和今后一个时期环保工作的重中之重。

为进一步提高全国各级环境保护行政主管部门对饮用水突发环境事件的防范和处置能力，确保饮用水安全和群众健康，我部组织编制了《集中式地表饮用水水源地环境应急管理工作指南（试行）》，现印发给你们，请结合实际，参照执行。

附件：集中式地表饮用水水源地环境应急管理工作指南（试行）

环境保护部办公厅

2011年7月28日

附件：

集中式地表饮用水水源地环境应急管理工作指南（试行）

1 总则

1.1 编制目的

提高环境保护行政主管部门（以下简称“环保部门”）等饮用水水源管理部门（以下简称“水源管理部门”）对涉及饮用水安全突发环境事件（以下简称“饮用水突发环境事件”）的防范和处置能力，避免或减少饮用水突发环境事件的发生，最大程度地保障公众健康和人民群众的饮水安全。

1.2 工作原则

（1）以人为本，积极预防。构建饮用水环境风险防范体系，及时控制、消除污染隐患。

（2）整合资源，科学预警。整合信息，准确研判，及时公告，实现饮用水突发环境事件预测预判。

（3）强化能力，充分准备。加强水源地预案体系建设，构建完善的应急指挥平台、联动机制，强化能力保障，全面提升应急能力。

（4）分级响应，妥善应对。政府领导，分级响应，高效处置，减少饮用水突发环境事件损害。

1.3 适用范围

本指南适用于环保部门对集中式地表饮用水水源地（以下简称“水源地”）的环境应急管理工作。

水源地环境应急管理职能不在环保部门的，环保部门可以依照本指南对水源管理部门进行指导。

1.4 编制依据

1.4.1 法律法规、规章

《中华人民共和国突发事件应对法》

《中华人民共和国环境保护法》

《中华人民共和国水污染防治法》

《中华人民共和国环境影响评价法》

《中华人民共和国水法》

《中华人民共和国安全生产法》

《危险化学品安全管理条例》（中华人民共和国国务院令第591号）

《饮用水水源保护区污染防治管理规定》[（89）环管字第201号]

《城市供水水质管理规定》（中华人民共和国建设部令第156号）

《生活饮用水卫生监督管理办法》（中华人民共和国建设部、卫生部令第53号）

《医疗废物管理条例》（中华人民共和国国务院令第380号）

《突发环境事件信息报告办法》（中华人民共和国环境保护部令第17号）

1.4.2 相关预案

《国家突发公共事件总体应急预案》

《国家突发环境事件应急预案》

《国家安全生产事故灾难应急预案》

《水利部应对重大突发水污染事件应急预案》

1.5 术语和概念

下列术语和概念适用于本指南。

（1）饮用水水源地：指各级政府已经划定的一级、二级地表饮用水水源保护区，以及没有划定保护区的具有集中式地表饮用水供水功能的取水点及其周边一定区域，区域范围参照《饮用水水源保护区划分技术规范》（HJ/T 338—2007）划分。

（2）饮用水水源管理部门：指各级政府赋予的具有集中式地表饮用水水源管理职责的部门。各地承担该项职责的部门不同，主要有环保、水利、城建、卫生等部门。

（3）风险源：包括固定源、流动源、面源。固定源是指排放有毒有害物质造成或可能造成水源水质恶化的一切工矿企业事业单位以及运输石化、化工产品的管线；流动源是指运输危险化学品、危险废物及其他影响饮用水安全物质的车辆、船舶等交通工具；面源是指有可能对水源地水质造成影响的没有固定污染排放点的畜禽水产养殖污水、农业灌溉尾水等。

（4）连接水体：指直接或间接连接风险源和水源地的水环境介质。

（5）环境风险：由生产、储存、流通、销售、使用、处置等过程中，通过环境介质传播的，能对水源地的水质和生态环境产生破坏、损失乃至毁灭性作用等不利后果的因果条件。

（6）环境应急：针对可能发生或已发生的突发环境事件需要立即采取紧急行动，以避免事件发生或减轻事件后果的状态。

（7）应急监测：环境应急情况下，为发现和查明污染物质的种类、浓度、污染范围、发展变化趋势及其可能的危害等情况而进行的环境监测。包括制定应急监测方案（确定监测范围、监测点位、监测项目、监测频次、监测方法）、采样与分析、监测结果与数据处理、监测过程质量控制、监测过程总结等。

1.6 饮用水突发环境事件分级

饮用水突发环境事件分级按照《国家突发环境事件应急预案》执行。

2 水源地环境风险防范

在政府的统一领导下，环保等水源管理部门应组织或督促相关部门、单位排查水源地的环境风险，落实风险防范措施。

2.1 水源地外风险源的环境风险防范

2.1.1 固定源的环境风险防范

2.1.1.1 加强环境风险防范

环保部门应责令固定源单位加强环境风险防范工作。

定期排查事故隐患。固定源单位应对生产工艺、厂区储运、危险化学品管理、废水收集、处理、排放等重点环节的事故隐患情况逐一排查。运输石化、化工产品的管线所属企业（以下简称“管线所属企业”）应按照《危险化学品安全管理条例》《中华人民共和国石油天然气管道保护法》等法律法规的要求，全面了解可能影响水源地的管线输送物质、运行时段、应急防护措施等。

完善应急防控措施。根据隐患排查情况，结合对水源地的影响程度进行环境风险评估，采取风险防控措施。储备必要的应急物资。完善应急池等应急收集设施，在污染治理设施不能正常运行或由安全生产事故以及自然灾害等导致泄漏行为时，保障污染物和泄漏物质集中收集，防止排向外环境；应急池不能满足特殊情况应急需要时，可在厂界采取拦截措施，防止污染物、泄漏物质以及消防水等排向外环境。管线所属企业应严格立体交叉跨度和泄漏防范措施，保障标示牌明晰、准确。

编制应急预案。编制和完善突发环境事件应急预案，定期开展演练。根据预案的演练情况，进一步完善风险防范措施，提高风险防控水平，避免或减少对水源地的影响。

涉及尾矿库的风险单位，应按照环境保护部下发的《尾矿库环境应急管理工作指南（试行）》（环办〔2010〕138 号）开展隐患排查和风险防范工作。

2.1.1.2 强化环境监管

环保部门应通过国家和地方组织的风险源调查工作，将固定源建档立案，一源一档，并实施动态分类管理。重点监控对水源地影响较大的制药、化工、造纸、石油、酿造、冶炼等重污染行业和重金属等一类污染物排放企业。定期检查指导固定源的风险防范工作，督促落实防范措施。

2.1.2 流动源的环境风险防范

环保部门应提请政府组织公安、交通、安监等部门对流动源进行有效管理。

流动源风险调查。调查内容包括通过公路、铁路、水路运输有可能影响水源地的危险化学品和危险废物等有毒有害物质的种类和数量，运输路线，河流水系情况，周边地理特征，沿线污染防控措施情况，沿线雨排水管网情况，市政设施情况，运输物质的处置技术，附近物资储备等情况。

风险防范措施。相关部门应责令流动源单位落实专业运输车辆、船舶和运输人员的资质要求和应急培训，运输人员应当了解所运输物品的危险特性及其包装物、容器的使用要求和出现危险情况时的应急处置方法；运输工具应安装卫星定位装置，并根据运输物品的危险特性采取相应的安全防护措施，配备必要的防护用品和应急救援器材；严格运输路线和时段要求，严禁非法倾倒。

2.1.3 面源的环境风险防范

面源污染是水源地水体富营养化以致发生“水华”现象的重要诱因。环保部门应提请政府重视面源的风险防范工作。重点强化生活污水收集和处置，提高污水处理厂脱氮除磷的比例；综合治理农业面源污染，限制养殖业规模，提高畜禽、水产养殖的集约化经营和污染防治水平，减少含磷洗涤剂、农药、化肥的使用量；分析地形、植被、地面径流的集水汇流特性、集水域范围等，合理调度水资源，保障水源地的生态流量。

2.2 连接水体的环境风险防范

环保部门应建议政府组织对连接水体特征进行全面分析，提出针对性风险管理措施。水源地所属行政区人民政府是连接水体环境风险防范工作的实施主体；涉及跨界的，可由共同的上级政府或相关流域管理部门组织，通过流域规划、跨界联动机制等方式解决。

2.2.1 连接水体的环境信息调查

了解连接水体特征。在环境风险源调查基础上，环保部门应通过水利等部门了解连接水体的水文特征，掌握相关江河湖库的闸坝等水利工程建设情况，以及不同季节水利调度实施等情况。

进行水质调查。环保部门应整合连接水体的基础信息，开展水质调查工作，掌握相关水体污染物的种类、浓度和季节变化情况，识别连接水体风险防范关键环节。

2.2.2 连接水体的环境风险防范

在对连接水体环境信息调查基础上，环保部门应向政府提出环境风险防范的建议。

设立预警断面。根据需要，可选取集中污水处理设施排放口、城市总排口、排污单位污水（雨水、清净下水）排污口、经常发生翻车（船）事故的路、桥和危化品运输码头下游沟、渠、支流等临近断面、两条支流汇合断面以及水源地直接连接水体设立预警断面；在常规人工监测、重点流域自动监控的基础上，根据流域特征、污染物类型适当增加预警指标，可采用生物综合毒性预警手段实现对重金属、有机污染物等有毒有害物质的实时监控。

完善风险防控措施。优化连接水体尤其是水源地直接连接水体供水排水格局，布设防风险措施。在沟渠较缓、水源地上游、水源地准保护区等地域设置突发事件缓冲区，利用现有水利工程，或通过建设节制闸、拦污坝、调水沟渠、导流渠、蓄污湿地等工程措施，实现拦截、导流、调水、降污功能；在跨水系的路桥、管道周边建设围堰等应急防护措施，防止有毒有害物质泄漏进入水体，经常发生翻车（船）事故的路、桥和危化品运输码头，可采取改道、迁移等措施。

编制防控方案。结合江河湖库的水利工程、风险防控工程、闸坝的启用关停等情况对连接水体的风险防控措施进行评估，编制合理的污染防控方案。当事故污水进入连接水体后，通过采取防控措施控制污染扩散。

2.3　水源地的环境风险防范

环保部门应掌握水源地的基本情况，组织开展环境风险评估工作，并向政府提出水源地环境风险防范措施建议。

2.3.1　水源地的环境风险调查

环保部门应通过国家组织的全国水源地基础环境调查及评估工作掌握主要环境信息数据，结合日常检查、督查及事故发生后暴露的问题，全面分析水源地存在的环境风险。重点了解水源地划定情况、水质监测情况、水质达标情况、与供水设施运行的关键控制指标、管理机构运行和环境管理状态等。因跨界污染造成水质不达标，应了解该水源地的供水量、供水服务人口、现状水质、主要超标因子、污染物来源及行政区边界的水质监测数据。

2.3.2　水源地的环境风险评估

环保部门应参照国家和地方制定的环境风险评估方法对水源地进行评估，确定评估指标，得出定性以及定量的评估结论。具体参见表 2-1。

表 2-1　水源地环境风险评估内容

风险环节	评　价　内　容	评　价　指　标
水源地划定（调整）情况	划定（调整）部门、划定（调整）时间、划定（调整）后范围、审批情况等	保护区划分完成率、水源地标志建设完成率和标志设置符合规范要求的水源比例
环境管理情况	监测能力及监测工作开展情况、保护区标志建设、保护区内排污口取缔、违法建设项目清拆及关闭、其他违法行为的处罚情况	水源监测指标完成率、水源自动监测能力覆盖率、保护区内违章建筑清拆率、排污口关闭率、生活污水收集率、生活污水处理率及畜禽养殖废物资源化利用率
水质状况	水源地水质达标情况、水源地水质超标情况、供水企业处理工艺情况	水源地水质达标率、水量达标率、富营养化状况评价、供水企业的抗冲击能力等
陆路、水陆、管线穿越情况	水源地内陆路、水陆、管线穿越情况	根据危险化学品（危险废物）运输种类、穿越频率确定定性或定量指标

2.3.3 水源地的环境风险防范

划定水源地。未划定水源地或水源地划定不合理的，环保部门要及时建议政府尽快落实划定或调整工作，并按照水源地的有关规定设立明确的地理界标和警示标志。

风险源管理。环保部门应建立风险源目标化管理模式，明确责任人和监管任务，严格审批，禁止在水源一级保护区内新建、改建、扩建与供水设施和保护水源无关的建设项目；禁止在水源二级保护区内新建、改建、扩建排放污染物的建设项目；禁止在水源保护区内建设工业固废集中贮存、处置的设施、场所和生活垃圾填埋场；坚决依法取缔水源地内的重污染行业企业。管线所属企业在设计阶段应尽量避让水源地；无法避让确需跨越水源地的，要完善风险防范措施。

相关部门应严格控制运输危险化学品、危险废物及其他影响饮用水安全等物质进入水源地，必须进入者应事先申请并经有关部门批准、登记并设置防渗、防溢、防漏等设施。

政府应针对面源污染组织制定专项应急预案，明确各部门职责，确保在水质恶化后，各有关部门能迅速采取打捞、拦截、调水、启用备用水源等应急措施。供水企业需完善必要的应急设施，强化自来水处理，提高处理高含藻水的能力。环保部门应强化藻类监测和分析能力，建立“水华”预测预警机制。

风险防控措施。环保部门建议政府组织制定风险防控方案，对可能面临的风险按照紧急程度和需要重视程度进行排序，评估各种风险控制方法的可行性、成本及收益，制定风险控制、转移措施方案。可以通过采取水源取水口迁移工程、尾水导流工程、水源湿地防护工程、水源涵养林、备用水源建设等水源保护综合工程，提升水源地自身的降污、截污、疏浚、稀释、备用等功能。对可能受到上游跨界影响的，根据水域特点，针对性增加预警断面和特征污染物监测指标、监测频次。

2.3.4 取供水安全保障

信息共享。环保、水利、城建、卫生等部门、供水企业等单位应建立联动机制，制定联动方案，共享水源地水质变化信息、取水信息、供水水质信息，共同应对饮用水突发环境事件。

取水安全保障。建议政府组织有关部门通过迁移取水口，实施污染物消减工程措施，完善调水、补水、停水方案，强化在线监控，增加应急监测指标等方式，提高取水安全保障能力。

供水安全保障。供水单位通过储备必要的应急物资，深化处理工艺，供水管线改造，分功能供水，规范停止取水、中断供水管理等措施，提高供水安全保障能力。在污染能够通过供水企业治理达标的情况下，尽量不停止供水；或通过管道管理只停止饮用水供应，尽量减少对居民其他用水和社会经济活动的影响。

2.4 特殊时期水源地污染风险防范

在地震、汛期、旱期、雨雪冰冻等特殊时期，环保部门应及时向当地政府提出工作建议。

2.4.1 地震

地震灾害期间饮用水环境安全保障工作应参照环境保护部印发的《地震灾区集中式饮用水水源保护技术指南（暂行）》《地震灾区饮用水安全保障应急技术方案（暂行）》《地震灾区地表水环境质量与集中式饮用水水质监测技术指南（暂行）》开展。

震后通常选择水源的顺序是：水井、山泉、江河、水库、湖泊、池塘。当水质出现异常时，监测部门应立即对保留的分析样品进行复查，采取巡视、加强处置等措施，并及时报告。

在水源地范围内，不得掩埋尸体，及时清理动物尸体、粪坑、禽畜养殖围栏等有机污染源，必要时采取臭味处理技术、浊度处理技术、消毒处理技术、除藻技术、清淤处理等应急处理技术。

禁止向重点保护水域倾倒工业废渣、灾后生活和建筑垃圾、粪便及其他废弃物，防止病原体的污染。

对水源地范围进行标识，并加强对水源地的巡查和保护宣传；在水源地设置简易导流沟，避免雨水或污水携带大量污染物直接进入水源地及其上游地区。

2.4.2 汛期

针对重大汛情，环保部门应组织对水源地周边重点污染源进行全面排查，督促企业整改。重点监控、防范企业趁汛期偷排超标污水；增加企业监测频次；对水利工程调蓄方式提出建议，避免对水质造成大的影响；联合卫生等部门加强水源地水质监测工作，重点监测细菌总数、大肠菌群、浊度、重金属等。

汛期饮用水异常，判断可能是水源被污染时，环保部门应建议政府查找原因并科学应对，通过设立警示牌、清除主要污染源、建设治污截污工程、强化环境监管等措施，保障水源地的水质安全。

当发生泥石流等自然灾害时，环保部门应参照环境保护部印发的《舟曲特大山洪泥石流灾害救灾及灾后重建饮用水安全保障技术指南》建议政府开展相关工作。对现有水源地进行评估，按照水量充足、水质良好、取水便捷安全等条件，判断现有水源地是否可以继续使用。对水源地加强防护，并纳入清淤重点；建立水源保护制度，专人定期巡查，防止人为破坏。在人口聚集区附近现有水源地不安全的情况下，可考虑应急水源，除现场的环境卫生调查外，可使用快速检测仪器分析水源水质情况。在水源极度匮乏的特殊情况下，可考虑收集降水作为水源，并在收集池附近修建简单的沉淀、净化处理设施，收集池周围修置排水沟，防止地表径流污染水源。

2.4.3 重大旱情

严密监控水质变化。经常受重大旱情影响的地区，环保部门应加大与供水企业、卫生等部门的沟通联系，对辖区内旱情严重地区的主要水源地加密监测，及时掌握水质变化情况。

防止新增污染负荷。环保部门应集中力量开展水源地周边隐患排查工作，对辖区内重点污染企业、污水处理厂、垃圾处理场、尾矿库和危险化学品企业全面排查，督促整改，必要时实施区域减排措施。加强对流动源的监管，减少或避免对水源地造成影响。

保障新增水源水质安全。供水单位新开辟的水塘、河、沟等应急水源，选点尽量处于生活用水点和牲畜用水点的上游，取水口尽量设在河道、湖泊的中心位置，必要时采取澄清、过滤、消毒、打捞等处理措施。实施调水工程时，环保部门应建议政府加强对调水工程沿线的排查力度，以及水源地周边环境及水质监测频次，及时掌握水质变化情况并报告。

2.4.4 雨雪冰冻时期

积极应对雨雪冰冻灾害。环保部门应同供电、供水、气象等部门加强信息沟通，了解灾害性天气信息。灾害期间，环保部门应密切关注融雪剂的使用对水源地的影响。加强对风险源排放口、取水口附近地表水的水质监测，增加可溶性盐类和亚硝酸盐的监测。对地表水和水源地在线监测设施采取保护措施，防止因低温发生运行故障；因停电停止运行，供电恢复后要及时恢复运行，按规定校准仪器，各项指标合格后方可正式上报数据。

相关企业加强风险防范。环保部门应督促环境风险较大的企业做好污水污泥管道、转动设施、在线监测设备以及各种存贮罐体阀门的防冻工作，防止污染处理设施因冰冻损坏或运转不正常；禁止以冰冻为由停止污染治理设施运转，或借雨雪天偷排污染物。危险化学品企业应认真落实安全措施，防范因冰冻造成泄漏。

3 水源地预警体系建设

环保部门应建议政府整合现有的预警监测手段，补充必要的预警设施，有条件的利用物联网、云计算等前沿科技，形成完备的预警体系和研判体系，实现事故的预测预判。

3.1 预警系统建设

3.1.1 监测预警

环保部门应充分利用国家、省、市各级环境监测网络资源，建立水源地监测预警系统。监测网络包括自动监测和监督性监测。自动监测包括风险源自动监测及视频监控、流域地表水自动站监测、水源地自动监测等。监督性监测包括江河湖库等地表水国控、省控、市控断面例行监测、风险源废水排放例行监测、风险源环境影响评价现状监测、建设项目“三同时”验收监测、环境影响后评价监测、水源地水质例行监测等。

3.1.2 生物毒性预警

环保部门通过在主要河道和水源地安装在线生物毒性预警监控设备，或利用敏感指示生物实现生物预警，全面监控有毒有害物质的变化。

在线生物毒性预警系统应具有保留水样的功能。当系统出现异常或发出警报，应立即根据监控断面可能出现的特征污染物对保留水样进行在线监测或人工监测，逆向追踪污染来源。

3.1.3 环境监管预警

环保部门应充分利用环境监察等日常监管信息，进行监管预警。环境监管信息包括风险源现场监察、12369 环境投诉举报、网络举报、企业环境监督员监督等。

3.2 跨界预警系统建设

涉及跨界影响的环保部门应建立跨界预警信息交流平台，保持通信畅通。

共享预警信息。依托和利用预警信息交流平台，环保部门应定期通报跨界断面水质状况，必要时可双方同步取样联合监测。水质自动监测断面或预警断面出现数据异常，要及时通报，实现监测预警信息共享。

通报事件信息。当突发环境事件有可能影响到下游水源地安全，上游环保部门要及时向下游通报事件原因、污染物类型、污染物排放量、可能影响下游的目标水体等基本信息。当下游环保部门发现水质恶化并确认是由上游来水所致时，应及时通报上游环保部门。

3.3 预警信息研判

建立饮用水突发环境事件预警信息研判制度。环保部门应结合水源地特点研究制定预警标准，实施分级预警。建立预警研判模板，对来自各方面的预警信息汇总研判。建立预警工作联动机制，发现异常第一时间进行监察和监测核实。

3.4 预警公告

当水源地水质受到或可能受到突发事件影响时，环保部门应建议政府立即启动预警系统，发布预警公告，设立警示牌，通报受污染水体沿岸群众污染信息和防范措施。

预警公告内容应客观科学，避免造成过度反应或反应滞后。

4 水源地环境应急准备

4.1 预案体系建设

4.1.1 预案体系

环保部门应建议政府完善水源地应急预案体系。水源地应急预案体系应包括政府总体应急预案、饮用水突发环境事件应急预案、环保（水务、卫生等）部门突发环境事件应急预案、风险源突发环境事件应急预案、连接水体防控工程技术方案、水源地应急监测方案等。

4.1.2 预案管理

根据《突发环境事件应急预案管理暂行办法》（环发〔2010〕113 号）等规定，环保等相关部门和企业事业单位应对水源地相关环境应急预案的编制、评估、发布、备案、实施、修订、宣教、培训和演练等活动进行管理。管理重点：不同预案之间的有效衔接；预案的可操作性；定期举办预案应急演练；预案的及时完善和更新等。

4.2 应急指挥系统建设

环保部门应建议政府在综合应急指挥平台中建立水源地应急指挥系统，为及时有效处置饮用水突发环境事件提供科学决策平台。

4.2.1 固定应急指挥平台建设

在综合应急指挥平台中建立和完善水源地基础数据信息库。将风险源、城镇污水处理厂、河流监测断面、水源地、特征水污染物等监控系统信息整合在地理信息系统上，实现水源地环境信息动态监控。

利用综合应急指挥平台实现水源地应急指挥信息化。整合突发事件接报系统、预警信息发布、管理队伍、专家队伍、救援队伍、应急防护、处置技术、应急物资、舆情分析、预案管理和演练、档案管理、企业化学品名录、法律法规等资源，实现水源地应急指挥信息化。

形成水源地应急指挥辅助决策能力。根据水源地及所属水域污染特征，利用数据信息库，确定不同污染因子的数据分析、预测模型，有条件的建立应急处置方案智能生成系统，为现场应急指挥提供科学依据。

4.2.2 移动应急指挥系统建设

环保部门应依照环境保护部印发的《全国环保部门环境应急能力建设标准》（环发〔2010〕46 号），逐步完善水源地移动应急指挥系统。整合车载应急指挥系统、数据采集系统和便携式移动通信终端，实现与固定指挥平台的实时数据传输。针对饮用水突发环境事件特点，配备高性能应急指挥、应急监测交通工具，满足水源地应急管理需要。

4.3 应急联动机制建设

水源地管理涉及多部门、多区域的，环保部门应建议政府完善部门联动和跨界联动机制。

4.3.1 部门联动机制

政府组织形成环保、水利、城建、卫生、安监等多部门联动机制。通过签订协议，确定环保、水利等部门“一岗双责”机制；通过联合发文，形成“并行管理”局面；通过联席会议制度，确定联防联控工作重点；通过定期会晤、联合执法、案件移送、联合演练等形式，将联动机制落到实处。

4.3.2　跨界联动机制

水源地环境安全受到多行政区域污染影响的，环保部门应依照环境保护部《关于预防与处置跨省界水污染纠纷的指导意见》（环发〔2008〕64 号）等的要求，建议政府建立跨界联动机制，通过信息与资源共享、定期会晤、联合执法、联合监测、联合处置、联合发布信息、联合演练等多种形式，共同维护水源地安全。

4.4　应急能力保障

4.4.1　应急能力评估

环保部门应建议政府组织对水源地环境应急能力情况进行评估，包括政府、水源管理部门、企业事业单位、供水企业的应急能力评估。评估内容具体见表 4-1。

表 4-1　应急能力评估

评估对象	评　估　内　容
政　府	了解应急指挥协调、联动能力、信息管理状况、物资储备、培训演练等
水源管理部门	了解应急管理能力、应急监测能力、风险源排查能力、专家队伍建设情况、上下级、部门间联动机制情况、指挥系统建设情况、污染扩散模型、应急工程能力等技术支撑情况
企业事业单位	了解企业事业单位应急防控等级、应急防控措施、应急管理体系建设等情况
供水企业	应急物资储备、处置工艺改进、应急制度建设等情况

4.4.2　应急保障体系建设

环保部门应协助政府构建完善的水源地应急保障体系。

（1）应急资金保障。环保部门应依照环境保护部印发的《关于开展环境污染责任保险工作的指导意见》（环办〔2007〕100 号），鼓励水源地所属区域、流域内石化企业，有色金属采选和冶炼企业，危险化学品的生产、储存、运输和经营企业，危险废物处置企业等环境危害大、最易发生污染事故和损失容易确定的企业投保环境污染责任保险。同时提请政府将应急准备金纳入当地财政预算。

（2）应急物资、装备保障。根据水源地污染特征，建议政府组织了解当地亟须的应急物资、装备种类、数量，当地及周边地区应急资源情况、联络方式，建立信息库。完善应急物资、装备保障制度，通过建立储备库、签订储备合同等方式，建立应急物资、装备保障体系。

（3）应急技术保障。环保等部门通过立项、研发等方式，储备特征污染物处置技术，建立水源地特征污染物预警、污染扩散模型，完善应急处置技术库。

（4）应急队伍保障。建议政府组织建立健全水源地环境应急管理队伍、专家队伍、专业救援队伍、社会志愿群体，形成多层次应急队伍保障。

5 水源地环境应急响应

一旦发生饮用水突发环境事件，环保等部门和相关单位应根据《中华人民共和国突发事件应对法》《国家突发环境事件应急预案》等规定开展环境应急响应工作。

由安全事故次生或自然灾害引发的饮用水突发环境事件，相关单位应立即启动应急预案和风险防范措施，控制污染范围扩大。不明污染源头的，环保部门应立即组织排查，通过特征污染物筛查、风险源现场调查、重点监测、逆向溯源等方式，尽快确定污染来源，责成责任单位立即采取措施控制污染。

5.1 责任单位的应急响应与处置

5.1.1 事件报告

发生突发性事件造成或可能造成水源地污染的责任单位，应立即启动本单位应急预案，向事件发生地的县级以上人民政府和环保部门报告。

5.1.2 应急处置措施

切断污染源或泄漏源。发生非正常排污或有毒有害物质泄漏的，责任单位应尽快查找污染源或泄漏源，通过关闭、封堵、收集、转移等措施，切断污染源或泄漏源。

控制污染或泄漏范围。固定源责任单位因污染治理设施不能正常运行、人为因素、安全生产事故以及自然灾害造成污染或泄漏行为的，发现后应立即启动应急收集系统，保障对污染物或泄漏物质的集中收集；采取限产、停产、在厂界设立拦截设施等措施，防止污染或泄漏蔓延扩散至厂外。流动源责任单位应利用自身配备的救援器材进行先期处置，同时向有关救援人员提供运送物质的详细情况；违法倾倒的责任单位应配合有关部门对倾倒物进行回收、处置。

因尾矿库发生事故对水源地造成影响或威胁的，尾矿库所属企业应参照环境保护部印发的《尾矿库环境应急管理工作指南（试行）》（环办〔2010〕138号）进行应急处置。

5.2 环保部门的应急响应

5.2.1 接报与报告

环保部门应多渠道收集影响或可能影响水源地的突发事件信息，并按照《突发环境事件信息报告办法》等规定进行报告。

水源地受到或者可能受到影响的突发环境事件，一时无法判明等级的，事件发生地设区的市级或者县级人民政府环保部门应当按照重大（Ⅱ级）或者特别重大（Ⅰ级）突发环境事件的报告程序上报：即应当在两小时内向本级人民政府和省级环保部门报告，同时上报环境保护部；省级环保部门接到报告后，应当进行核实并在一小时内报告环境保护部。

水源地受到或可能受到影响的突发环境事件信息应当采用传真、邮寄和面呈等方式书面报告；情况紧急时，初报可通过电话报告，但应当及时补充书面报告。

5.2.2 应急指挥

饮用水突发环境事件发生后，在政府的统一指挥下，环保部门与卫生、城建等部门密切合作，组织、协调、指挥和调度应急工作，采取综合措施力保水源地安全。

当发生跨界污染影响下游饮水安全时，共同的上级环保部门可赴现场进行指导。

上级环保部门现场指导时，参加地方政府成立的指挥部，指导、协调有关工作。

5.2.3 应急监测

环保部门应依照《突发环境事件应急监测技术规范》（HJ 589—2010）开展应急监测，结合饮用水突发环境事件的类型和发展趋势，适时调整监测力量、配备监测设备、调整监测方案，快出数据，出准数据，为科学决策和治污工作服务。

5.2.3.1 应急监测方案

制定合理的监测方案是保障应急监测有序开展的重要保障。饮用水突发环境事件应急监测应注意以下几个环节：

（1）监测范围。确定的原则应尽量涵盖饮用水突发环境事件的污染范围，在尚未受到污染的区域布设控制点位。

（2）监测布点。以饮用水突发环境事件发生地点为中心或源头，结合气象和水文条件，在其扩散方向及可能受到影响的水源地合理布点，对污染带移动过程形成动态监测。

（3）现场采样。应制定采样计划和准备采样器材。采样量应同时满足快速监测、实验室监测和留样需要。采样频次主要根据污染状况确定。

（4）分析方法。凡具备现场测定条件的监测项目，应尽量进行现场监测。必要时，备份样品送实验室分析测定，以确认现场的定性或定量分析结果。

（5）监测结果与数据报告。数据处理应参照相应的监测技术规范进行。监测结果可用定性、半定量或定量方式报出。监测结果要及时向指挥部报告，可采用电话、传真、快报、简报、监测报告等形式。

（6）监测过程质量保障。应急监测过程应实施质量控制，原始样品采集、现场分析监测、实验室分析、数据统计等过程都应有相应的质量保证，应急监测报告实行三级审核。

5.2.3.2 跨界应急监测

当发生跨界饮用水突发环境事件时，可在共同的上级环保部门的协调下制定监测方案，可以共同或指定一家开展监测，必要时也可将符合条件的社会监测力量、社会监测机构纳入应急监测范畴。可以建立联合分析实验室，统一人员，统一方法，统一仪器，按照监测方案开展监测工作；联合分析实验室的监测结果经现场技术负责人确认后，及时报送现场应急指挥部、跨界区域环保部门。

5.2.4　应急处置

污染物一旦进入环境水体，环保部门应建议应急指挥部迅速采取断源、控污、治污、布防等各项应急措施，全力保障饮用水安全。

5.2.4.1　切断污染源头

在督促指导责任单位及时切断污染源头，防止危害扩大的同时，指挥部还可以根据形势，对沿江、沿河、湖库周边污染物排放企业实施停产、减产、限产措施，减轻水体污染负荷。

5.2.4.2　控制污染水体

全面启用连接水体防控工程，拦截污染水体。在河道内启用或修建拦污坝、节制闸等措施，拦截污染物；通过导流渠将未受污染的水体导流至污染水体下游，通过分流沟等将受污染水体疏导至安全区域等措施，全面控制污染范围。在汛期等特殊时期，还应充分考虑闸坝的安全性和防洪需要。

5.2.4.3　治理污染物

根据企业、专家等的意见制定综合治污方案，经指挥部确认后实施。一般采取隔离、吸附、打捞、扰动等物理方法，氧化、沉淀等化学方法，投加菌群、利用湿地生物群消解等生物方法，上游调水等稀释方法。不同的污染物治理可以根据地形地貌流域等特点采取一种或多种方式，在最短的时间内完成污染物的削减工作。全面监控并妥善处置治污载体，防止发生二次污染。

5.2.4.4　保障饮用水安全

当水源已受到污染时，指挥部应全面启动水源地防控措施，增加监测布点和监测频次，采取隔离污水、治理污染、调水稀释、停止供水、启用备用水源等方法尽快消除污染威胁。同时通知相关居民停止取水、用水，通知下游供水企业停水或采取保护措施。

供水企业应启动取水、供水应急预案，通过加入洗消剂，用活性炭处理过高有机污染物等措施，尽量保障供水安全。根据政府指令必须停止取水，应通过减压供水、改路供水、启用备用水源等措施，保障居民供水和社会经济活动的正常运转。

当饮用水供水中断后，当地政府应组织多渠道提供安全饮用水，并加大宣传和引导力度，避免群众恐慌心理。

5.2.5 信息发布

环保部门应建议指挥部注重饮用水突发环境事件舆情分析和舆论应对工作，第一时间发布事件信息，引导社会舆论，为事件处置创造稳定的外部环境。应急指挥部应安排专人调查周围群众和社会舆论动态，可通过召开新闻发布会和其他信息公开方式，在电视、广播、报纸、网络、手机等各类媒体发布。新闻发布会人员由政府官员和应急专家等组成，发布内容应包括事件发生的地点、事件、过程、主要污物的种类和数量、饮用水受影响范围及程度、已采取及拟采取的措施等。

5.2.6 应急终止

环保部门可根据现场情况和专家意见提出应急终止的建议。饮用水突发环境事件一般将“水源地威胁解除，特征污染物监测持续稳定达标”作为应急终止的必要条件。环保部门和卫生部门的监测结果作为判定的基本依据。

应急状态终止后，可建议应急指挥部对后续工作做出部署。如需继续进行环境监测，应明确后续工作的结束条件和结束程序。

6 水源地环境应急事后管理

根据《中华人民共和国突发事件应对法》的规定，应急状态结束后，地方政府应组织开展总结评估工作，对饮用水突发环境事件发生原因、责任情况、损失情况进行全面调查，并采取措施进行改进，防范类似事件再次发生。

6.1 事件总结

环保部门协助政府开展事件总结工作，主要做好以下工作：

资料整理。将事件工作日志、事件动态报告、监测数据、专家论证会会议纪要、工作协调会会议纪要等文字资料，事件现场工作照片、录像等影音像资料收集整理，集中归档，一事一档。

事件回放。对重特大或具有代表性的事件，对发生和处置过程进行梳理，利用影音像资料和水源地信息平台资料，结合污染物扩散模型，模拟事件发生、演变和处置过程，再现事件发展全过程，为事件全面总结提供资料基础。

事件总结。总结事件经验教训，形成事件总结报告。总结报告应包括事件发生过程、应急救援处置情况、经验教训、事件启示等方面内容。

6.2 原因调查与追责

应依法组成调查组对饮用水突发环境事件原因、经过、性质及责任进行调查，调查组由具有管辖权的环保部门会同同级纪检监察部门及其他有关部门组成。

事件调查。应查明事件发生的直接和间接原因、事件发生的过程、损失情况等，并查明肇事企业事业单位、地方政府及有关部门在项目立项审批、生产经营过程中污染防范、日常监督管理、饮用水安全保障以及事件发生后应急处置过程中责任履行情况。根据调查资料和事件回放情况，调查组集体对事件进行定性。

责任追究。对于违反党纪政纪的行为，由纪检监察部门就相关责任追究提出决定或建议；对于违法行为，由有关部门予以行政处罚；涉嫌犯罪的，移交司法机关追究刑事责任。

调查报告。事件调查应形成调查报告，报告应包括事件起因、性质、损失、改进措施建议、责任认定和对责任者的处理意见等内容。

6.3 事件评估

评估组织。评估工作可由政府组织具备一定环境科学、环境经济和水质安全防控等学科背景的专业组织或机构开展。环保部门配合提供事件应急处置和事件损害基本信息，配合做好与其他相关部门的协调工作。

开展评估。评估组织或机构应制定详细的评估工作计划，重点开展饮用水突发环境事件处置效果、事件影响以及污染修复方案的评估，分类统计突发事件造成的财产损害、事件应急处置费用、水源地环境修复费用等，综合分析水源地再次利用方案，科学量化事件造成的损失数额。

评估报告。评估组织或机构出具评估报告报政府。通过科学评估，为及时消除污染隐患，恢复水源水质，尽快实现正常取水供水提供保障。

6.4 措施改进

改进建议。环保部门应根据调查和评估情况，向政府提出保障水源地环境安全的改进措施建议。建议包括风险源管理、连接水体风险防控、水源地环境安全保障、预案管理、联动机制等方面的内容。

措施落实。在政府的统一领导下，相关部门和单位落实各项改进措施。环保部门应跟踪改进措施的落实情况，并建议政府适时组织开展后评估并公开相关信息，不断提高水源地的环境安全水平。

本指南由环境保护部负责解释。

关于加强汛期饮用水水源环境监管工作的通知

（环办〔2011〕94号）

各省、自治区、直辖市环境保护厅（局），新疆生产建设兵团环境保护局，辽河保护区管理局：

随着2011年汛期的到来，各地洪涝灾害频发，一些地区洪水冲刷地表土壤和临近河岸的固体废弃物进入水体，对饮用水水源环境安全构成了严重威胁。为防止汛期和退水期发生重大水污染事件，切实保障饮用水水源环境安全，现通知如下：

一、全面加强汛期环境监管，强化汛期水质监测

有针对性地制定并实施汛期综合污染防治方案，加强对潜在污染事故源和饮用水水源等敏感水域的环境监管和水质监测。切实加强对可能影响饮水安全的制药、化工、造纸、冶炼等重点行业、重点污染源、尾矿库以及城镇污水处理厂的监督管理，确保污水处理设施正常运行。监测中一旦发现水质超标，要及时报告，并采取必要的处置措施。同时，加强跨地区河流交界断面水质的监督管理，严禁向下游集中排放污水。对交界断面要加密监测，发现水质异常、可能或已经发生污染事件的要及时报告，并及时向下游地区和有关部门通报。

二、严格排查环境隐患，确保饮用水水源环境安全

积极防范、主动应对汛期次生环境灾害，以保障饮用水水源水质安全为重点，全面排查饮用水水源保护区、准保护区内及上游地区的环境风险；对存在重大隐患、可能造成水体污染的风险源，积极采取有效措施，及时清理和整改，防患未然。一旦发生饮用水水源污染事故，要迅速查清并切断污染来源，在当地政府的统一领导下，开展污染防控工作，确保汛期群众饮水安全。

三、进一步完善预警制度，及时应对突发环境事件

各级环保部门应根据当地气象特征、水文条件和污染源排污情况，主动与有关部门联系，及时了解和掌握汛期主要水利工程调蓄水期及主要河流流量变化趋势，制定汛期水环境污染事故应急预案。根据“以防为主、防治结合”的原则，按照《关于加强汛期环境应急管理工作的通知》（环办函〔2011〕503号）的要求，完善环境污染事

件预警机制，制定应急措施。各级环保部门要进一步完善应急预案，一旦发生突发环境污染事件，要迅速启动应急响应，及时准确发布有关信息，最大限度地减轻事件造成的危害和影响，保障饮用水水源环境安全；要严格按照《突发环境事件信息报告办法》（环境保护部令第 17 号）规定，报告突发环境事件信息，特别是涉及饮用水安全以及社会关注度较高的突发环境事件，坚决杜绝迟报、谎报、瞒报、漏报行为。

四、高度重视饮用水水源地评估工作，及时整改突出问题

扎实开展城市集中式饮用水水源环境状况评估工作，认真分析饮用水水源地环境保护工作中存在的问题，及时向当地政府报告，并采取积极措施加以解决。进一步加大饮用水水源地环境保护投入，积极防范各类环境风险，不断加强环境监管能力，进一步提升饮用水水源环境安全保障水平。

特此通知。

环境保护部办公厅

二〇一一年七月二十八日

关于印发《集中式饮用水水源环境保护指南（试行）》的通知

（环办〔2012〕50号）

各省、自治区、直辖市环境保护厅（局），新疆生产建设兵团环境保护局，辽河保护区管理局，各环境保护督查中心、中国环境科学研究院、中国环境监测总站、中日友好环境保护中心，环境保护部环境规划院、南京环境科学研究所、华南环境科学研究所：

为进一步加强集中式饮用水水源环境保护，指导和推进《全国城市集中式饮用水水源地环境保护规划（2008—2020年）》的落实，提升饮用水安全保障水平，我部在认真总结近年来工作实践经验的基础上，组织编制了《集中式饮用水水源环境保护指南（试行）》。现印发给你们，请参考执行。

附件：集中式饮用水水源环境保护指南（试行）

环境保护部办公厅

二〇一二年三月三十一日

附件：

集中式饮用水水源环境保护指南（试行）

第1章　总　则

1.1　适用范围

本指南适用于集中式饮用水水源（包括现用、备用和规划水源）环境保护工作。

1.2　规范性引用文件

《中华人民共和国环境保护法》

《中华人民共和国水污染防治法》

《中华人民共和国水法》

《地表水环境质量标准》（GB 3838）

《地下水质量标准》（GB/T 14848）

《农村户厕卫生标准》（GB 19379）

《生活饮用水卫生标准》（GB 5749）

《免水冲卫生厕所》（GB/T 18092）

《粪便无害化卫生标准》（GB 7959）

《饮用水水源保护区划分技术规范》（HJ/T 338）

《饮用水水源保护区标志技术要求》（HJ/T 433）

《突发环境事件应急监测技术规范》（HJ 589）

《建设项目环境风险评价技术导则》（HJ/T 169）

《农村生活污染控制技术规范》（HJ 574）

《畜禽养殖业污染防治技术规范》（HJ/T 81）

《地表水和污水监测技术规范》（HJ/T 91）

《地下水环境监测技术规范》（HJ/T 164）

《建设项目水资源论证导则》（SL/Z 322）

《农村生活污染防治技术政策》（环发〔2010〕20 号）

《集中式地表水饮用水水源地环境应急工作管理指南》（环办〔2011〕93 号）

《关于印发湖泊（水库）富营养化评价方法及分级技术规定的通知》（总站生字〔2001〕090 号）

《危险化学品安全管理条例》

《国家突发环境事件应急预案》

《突发环境事件信息报告办法》

1.3 专业术语

1.3.1 集中式饮用水水源

进入输水管网送到用户的和具有一定供水规模（供水人口一般大于 1 000 人）的饮用水水源。

1.3.2 工业污染源

向水环境排放有毒有害污染物或对环境水体产生有害影响的工业生产设备或生产场所。

1.3.3 生活污染源

向水环境排放居民生活污水和垃圾的发生源。

1.3.4 农业污染源

对水环境造成有害影响的农田和各种农业措施。包括农田作物种植过程中的肥料、农药和农膜通过农业灌溉或地表径流产生的污染，畜禽养殖以及农村生活过程中产生的粪便和污水污染，水产养殖过程中通过池塘、网箱、围栏、浅海、滩涂等方式对水体直接造成的污染等。

1.3.5　风险源

对饮用水水源环境安全造成威胁的突发环境污染事件来源，包括固定风险源、流动风险源、非点源。

1.3.6　固定风险源

排放有毒有害物质造成或可能因突发污染事件对饮用水水源造成严重环境危害的固定风险源，包括工矿企业事业单位、石油化工企业及运输石化、化工产品的管线、污（废）水处理厂、垃圾填埋场、危险品仓库、装卸码头等。

1.3.7　流动风险源

指运输危险化学品、危险废物及其他影响饮用水安全物质的车辆、船舶等交通工具，亦为流动污染源。

1.3.8　海（咸）水入侵

海（咸）水入侵指由于过量开采地下水引起海水倒灌、盐水入侵，而使地下水水质恶化。

1.3.9　拦河闸（坝）型水源

用拦河闸（坝）横断河流，抬高水位形成的小型水库，即兼有河流和水库特征的饮用水水源。

1.3.10　傍河地下水型水源

取水井设在紧靠对补给具有重要影响的河流旁侧，即兼有河流特征的地下水型饮用水水源。

1.3.11　截潜型水源

在山前（土石山或丘陵）沟谷或高原台地河流两岸处设置地下潜水截坝或集水廊道收集潜水或泉水形成的中小型地下水库或非完整性截潜工程，即兼有水库特征的地下水型饮用水水源。

1.4　工作路线

一般应按照图 1-1 所示路线开展饮用水水源环境保护工作。新建取水工程应充分考虑水源选址的原则，同时划定保护区，根据饮用水水源基础环境调查与评估结果，识别环境问题，明确保护目标，提出保护对策。

第 2 章　饮用水水源选址

2.1　水量

水源供水量应满足服务人口用水需求，并符合当地水功能区划，参考《建设项目水资源论证导则》（SL/Z 322）水量保障指标体系中的取水指标进行筛选，采用多年平均流量、实测最大和最小流量等水文数据，以水资源状况、水域开发利用程度、生活取水量等指标作为评价因子，对水源水量进行论证分析。

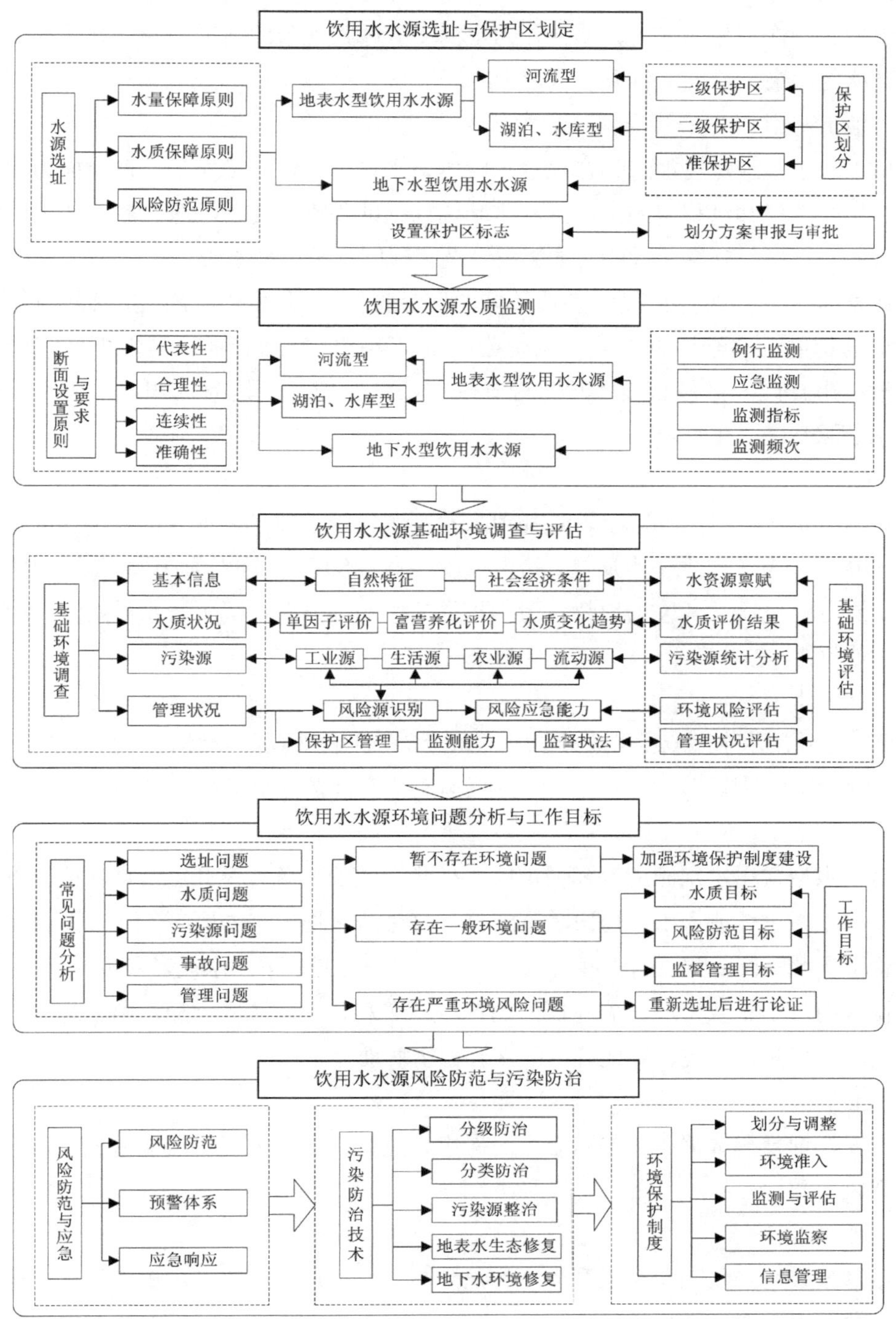

图 1-1 饮用水水源环境保护工作路线图

2.1.1 地表水型

地表水水源要求开采期间常年具有较为充沛的水量。水资源缺乏地区应考虑季节性供水，有断流现象的河流，不宜作为水源。有冰封现象的河道，应掌握冰封期最低水位及冰封层最大厚度，将取水口设于冰层以下。

2.1.2 地下水型

地下水水源应尽可能选择在含水层较厚、水量丰富，补给充足且调节能力较强的区域。优先选择冲洪积扇的上部砾石带和轴部、冲积平原的古河床、厚度较大的层状裂隙岩溶含水层、延续深远的构造断裂带及其他脉状基岩含水带。

在基岩区，宜选择在集水条件较好的区域性阻水界面的上游；在松散地层分布区，宜选择靠近补给地下水的河流岸边；在岩溶区，宜选择在区域地下径流的排泄区附近；山丘区和高原台地应尽量选择沟谷汇流区或主要沟谷河川。一般不得选择地下水超采区。

2.2 水质

在历史资料分析的基础上，选择现状水平年评价水质，依据《地表水环境质量标准》（GB 3838）和《地下水质量标准》（GB/T 14848），采用单因子评价法，对水源水质现状进行评价，并考虑当地特殊污染指标的影响。一般情况下，水质应达到或优于Ⅲ类水质标准。

2.2.1 地表水型

河流型饮用水水源应尽量选择在居住区上游，避开回流区、死水区和航运河道，避免咸潮影响；湖库型饮用水水源还应考虑湖库泥沙淤积和蓝藻水华对水质的影响。

2.2.2 地下水型

地下水型饮用水水源应设在城市或工矿排污区的上游，避开已污染（或天然水质不良）的地表水体或含水层地段，宜选择包气带防污性较好的区域，避开易使水井淤塞、涌沙或水质长期混浊的流砂层或岩溶填充带，避开地下水水质背景值较高的地区，避免排水沟、工农业生产设施和风向的影响，取水井及周边应无加油站、垃圾堆、厕所、粪坑、畜圈、渗坑、墓地等，应无有害物质堆存。

2.3 风险防范

应在详细掌握数据资料的基础上，考虑自然突变或人为因素可能造成的影响，尽量避开风险源。

2.3.1 地表水型

尽量避开石油化工、垃圾填埋厂、危险品仓库及运输线路、尾矿库等风险源，防止风险源对水源造成影响。

2.3.2 地下水型

综合考虑地下水水位埋深、年际变幅、净补给量、含水层介质、土壤（包气带）介质、地形以及水力传导系数等指标。评价地下水含水层脆弱性，结合地下水潜在污染源的分布，防范环境风险。

2.4 合理性论证

新建水源应与当地有关规划相协调，并进行环境影响评价，同时对新建水源的环境保护成本进行论证。评价中需分析新建水源对当地环境的永久性影响和变化，如由于人口迁移和移民区开发建设导致自然和社会环境发生变化，水生和陆生生态系统变化，地下资源和矿藏是否遭到毁坏和损失，以及自然的和人为的污染引起的水质变化等内容，并提出最小生态流量和保护鱼类种类等要求。

当水源选址受到各种条件限制而无法达到III类水质标准要求时，需统筹考虑水源水量、水质和风险程度，自来水厂的处理工艺及配套措施等方面，确保自来水厂出水达到国家标准要求。

因水量不足、污染严重、风险程度较高或出于其他目的确需关闭的水源，应在能保持该地区正常供水的前提下，有计划地实施关闭。

第 3 章 饮用水水源保护区划定

饮用水水源保护区应根据水源所处的地理位置、地形地貌、水文地质条件、供水量、开采方式和污染源分布，结合当地标志性或永久性建筑，按照《饮用水水源保护区划分技术规范》（HJ/T 338）或地方条例、标准规定进行划定。地方条例、标准规定不得低于国家相关规定要求。

集中式饮用水水源保护区应划分一级保护区和二级保护区，必要时划分准保护区。

3.1 划分原则与水质要求

3.1.1 划分原则

饮用水水源保护区划分技术指标应考虑以下因素：当地的地理位置、水文、气象、地质条件、水动力特征，水域污染类型、污染特性、污染物特性、污染源分布、排水区分布，水源规模、水量需求。

地表水型饮用水水源保护区范围应按照不同水域特点进行水环境质量预测并考虑当地具体条件加以确定，保证在规划设计的水文条件和污染负荷下，供应规划水量时，保护区的水质能满足相应标准。

地下水型饮用水水源保护区应根据水源所处的地理位置、水文地质条件、供水量、开采方式和污染源分布划定。各级地下水水源保护区的范围应根据当地的水文地质条件、供水发展规划、污染源分布特点综合确定，并保证开采规划水量时能够达到设计要求的水质标准。

划定的饮用水水源保护区范围内应防止附近人类活动对水源的直接污染；应足以使选定的主要污染物浓度在向取水点（或开采井、井群）输移（或运移）过程中，衰减到所期望的水平；在正常情况下保证取水水质达到规定要求；一旦出现污染水源的突发事件，有采取紧急补救措施的时间和缓冲地带。

3.1.2 水质要求

（1）地表水型。

地表水型饮用水水源应保证一级保护区水质基本项目不劣于《地表水环境质量标准》（GB 3838）II类标准，且补充项目和特定项目应满足该标准规定的限值要求；二级保护区水质基本项目不劣于III类标准，并保证流入一级保护区的水质满足一级保护区水质标准要求；准保护区的水质标准应保证流入二级保护区的水质满足二级保护区水质标准要求。

（2）地下水型。

地下水型饮用水水源保护区（包括一级、二级、准保护区）水质各项指标不劣于《地下水质量标准》（GB/T 14848）III类标准。

3.2 饮用水水源保护区划分方法

饮用水水源保护区划分方法，应根据饮用水水源保护的实际需要，参照《饮用水水源保护区划分技术规范》（HJ/T 338）和地方有关技术规范执行。

针对主要利用潮汐动力进行水体交换的河流拦河闸（坝）型水源，其保护区应满足潮汐河流型饮用水水源保护区划分要求。针对非主要利用潮汐动力进行水体交换的河流拦河闸（坝）型水源，其保护区应同时满足水库型和一般河流型饮用水水源保护区划分要求，且保护区范围应取并集。

若傍河地下水型水源的取水井含水层介质颗粒粗大（砾石以上），受常年或季节性河流补给影响较大，且与河流距离小于500米，其一级保护区划分应综合考虑地下水及地表水的影响，划分保护区为地下水及地表水保护区范围的叠加。若河流为季节性河流，来水较少，且取水井距河流500米以上，可只划分陆域保护区范围。若取水井位于河漫滩或受潮汐影响，一级保护区应划分地表水域范围，地表水域范围应按照河流型饮用水水源一级保护区划分，一级保护区范围为地下水与地表水一级保护区范围的叠加。二级保护区应包括陆域和水域两部分，陆域范围确定方法与孔隙水（浅层非傍河型）水源相同，地表水域范围可按地下水流向选取井群上游1 000米、下游100米内的河流长度，河流宽度需考虑下游改道因素，应为河流最大宽度。准保护区应包括陆域和水域两部分，陆域范围根据地下水的补给范围和径流区范围确定，地表水域范围应参考河流型准保护区划分要求确定。

山丘及高原台地截潜型饮用水水源保护区划分应以截潜坝为中心，当坝前汇水池形成一定面积的稳定水塘，且补给来源主要为地下潜水时，应按照水库型饮用水水源保护区划分方法执行。当坝前汇水池面积较小，且补给来源为地下水时，应同时满足水库型和地下水型饮用水水源保护区划分要求。

3.3 保护区范围界定

为便于开展日常环境管理工作，依据保护区划分的分析、计算结果，并结合水源保护区的周边地形、地标、地物等特点，明确各级保护区的界线。应充分利用具有永久性、固定性的明显标志如水分线、行政区界线、公路、铁路、桥梁、大型建筑物、水库大坝、水工建筑物、河流岔口、输电线、通信线等标示保护区界线，最终确定的各级保护区界线坐标图、表，作为政府部门审批的依据，也作为规划、国土、环保部门土地开发审批的依据。

3.4 划定方案报批程序

按照《水污染防治法》要求，饮用水水源保护区的划定，由有关市、县人民政府提出划定方案及相关图件，逐级按程序报省（区、市）人民政府批准；跨市、县饮用水水源保护区的划定，由有关市、县人民政府协商提出划定方案及相关图件，报省（区、市）人民政府批准；协商不成的，由省（区、市）人民政府环境保护主管部门会同同级水行政、国土资源、卫生、建设等部门提出划定方案及相关图件，征求同级有关部门的意见，通过专家审查论证后，报省（区、市）人民政府批准。

跨省（区、市）的饮用水水源保护区，由有关省（区、市）人民政府商有关流域管理机构划定；协商不成的，由国务院环境保护主管部门会同同级水行政、国土资源、卫生、建设等部门提出划定方案，征求国务院有关部门的意见后，报国务院批准。

国务院和省（区、市）人民政府可以根据保护饮用水水源的实际需要，调整饮用水水源保护区的范围，确保饮用水安全。

3.5 标志设置

地方各级人民政府应当在饮用水水源保护区的边界设立明确的地理界标和明显的警示标志。饮用水水源保护标志应参照《饮用水水源保护区标志技术要求》（HJ/T 433）的规定执行，标志应明显可见。

3.5.1 界标设置

应根据最终确定的各级保护区界限，充分考虑地形、地标、地物等特点，将界标设立于陆域界限的顶点处，在划定的陆域范围内，应根据环境管理需要，在人群活动及易见处（如交叉路口、绿地休闲区等）设立界标。

3.5.2 警示牌设置

警示牌设在保护区的道路或航道的进入点及驶出点，在保护区范围内的主干道、高速公路等道路旁应每隔一定距离设置明显标志，穿越保护区及其附近的公路、桥梁等特殊路段加密设置警示牌。警示牌位置及内容应符合《道路交通标志和标线》（GB 5768）和《内河助航标志》（GB 5863）的相关规定。

3.5.3　宣传牌设置

应根据实际情况，在适当的位置设立宣传牌，宣传牌的设置应符合《公共信息导向系统—设置原则与要求》（GB/T 15566）和《道路交通标志和标线》（GB 5768）的相关规定。

第4章　饮用水水源水质监测

4.1　监测断面（井）

4.1.1　监测断面（井）设置原则

饮用水水源监测断面（井）的布设应考虑以下因素：

① 代表性。在宏观上反映水系环境特征，微观上反映断面特征，断面位置应能反映环境质量特征，设置时要考虑水文（水文地质）特征、污染源状况。

② 合理性。尽可能以最少断面获取足够的具有代表性的环境信息。应考虑交通便利，方便样品的采集。

③ 连续性。饮用水水源水质监测断面（井）应该保持稳定，数据应具有连续性，建立动态更新信息数据库，便于分析水质变化趋势。

④ 准确性。应保证水质测定值能够反映饮用水水源真实情况。

4.1.2　监测断面（井）设置要求

所有监测断面（井）和垂线均应经当地环境保护行政主管部门审查确认，并在保护区范围图件上标明准确位置，在岸边设置固定标志。同时，用文字说明断面周围环境的详细情况，并配以照片，图文资料均存入断面档案。一般情况下，应在各级保护区分别设置监测断面（井），确认后不宜变动。确需变动时，应经环境保护行政主管部门重新审查同意。

4.2　常规监测断面（井）

4.2.1　地表水型

（1）河流型。

监测断面设置及监测方法参见《地表水和污水监测技术规范》（HJ/T 91）实施。当水质变差或发生突发事件时，应设置应急预警监测断面，预警断面应根据近3年水文资料，分别在取水口、取水口上游一级保护区入界处、二级保护区入界处、保护区内的河流汇入口、跨界处进行设置；潮汐河流应在潮区界以上设置对照断面，设有防潮桥闸的潮汐河流，根据需要在桥闸的上、下游分别设置断面，潮汐河流的断面位置，尽可能与水文断面一致或靠近，以便取得有关水文数据。

（2）湖库型。

监测断面设置应按照《地表水和污水监测技术规范》（HJ/T 91）中的有关规定执行，建议断面位置围绕取水口（含取水口）5 000 米范围内呈环形设置，在进出湖泊、水库的河流汇合处分别设置监测断面。当水质变差或发生突发事件时，应在湖泊水库中心、深水区、浅水区、滞留区设置监测垂线，在水生生物经济区、与特殊功能区陆域相接水面、跨行政区界处分别设置监测断面。

4.2.2　地下水型

地下水型饮用水水源监测井应分别设在一级、二级保护区边缘和取水口、泉水出露位置、地下水补给区和主径流带；周边工业建设项目、矿山开发、水利工程、石油开发、加油站、垃圾填埋场及农业活动可能等对地下水源区造成的影响时，污染控制监测井的设置应充分考虑保护区边缘位置，可参照《地下水环境监测技术规范》（HJ/T 164）适当增加监测井数量。

4.3　应急监测断面（井）

应按照《突发环境事件应急监测技术规范》（HJ 589）有关规定执行，对固定污染源和流动污染源的监测应根据现场具体情况及产生污染物的不同工况（部位）或不同容器分别布设采样点。

河流型水源的应急监测应在事故发生地及其下游布置监测断面，同时在事故发生上游一定距离布设对照断面；湖库型水源的应急监测应以事故发生地为中心，按水流方向在一定间隔的扇形或圆形布点，并根据污染物特性在不同水层采样，同时在上游适当距离布设对照断面；地下水型水源应急监测应以事故地点为中心，根据本地区地下水流向，采用网格法或辐射法布设监测井，同时在地下水主要补给来源，垂直于地下水流的上方向设置对照监测井。

在有突发性水源环境污染事件或水质较差时（如枯水期、冰封期、水文地质情况发生重大变化）应适当增加监测指标与频次，待摸清污染物变化规律后可减少采样频次。

4.4　监测指标

4.4.1　地表水型

地表水常规监测指标为《地表水环境质量标准》（GB 3838）表 1 基本项目和表 2 补充项目共 28 项指标（COD 除外，河流型水源不评价总氮）；

湖泊、水库型饮用水水源应补充叶绿素 a 和透明度 2 项指标。

全指标监测应为《地表水环境质量标准》（GB 3838）中表 1 的基本项目（COD 除外）、表 2 的补充项目和表 3 的特定项目。

4.4.2 地下水型

地下水常规监测指标为《地下水质量标准》（GB/T 14848）中 pH、总硬度、硫酸盐、氯化物、高锰酸盐、氨氮、氟化物、总大肠菌群、挥发酚、硝酸盐氮、亚硝酸盐氮、铁、锰、铜、锌、阴离子合成洗涤剂、氰化物、汞、砷、硒、镉、六价铬和铅 23 项指标。

全指标监测应为《地下水质量标准》（GB/T 14848）中的所有项目。

水性地方病或天然背景值（如苦咸水、高氟、高砷）较高的地区，应增加反映特征化学组分的监测项目。同时，还应根据地下水补给径流区的工矿等污染源特征，增加特征污染物监测项目。

4.5 监测频次

集中式饮用水水源应每月开展 1 次常规指标监测，地级以上城市需定期开展水质全分析，其中，环保重点城市、环境保护模范城市的饮用水水源应每年至少开展 1 次水质全分析。

镇级（含街道）集中式饮用水水源应每季度开展 1 次常规指标监测，有条件的地方每年可开展 1 次全指标监测；农村或其他已确定保护区内常年不存在污染源或风险源的地区，监测频次应按照国家或地方有关规定执行。

风险较高的饮用水水源，应对水源及连接水体增加监测频次。

第 5 章 饮用水水源基础环境调查与评估

5.1 基本信息调查

5.1.1 调查方法

环境现状调查的方法主要有三种，包括资料收集法、现场调查法和遥感法。

全面收集整合国家、当地政府及相关部门的年鉴、专著、调研报告、相关规划及设计材料、统计资料，如水资源公报、污染源普查公报、水质信息、监管信息等。

采用现场调查法补充收集资料，包括向供水单位、当地居民了解水源及供水设施的基础资料，实地调查、定位、采集水样及拍摄档案资料。

在区域调查中，宜选用遥感法，整体了解保护区及其上游区域的环境特点，直观掌握水源保护区内的空间信息。

5.1.2 调查内容

（1）基础信息调查。

基础信息调查包括自然地理特征调查与社会经济状况调查。

自然地理特征调查内容包括：流域概况、地质地貌、水文地质、气候气象、河网构成、DEM 图、土地利用类型、土壤类型、水质历史监测数据等。

地下水型饮用水水源还应包括地下水类型，水文地质单元，边界条件，包气带特征，主要含水层、隔水层和透弱水层的岩性组成、厚度及其分布，以及自然和人为因素产生的地下水补给、径流和排泄条件等。

社会经济状况调查内容包括行政区划及规划，人口规模及其分布、密度及变化趋势，自然资源，区域经济及发展状况，水资源分布及开发利用现状。

（2）水质状况调查。

调查内容包括：水源水质月报数据，水质类别，湖库型水源富营养程度，主要超标项目、超标倍数、超标频次及超标原因等。

（3）污染源调查。

调查内容包括饮用水水源一级保护区、二级保护区和准保护区内的所有建设项目、活动以及二级保护区上游 20 千米范围内的潜在风险源情况。

各类污染源及其产生的主要污染物参见附件一。

（4）管理状况调查。

调查内容包括管理机构设置及人员配置情况、管理规章制度建设情况、饮用水水源保护区划分及批复情况、标志设置情况、环境监测状况、环境监察执法、水源环境事件和应急响应等情况。

5.2　评估内容与要求

5.2.1　水质状况评价

（1）评价标准。

地表水型饮用水水源水质评价按照《地表水环境质量标准》（GB 3838）的要求，采用基本项目表 1 中的Ⅲ类标准、补充项目表 2 和特定项目表 3 对应的标准限值为达标值；地下水型饮用水水源水质评价按照《地下水质量标准》（GB/T 14848）的要求，采用表 1 中的Ⅲ类标准限值为达标值。

湖库型饮用水水源还应按照《关于印发湖泊（水库）富营养化评价方法及分级技术规定的通知》（总站生字〔2001〕090 号）规定进行富营养状态评价。

河流型饮用水水源总氮不参与评价。

如有超标情况，应详细说明超标项目、超标倍数及超标频次，分析超标原因。

（2）评价方法。

地表水饮用水水源的水质评价采用单因子评价法，湖泊（水库）富营养化状态评价采用综合营养状态指数法；地下水饮用水水源质量评价采用单项组分法。

各项指标均应达到Ⅲ类标准限值，否则视为水源水质超标。

（3）水量达标率。

针对单一水源水量达标率评价方法，如下所示：

$$q = \frac{Q_L}{Q_A} \times 100\%$$

式中：Q_L ——饮用水水源达标供水量，为该水源全年 12 个月水质达标月份的水量之和；由于地质原因导致背景值超标或细菌类指标超标，且经过水厂处理可以去除的，可视为该水源达标。

Q_A ——饮用水水源年供水总量。

（4）水质变化趋势。

当水质状况等级不变时，则评价为“无明显变化”；

当水质状况等级发生一级及以上变化时，则评价为“好转”或“变差”。

当水质“变差”时，应说明水源供水量、服务人口、现状水质、主要超标因子、污染物来源，实施水质月报制度或开展月监测以来的水质监测数据。因跨政区边界污染造成水质不达标的，还应说明跨界断面水质情况。

饮用水水源部分超标指标原因分析及相应治理对策参见附件二。

（5）其他要求。

地下水型饮用水水源还可针对不同取水层、取水井，进行污染物的空间分布评价，及时掌握水源污染物动态变化情况。

开展饮用水水源水质变化趋势评价。饮用水水源水质状况与前一时段、前一年度同期或进行多时段变化趋势分析时，应满足下列三个条件：监测指标应相同，选择的断面（点位）基本相同，定性评价应以定量评价为依据。

5.2.2　污染源现状分析

污染源现状应主要从保护区内现有的工业、生活、农业、陆运和水运等方面进行分析，同时还应分析各类污染源排放强度，如废水、COD、氨氮或特征污染项目的年排放量。

（1）工业污染源。

分析评价各级保护区内工业企业的数量、分布、行业类别、规模和排污情况，特别是主要污染物的组成、排放方式及排放强度等，及其对水源的影响程度。

同时开展地下油罐、垃圾填埋场、矿山等典型污染源的调查，评价典型污染源个数、规模及其对水源的影响程度。

（2）生活污染源。

分析各级保护区内的居住人口数量、污水排放量、污水处理设施及污染物排放和垃圾填埋场情况。

（3）农业污染源。

分析各级保护区内的耕地（包括集约化农作物种植）面积、作物种类及农业用排水量、化肥农药施用量及排放流失情况，畜禽（包括集约化畜禽）养殖存栏量及排污方式，水产养殖面积、投饵（药）量等。

（4）陆运与水运。

分析保护区内现有公路收费站、服务区，铁路车站、机务段、船舶码头等建设项目的空间分布情况，陆运和水运的交通流量，公路铁路及船舶航线长度等。

5.2.3　环境风险评估

（1）风险源识别。

饮用水水源环境风险主要包括固定源[包括石油化工企业、污（废）水处理厂、垃圾填埋场、危险品仓库、尾矿库和装卸码头等]、流动源（包括存在危险品运输的陆运和水运交通）和非点源（包括农业污染源、潮汛或水灾引起的大面积非点源污染）三大类。

（2）评估方法。

根据饮用水水源一级保护区、二级保护区、准保护区及上游（补给区径流区）的地理属性，调查风险源的性质和规模，定性或定量评估该类风险源的影响程度。

定性评估采用评分值叠加法，针对风险源不同级别的危害程度，提出相应的风险防范措施；定量评估根据单一风险源发生事件的概率和危害程度的乘积，计算风险值，建议有技术条件的地区采用定量评估（评估方法见附件三）。

5.2.4　管理状况评估

根据饮用水水源实际情况，分析水质监测能力、保护区划分及批复、标志设置、污染源整治、风险管理及制度建设情况，并进行综合评估。

（1）饮用水水源水质监测能力。

当年完成监测项目的数量和频率，自动在线监测站点的设置、运行及监测项目情况。

（2）保护区划分及批复。

保护区划分方案须经正式批复后方能作为环境管理的依据，因此，饮用水水源保护区划分经省级政府批复并实施的，在评估工作中方视为已完成保护区划分。

（3）标志设置。

新建或已建水源是否按要求设置界标、交通警示牌和宣传牌等标志，已设立标志（包括围栏、围网等隔离工程）的水源，应通过定期巡查实时掌握破损和丢失情况。

（4）污染源整治。

一级保护区内与取水设施和保护水源无关的建设项目拆除关闭情况及违法活动整治情况，二级保护区内已建排放污染物的建设项目的拆除或者关闭情况。说明排污口关闭的数量、生活污水处理率、畜禽养殖废物资源化利用率、整治网箱养殖面积等。

（5）风险管理。

保护区内风险源名录管理及存在交通穿越的风险管理情况，编制应急预案，开展应急演练，说明对可能或已发生的突发环境污染事件的应急处置能力。

（6）制度建设情况。

说明监测、监察和信息管理等有关制度建设及完成情况。

5.3 常见问题分析

根据饮用水水源选址、保护区划分及基础环境调查与评价结果，分析存在的环境问题及原因。

5.3.1 选址问题

（1）水量不充沛。

取水口（井）选址不当、规划存在较大问题；地表水缺少充沛水量，地下水补给条件不好、含水层富水性弱、渗透条件差等。

（2）区位条件较差。

地表水上游来水水质劣于Ⅲ类；地下水赋存条件不利于开发利用和防污等。

5.3.2 水质问题

饮用水水源一、二级保护区（包括地表水和地下水）水质劣于Ⅲ类；湖库型水源富营养化程度在中度富营养或以上水平；检出项目未纳入常规监测；水质不稳定或逐年恶化。

5.3.3 污染源问题

取水口（井）周边及保护区内存在排污口；尚未取缔违法建设项目和活动；

农村生活污水和垃圾未得到有效控制；种植业过量施用农药、化肥污染水体；规模化或专业户畜禽养殖、网箱养殖污染水体等。

5.3.4 环境事件

根据《国家突发环境事件应急预案》的有关要求，按照突发事件严重性和紧急程度，分析近三年内发生过一般环境事件、较大环境事件、重大环境事件和特别重大环境事件的详细情况；污染事件处置不力、少量受污染原水进入水厂；水厂未及时切断污染源水、少量出厂饮用水不合格等。

5.3.5 管理问题

（1）保护区划分问题。

未按《水污染防治法》要求划定水源保护区；保护区划分难以满足水质保障要求；保护区面积不合理，一级、二级保护区划分面积过大或过小；保护区报批工作缓慢等。

（2）标志设置不规范。

未参照《饮用水水源保护区标志技术要求》（HJ/T 433）设立保护区标志；标志设

立不规范；缺少界碑、界标、警示牌、宣传牌（碑）等。

（3）监测能力不足。

监测点位太少或选点不合理；未能开展常规监测；未开展全指标监测；监测频次较少、监测队伍和监测能力不足等。

（4）管理能力薄弱。

完成保护规划编制但未批准实施；尚未制定应急预案；监督巡查未能达到要求（每月至少一次）；监察队伍和能力建设不足；数据更新及档案管理不完善等。

（5）存在风险隐患。

尚未迁出危险排污企业；保护区内存在危险品运输（陆运和水运）；上游存在危险化工行业；保护区及周边存在储油罐等；未建成水源污染防护和预警、水质安全应急处置及净水厂应急处理等饮用水安全保障体系；不能全天候应急联络，责任人临时缺位且无替补，应急物质储备不充足等。未建设备用水源；未将水源保护纳入应急安全保障体系；备用水源水量不能满足供水地区日最低需水要求等。

（6）宣教力度不够。

对保护区及其周边生活的公众尚未开展宣传教育；公众对水源保护意识缺乏，行为约束力较差；信息不公开等。

第6章　饮用水水源环境保护工作目标

6.1　水质目标

6.1.1　水质达标

地表水型集中式饮用水水源一级保护区水质应不劣于《地表水环境质量标准》（GB 3838）II类标准、二级保护区水质应不劣于III类标准。

地下水型饮用水水源各级保护区水质均应达到《地下水质量标准》（GB/T 14848）III类及以上标准。

由于天然背景值或上游污染短期内无法满足水源水质目标要求的，应确保自来水厂出水水质达到《生活饮用水卫生标准》（GB 5749）要求。

6.1.2　水量达标率

集中式饮用水水源水量达标率应达到100%。

6.1.3　湖库营养状态

湖库型饮用水水源综合营养状态指数TLI不应高于60。

6.2　风险防范目标

采用定性或定量的方法分析评价危险因素或风险源对水源可能造成的影响，应提出具有针对性的风险控制措施。

如果环境风险值超过可接受程度，应考虑迁移取水口、建设备用水源，移除或严格管理风险源，降低水污染事件发生概率和影响。

6.3 监督管理目标

6.3.1 划定保护区和设立标志

水源保护区所在地人民政府参照有关规范划分保护区，依法报省级人民政府批准，并按照有关规范设立保护区标志。

6.3.2 取缔违法建设项目和活动

依法取缔水源保护区内排污口，拆除或关闭一级保护区内已建成的与供水设施和保护水源无关的建设项目；取缔饮用水水源一级保护区内网箱养殖、旅游、游泳、垂钓或者其他可能污染饮用水水体的活动。拆除或关闭水源二级保护区内已建成的排放污染物的建设项目。

6.3.3 监测能力

合理布设监测断面（井），能够监测所有设定断面（井）、各级保护区水质；监测指标和频次满足有关要求。

集中式饮用水水源应每月开展 1 次常规指标监测，地级以上城市需定期开展水质全分析，其中，环保重点城市、环境保护模范城市的饮用水水源应每年至少开展 1 次水质全分析。

6.3.4 应急预警

制定应急预案，每年至少开展一次应急演练，储备与风险防范相关的应急物资。

6.3.5 信息公开

定期在有关媒体上公布水源水质状况。

第 7 章 饮用水水源环境风险防范与应急

7.1 风险防范

7.1.1 地表水

（1）固定风险源。

饮用水水源周边工业企业应按照《危险化学品安全管理条例》《石油天然气管道保护法》等要求，定期对生产工艺、危险化学品管理、废水处置等重点环节进行自查。完善风险应急防控措施，防止污染物、泄漏物等排向外环境，编制风险防范应急预案，并开展演练活动。环保部门应定期对固定风险源的生产工艺、危险化学品管理、废水处置等重点环节进行排查，对特殊风险单位，严格按照相应的应急管理指南开展风险排查和防范工作。

环保部门应通过国家和地方组织的风险源调查工作，建立风险源档案，一源一档，实施动态分类管理。

（2）流动风险源。

环保、公安、交通和海事等部门应根据职责，加强流动风险源管理，在水源保护区入口设置车辆检测点；责令流动源单位落实专业运输车辆、船舶和运输人员的资质要求和应急培训。运输人员应了解所运输物品的特性及其包装物、容器的使用要求，以及出现危险情况时的应急处置方法。在跨水体的路桥、管道周边建设围堰等应急防护措施，防止有毒有害物质泄漏进入水体，经常发生翻车（船）事故的路、桥和危险化学品运输码头，可采取改道、迁移等措施。

危险品运输工具应安装卫星定位装置，并根据运输物品的危险性采取相应的安全防护措施，配备必要的防护用品和应急救援器材。必要时可以限制车辆的运输路线和运输时段，严禁非法倾倒污染物。

（3）非点风险源。

应重视非点源风险防范工作。综合治理农业面源污染，限制养殖规模，提高种植、养殖的集约化经营和污染防治水平，减少含磷洗涤剂、农药、化肥的使用量；分析地形、植被、地表径流的集水汇流特性、集水域范围等，合理调度水资源，保障水源的补给流量。

7.1.2　地下水

地下水型饮用水水源风险防范重在控制污染源，从源头预防污染。

（1）工业污染源。

对工业生产和矿业开发严格执行环保“三同时”制度，定期排查生产工艺和治污设施，识别风险，完善防控方案，采取相应防范措施，防止生产过程的污染物直接渗入地下。应加强检查各种有毒有害物质储罐、油罐、地下油库及其输送管道，及时修补腐蚀穿孔，避免长期渗漏，做好危险化学品运输过程中的密封和防渗工作。应加强尾矿库清理整顿，严格尾矿库持证运行情况监管。应严格按照安全生产制度进行生产，降低偶然性事件发生概率，制定相关应急方案，完善相关应急补救措施，将对地下水的危害降到最低。

（2）生活污染源。

加强生活污水收集和集中处理，提高污水处理厂脱氮除磷效率，防范其随雨水下渗，防止污水管网渗漏污染地下水。做好垃圾中转站的防渗处理工作。加强垃圾填埋场的防渗处理，定期开展填埋场周围地下水的监测，防止垃圾渗滤液进入地下水。

（3）农业污染源。

减少农业种植中有机氯、有机磷以及氨基甲酸酯等杀虫剂的使用，减少氮肥施用，防止多余氮素通过土壤污染地下水，科学引导农业种植。严格遵守再生水回用标准，应定期监测回用再生水中的重金属与持久性有机污染物，禁止使用不符合要求的污水进行灌溉，减少污染物在土壤中的累积，避免地下水污染。

（4）海（咸）水入侵。

做好海（咸）水入侵风险防范，严格禁止超量开采地下水，监测开采水量，完善地下水开采监督检查机制。

7.1.3 风险应急管理

（1）设立预警监测断面（井）。

在一些重要的集中污水处理设施排口、废水总排口及与水源连接的水体设立预警断面（井），在常规人工监测、重点流域自动监测的基础上，根据流域的特征、污染物的类型适当增加预警监测指标，监控有毒有害物质。

地下水型饮用水水源应设置污染控制监测井。定期对污染控制井进行监测，提前预警风险源对地下水的污染。一旦发生污染，应采取相应措施，必要时停止取水。

建立健全地下水水源环境监测体系，在国土资源、水利及环境保护等部门已有监测工作基础上，建立健全地下水水源环境监测网络，逐步实现地下水水源环境信息共享。

（2）完善风险防控措施。

优化与水源直接连接水体的供排水格局，布设风险防控措施。在地表水型饮用水水源上游、潮汐河流型水源的下游或准保护区以及地下水型水源补给区设置突发事件缓冲区，利用现有工程或采取措施实现拦截、导流、调水、降污功能；在水源周围设置应急防护措施，防止有毒有害物质进入水源。

（3）建立风险评估机制。

建立饮用水水源风险评估机制，分析饮用水水源保护区外或与水源共处同一水文地质单元的工业污染源、垃圾填埋场及加油站等风险源对水源的影响，分级管理水源风险，严格管理和控制有毒有害物质。评估风险源发生泄漏事故或不正常排污对水源安全产生的风险，科学编制防控方案。

（4）建立供水安全保障机制。

要加强备用水源和取供水应急互济管网的规划建设，当发生水质异常突发事件时，可通过备用水源或相邻水厂管道调水，保障供水安全；供水部门要指导和督促下辖的自来水厂完善水质应急处理设施和物资保障，强化进水水质深度处理能力。

（5）风险源管理。

建立风险源目标化档案管理模式，明确责任人和监管任务，严格审批重点污染行业企业，新建排污企业与居民区或水源保护区距离一般不小于 1 千米；严格执行水源保护区建设项目准入制度，对存在污染饮用水水源风险的建设项目，要完善风险防范措施。输送管线等特殊设施，确需穿越水源的，必须配套泄漏预警及风险防范措施，编制专项应急预案。

严格控制运输危险化学品、危险废物及其他影响饮用水水源安全的车辆进入水源保护区，进入车辆应申请并经有关部门批准、登记，并设置防渗、防溢、防漏等设施。

（6）制定应急预案。

应急预案是为迅速、有效、有序地应对和缓解一些突发事件，而预先制定的一套程序化、规范化、详细的操作性文件和规定。应急预案在应急体系建立中具有政策性、纲领性和指导性作用，明确救援队伍、应急物质和专家技术支持等，从而确使突发事件带来的危害降到最低。

7.1.4　特殊时期的水源风险防范措施

在发生地震、汛期、旱期、雨雪冰冻等特殊时期，对水源的风险防范应更加严格谨慎。

加强水源巡查和保护的宣传；对水源周边重点污染源进行全面的排查，重点防范特殊时期企业违法偷排；增加水源监测频次。

7.2　预警体系

7.2.1　预警系统建设

（1）监测预警。

应充分利用国家、省、市各级环境监测网络资源，建立水源监测预警系统，并与供水单位建立联动预警机制。监测网络包括自动监测和监督性监测。自动监测包括风险源自动监控、流域地表水自动站监测、水源自动监测等。

地表水监督性监测包括江河湖库等地表水国控、省控、市控断面例行监测、风险源废水排放例行监测。

地下水监督性监测包括污染控制井例行监测、风险源环境影响评价现状监测等。

（2）生物毒性预警。

可在主要河道和取水口处安装在线生物毒性预警监控设备，或利用敏感指示生物实现生物预警，全面监控有毒有害物质的变化。

（3）环境监管预警。

应充分利用环境监察等日常监管信息，进行监管预警。

7.2.2　跨界预警系统建设

为了保持信息通信畅通，应建立跨界预警信息交流平台。通过跨界预警系统可以及时了解不同断面的水质信息，实现监测预警信息的共享。

7.2.3　预警信息研判与公告

应结合水源特点研究制定预警标准，实施分级预警。建立预警研判模板，对来自各方面的预警信息汇总研判。建立预警工作联动机制，发现异常情况第一时间进行监察和监测核实。

当水源水质受到或可能受到突发事件影响时，应建议当地政府立即启动预警系统，发布预警公告，设立警示牌，通报受污染水体沿岸污染信息和防范措施。

7.3 应急响应

7.3.1 应急准备

编制饮用水水源应急预案体系应包括政府总体应急预案、饮用水突发环境事件应急预案、环保、水务、卫生等部门突发环境事件应急预案，风险源突发环境事件应急预案、连接水体防控工程技术方案、水源应急监测方案等。

环保部门应建议政府形成环保、水利、城建、卫生、国土、安监、交通运输、消防部门等多部门联动，不同省份、区域、流域间信息共享的跨界合作机制，共同确保水源安全。

地方政府应将水源突发事件应急准备金纳入地方财政预算，并提供一定的物资装备和技术保障。

7.3.2 应急处置

环保部门应多渠道收集影响或可能影响水源的突发事件信息，并按照《突发环境事件信息报告办法》等规定进行报告。

突发事件发生后，应在政府的统一指挥下，各相关部门相互配合，完成应急工作。当发生跨界污染情况时，应由共同的上级部门现场指挥，地方部门协调、配合完成工作。立即开展应急监测，采取切断污染源头、控制污染水体等措施，第一时间发布信息，引导社会舆论，为突发事件处理营造稳定的外部环境。

7.3.3 事后管理

突发事件发生并处理完毕后，应整理、归档该事件的相关资料。应急物资使用后，应按照应急物质类别妥善处理，跟踪监测水质情况，防止对水源造成二次污染。对重大或具有代表性的事件，要梳理事件发生和处置过程，利用影像资料和信息平台记录，结合相关模型模拟、再现事件发生演变过程，为事件的全面掌握提供资料。要吸取突发事件处理经验教训，形成书面总结报告。

第8章　饮用水水源保护区污染防治

8.1 分级防治

8.1.1 一级保护区

一级保护区内应视实际情况实施封闭式管理。按照《水污染防治法》有关要求，一级保护区内不得有与取水设施和保护水源无关的建设项目及其他禁止行为。

主要治理措施有建筑物清拆、排污口关闭、人口搬迁、规模化畜禽养殖场和集约化农作物种植及垃圾堆放场搬迁等。

在有条件的地区，一级保护区陆域周围应建设隔离防护设施，主要有两种形式：一是采用围网或围栏进行保护的物理隔离；二是选择适宜树木种类建设防护林的生物隔离。工程措施包括建设围栏、围网，种植生态防护林，设立水源保护区标志以及建设取水口污染防治设施等。

8.1.2　二级保护区

二级保护区按照近期清拆违规污染源、远期预防的原则进行整治。按照《水污染防治法》有关要求，二级保护区禁止新建、改建和扩建排放污染物的建设项目；已建成排放污染物的建设项目，由县级以上人民政府责令拆除或关闭。

主要治理措施有拆除现有点源、建设集中生活污水处理设施，并将尾水引至水源保护区外排放、控制畜禽养殖和集约化农作物种植、建设隔离防护设施。针对非点源污染防治工程应坚持系统、循环、平衡的生态学原则，与生态修复工程相结合，着重从源头控制污染负荷，进一步保障水质。

8.1.3　准保护区

按照《水污染防治法》有关要求，禁止在饮用水水源准保护区内新建、扩建对水体污染严重的建设项目；改建建设项目，不得增加排污量。

8.2　分类防治

8.2.1　河流型

河流型饮用水水源污染防治工作应注重全流域综合防控，严格实行容量总量控制，坚决取缔保护区内排污口，严防种植业和养殖业污染水源，禁止有毒有害物质进入保护区，强化水污染事件的预防和应急处理。主要防治措施包括以下内容：

（1）从全流域尺度保护水源，保障保护区上游水质达标；

（2）严格限制利用天然排污沟渠间接在水源上游排污；

（3）取缔保护区内排污口和违法建设项目；

（4）禁止或限制航运、水上娱乐设施、公路铁路等流动污染源；

（5）逐步控制农业污染源，发展有机农业；

（6）底泥清淤，建设生态堤坝；

（7）建设人工湿地和生态浮岛。

8.2.2　湖库型

湖库型饮用水水源污染防治工作应强调蓝藻水华控制。湖库型饮用水水源根据藻类种类严格控制氮磷总量，发生藻类水华时，及时启动藻类水华应急工作，分析水华发生原因，根据水华发生的不同特征，研究制定控制方案。除河流型水源污染防治措施外，其他主要措施包括以下内容：

（1）严格控制入湖（库）河流水质，实现清水入湖；

（2）根据水华特征，科学实施氮磷总量控制；

（3）提倡沿湖（库）农田开展测土配方施肥；

（4）制定藻类水华暴发应急预案；

（5）采用藻水分离技术，开展高效机械打捞；

（6）开展藻类资源化利用。

8.2.3 地下水型

重点围绕地下水污染源、污染羽和污染途径开展地下水污染防治工作。主要防治措施包括以下内容：

（1）取缔通过渗井、渗坑或岩溶通道等渠道排放污染物；

（2）取缔利用坑、池、沟渠等洼地存积废水；

（3）改造化粪池及农村厕所，建设防渗设施；

（4）取缔污水灌溉，控制农田过度施肥施药；

（5）取缔保护区内鱼塘养殖、人工筑塘；

（6）防止受污染地表水体污染傍河地下水型水源；

（7）建设控制、阻隔措施，防止受污染的地下水影响下游水源；

（8）针对不同的污染物类型，采用绿色的地下水环境修复技术。

8.3 污染源整治

8.3.1 工业污染源

依据饮用水水源保护的有关法律法规，对工业污染源实施最严格的整治措施。

（1）取缔工业污染源。

一级保护区内，坚决关闭和取缔工业污染源，拆除所有违法建设项目；关闭和取缔勘探、开采矿产资源、堆放工业固体废弃物及其他有毒有害物品。二级保护区内，关闭和取缔排放污染物的工业污染源，对于在水源保护区或其周围已经存在的工业污染源，由地方政府制订计划，分期予以拆除或者关闭。

（2）严格整治上游高风险工业污染源。

水源保护区上游（补给径流区内）的工业污染源应合理布局。严格整治化工、造纸等高污染建设项目；禁止向该区域河流、沟渠排放未经处理或虽经处理但不达标的工业废水；工业固体废物应及时运至不影响水源水质安全的区域处理。

8.3.2 生活污染源

（1）实施人口搬迁。

地方政府根据实际情况出台人口搬迁补贴及优惠政策，制订搬迁计划，逐步迁出水源一、二级保护区内城镇及农村人口。

（2）集中治理。

若因强制搬迁产生严重社会影响的，应加强保护区内及其上游城镇及农村生活污水和固体废弃物防渗排污管道的铺设和管理，提高再生水回用和深度处理能力，加强固体废弃物环境监管与整治，统一收集污水送至水源下游（保护区以外）集中处理达标后排放。

8.3.3　农业污染源

（1）种植业。

优先考虑退耕还林还草、还湿，实行生态补偿政策。一级保护区禁止从事种植、放牧、网箱养殖等污染水体的活动。二级保护区禁止集约化农作物种植，占用耕地的部分建议发展有机农业；准保护区应建设生态缓冲带，农作物种植面积应严格控制，选用低毒农药和缓释肥，推广测土配方施肥技术。

① 退耕还林还草、还湿

为保护和改善饮用水水源周边环境，将易造成水土流失或土地沙化的耕地，有计划地停止耕种，因地制宜地造林种草，恢复林草植被或开展人工湿地建设和生态恢复工程。

② 生态补偿政策

饮用水水源生态供给方为受益方带来经济效益、生态效益和社会效益。受益方根据其经济发展水平和支付意愿，提供保护区内因取缔种植业而造成的经济损失。

水源保护区内退耕还林还草、还湿的农户，应按一定标准给予补偿，或采用个体承包的形式，将水源保护区内造林种草和植被保护的任务，落实到户，按照“谁退耕、谁造林，谁经营、谁受益”的政策，明确造林种草者权益，使群众在获得收益的同时，为水源保护区生态环境建设做贡献。

③ 发展有机农业

按照有机农业生产标准，通过不采用基因工程获得的生物及其产物，不使用化学合成的农药、化肥、生长调节剂、饲料添加剂等物质，遵循自然规律和生态学原理，实施等高耕作、梯田耕作以及保留收割时的残留物，利用秸秆还田、绿肥施用等措施保持土壤养分循环，降低径流坡度，尽量减少土壤表层的人为扰动，降低污染物进入水体中的概率。

④ 选用低毒农药

低毒农药是通过改良农药的毒性，对人、畜及各种有益生物毒性小或无毒，易被土壤吸收、分解，不会造成对环境及农产品污染的高效、低毒、低残留的安全农药。

⑤ 施用缓释肥

缓释肥是在化肥颗粒表面包上一层很薄的疏水物质制成包膜化肥，对肥料养分释放速度进行调整，根据作物需求释放养分，达到元素供肥强度与作物生理需求的动态平衡。缓释肥可以控制养分释放速度，提高肥效，减少肥料施用量和损失量，降低环境污染。

⑥ 测土配方施肥

测土配方施肥是以土壤测试和肥料田间试验为基础，根据作物需肥规律、土壤供肥性能和肥料效应，在满足植物生长和农业生产需要的基础上，提出氮、磷、钾及中、微量元素等肥料的施用数量、施肥时期和施用方法。通过测土配方施肥，可以有效减少化肥施用量、提高化肥利用率，减少化肥流失对饮用水水源的污染。

⑦ 建设生态缓冲带

在农田和水源之间建设生态缓冲带，利用缓冲带植物的吸附和分解作用，拦截农田氮磷等营养物质进入水源，同时，缓冲区有助于阻止附近地区（耕地及养殖场）的径流污染物，对湖滨地区的水土保持，减少湖滨带土壤侵蚀量也有重要作用。一般是在河岸带种植多年生的乔木等植物。

（2）畜禽养殖业。

饮用水水源保护区内禁止开展规模化和专业户畜禽养殖。保护区内的分散式畜禽养殖圈舍应尽量远离取水口，禁止向水体直接倾倒畜禽粪便和污水。对于保护区以外可能对水源产生影响的畜禽养殖，应参考《畜禽养殖业污染防治技术规范》（HJ/T 81）采取相应的污染防治措施，鼓励种养结合和生态养殖，推动畜禽养殖业污染物的减量化、无害化和资源化处置。

① 干法清粪

干法清粪工艺的主要方法是，粪便一经产生便分流，干粪由机械或人工收集、清扫、运走，尿及冲洗水则从下水道流出，分别进行处理。干法清粪工艺分为人工清粪和机械清粪两种。人工清粪只需用一些清扫工具、人工清粪车；机械清粪包括铲式清粪和刮板清粪。

② 沼气发酵

沼气发酵又称为厌氧消化、厌氧发酵和甲烷发酵，是指有机物质（如人畜家禽粪便、秸秆、杂草等）在一定的水分、温度和厌氧条件下，通过种类繁多、数量巨大、且功能不同的各类微生物的分解代谢，最终形成甲烷和二氧化碳等混合性气体（沼气）的复杂生物化学过程。一般从投料方式、发酵温度、发酵阶段、发酵级差、料液流动方式等角度，选择适合的发酵工艺。

③ 畜禽粪便高温堆肥

又称“好氧堆肥”，在氧气充足的条件下借助好氧微生物的生命活动降解有机质。通常好氧堆肥堆体温度一般在 50～70℃，由于高温堆肥可以最大限度地杀灭病原菌、虫卵及杂草种子，同时将有机质快速地降解为稳定的腐殖质，转化为有机肥。不同的堆肥技术主要区别在于维持堆体物料均匀及通气条件所使用的技术差异，主要有条垛式堆肥、强制通风静态垛堆肥、反应器堆肥等。

④ 畜禽养殖场径流控制

在养殖场粪便产生区，采取控制其径流通道的方法将该部分携带动物粪便的径流进行控制，防止其进入水体。一般应在规模化和专业户畜禽养殖场径流出口处建造排水沟，将其径流转移到处理池或作其他用途。

（3）农村生活污水。

饮用水水源保护区内不得修建渗水的厕所、化粪池和渗水坑，现有公共设施应进行污水防渗处理，取水口（井）应尽量远离这些设施。

饮用水水源保护区周边生活污水应避免污染水源，根据生活污水排放现状与特点、农村区域经济与社会条件，按照《农村生活污染防治技术政策》（环发〔2010〕20号）及有关要求，尽可能选取依托当地资源优势和已建环境基础设施、操作简便、运行维护费用低、辐射带动范围广的污水处理模式。

农村生活污水按照分区进行污水管网建设并收，以稍大的村庄或邻近村庄的联合为宜，每个区域污水单独处理。污水分片收集后，采用适宜的中小型污水处理设备、人工湿地或氧化塘等形式处理村庄污水。

① 人工湿地

利用自然生态系统中物理、化学和生物的三重共同作用来实现对水体的净化。这种湿地系统是在一定长宽比及底面有坡度的洼地中，由土壤和填料（如卵石等）混合组成填料床，水体可以在床体的填料缝隙中曲折地流动，或在床体表面流动。在床体的表面种植具有处理性能好、成活率高的水生植物（如芦苇等），形成一个独特的动植物生态环境，对污染水进行处理。

② 氧化塘

经人工改造的具有处理污水能力的自然池塘，是一种构造简单、维护管理方便、处理效果稳定、节省能源的净化系统。污水在塘内经过较长时间的停留、贮存，通过微生物的代谢活动，菌藻相互作用或菌藻、水生生物的综合作用使有机污染物和其他污染物质得到降解和去除。

（4）农村固体废物。

饮用水水源保护区内禁止设立粪便、生活垃圾的收集、转运站，禁止堆放医疗垃圾，禁止设立有毒、有害化学物品仓库。

饮用水水源保护区内厕所达到国家卫生厕所标准，与饮用水水源保持必要的安全卫生距离。水源保护区以外的粪便应实现无害化处理，防止污染水源。对无害化卫生厕所的粪便无害化处理效果进行抽样检测，粪大肠菌、蛔虫卵应符合《粪便无害化卫生标准》（GB 7959）的规定。

① 无害化卫生厕所

应符合卫生厕所的基本要求，具有粪便无害化处理设施、按规范进行使用管理的厕所。卫生厕所要求有墙、有顶，贮粪池不渗、不漏、密闭有盖，厕所清洁、无蝇蛆、基本无臭，粪便应按规定清出。

② 一般垃圾回收

厨余、瓜果皮、植物农作物残体等可降解有机类垃圾，可用作牲畜饲料，或进行堆肥处理。倡导水源保护区内农村垃圾就地分类，综合利用，应按照“组保洁、村收集、镇转运、县处置”的模式进行收集。

③ 特殊垃圾处置

医疗废弃物、农药瓶、电池、电瓶等有毒有害或具有腐蚀性物品的垃圾，要严格按照有关规定进行妥善处理处置。

④ 垃圾综合利用

遵循“减量化、资源化、无害化”的原则，鼓励农村生产生活垃圾分类收集，对不同类型的垃圾选择合适的处理处置方式。煤渣、泥土、建筑垃圾等惰性无机类垃圾，可用于修路、筑堤或就地进行填埋处理。废纸、玻璃、塑料、泡沫、农用地膜、废橡胶等可回收类垃圾可进行回收再利用。

8.3.4 流动污染源

（1）公路。

在饮用水水源一级保护区内，禁止或严格限制公路运输有毒有害物质。饮用水水源二级保护区内，不得建设服务站、加油站，严格限制运输有毒有害物质。根据水源保护区的不同级别，对公路运输的物品及所用车辆进行限制性通行。在进入水源保护区范围的入口处，应设立检测管理点，对进入保护区的车辆及物品进行检查，防止车辆漏油、物品散落等。

① 车辆限行

限制各种容易泄漏、散装、超载车辆上路，在公路和跨线桥两侧设置警示牌或限速牌。

② 设置防护墙（栏）

对存在危险品运输公路和跨线桥应设置防护墙（栏）等安全隔离防护设施，修建应急收集池（沟），必要时可设置小型净化池。

③ 污水处理设置

在公路沿线设置的管理区、养护工区、服务区等的生活污水应经处理达标后排放。

（2）铁路。

修建铁路选址时应尽量避开饮用水水源保护区；对于已建饮用水水源保护区内的铁路，应严格限制有毒有害物质的运输，车站、机务段等存在固定污染源的场站应避开一级、二级保护区。

（3）船舶。

饮用水水源一级保护区内，禁止设置装卸码头；饮用水水源二级保护区和准保护区内，禁止设置危险品装卸码头。根据水源保护区不同保护级别，对船舶作出禁止通行和限制通行的规定。不得通行装载高危险品的船舶，如确需通过，应提前向有关部门报告，并配备防止污染物散落、溢流、渗漏的设备。

① 溢油围控

油溢到水面后，在自身重力和风、流以及其他因素的作用下会迅速扩散和漂移。因此，溢油清除的首要任务是尽快采取措施，有效围控溢油，阻止其进一步扩散漂移，以减少水域污染范围。用作溢油围控的器材主要是围油栏。围油栏的作用主要有三种：溢油围控和集中、溢油导流、防止潜在溢油。

② 船舶冲洗

冲洗船舶应远离保护区，且应在保护区下游、下风向的港口进行，冲洗甲板时，应当事先清扫。不得冲洗装载有毒有害或者散装粉状货物的船舶。禁止油轮冲洗甲板。

8.4　地表水生态修复

8.4.1　藻类水华控制

当饮用水水源发生藻类水华时，优先考虑更换水源，无可替换水源时再启动藻类水华控制工作。针对湖库型饮用水水源的水华主要发生区域，分析其水文、水化学特征、营养负荷特征，以不同水华发生特征为基础，制定水华控制方案。

（1）机械打捞。

藻水高效分离技术：通过合适的过滤或者絮凝等技术与装置，高效打捞并迅速实现藻水分离。根据短期的气象与水文预测信息，确定在未来时间内藻类水华易聚集的时间和地点，组织人员和机械，在藻类高度聚集的水域打捞藻类，提高打捞效率。

（2）生物控藻。

利用藻类的天敌及其产生的生长抑制物质来控制或杀灭藻类的技术，主要包括：利用藻类病原菌（细菌、真菌）抑制藻类生长；利用藻类病毒（噬藻体）控制藻类的生长；利用植物的抑制物质、植物间的相互抑制，以及富集和争夺营养源的抑藻作用；利用食藻鱼类控制藻类生长；酶处理技术。利用浮叶植物、挺水植物、沉水植物等大型水生植物吸收氮磷及节流藻类等调控技术。

8.4.2　生物浮岛

针对湖库型水源，利用竹子或可降解的泡沫塑料板等做成的、能漂浮在水面上且可承受一定质量的浮床上种植植物，让根系伸入水中吸收水分、氮、磷以及其他营养元素来满足植物生长需要，通过收获植物去除水中的氮、磷等污染物。目前已用于或可用于人工生物浮床净化水体的植物主要有美人蕉、芦苇、荻、多花黑麦草、稗草等。

8.4.3　生态护坡

生态型护坡以保护、创造生物良好的生存环境和自然景观为前提，在保证护岸具有一定强度、安全性和耐久性的同时，兼顾工程的环境效应和生物效应，以达到一种水体和土体、水体和生物相互涵养，适合生物生长的仿自然状态。改变传统河坡直立式结构形式，放缓河坡，在近岸带种植根系发达的植物，依靠植物固结土壤，防止岸坡淘刷，维护岸坡稳定性，为水中生物提供栖息地和活动的场所，起到保护、恢复自然环境的效果，主要选取物种有黑麦草、两耳草及高羊茅草等。

8.4.4　底泥清淤

对不同粒径的泥沙清淤物，按其不同用途进行综合利用处理。细颗粒泥沙是一些营养物质和一些有机质的载体，是建造肥沃良田的优质原料；其他泥沙可用于工程建筑材料和填沟造田，可使水库泥沙淤积治理产生综合效益，降低挖沙成本；对于未经处理的和不能进行综合利用的清淤物应堆放到安全地带，防止清淤物再次流入水体，对环境造成污染。

8.5　地下水环境修复

当地下水型饮用水水源发生污染时，优先考虑更换水源，无可替换水源时再启动地下水环境修复工作。

8.5.1　物理法修复

（1）水动力控制法。

水动力控制修复技术是建立井群控制系统，通过人工抽取地下水或向含水层内注水的方式，改变地下水原来的水力梯度，进而将受污染的地下水体与未受污染的清洁水体隔开。井群的布置可以根据当地的具体水文地质条件确定。

（2）流线控制法。

流线控制法设有一个抽水廊道、一个抽油廊道、两个注水廊道。首先从上面的抽水廊道中抽取地下水，然后把抽出的地下水注入相邻的注水廊道内，以确保最大限度地保持水力梯度。同时，在抽油廊道中抽取污染物质，但要注意抽油速度不能高，但要略大于抽水速度。

（3）屏蔽法。

屏蔽法是在地下建立各种物理屏障，将受污染水体圈闭起来，以防止污染物进一步扩散蔓延。常用的灰浆帷幕法是用压力向地下灌注灰浆，在受污染水体周围形成一道帷幕，从而将受污染水体圈闭起来。

（4）被动收集法。

被动收集法是在地下水流的下游挖一条足够深的沟道，在沟内布置收集系统，将水面漂浮的污染物质如油类污染物等收集起来，或将所有受污染的地下水收集起来以便处理的一种方法。

（5）地下水曝气技术。

地下水曝气技术应用于处理地下水中的挥发性有机物。将干净的空气注入受污染的含水层中，使地下水中的挥发性有机物经由传质作用，转移到气相中，而借浮力上升的气体被收集，进行净化处理。

8.5.2　化学法修复

（1）加药法。

谨慎使用加药法修复地下水，确保水质污染在可控范围之内，避免污染水源。加药法是通过井群系统向受污染水体灌注化学药剂，如灌注中和剂以中和酸性或碱性渗滤液，添加氧化剂降解有机物或使无机化合物形成沉淀等。

（2）电化学动力法。

电化学动力修复技术将电极插入受污染的地下水及土壤区域，通直流电后，在此区域形成电场。在电场的作用下水中的离子和颗粒物质沿电力场方向定向移动，迁移至设定的处理区进行集中处理；同时在电极表面发生电解反应，阳极电解产生氢气和氢氧根离子，阴极电解产生氢离子和氧气。

8.5.3　复合法修复

（1）抽出处理。

抽出处理法是当前应用很普遍的一种方法，可根据污染物类型和处理费用来选用，大致可分为物理法（包括吸附法、重力分离法、过滤法、反渗透法、汽提法、空气吹脱法和焚烧法等）、化学法（包括混凝沉淀法、氧化还原法、离子交换法和中和法等）和生物法（包括活性污泥法、生物膜法、生物反应器法、厌氧消化法和土壤处置法等）。

（2）渗透反应墙（PRB）。

在污染水体下游挖沟至含水层底部基岩层或不透水黏土层，然后在沟内填充与污染物反应的透水性介质，受污染地下水流入沟内与介质发生反应，生成无害化产物或沉淀物。常用的填充介质有：灰岩，用以中和酸性地下水或去除重金属；活性炭，用以去除非极性污染物；沸石和合成离子交换树脂，用以去除溶解态重金属等。该方法主要适用于较薄、较浅含水层，一般用于填埋渗滤液的无害化处理。

（3）监测自然衰减法。

监测自然衰减技术是基于污染场地自身理化条件和污染物自然衰减能力进行污染修复，从而达到降低污染物浓度、毒性及迁移性等目的。监测自然衰减是一种被动修复技术，其机制由于土壤颗粒的吸附，使一些污染物不会迁移到场地以外，微生物降解是污染物分解的重要作用，稀释和弥散虽不能分解污染物，但也可以有效地降低场地的污染风险。监测自然衰减技术适用于含氯有机溶剂、燃料、金属、放射性核素和爆炸物等各种污染物。

第 9 章　饮用水水源保护区管理制度

9.1　保护区划分与调整

新建饮用水水源应在选址确定后，初步确定水源保护区范围，待规划设计完成后，依据保护区划分规范和水源建设情况，最后确定水源保护区范围，按照《水污染防治法》、相关法规及规章要求，履行保护区划定方案报批程序。

饮用水水源保护区应由有关市、县人民政府提出划定方案，报省（区、市）人民政府批准；跨省（区、市）的饮用水水源保护区，由有关省（区、市）人民政府和有关流域管理机构划定；协商不成的，由国务院环境保护主管部门会同同级水行政、国土资源、卫生、建设等部门提出划定方案，征求国务院有关部门的意见后，报国务院批准。

饮用水水源保护区划定后原则上不得调整。确需调整的应根据已有规范和水源环境保护的实际需要，在确保水源环境安全的前提下，由水源所在市、县人民政府提出饮用水水源保护区调整方案，按照有关程序重新划定，并报省（区、市）人民政府重新批准。各地可根据实际情况，制定符合当地饮用水水源保护需求的法规或办法，设立饮用水水源保护区管理机构。

9.2　保护区环境准入

在影响饮用水水源水质的上游（补给径流区）地区，采取最严格的环境保护措施，以水环境容量为依据，严格执行环境影响评价制度，严格环境项目准入，建设项目需向饮用水水源环境保护主管部门申办许可手续，确保饮用水水源来水水质达标。

9.2.1　一级保护区

（1）地表水型饮用水水源。

禁止新建、扩建与供水设施和保护水源无关的建设项目，禁止向水域排放污水，已设置的排污口一律拆除；不得设置与供水需要无关的码头，禁止停靠船舶；禁止堆置和存放工业废渣、城市垃圾、粪便和其他废物；禁止设置油库和储油罐；禁止从事种植、放养畜禽，禁止网箱养殖活动；禁止可能污染水源的旅游活动和其他活动。

（2）地下水型饮用水水源。

禁止建设与取水设施无关的建筑物；禁止从事农牧业活动；禁止倾倒、堆放工业废渣及城市垃圾、粪便和其他有害废弃物；禁止输送污水的渠道、管道及输油管通过本区；禁止建设油库；禁止建设墓地。

9.2.2 二级保护区

（1）地表水型饮用水水源。

禁止新建、改建、扩建向水体排放污染物的建设项目，已建成的排放污染物的建设项目，由县级以上人民政府责令拆除或者关闭。从事网箱养殖、旅游活动的应当按照规定采取措施，防治污染饮用水水体。禁止设立装卸垃圾、粪便、油类和有毒物品的码头。

（2）地下水型饮用水水源。

禁止建设化工、电镀、皮革、造纸、制浆、冶炼、放射性、印染、染料、食品、炼焦、炼油及其他有严重污染的企业，已建成的应限期转产或搬迁；禁止设置城市垃圾、粪便和易溶、有毒有害废弃物堆放场和转运站，已有的上述场站要限期搬迁；禁止利用未经净化的污水灌溉农田。化工原料、矿物油类及有毒有害矿产品的堆放场所必须有防雨、防渗措施。

9.2.3 准保护区

（1）地表水型饮用水水源。

禁止准保护区内新建、扩建对水体污染严重的建设项目，改建建设项目不得新增排污量；直接或间接向水域排放废水，必须符合国家及地方规定的废水排放标准，当排放总量不能保证保护区内水质满足规定的标准时，必须削减排污负荷。

（2）地下水型饮用水水源。

禁止建设城市垃圾、粪便和易溶、有毒有害废弃物的存放场站，因特殊需要设立转运站的，必须经有关部门批准，并采取防渗漏措施。保护水源涵养林，禁止毁林开荒，禁止非更新砍伐水源涵养林。

9.3 保护区监测与评估

县级及以上环境保护部门应建立常规监测制度，按监测项目及频次要求，定期对水源水质、水量开展常规监测，监测结果报上级环保部门备案。建立应急监测预案，发生突发事件时，开展应急监测。监测人员应定期组织培训，完善考核制度。

县级及以上环境保护部门应建立饮用水水源保护区评估制度，对水源所在地的基础环境状况、水质情况、污染源信息以及环境管理情况进行自评估，对存在问题的水源，应有针对性地提出整改措施。评估结果反馈保护区所在政府及环保部门，同时报省级环保部门备案。

9.4 保护区环境监察

建立饮用水水源保护区环境监察管理制度，按照“属地管理、各司其职”的原则，依据《中华人民共和国水污染防治法》《饮用水水源保护区污染防治管理规定》《饮用水水源保护区划分技术规范》等相关规定，查处饮用水水源保护区内的环境违法行为。监察内容主要包括饮用水水源保护区的建设管理情况、饮用水安全应急预案制定情况以及保护区内的违法建设项目和违法行为。对于水质良好的饮用水水源，应以环境监督检查为主，定期开展环境监察，做好现场检查记录。完善保护区内的标志牌设立，便于监管和警示周围群众。

对检查中发现的饮用水水源保护区内的排污口要坚决取缔。对保护区内违反法律规定的建设项目依法予以处罚，同时报经有批准权的人民政府批准，责令拆除或者关闭。对一级保护区内从事网箱养殖或者组织进行旅游、垂钓或者其他可能污染饮用水水体的活动的，责令停止违法行为并处罚款。

通过定期巡查、突击巡查、专项巡查和重点巡查等方式，监视水源保护区内的饮用水、水域、水工程及其他设施的变化状态，掌握工程的安全情况，为正确管理运行提供科学依据，及时发现工程的不正常迹象，防止事件发生，查处各类水事违法案件。对一、二级保护区污染源现场巡查每月应不少于一次，准保护区污染源现场巡查每季度应不少于一次。

9.5 信息管理

县级以上环境保护部门应建立集中式饮用水水源环境管理档案，档案的建立应遵循“一源一档、同时建立、同步更新”的原则，按照饮用水水源基本情况、环境质量状况和环境管理情况分为三类，同时同步建立电子版和纸质版的环境档案，对于有变动的饮用水水源相关内容须同步更新。

多渠道、多形式向社会公布水源保护信息，将饮用水水源水质旬报（月报）制度推广到城镇乃至农村集中式饮用水水源。定期向社会公布水源水质达标情况，保护区内被取缔、被停产限期整顿的排污企业名称和位置，以及限期整治的企业名单。鼓励公众多途径参与饮用水水源保护，鼓励水源周边居民举报环境违法行为，及时表彰和奖励环境保护先进集体和个人，维护群众的知情权、监督权和参与权。

附件一：各类污染源及其排放污染物概述

<table>
<tr><th colspan="2">污染源</th><th>潜在污染物</th><th>主要污染指标</th></tr>
<tr><td colspan="4">工业</td></tr>
<tr><td rowspan="3">汽车行业</td><td>汽车（农机）维修</td><td>废油、汽油、柴油、油漆、汽车废料、杂项切削油</td><td>石油类、pH、甲醛、甲苯、二甲苯、硫化物、磷、氯化物</td></tr>
<tr><td>洗车</td><td>肥皂、洗涤剂、蜡、杂项化学品、碳氢化合物</td><td>阴离子表面活性剂、磷、石油类、BOD_5、pH、碳酸氢盐</td></tr>
<tr><td>汽油站</td><td>石油燃料、废水</td><td>石油类、阴离子表面活性剂</td></tr>
<tr><td colspan="2">船舶服务/修复/修补</td><td>汽油、柴油、船舶废物、木材防腐、水处理化学品、涂料、蜡、清漆</td><td>石油类、氮、磷、粪大肠杆菌、pH、甲醛</td></tr>
<tr><td colspan="2">化工/石油加工/存储</td><td>危险化学品、烃类、碳氢化合物、重金属</td><td>石油类、pH、挥发酚、碳酸氢盐</td></tr>
<tr><td colspan="2">电气/电子制造</td><td>金属污泥、烧碱、酸、油、油漆、涂料淤泥</td><td>铁、铜、石油类、pH、甲醛、甲苯、二甲苯、多氯联苯、氰化物</td></tr>
<tr><td colspan="2">金属电镀/抛光/制造</td><td>钠和氢氰化物、金属盐类、盐酸、硫酸、铬酸、硼酸、涂料废物、重金属、电镀废物、油</td><td>pH、甲醛、二甲苯、石油类、铜、汞、氢氰化物、铬、硼、氟化物、总氰化物</td></tr>
<tr><td colspan="2">塑料/化纤生产</td><td>油、涂料废物、酸、碱、废水处理淤泥、纤维素酯、表面活性剂、酚类、过氧化物等</td><td>氰化物、pH、石油类、挥发酚、阴离子表面活性剂</td></tr>
<tr><td colspan="2">木/纸浆/纸张加工</td><td>有机酸、有机废渣、氢氧化钠、次氯酸钠、二氧化氯、过氧化氢、油漆废渣、木材染色、防蛀产品、木馏油、涂层和黏合废物</td><td>氯化物、pH、甲醇、石油类、硫化物、甲醛、二甲苯、悬浮物</td></tr>
<tr><td colspan="2">矿产/砾石坑</td><td>矿泄漏或尾矿、高度腐蚀性矿化水、金属硫化物、金属、氨基酸、矿物质硫化物、其他危险和丢弃的化学品、石油产品和燃料</td><td>pH、石油类、硫化物、铁、锰、溶解性总固体</td></tr>
<tr><td colspan="2">食品加工</td><td>盐、杂项食品废物、苯、酸</td><td>硝酸盐、磷、氯、氨、乙二醇、pH</td></tr>
<tr><td colspan="2">家具维修/制造</td><td>胶水和其他黏合剂、废物绝缘、油漆、焦油、油漆、酸、碱、密封剂、环氧废物</td><td>石油类、甲醛、二甲苯、甲苯、pH、环氧化物</td></tr>
<tr><td colspan="2">干洗店</td><td>有机溶剂、化学品、盐酸、防锈剂</td><td>四氯乙烯、石油类、三氯乙烷、甲基氯仿、氨、pH</td></tr>
<tr><td colspan="2">硬件/备件仓库</td><td>危险化学品库、取暖油、铲车废油、燃料储存罐、稀释剂、油漆、清漆</td><td>pH、甲醛、甲苯、石油类、二甲苯、硫酸、磷、硼、二氯苯</td></tr>
<tr><td colspan="2">垃圾/废弃物/打捞局/船厂</td><td>汽车废物、来自企业和家庭的任何废物、油、废金属</td><td>多氯联苯、石油类、铅、铁、铜</td></tr>
<tr><td colspan="2">科研院校</td><td>放射性废物、生物废物、消毒剂、石棉、溶剂（酸、碱等）、传染性材料、药品、消毒剂、杂项化学品</td><td>pH、铍、甲醛、环氧乙烷、总α放射线、总β放射线、氟化物、挥发酚</td></tr>
<tr><td colspan="4">农业/农村</td></tr>
<tr><td colspan="2">饲养动物场/屠宰场</td><td>化学喷雾剂、昆虫控制剂、细菌、病毒、粪便</td><td>COD_{Mn}、氨氮、硝酸盐、磷、氯化物、粪大肠杆菌、溶解性总固体、细菌总数</td></tr>
<tr><td colspan="2">作物灌溉区和非灌溉区</td><td>杀虫剂、肥料、无机盐、沉积物</td><td>敌敌畏、DDT、硝酸盐、氮、磷</td></tr>
</table>

污染源	潜在污染物	主要污染指标
废水/污泥/废土地应用或处置场地	无机盐类、细菌和病毒	硝酸盐、粪大肠杆菌、pH、细菌总数
污湖/液体废物	禽畜污水废物、无机盐、细菌	硝酸盐、BOD_5、粪大肠杆菌、细菌总数
农药/化肥/仓储和转存区	农药杀虫剂	敌敌畏、DDT、六六六
住宅区/市政		
机场（维修/加油区）	喷气燃料、柴油、氯化溶剂、汽车废料、取暖油、建筑废料	石油类、氯化物、铁、铜
宿营地/休闲公园、场所	汽油、装柴油的船、杀虫剂	石油类、氯化物、敌敌畏、DDT、六六六
饮用水处理厂	水处理化学品（酸、碱、氯）	pH、氯化物
高尔夫球场	杀虫剂	敌敌畏、DDT、六六六
垃圾填埋场/转存场	有机和无机化学污染物、家庭和企业废物、油类、金属、固体废弃物	COD_{Mn}、氨氮、硝酸盐、石油类、BOD_5、溶解性总固体
停车场	汽油、废油、燃料储存	石油类、BOD_5、挥发酚
铁路/保养区/加油站	柴油、除草剂、维护铁路枕木的木馏油、汽油、油漆、废油	石油类、磷、pH、甲醛、二甲苯
学校维修设施	机械/汽车服务废物、汽油、重金属	石油类、铁、铜
化粪池	细菌、病毒、盐、溶解性固体	粪大肠杆菌、硝酸盐、BOD_5
监测站/维修区	变压器和电容器产生的多氯联苯、油、污泥、酸溶液	多氯联苯、铬、镍、镉、铜、pH、石油类
垃圾转运站/再循环中转站	住宅和商业固体废物残渣	BOD_5、溶解氧、溶解性总固体
废水污水排放到地表水（主要影响地表水）	城市废水、污泥、水处理化学品、重金属、细菌、丢弃废物	COD_{Mn}、氨氮、溶解氧、BOD_5、硝酸盐、粪大肠杆菌
其他		
废弃加油站	柴油、汽油、煤油、废金属	石油类、铁
废弃物/垃圾填埋场	来自家庭和企业的垃圾渗滤液、有机和无机化学品和废物、油类、重金属	COD_{Mn}、氨氮、溶解氧、石油类、硝酸盐、溶解性总固体
注水井/干井/坑（主要影响地下水）	雨水径流、泄漏的液体、使用过的油、防冻液、汽油、其他石油产品、农药杀虫剂	石油类、滴滴涕、敌敌畏、六六六
雨水管网（主要影响地表水）	雨水径流、油、防冻液、金属、沉积物和农药、废水，以及各种各样的其他物质	石油类、BOD_5、铁、铜、溶解性总固体
军事设施	有害和废弃废物的设施的柴油、喷气燃料、油漆、废油、重金属、放射性废物、炸药	石油类、甲醛、二甲苯、苦味酸、总α放射线、总β放射线
地表水的分流/湖泊/河流/蓄水池	地下水：细菌和病毒、孢子虫	总大肠菌群、细菌总数
	地表水：农药、水渠中农业沉积物	硝酸盐、滴滴涕、敌敌畏、林丹、乐果、敌百虫
运输廊道	高速路廊道周边的杀虫剂、抗腐蚀的道路、汽车废料或来自化肥的使用的磷	硝酸盐、磷、氯化物、磷酸盐、敌敌畏、乐果
滑坡/火灾地区（主要影响地表水）	沉积物、固体废物、粉尘	细菌总数、溶解性总固体
地下储罐	柴油、汽油、取暖油、其他化学品和石油产品、废弃金属	石油类、铁

附件二：饮用水水源部分超标指标原因分析及对策

<table>
<tr><th>超标项目</th><th colspan="2">超标原因</th><th>污染防治技术</th></tr>
<tr><td rowspan="2">pH</td><td colspan="2">天然背景值</td><td>1. 加强水厂处理；2. 更换水源的位置</td></tr>
<tr><td colspan="2">藻类繁殖</td><td>1. 生物控藻；2. 机械打捞</td></tr>
<tr><td rowspan="6">高锰酸盐指数</td><td colspan="2">矿产开采</td><td>1. 优先考虑取缔污染源；2. 整治违法建设项目；3. 建设生态缓冲带</td></tr>
<tr><td colspan="2">农田径流</td><td>1. 退耕还林、还湿；2. 推广测土配方施肥；3. 引导农民科学使用化肥、低毒农药；4. 发展有机农业；5. 建设生态缓冲带</td></tr>
<tr><td colspan="2">农村生活污水</td><td>1. 优先考虑人口搬迁；2. 建设污水管网；3. 人工湿地；4. 氧化塘</td></tr>
<tr><td colspan="2">城镇生活污水</td><td>1. 集中收集生活污水后处理净化；2. 加强城镇基础设施建设</td></tr>
<tr><td colspan="2">畜禽养殖业污染</td><td>1. 优先考虑取缔、搬迁；2. 干法清粪；3. 沼气发酵；4. 畜禽粪便高温堆肥；5. 病死畜禽尸体焚埋；6. 畜禽养殖场径流控制</td></tr>
<tr><td colspan="2">天然背景值</td><td>1. 加强水厂处理；2. 更换水源的位置</td></tr>
<tr><td rowspan="4">总氮、总磷</td><td colspan="2">农业面源污染</td><td>1. 退耕还林、还湿；2. 推广测土配方施肥；3. 引导农民科学使用化肥、低毒农药；4. 发展有机农业；5. 建设生态缓冲带</td></tr>
<tr><td colspan="2">农村生活污水</td><td>1. 优先考虑人口搬迁；2. 建设污水管网；3. 人工湿地；4. 氧化塘</td></tr>
<tr><td colspan="2">城镇生活污水</td><td>1. 集中收集生活污水后处理净化；2. 加强城镇基础设施建设</td></tr>
<tr><td colspan="2">畜禽养殖业污染</td><td>1. 优先考虑取缔、搬迁；2. 干法清粪；3. 沼气发酵；4. 畜禽粪便高温堆肥；5. 病死畜禽尸体焚埋；6. 畜禽养殖场径流控制</td></tr>
<tr><td rowspan="5">氨氮</td><td rowspan="3">面源污染</td><td>垃圾堆放、固体废物</td><td>1. 建立垃圾集中收集、转运站；2. 采取集中分类处理方式</td></tr>
<tr><td>农田径流</td><td>1. 退耕还林、还湿；2. 推广测土配方施肥；3. 引导农民科学使用化肥、低毒农药；4. 发展有机农业；5. 建设生态缓冲带</td></tr>
<tr><td>水土流失</td><td>1. 退耕还林、还湿；2.建设生态缓冲带</td></tr>
<tr><td colspan="2">农村生活污水</td><td>1. 优先考虑取缔排污口；2. 人口搬迁；3. 建立无害化卫生厕所</td></tr>
<tr><td colspan="2">受地下水上游来水水质影响</td><td>1. 抽出修复技术；2. 渗透墙技术；3. 电化学动力修复技术</td></tr>
<tr><td rowspan="3">粪大肠菌群、总大肠菌群</td><td>生活污水</td><td>排污口、公厕等</td><td>1. 优先考虑取缔、搬迁污染源；2. 建立无害化卫生厕所</td></tr>
<tr><td>面源污染</td><td>垃圾堆放、固体废物</td><td>1. 建立垃圾集中收集、转运站；2. 采取集中分类处理方式</td></tr>
<tr><td colspan="2">养殖业污染</td><td>1. 优先考虑取缔、搬迁；2. 干法清粪；3. 沼气发酵；4. 畜禽粪便高温堆肥；5. 病死畜禽尸体焚埋；6. 畜禽养殖场径流控制</td></tr>
<tr><td rowspan="3">铁</td><td colspan="2">天然背景值</td><td>1. 加强水厂处理；2. 更换水源的位置</td></tr>
<tr><td colspan="2">矿产勘探、开采</td><td>1. 优先考虑取缔污染源；2. 整治违法建设项目；3. 建设生态缓冲带</td></tr>
<tr><td>工业废水</td><td>印染行业</td><td rowspan="4">1. 优先考虑取缔、搬迁；2. 统筹规划、合理布局；3. 采取物理化学法和生物化学法进行处理</td></tr>
<tr><td rowspan="5">化学需氧量</td><td rowspan="3">工业废水</td><td>印染行业</td></tr>
<tr><td>皮革行业</td></tr>
<tr><td>制糖工业</td></tr>
<tr><td colspan="2">农村生活污水</td><td>1. 优先考虑人口搬迁；2. 建设污水管网；3. 人工湿地；4. 氧化塘</td></tr>
<tr><td colspan="2">城镇生活污水</td><td>1. 集中收集生活污水后处理净化；2. 加强城镇基础设施建设</td></tr>
</table>

超标项目	超标原因		污染防治技术
生化需氧量	工业废水	食品工业	1. 优先考虑取缔、搬迁；2. 统筹规划、合理布局；3. 采取物理化学法和生物化学法进行处理
		皮革工业	
		印染工业	
	生活废水	公厕、卫生间	1. 优先考虑污染源搬迁；2. 建设污水管网；3. 集中收集生活污水后净化处理；4. 加强基础设施建设
		洗衣、清洗	
		厨房废水	
	面源污染	农村生活垃圾	1. 搬迁污染源；2. 建立垃圾集中收集、转运站；3. 采取集中分类处理方式
		畜禽废水	1. 搬迁污染源；2. 建立规范化畜禽养殖场；3. 废水废物资源化、无害化处理
		农业面源污染径流	1. 退耕还林、还湿；2. 推广测土配方施肥；3. 引导农民科学使用化肥、低毒农药；4. 发展有机农业；5. 建设生态缓冲带
锰	天然背景值		1. 水厂处理工艺；2. 更换水源位置
	工业废水	钢铁工业	1. 优先考虑取缔、搬迁；2. 统筹规划、合理布局；3. 隔离防护；4. 膜处理；5. 活性炭吸附法；6. 强化混凝沉淀
		矿山开采	
挥发酚	天然背景值		1. 加强水厂处理；2. 更换水源的位置
	工业废水	焦化工业	1. 优先考虑取缔、搬迁；2. 统筹规划、合理布局；3. 隔离防护；4. 膜处理；5. 活性炭吸附法；6. 强化混凝沉淀
		煤气制造	
		石油化工	
		木材防腐	
		造纸工业	
铬	工业废水	皮革行业	1. 优先考虑取缔、搬迁；2. 统筹规划、合理布局；3. 采取物理化学法和生物化学法进行处理
		电子行业	
		电镀行业	
		印染行业	
		制药行业	
汞	天然背景值		1. 加强水厂处理；2. 更换水源的位置
	工业污染	有色金属冶炼	1. 优先考虑取缔、搬迁；2. 统筹规划、合理布局；3. 采取物理化学法和生物化学法进行处理
		化工	
		农药	
		造纸	
		染料	
硝酸盐、亚硝酸盐氮	养殖业污染		1. 优先考虑取缔、搬迁；2. 干法清粪；3. 沼气发酵；4. 畜禽粪便高温堆肥；5. 病死畜禽尸体焚埋；6. 畜禽养殖场径流控制
	化肥施用		1. 退耕还林、还湿；2. 推广测土配方施肥；3. 引导农民科学使用化肥、低毒农药；4. 发展有机农业；5. 建设生态缓冲带
	工业污染	化肥制造	1. 优先考虑取缔、搬迁；2. 统筹规划、合理布局；3. 采取物理化学法和生物化学法进行处理
		钢铁生产	
		火药制造	
		电子元件	

附件三：饮用水水源环境风险评估方法

饮用水水源污染事件风险评估流程见表 A.1.1。

表 A.1.1　饮用水水源污染事件风险评估流程

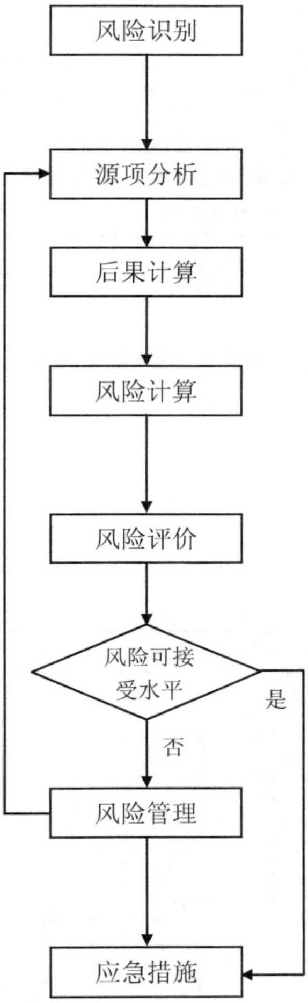

步骤	对象	方法	目标
风险识别	饮用水水源保护区内、周边及上游来水影响区内，所有有毒有害物质排放源	检查表法、评分法、概率评价法	确定危险因素和风险类型
源项分析	已识别出的危险因素和风险类型	归纳统计法 指标值法	确定风险源危害程度
后果计算	已确定的风险源	评分法 污染物扩散模型	确定污染物对水源水质的影响程度和范围
风险计算、风险评价	风险事件发生可能对水源水质造成的影响	定性：风险值=各类型风险源项目之和定量：风险值=事件发生概率×危害程度	确定各类型中不同项目风险源的风险值
风险可接受水平（是→应急措施；否→风险管理）	风险值（R），同类水源内同种污染事件可接受风险水平（R_L）	$R \leqslant R_L$，风险水平可接受 $R > R_L$，采取降低风险的措施	确定事件可接受水平
风险管理（→源项分析）	可接受风险水平、不可接受风险水平	成本—效益分析、多目标最优化分析等	确定减少风险的措施
应急措施	事件现场及周围影响区	类比法、数值模拟法	将事件损失降至最低

1　风险值定性评价

1.1　风险识别

利用收集到的饮用水水源基础环境调查资料，通过对周围自然地理环境、产业布局及污染源分布进行多种风险因素的识别分析，从复杂的环境背景中确定出水源周围突发性水质污染事件的风险因素和风险类型。

对大多数饮用水水源而言，潜在风险源主要有 7 种，见表 A.1.2。

表 A.1.2 潜在风险源

风险源	类型	污染属性
石油化工行业污、废水处理厂 垃圾填埋厂 危险品仓库 尾矿库 装卸码头	固定源	污染特征为由点及面，从局部扩散，多为化学性污染
航运、陆运移动源	流动源	污染特征为由点及面，或带状污染，主要为油品及化学性污染
农业污染源 潮汛和水灾引起的大面积非点源污染	非点源	污染特征为水体盐度增高，污染流域有机物浓度激增，生物性污染为主

1.2 源项分析

分析潜在事件，筛选风险源，依据其在线量或贮量，定性分析突发性水污染事件及分值，工作流程如下：

（1）固定源。

固定源评价指标及评分值见表 A.1.3。

表 A.1.3 固定源评价指标及评分值（R_p）

风险源	一级保护区		二级保护区		准保护区	
	指标值	评分值（P_1）	指标值	评分值（P_2）	指标值	评分值（P_3）
石油化工行业(个)	无 存在	0 10	无 1 2～4 >4	0 5 7 10	无 1 2～4 5～10 >10	0 4 6 8 10
垃圾填埋场（处）	无 存在	0 10	无 1 2 >2	0 6 8 10	无 1 2 3 >3	0 4 6 8 10
危险废弃物填埋场（处）	无 存在	0 10	无 1 >1	0 8 10	无 1 2 >2	0 6 8 10

风险源	一级保护区		二级保护区		准保护区	
	指标值	评分值（P_1）	指标值	评分值（P_2）	指标值	评分值（P_3）
尾矿库（座）	无	0	无	0	无	0
	存在	10	1	5	1	3
			2	7	2	5
			3～4	8	3～4	6
			＞5	10	5～6	8
					＞6	10
加油站（座）	无	0	无	0	无	0
	存在	10	1～2	2	1～3	2
			3～5	4	4～6	4
			6～8	8	7～10	8
			＞8	10	＞10	10
油品储罐（座）	无	0	无	0	无	0
	存在	10	1	2	1	2
			2～3	4	2～3	3
			4～5	6	4～5	5
			＞5	10	6～7	8
					＞8	10
码头吞吐量（万 t/年）	无	0	无	0	无	0
	存在	10	＜0.1	1	＜0.1	1
			＞0.1，＜1	2	＞0.1，＜1	2
			1～5	4	1～5	3
			5～10	6	5～10	5
			10～50	8	10～50	7
			＞50	10	＞50	8
污/废水处理设施（万 t/日）	无	0	无	0	无	0
	存在	10	＜1	1	＜1	1
			1～2	3	1～2	2
			3～5	4	3～5	3
			6～8	6	6～10	5
			9～10	8	10～20	7
			＞10	10	20～30	9
					＞30	10

（2）流动源。

流动源评价指标及评分值见表 A.1.4。

表 A.1.4　流动源评价指标及评分值（R_f）

风险源	一级保护区		二级保护区		准保护区	
	指标值	评分值（F_1）	指标值	评分值（F_2）	指标值	评分值（F_3）
陆运	无	0	无	0	无	0
	危险品运输或 $L>2r_d$	10	有路仅可行走	1	$L<2r_d$	3
			有路但不能通行机动车	2	有危险品运输且 $r_d<L<2r_d$	6
	$L<2r_d$	9	有机动车通行	3	有危险品运输且 $L>2r_d$	8
			有运输路线且长度较短	4		
			$L<r_d$	5		
			$r_d<L<2r_d$，或有小型桥梁	6		
			$L>2r_d$	7		
			有危险品运输，或有单车道跨线桥	8		
			有危险品运输且 $r_d<L<2r_d$	9		
			有危险品运输且 $L>2r_d$	10		
船舶	无	0	无	0	无	0
	存在	10	航线 $L<r_d$	6	航线 $L<r_d$	3
			航线 $r_d<L<2r_d$	8	航线 $r_d<L<2r_d$	5
			航线 $L>2r_d$	10	航线 $L>2r_d$	7

注：L 为公路或铁路的路线长度；r_d 为风险源所在保护区范围的当量半径。

（3）非点源。

非点源评价指标及评分值见表 A.1.5。

表 A.1.5　非点源评价指标及评分值（R_y）

风险源	一级保护区		二级保护区		准保护区	
	指标值	评分值（Y_1）	指标值	评分值（Y_2）	指标值	评分值（Y_3）
耕地面积所占比例	无	0	无	0	无	0
	存在	10	<5%	2	<20%	1
			5%～10%	3	20%～30%	2
			10%～20%	4	30%～40%	3
			20%～30%	5	40%～50%	4
			30%～40%	6		
			50%～60%	7	60%～70%	5
			60%～70%	8	70%～80%	6
			70%～80%	9	>80%	7
			>80%	10		
生态缓冲带	无	0	无	0	无	0
	宽度>50 m	0	宽度>40 m	0	宽度>30 m	0
	宽度≤50 m	2	宽度≤40 m	2	宽度≤30 m	2

1.3 风险计算

通过源项分析并根据风险源所在保护区内的影响程度和影响范围，按照固定源、流动源和非点源分别对水源存在的风险进行评价。

固定源：$R_p= P_1+P_2+P_3$

流动源：$R_f= F_1+F_2+F_3$

非点源：$R_y= Y_1+Y_2+Y_3$

R_p、R_f、R_y分别为表 A.1.3、表 A.1.4 和表 A.1.5 中所列的各种潜在风险源的评分值。

1.4 风险评估

一般来说，环境风险值的可接受程度分别以 R_p（或 R_f、R_y）≤3 作为背景值，当风险值超过此限，当 3＜R_p（或 R_f、R_y）≤7 时，应按照《集中式地表水饮用水水源地环境应急管理工作指南（试行）》采取风险防范措施；当 7＜R_p（或 R_f、R_y）≤9 时，应采取风险预警措施；当 R_p（或 R_f、R_y）＞9 时，应采取风险应急措施。

2 风险值定量评价

2.1 风险识别

利用收集到的饮用水水源所在江河、湖库流域水环境状况、水文气象条件、水源保护区范围和排污口设置等图文、数据并结合水源的实际特点，通过对周围自然地理环境、产业布局及污染源分布进行多种风险因素的识别分析，从复杂的环境背景中确定出水源周围突发性水质污染事件的风险因素和风险类型。

2.2 源项分析

分析潜在事件，筛选出风险源，依据其在线量或贮量，定量分析最大可信突发性水污染事件及其发生概率、事件排放源强等。

最大可信突发性水污染事件发生概率的方法可采用事件树、归纳统计等方法确定。事件源强的确定方法包括泄漏量计算法和经验估算法。计算法适用于以腐蚀或应力作用等引起的泄漏型为主的事件，经验估算法适用于以火灾爆炸或碰撞等突发事件为前提的危险性物质释放。

具体的源项分析方法及参数可参考《建设项目环境风险评价技术导则》（HJ/T 169）、《环境风险评价实用技术和方法》《危险化学品安全评价》。

2.3 后果计算

结合水源突发性水质污染事件的类型和事件排放污染物的种类，通过定性分析或定量计算的方法对突发性水质污染事件的危害后果进行预测，得出突发性水质污染事件对水源水质的影响程度与影响范围，如水质超标因子、超标范围、超标倍数、超标持续时间等。

建议采用《环境影响评价技术导则 地面水环境》（HJ/T 2.3）和《环境影响评价技术导则地下水环境》（HJ 610）中污染物扩散数学模型。

2.4 风险值计算

根据污染事件对水源水质的影响程度和影响范围，利用水环境健康风险评估模型（以人体健康损害为特征的风险事件）或生态损害模型（以生态系统损害为特征的风险事件），计算污染事件发生对人体健康或生态系统造成的危害程度。并在污染事件概率计算、危害分析的基础上，计算出污染事件对水源造成的风险值。

风险值是风险评估表征量，包括事件的发生概率及其危害程度，可定义为：

$$R = P \cdot C$$

式中：R ——风险值（危害程度/单位时间）；

P ——最大可信事件的发生概率（事件数/单位时间）；

C ——最大可信事件造成的危害（损害/事件）。

从水源各类最大可信事件风险值 R_j 中，选出危害最大的作为该水源最大可信事件风险值 R_{max}，并将其作为风险可接受水平的分析基础。即：

$$R_{max}=f(R_j)$$

式中：R_{max} ——水源最大可信事件风险值；

R_j ——水源内各类最大可信事件风险值。

2.5 风险评估

当水源环境风险相当于地震或天灾所带来的危险性时，可不必担心此类事件的发生，建议风险值以 10^{-6}/a 作为安全数量级，当风险值达到 10^{-5}/a 时，应采取风险防范措施；达到 10^{-4}/a 时，应采取风险预警措施；达到 10^{-3}/a 时，应采取风险应急措施。

表 A.2.1 各种风险水平及其可接受程度（R_L）

风险值（死亡/年）	危险性	可接受程度
10^{-3} 数量级	危险性特别高，相当于人的自然死亡率	不可接受，应立即采取措施改进
10^{-4} 数量级	危险性中等	应采取改进措施
10^{-5} 数量级	与游泳事故和煤气中毒事故属同一量级	人们对此关心，愿意采取措施预防
10^{-6} 数量级	相当于地震和天灾的风险	人们并不当心这类事故发生
10^{-7}～10^{-8} 数量级	相当于陨石坠落伤人	可忽略水平，没有人愿为这种事故投资预防

附件四：污染防治技术优缺点和适用条件

类别	污染防治技术	优点	缺点	适用性
建设项目和活动	隔离防护	从源头控制新建项目和活动、成本低、效益显著	容易破坏	适用于工业等新建项目的管理
	违法建设项目整治	对违法建设项目进行管理、效益显著	行政执法难度较大	适用于工业、矿业等污染防治
农村生活污水处理	分散处理	布局灵活、施工简单、管理方便	占地面积大，易受气温影响	适用于村庄布局分散、规模小、地形条件复杂且污水不易收集的地区
	集中处理	占地面积小、抗冲击能力强、运行安全可靠、出水水质好	成本较高	适用于村庄布局相对密集、规模较大、经济条件好、村镇企业或旅游业发达的单村或联村污水处理
	接入市政管网统一处理	投资少、施工周期短、见效快、统一管理方便	需要离市政污水处理厂距离较近	距离市政污水管网较近，符合高程接入要求的村庄污水处理
农田径流污染防治	施用缓释肥	减少施肥次数、提高肥效	成本稍高	适用于农田种植污染防治
	发展有机农业和生态农业	减少化学品的投入，减少农田流失污染的排放	生产难以规范化、管理运作缺乏标准	知识密集型农业，水域两岸农田
	生态缓冲带	有效过滤农田流失的沉积物、营养物质和杀虫剂、有效防止水土流失	植物种类应科学选择	适用于水域两岸非点源污染治理
	选用低毒农药	农药毒性小、残留少	成本高	适用于农田种植污染防治
	应用生物农药	高效、对人畜无毒、不污染环境；对植物无毒害、保证产品质量	防治效果一般较为缓慢，控制有害生物范围较窄	
	生物降解	无毒、无二次污染，而且可以工业化发酵生产菌种，并大规模推广应用	成本相对较高	
	推广测土配方施肥	根据作物需肥规律平衡施肥、提高肥效、减少不必要的养分投入	施肥观念不容易改变，需要有科技投资	适用于农田种植污染防治
固体废弃物污染防治	填埋	成本低、技术简便、适应性强	渗滤液容易污染地下水	适用农村固体垃圾
	焚烧	成本低、技术简便	一次性投资大；运行成本高；焚烧过程中排放大量烟气，易造成大气污染	适用于生活垃圾焚烧场设备技术完备区域
	堆肥	无害化程度较高、减量化效果明显	污染土壤	适用于农村生活污染防治

类别	污染防治技术	优点	缺点	适用性
藻类水华控制	机械打捞	效果较好、成效较快	耗费人力财力巨大，对打捞出来的藻的处理，以及打捞作业人员的安全问题都未有很好的解决	适用于藻类生长较多的水源
	工程物理	效果普遍较好	一次性投入成本很高，且处理能力有限	大都局限于水处理工程中的应用
	生物除藻	效用持久、无二次污染、具有高效、廉价和环保的特点，具有综合效益	高效、广谱的生物技术仍有待于开发	常应用于水华发生的早期阶段，除藻效果比较好
地表水生态修复	生物浮岛	不需要大型生产设备、成本低廉	竹子和 PVC 管等为基本材料要耐老化、耐腐蚀、耐冲击、抗风浪、植物能承受长期浸泡	湖泊、水库型水源
	生态护坡	有水利工程功效、生态环保、保持水土、防护效果好	造价高、不适当的工程可造成环境破坏	适用于各种河道、沟渠水环境的生态修复
	种植、放养水生生物	保持生态平衡、美化环境	难以控制水生植物的生长	自然的河道沟渠中
	清淤处理	效果呈现快，工艺简单	需要有大量人力和财力的投资、清淤物不适当的堆放可能引起二次污染、破坏水环境的生态平衡、工程实施部彻底	面积较小的水域或是水库、上游来水混浊的河段
地下水环境修复	物理修复技术	原理简单，运行成本低廉；修复效率高，周期短	受当地的水文地质条件、污染物性质限制，限于污染初期治理	适用于范围较小的土壤和地下水等的修复
	化学修复法	原理简单、易操作、成本低、吸附效果好，不受地质条件限制	降解速率比较慢、对吸附性不强的有机污染物修复效果不好，可能会产生二次污染	对小范围初期固定污染物效果明显
	生物修复技术	投资小，维护费用低，操作简便，对周围环境影响小，修复效率高，可最大限度地降低污染物浓度，并且污染物可在原地被降解清除	不能降解所有的有机污染物；受介质渗透性的影响，可能会产生二次污染	适用部分有机污染地区

类别	污染防治技术	优点	缺点	适用性
地下水环境修复	复合修复技术	就地修复，工程设施较简单；能够达到对多数污染物的去除作用；经济成本低；可以根据含水层的类型、含水层的水力学参数、污染物种类、污染物浓度高低等选择合适的反应装置	设施全部安装在地下，更换修复方案很麻烦；反应材料需要定期更换；可能会产生二次污染	适用多种地下水污染

附件五：饮用水水源环境保护项目设计

一、标志设立项目设计

按照《饮用水水源保护区标志技术要求》（HJ/T 433）的要求，设立饮用水水源保护区标志，包括饮用水水源保护区界碑、界桩、交通警示牌、宣传牌。

（一）一级保护区标志设立

沿一级保护区边界设置围墙、围网，每 20～30 米设红色饮用水水源保护区标志，注上“××水源一级保护区”字样、严禁的活动和项目、边界范围及特殊标志或地点、水源保护区设立单位、设立时间，并进行监督管理。

（二）二级保护区标志设立

沿二级保护区边界每 500 米设黄色饮用水水源保护区标志，在人流密度大的居民区、厂区、路口等地方加设。牌上注明“××水源二级保护区”字样、严禁内容、项目、范围，并定期巡视、监督管理。

（三）准保护区标志设立

沿准保护区边界每 500～1 000 米设绿色饮用水水源保护区标志，在人流密度大的居民区、厂区、路口等地方加设。牌上注明“××水源准保护区”字样、严禁内容、项目、范围，并定期巡视、监督管理。

二、农田种植业污染防治项目设计

（一）发展有机农业

（1）秸秆还田。

秸秆还田是把不宜直接作饲料的秸秆直接或堆积腐熟后施入土壤中的一种方法，是减少化肥用量，增加有机肥，改善土壤结构，合理利用秸秆资源的有效途径。

常见的还田技术有秸秆粉碎翻压还田、秸秆覆盖还田、堆沤还田、焚烧还田、过腹还田等。秸秆还田时，应把秸秆切碎或粉碎，长度小于 5 厘米为宜，秸秆过长会影响翻埋质量，影响播种、出苗。各地在推广秸秆还田时可结合本地的实际情况采用不同的还田方式。还田量也要因地制宜，原则上应保证当年还田秸秆充分腐烂，不影响下茬耕作质量。

东北农业区还田秸秆主要有小麦、玉米、大豆和水稻，其中，玉米、小麦、大豆秸秆可采用粉碎翻压还田，水稻可采用留高茬还田；此外，还可采用秸秆堆沤还田，按比例堆积秸秆、人粪尿与畜禽粪，腐熟后使用。

华北农业区还田秸秆主要有玉米和小麦，小麦秸秆可采用留高茬免耕覆盖还田，还田后可播种玉米；玉米秸秆可采用粉碎翻压还田、整株翻压还田，其秸秆需深翻入土。

西北农业区还田秸秆主要有小麦、玉米和棉花。小麦、玉米可采用留高茬还田，实行秋冬灌及早春保墒，棉花秸秆可采用翻压粉碎还田。

长江中下游农业区还田秸秆主要有稻草、麦秆、玉米秸和油菜秸。稻草可整草铺撒或切断铺撒，为防风吹散秸秆，可以撒碎土压草，盖草有调节温度、保持水土、改土增肥效果，水田秸秆还田分为翻压还田和免耕还田。

西南农业区还田秸秆主要有麦秸、稻草、玉米秸和油菜秸。在旱坡地上采用覆盖还田，水田采用翻压还田。

华南农区还田秸秆主要是水稻，可采用稻草直接翻压还田，收割时留稻茬。

秸秆还田技术在推广应用时，须注意以下几方面的问题：在旋耕或耕种之前，注意补施适量氮肥来补充秸秆还田后土壤中氮素的不足；尽量使用大型秸秆粉碎机，提高秸秆粉碎程度，在旋耕时将秸秆与土壤搅和均匀；提高土壤墒情，适当压实土壤，减少秸秆还田时形成的土壤空隙；不能直接使用带病的秸秆还田，带病秸秆应销毁或高温堆腐后再施用。

（2）绿肥施用。

绿肥包括各种野生（无毒）青草、水草、树叶嫩枝芽或各种人工栽培的植物，如苕子、紫云英、蚕豆秆、瓜蔓等。

绿肥施用方式有直接翻耕和沤制两种。直接翻耕方法简便，可适时就地采用，但在翻耕时要做到深埋、严埋，绿肥埋深一般不低于 40 厘米，使绿肥全被土覆盖。同时，耙细泥土，使泥草紧密结合，利于绿肥分解。生长繁茂的绿肥，要先用圆盘耙耙倒切断，再进行翻耕。因作物种类和品种、土壤性质和质地，以及绿肥的种类、成分不同，在有其他肥料的配合下（特别是磷钾肥），一般以每亩施用 1 000～1 500 千克为宜。

（二）选用低毒农药

农业部推荐使用的高效低毒农药品种有以下五类：

（1）天然物质。

主要有茶尺蠖核多角体病毒、棉铃虫核多角体病毒、苦参碱、印楝素、烟碱、鱼藤酮、苦皮藤素、阿维菌素、多杀霉素、浏阳霉素等。

（2）合成制剂。

主要有丙威、速灭威、辛硫磷、毒死蜱、马拉硫磷、乙酰甲胺磷等。

（3）无机杀菌剂。

主要有碱式硫酸铜、王铜、氢氧化铜、氧化亚铜、石硫合剂等。

（4）合成杀菌剂。

主要有代森锌、代森锰锌、福美双、乙膦铝、多菌灵、甲基硫菌灵等。

（5）生物制剂。

主要有井冈霉素、菇类蛋白多糖、春雷霉素、多抗霉素、宁南霉素、木霉菌、农用链霉素等。

（三）测土配方施肥

测土配方施肥涉及面比较广，是一个系统工程。整个实施过程需要农业教育、科研、技术推广等部门同广大农民相结合，现代先进技术与传统实践经验相结合，具有明显的系列化操作、产业化服务的特点。测土配方施肥流程为：采集土样→土壤化验→确定配方→加工配方肥→科学用肥→田间监测→修订配方。

（1）采集土样。

土样采集一般在秋收后进行，采样的主要要求是：地点选择以及采集的土壤都要有代表性。为了解作物生长期内土壤耕层中养分供应状况，取样深度一般在 20 厘米，如果种植作物根系较长，可以适当加深取样深度。根据实际情况，选择取样面积，一般以 50～100 亩面积为一个单位，取样可选择东、西、南、北、中五个点，去掉表土覆盖物，按标准深度挖成剖面，按土层均匀取土。然后，将各点土样混匀，用四分法逐项减少样品数量，最后每单位留 1 千克左右样品即可。

（2）土壤化验。

按目前农民对化验费用的实际承受能力，只能选择一些相关性较大的主要项目进行化验，如碱解氮、速效磷、速效钾、有机质和 pH。这五项之中，碱解氮、速效磷和钾，是体现土壤肥力的三大标志性营养元素，有机质和 pH 二项可做参考项目，根据需要可针对性化验土壤中微量营养元素。

（3）确定配方。

配方选定由农业专家和专业农业科技人员来完成，科学确定肥料配方。各地的农业技术推广中心、土肥站，负责本地的肥料配方。首先，由农户提供地块种植的作物，及其规划的产量指标。然后，农业科技人员根据一定产量指标的农作物需肥量、土壤的供肥量，以及不同肥料的当季利用率，选定肥料配比和施肥量。

（4）加工配方肥。

行业主管部门、教育、科研、推广部门，肥料企业及农村服务组织实行统一测土、统一配方、统一供肥、统一技术指导，为广大农民服务。配方肥的生产要保证原料肥质量，然后由县农业技术推广部门统一配肥。

（5）科学用肥。

配方肥料大多是作为底肥一次性施用。要掌握好施肥深度，控制好肥料与种子的距离，尽可能有效满足作物苗期和生长发育中、后期对肥料的需求。用作追肥的肥料，要掌握追肥时机，提倡水施、深施，提高肥料利用率。

（6）田间监测。

平衡施肥是一个动态管理的过程。使用配方肥料之后，要观察农作物生长发育情况，要看收成结果。从中分析，做出调查，在农业专家指导下，可及时调整修订平衡施肥配方。

（7）修订配方。

平衡施肥测土一般每一年进行一次。按照测土得来的数据和田间监测的情况，由农业专家组和专业农业科技咨询组共同分析研究，修改确定肥料配方，使平衡施肥的技术措施更切合实际，更具有科学性。

（四）生态隔离缓冲带

科学设计缓冲带使其更好地发挥作用，在设计中要考虑选址、规模、植被种类配置及管理维护四个要素。

（1）选址。

根据地形合理设置缓冲带位置，有效拦截径流。一般设置在坡地的下坡位置，与径流流向垂直布置；对于长坡，可以沿等高线多设缓冲带，以削减水流的能量；在溪流和沟谷边缘设置，建立最后屏障。

（2）规模。

缓冲带的设置规模主要根据水土保持功效和农业生产效益综合考虑。如果缓冲带的位置属于荒地，则设置规模主要考虑水土保持效益；如设置位置属农田，则在考虑水土保持效果的同时还要考虑农业生产效益。一般永久性植被缓冲区域面积占所保护农业用地总面积的3%～10%。

（3）植被种类配置。

合理配置植被种类是缓冲区实现控制径流和污染功能的关键。根据所在地的实际情况进行乔、灌、草的合理搭配，既要考虑采用以灌、草为主的植物在农田附近阻沙、滤污，又要安排根系发达的乔、灌以有效保护岸坡稳定、滞水消能，特别要注意的是配置植物种类时要考虑降雨和径流的时间分布规律，保证缓冲带既能在水量充沛时发挥功效，也能在水量较少时保存下来，使缓冲带整体功能达到最强。

（4）管理维护。

适当的维护，如清理沉积物、修补损坏植被，保持缓冲区功能。径流在缓冲区均匀分布时，缓冲带能发挥最大效益。在缓冲带建设初期或使用一段时间后，部分未建好或损坏的位置会出现汇流，造成“木桶效应”，影响整体功能的发挥。

三、农业畜禽养殖污染防治项目设计

（一）沼气池建设项目

如果沼气池位于饮用水水源一级、二级保护区内，涉及保护区内的每个农户，建设“一池三改”模式的沼气池，把沼气池建设同改厨、改圈、改厕结合起来，处理牲畜所产生的废弃物，改变农村现有开放式厌氧粪便及污水管理方式，减少农户牲畜粪便及污水的 CH_4 排放。

（1）工艺流程。

人畜粪便（青草及农业废物）→进料间→厌氧发酵间→水压（出料）间→农田。在有条件的地方，可将人粪便和牲畜粪便分两处进料口进入厌氧发酵间。

（2）沼气池的设计、施工要求。

沼气池池型应根据《农村家用水压式沼气池标准图集》（GB 4750）确定。沼气池容积一般为 8～10 米 ^{3}，超过 10 米 ^{3} 须建双池，单池容积不能小于 6 米 ^{3}；沼气池结构须采用混凝土整体浇注结构或混凝土大板预制件结构。

在布局上，沼气池、厕所、畜禽舍应三结合，其中，沼气池不能建在道路上，避免建在低洼地带；进出料间应加盖，盖板应采用具有足够强度等级的构件，进出料间中线夹角应大于 90°；提倡安装沼气提粪器，沼气池池面应做混凝土护池坝，要有排水沟，沼气池内壁采用密封涂料密封。

（二）畜禽粪便高温堆肥

畜禽粪便可采用条垛式、机械强化槽式和密闭仓式堆肥等技术进行无害化处理。依照《畜禽粪便无害化处理技术规范》（NY/T 1168），采用条垛式堆肥时，发酵温度 45℃以上时间应不少于 14 天；采用机械强化槽式和密闭仓式堆肥时，发酵温度 50℃以上时间应不少于 7 天，45℃以上时间应不少于 14 天。液态畜禽粪便处理后污水排放，应符合《畜禽养殖业污染物排放标准》（GB 18596）的有关规定。堆肥过程中微生物的活动程度直接影响堆肥周期与产品质量。因此，堆肥过程的控制参数主要是与微生物生长有关的因素。

（1）水分。

含水量是高温堆肥的一个重要参数。水分是微生物生存繁殖的必需物质，堆肥材料吸水后软化易被分解，水分在堆肥中移动，有利于腐熟均匀。水分含量过低，不利于微生物的生长；水分含量过高，则易堵塞料堆中的空隙，影响通气，导致厌氧发酵。堆肥堆料的含水量应在 50%～60%，堆后 3 天便出现持续高温。新鲜畜禽粪便（如牛粪）的含水率在 80%以上，所以需添加调理剂调节新鲜畜禽粪便的含水率，常用稻壳、木屑、禾秆、树叶等增加畜禽粪便的固体含量与空隙率，具体选用何种调理剂，根据当地情况而定。

（2）pH。

pH 对微生物活动和氮元素的保存有重要影响，有机固体废物发酵过程的适宜 pH 为 6.5～7.5，常见的畜禽粪便的 pH 在 6～8。

（3）温度。

通常环境温度对禽畜粪堆肥的起始升温影响不大，在 5.8℃以上堆肥就可顺利升温。在堆肥过程中，堆体温度应控制在 45～65℃，其中以 55～60℃为佳，不宜超过 60℃，温度过高还会过度消耗有机质，影响堆肥产品质量。

（4）碳氮比。

堆料碳氮比（C/N）值控制在 25～35。过高的碳氮比会使微生物因为缺乏足够的氮而无法快速生长，使堆肥进展缓慢，并且堆肥施入土壤后，将会发生夺取土壤中氮素的现象，产生“氮饥饿”状态，对作物生长产生不良影响；过低的碳氮比又会使微生物生长过于旺盛，甚至出现局部厌氧，散发臭味，同时大量的氮以氨气形式放出，降低堆肥质量。

（5）通风。

通风是好氧堆肥的关键性因素之一，其主要作用是提供氧气，促进微生物的发酵过程；通过供气量的控制，去除堆料中多余的水分干化物料；调节堆体温度，稀释臭味。堆体中氧含量保持在 5%～15%比较适宜；氧含量低于 5%会导致厌氧发酵，高于 15%则会使堆体冷却，导致病原菌的大量存活。

（三）畜禽养殖场径流控制

在规模化和专业户畜禽场径流出口处设置排水沟，将其径流转移到处理池或作其他作用。

排水沟在坡面上的比降根据其排水去处（处理池等）的位置而定，当排水出口的位置在坡脚时，排水沟大致与坡面等高线正交布设；当排水去处的位置在坡面时，排水沟可基本沿等高线或与等高线斜交布设。

若规模化和专业户养殖场位于梯田区，则排水沟一般与坡面等高线正交布设，大致与梯田两端的道路同向，一般土质排水沟应分段设置跌水。排水沟纵断面可采取与梯田区大断面一致，以每台田面宽为一水平段，以每台田坎高为一跌水，在跌水处做好防冲措施如铺草皮、石方衬砌等。

四、农村生活污染防治项目设计

农村生活污水按照分区进行污水管网建设并回收，以稍大的村庄或邻近村庄的联合为宜，每个区域污水单独处理。污水分片收集后，采用人工湿地或稳定塘等形式处理村庄污水，建议采用工艺为：进水→引水渠→格栅→厌氧塘→潜流湿地→垂直砂滤→出水。稳定塘可参考《污水稳定塘设计规范》进行设计。

选择植物品种应该满足：耐污能力和抗寒能力强，适宜于本土生长，最好以本乡土植物为主；根系发达，茎叶茂密；抗病虫害能力强；有一定的经济价值等特点。

根据保护区的区域特性，选取不同类型的湿地植物。常用的植物有芦苇、香蒲、大米草、水花生、稗草、车草、水生美人蕉、花叶芦竹、黄菖蒲、象草、梭鱼草、千屈菜、薏苡、香根草、宽叶斑茅、纸莎草、白花野姜等。目前最常用的是芦苇。插植的最佳季节在秋季或早春，插植密度可为 1～3 株/米^2。

五、农村固体废物污染防治项目设计

（一）垃圾收集站

在保护区内应配备多辆垃圾转运车并设置多座垃圾收集间，收集间底部进行防渗处理，防止渗滤液下渗，尚不为铁皮房形式，防止雨水浸泡垃圾。村民垃圾经收集间集中后，再由专门的垃圾车将垃圾运至城市生活垃圾卫生填埋场。

（1）垃圾运转量。

垃圾收集站日垃圾收集转运量采用下列计算公式：

$$Q = \alpha nq/1\,000$$

式中：Q ——中转站的日中转量，吨/天；

n ——服务区域的实际人数；

q ——服务区域居民垃圾人均日产量，千克/（人·天）；

α ——垃圾产量变化系数，可采用 1.3～1.4。

（2）垃圾转运车辆配置。

转运车数量配备采用下列计算公式：

$$M = \frac{Q \times \eta}{W \times u}$$

式中：M ——运输车辆数量，辆；

Q ——日转运量，吨/天；

W ——运输车载重量，吨；

u ——每部车日运输、转运次数，次；

η ——备用车系数，一般取 1.0。

（二）无害化卫生厕所

农村无害化卫生厕所可根据《农村户厕卫生标准》（GB 19379）建造，因地制宜地在全国爱卫办推荐的三格化粪池式、双瓮漏斗式、三联式沼气池式、粪尿分集式、完整下水道水冲式、双坑交替式 6 种类型厕所中进行选择。

各地区应根据实际情况，合理选择确定无害化卫生厕所的类型与实施技术。习惯于应用液态粪肥的地区则可修建双瓮漏斗式、三格化粪池式厕所；在干旱缺水地区宜选择修建粪尿分集式厕所；饲养畜、禽及具有一定储量秸秆的农户可选择三连通沼气池式厕所。北方高寒地区不得修建深坑防冻式厕所替代任何一种无害化卫生厕所类型，不得以双格式厕所代替双瓮漏斗式或三格化粪池式厕所。

农村卫生厕所应与化粪池合建，厕所侧壁采用预制挡板，上扣石棉水泥盖。化粪池防渗层采用砖加 1.5 毫米厚的土工膜加水泥砂浆抹面的复合结构，定期由吸污车进行清掏。

六、饮用水水源生态修复项目设计

（一）塌岸治理项目

塌岸治理按照工程形式分类：坡式护岸、坝式护岸、墙式护岸和复合式护岸。

（1）坡式护岸。

坡式护岸就是将防冲刷材料按照一定的施工工艺铺设于岸坡表面，用以抵制波（风）浪的冲刷，防止塌岸。坡式护岸中使用的材料有：石头、混凝土、土工织物和土工膜、天然材料，如木材、芦苇等、沥青等。

（2）垂直护岸。

各种岸坡的垂直护岸型式的设计不仅要能够抵抗河道水流的冲刷，而且要抵抗来自岸坡的土压力和地下水压力。土压力常常比由于波浪和水流作用而产生的水力荷载大得多。因此，考虑到垂直护岸设计类似于标准的非浸水挡土墙设计时，还要预先考虑到与地下水位和水库水位有关的极端条件。

（3）墙式护岸。

重力式挡土墙用于护岸，挡墙基础应坐落于稳固的岩层上，基础应位于该段库岸最低冲刷线以下不小于 0.5 米；在基础前的水下岸坡，一般需要采取抛石或其他护坡方式，以防止冲刷。应设计泄水孔和铺设专门设计的反滤层，以保证墙后的水流畅通和土或其他填料不会被渗流水带进排水孔。

加筋土挡土墙用混凝土板作面板，将土工带水平地埋入土中，压实以起支持作用，并把面板系固在后面的土体中。加筋土挡土墙主要靠土工带和土之间的摩擦力来抵制挡墙上面板的位移，因此土工带应有足够的长度以保证在所有情况下都有足够的摩擦阻力，并完全超出任何潜在的滑动面以外。

（二）生态植被修复方案

（1）适地适树。

在25°以下坡地，土层较厚，土质肥沃，光照、水源条件较好，种植麻黄、湿地松等当地物种，间种各种花灌木。

（2）造林方法。

造林规划：造林前一年雨季整地，穴状鱼鳞坑，规格 0.5 米×0.5 米×0.3 米，树种采用适宜当地生长的常绿乔木及各种花灌木等物种。

造林季节及方法：造林时间选在春季造林，以利于苗木生根，提高成活率。雨季集中植苗造林，每穴一株，栽后压实。

（三）放养水生动植物

① 动物。动物天然放养鲢鱼、鳙鱼、鲫鱼、锦鲤等鱼类，底播增殖螺蛳等底栖生物可以用来保持水体生态平衡。

② 植物。植物种栽有芹菜、千日红、彩叶草、黄鸡冠、金盏菊、龟背叶、苦草、狐尾藻、梭鱼草、睡莲、蔬菜等。

七、地下水修复项目设计

（一）屏蔽法

屏蔽法多采用泥浆墙技术，适用于污染物总量较大，且可溶性和可移动的污染物，阻止其进入饮用水水源，改变受污染地下水的流向，并兼做地下水处理系统。泥浆墙通常由土壤、膨润土和水混合而成，在垂直挖掘的沟渠两侧填充泥浆，减小地下水流，阻隔污染物。

泥浆墙深度通常小于 15 米，厚度通常为 0.6～1.2 米，效率通常能达到 95%。一种为嵌入墙，通常将 0.6～0.9 米的泥浆墙构建于低渗透层（黏土或基岩），作为低渗透的结构。另一种形式是悬挂墙，构建于地下含水层中，阻止低密度的和悬浮的污染物（油、燃料或气体）的移动。泥浆墙的阻隔效果受下列因素的影响：最大允许渗透性、预期的水力梯度、所需的墙的强度、膨润土的级别、污染边界、污染物与墙体材料的兼容性、基体的性质（深度、渗透性和连续性）、墙体填充材料的性质以及现场地形和物理布局等。

（二）地下水曝气

地下水曝气系统主要包括：①地下水曝气井，具体井数需依整治范围与曝气井的影响半径大小做决定。②气体提取系统，由于污染物蒸气会自地下水中传输到未饱和层，利用土壤气相抽提法，设置土壤气体提取系统。曝气井与抽气井都需要使用鼓风机，监测管件有气体流量计、压力计、气相分析仪、地下水水位计、水中溶氧测定仪、氧气测定器、二氧化碳测定器。采用该项技术修复地下水处理时间短，在特定操作条件下，修复期小于 1～3 年。

（三）抽出处理

抽出处理过程一般可分为两个过程，即地下水动力控制过程和地上污染物处理过程。主要设备分为 3 个部分：抽水井网及集水管线、抽水泵与配电及地面废水处理设备。处理方法可以是物理方法、化学方法，也可以是微生物方法，例如，在使用地下水生物修复技术时，需搭配地下水抽出技术加速将营养盐溶氧等物质输送到需处理的地区；在处理密度大于水的非水相流体时所使用表面活性剂冲提技术也需要利用地下水抽出处理技术将表面活性剂输入受污染区域，并控制防止被冲洗出的污染物向外扩散。

（四）渗透反应墙（PRB）

构建方法为挖掘适宜宽度和深度的地沟，用反应材料回填，回填的墙体上覆盖土壤，施工的方法选择取决于渗透反应墙深度、地质条件和反应材料的数量。PRB 活性材料要满足以下条件：①适合地下水环境；②在反应材料和污染物反应时；③不会发生有害化学反应或产生副产品；④材料的粒径不应过小或不均匀，防止地下水流有过长的水流时间或堵塞粒间空隙。通常情况下，零价铁是最为广泛应用的反应剂，其对常见的有机污染物及无机污染物去除效果较好。PRB 建成后的使用需要监测 2 年，墙体一般可持续使用 5～10 年。

八、给水厂后处理技术

当出现超标项目或污染事故时，可根据污染指标的不同采用相应的处理技术，见表 1。

表 1　适用于不同水质的给水处理技术

超标项目	推荐技术
浊度	快速砂滤池：絮凝、沉淀、过滤
色度	絮凝/快速砂滤池；活性炭吸附
	化学氧化预处理：臭氧、氯、高锰酸钾、二氧化氯
嗅味	化学氧化预处理：可采用臭氧、氯、高锰酸钾、二氧化氯、活性炭

超标项目	推荐技术
氟化物	吸附法：氧化铝、磷酸二钙；混凝沉淀法：硫酸铝、聚合氯化铝；离子交换法；电渗析法
硫酸盐	混凝沉淀法、离子交换法、电渗析法、反渗透法、纳滤膜法等
苦咸水	膜分离法；反渗透法；电渗析法
氨氮	锰砂，化学氧化预处理：氯、高锰酸钾；深度处理：臭氧-生物活性炭
铁、锰	
挥发性有机物	生物活性炭吸附
三氯甲烷和腐殖酸	前驱物的去除：强化混凝、粒状活性炭、生物活性炭；氯化副产物的去除：粒状活性炭
有机化合物	生物活性炭、膜处理
细菌和病毒	过滤（部分去除）；消毒处理：氯、二氧化氯、臭氧、膜处理、紫外消毒
部分重金属（如汞、铬等）（应急状态）	氧化法：高锰酸钾；生物活性炭吸附（部分去除）
藻类及藻毒素	化学氧化预处理：除藻剂法、高锰酸钾、氯微滤法、气浮法、臭氧氧化法等

九、建设项目投资估算

饮用水水源保护区建设项目投资是指从筹集、设计、施工试生产到正式投入运行所需的全部资金。

饮用水水源的基本建设投资估算，由各单项工程投资估算汇总而成。其中对于排水、防洪等相关工程措施，以及其他在水源开展的其他环境保护建设项目，参照《城市基础设施工程投资估算指标》《水利水电工程环境保护概估算编制规程》（SL 359）开展，并结合近年来各地市类似建设项目的实际施工工程投资结算情况，对基本建设投资进行估算。

其中，征地补偿费用按照当地政府部门的拆迁安置方案价格测算；设计费参照国家计委、建设部《工程设计收费标准》（2002 年版）；工程监理费按各地省市物价局相关文件计取。

项目投资估算应根据当地工程投资估算依据确定，表2和表3项目投资单价仅供参考。

表 2 饮用水水源环境保护项目投资单价表

项目		单位	单价/万元
标志设立	警示牌	个	0.2～0.6
	宣传牌	个	0.2～0.6
	界桩（混凝土ϕ 300～ϕ 400）	米	0.02～0.04
	界碑（大理石与混凝土混砌）	米^2	0.05～0.1
隔离防护	围栏、围网	米^2	200～400
	防护林（灌草林）	亩	0.5～1.0
	水源涵养防护林	亩	2.5～3.0

项目		单位	单价/万元
农田污染防治工程	农用井防护	座	0.3～0.5
	有机农业	亩	0.3～0.6
	节水灌溉	亩	0.8～1.0
农村生活污水治理	村内下水道改造及道路硬化	千米	8.0～12.0
	分户式污水处理设施	米^2	0.2～0.3
	人工湿地	米^3	0.1～0.2
	氧化塘	个	8.0～10.0
农村畜禽养殖治理	牲畜圈改造 23 米^2（或 300 米^2）	座	6.0（或 45.0）
	沼气池	米^3	0.1～0.2
农村固体废物治理	无害化卫生厕所	座	5.0～8.0
	垃圾收集处理	处	0.8～1.5
流动源污染防治	公路两侧防渗渠建设	千米	10.0～15.0
	河道沿岸防护林建设	千米	2.0～3.0
	河道防护堤工程	千米	20.0～25.0
地表水生态修复	生物浮岛	处	0.1～0.2
	底泥清淤	米^3	0.01～0.02
地下水环境修复	被动收集法	个/月	0.5～1.5
	加药法	米^3	0.1～0.15
	地下水曝气	吨	0.1～0.2
	有机黏土法	米^2	0.3～0.5
	抽出处理技术	场	25.0～30.0
	渗透反应墙法	个	40.0～50.0

表 3　饮用水水源监控信息管理系统建设概算

项目	投资/万元
人工水质监测	150
自动水质监测站	400
有毒有机物监测系统	220
水源地监测分析系统	160
信息采集及传输系统	90
数据管理系统	40

本指南用词说明

1. 为便于在执行本指南条文时区别对待，对要求严格程度不同的用词说明如下：

（1）表示很严格，非这样做不可的：

正面词采用“必须”，反面词采用“严禁”或“禁止”。

（2）表示严格，在正常情况下均应这样做的：

正面词采用“应”，反面词采用“不应”或“不得”。

（3）表示允许稍有选择，在条件许可时首先应这样做的：

正面词采用“宜”，反面词采用“不宜”。

表示有选择，在一定条件下可以这样做的，采用“可”。

2. 条文中指明应按其他有关标准、规范执行时，写法为：

“应符合……规定”或“应按……执行”。

关于开展地级以下城市集中式饮用水水源环境状况评估工作的通知

（环办〔2013〕16号）

各省、自治区、直辖市环境保护厅（局）：

2010年以来，我部逐年组织开展全国地级以上城市集中式饮用水水源环境状况评估工作（以下简称“水源年度评估”）。水源年度评估是饮用水安全保障的基础性工作，对全面、准确了解和掌握水源环境状况，因地制宜开展环境监管具有重要意义，有力推动了饮用水水源环境管理工作。为进一步深化这一工作机制，经研究，我部决定自2013年起，将水源评估范围拓展到地级以下城市（县级市和县级政府所在镇）集中式饮用水水源。现将有关事项通知如下：

一、请各省（区、市）环境保护厅（局），参照《全国城市集中式饮用水水源环境状况评估技术方案》（环办〔2011〕4号附件），结合本地实际情况，组织开展辖区地级以下城市集中式饮用水水源年度评估工作。

二、各地要充分认识这项工作的重要性，切实加强领导、周密部署工作，客观评价辖区饮用水水源环境状况，为科学开展水源环境管理工作提供依据。

三、请各地在水源评估基础上，认真编制辖区地级以下城市水源评估报告（评估报告格式要求见附件），于每年6月底前报我部备案，并抄报同级人民政府。要坚决杜绝瞒报、虚报及漏报行为。

环境保护部办公厅

2013年2月19日

关于加强农村饮用水水源保护工作的指导意见

（环办〔2015〕53 号）

各省、自治区、直辖市、新疆生产建设兵团环境保护厅（局）、水利（水务）厅（局）：

近年来，我国饮用水水源保护工作取得积极进展，城乡居民饮用水安全保障水平持续提升。但是，由于农村饮用水水源点多面广、单个水源规模较小、部分早期建设的饮水工程老化失修等原因，水源保护管理基础薄弱、防护措施不足、长效运行机制不完善等问题依然存在，农村水源污染事件时有发生。为贯彻党的十八大和十八届二中、三中、四中全会精神，落实《政府工作报告》总体部署，进一步推进农村饮水安全工程建设，加强农村饮用水水源保护工作，按照《水污染防治行动计划》要求，提出如下指导意见：

一、分类推进水源保护区或保护范围划定工作

以供水人口多、环境敏感的水源以及农村饮水安全工程规划支持建设的水源为重点，由地方人民政府按规定制定工作计划，明确划定时限，按期完成农村饮用水水源保护区或保护范围划定工作。对供水人口在 1 000 人以上的集中式饮用水水源，按照《水污染防治法》《水法》等法律法规要求，参照《饮用水水源保护区划分技术规范》，科学编码并划定水源保护区；日供水 1 000 吨或服务人口 10 000 人以上的水源，应于 2016 年底前完成保护区划定工作。对供水人口小于 1 000 人的饮用水水源，参照《分散式饮用水水源地环境保护指南（试行）》（以下简称《分散式指南》），划定保护范围。

对已建成投运的农村饮水安全工程，工程建设及管理单位应于 2015 年底前向当地环保和水利部门提供相关基础资料，协助做好水源保护区或保护范围的划分及规范管理工作。对新建、改建、扩建的农村饮水工程，工程建设单位应在选址阶段进行水量、水质、水源保护区或保护范围划分方案的论证；水源保护区和保护范围的划分、标志建设、环境综合整治等工作，应与农村饮水工程同时设计、同时建设、同时验收。

二、加强农村饮用水水源规范化建设

一是设立水源保护区标志。地方各级环保、水利等部门，要按照当地政府要求，参照《饮用水水源保护区标志技术要求》《集中式饮用水水源环境保护指南（试行）》（以下简称《集中式指南》）及《分散式指南》，在饮用水水源保护区的边界设立明确的

地理界标和明显的警示标志，加强饮用水水源标志及隔离设施的管理维护。

二是推进农村水源环境监管及综合整治。地方各级环保部门要会同有关部门，参照《集中式指南》《分散式指南》等文件，自 2015 年起，分期分批调查评估农村饮用水水源环境状况。对可能影响农村饮用水水源环境安全的化工、造纸、冶炼、制药等重点行业、重点污染源，要加强执法监管和风险防范，避免突发环境事件影响水源安全。结合农村环境综合整治工作，开展水源规范化建设，加强水源周边生活污水、垃圾及畜禽养殖废弃物的处理处置，综合防治农药化肥等面源污染。针对因人类活动影响超标的水源，研究制定水质达标方案，因地制宜地开展水源污染防治工作。

三是提升水质监测及检测能力。地方各级水利、环保部门要配合发展改革、卫生计生等部门，按照本级人民政府部署，结合《关于加强农村饮水安全工程水质检测能力建设的指导意见》的落实，提升供水工程水质检测设施装备水平和检测能力，满足农村饮水工程的常规水质检测需求。加强农村饮水工程的水源及水厂水质监测和检测，重点落实日供水 1 000 吨或服务人口 10 000 人以上的供水工程水质检测责任。地方各级环保部门要按照《全国农村环境质量试点监测工作方案》要求，开展农村饮用水水源水质监测工作。

四是防范水源环境风险。地方各级环保部门要会同有关部门，排查农村饮用水水源周边环境隐患，建立风险源名录。指导、督促排污单位，按照《突发事件应对法》和《突发环境事件应急预案管理暂行办法》规定，做好突发水污染事故的风险控制、应急准备、应急处置、事后恢复以及应急预案的编制、评估、发布、备案、演练等工作。参照《集中式地表饮用水水源地环境应急管理工作指南（试行）》，以县或乡镇行政区域为基本单元，编制农村饮用水水源突发环境事件应急预案；一旦发生污染事件，立即启动应急方案，采取有效措施保障群众饮水安全。

三、健全农村饮水工程及水源保护长效机制

地方各级水利、环保部门要会同有关部门，结合农村饮水工程建设、农村环境综合整治、新农村建设等工作，多渠道筹集水源保护资金；按照《农村饮水安全工程建设管理办法》等规定，切实加强资金管理；落实用电用地和税收优惠等政策，推进县级农村供水机构、环境监测机构和维修养护基金建设，保障工程长效运行，确保饮水工程安全、稳定、长期发挥效益。严格工程验收，确保工程质量，未按要求验收或验收不合格的要限期整改。明确供水工程及水源管护主体。指导、督促农村饮水工程管理单位，建立健全水源巡查制度，及时发现并制止威胁供水安全的行为；规范开展水源及供水水质监测和检测，发现异常情况及时向主管部门报告，必要时启动应急供水。

四、进一步加强组织领导

进一步提高认识，认真履行职责、密切配合、协同作战，切实加强农村饮水安全保障工作。

地方各级环保部门要会同水利、发展改革、住房城乡建设、卫生计生等部门，加快推进农村饮用水水源环境状况调查评估工作，抓紧划定水源保护区或保护范围，组织编制农村饮用水水源保护相关管理办法，加强水源保护区环境综合整治及规范化建设等工作。

地方各级水利部门要会同环保、发展改革、住房城乡建设、卫生计生等部门，因地制宜优化水源布局，推进区域集中供水，加强农村饮水工程建设及管理，组织制定相关规范性文件，落实安全保障措施，及时发现和消除安全隐患，持续提升农村居民饮水安全保障水平。

五、强化宣传教育和公众参与

地方各级水利、环保部门要会同有关部门，切实加强农村饮用水安全、水源保护等相关知识及工作的宣传力度，增强农村居民水源保护意识。按照本级人民政府要求，逐步公布水源水和出厂水水质状况，搭建公众参与平台，强化社会监督，构建全民行动格局，切实提升农村饮水安全保障水平。

环境保护部办公厅

水利部办公厅

2015 年 6 月 4 日

关于印发《全国集中式生活饮用水水源水质监测信息公开方案》的通知

（环办监测〔2016〕3号）

各省、自治区、直辖市环境保护厅（局），新疆生产建设兵团环境保护局：

为贯彻落实《中华人民共和国环保法》《政治信息公开条例》和《水污染防治行动计划》，进一步推进集中式生活饮用水水源水质监测信息公开工作，提高公众对水源保护工作的参与程度，强化舆论监督，落实地方政府水源保护责任，我部组织制定了《全国集中式生活饮用水水源水质监测信息公开方案》（见附件）。

请各省（区、市）环境保护厅（局），按照方案要求，认真组织做好本行政区集中式生活饮用水水源水质监测和信息公开工作，分别于2016年6月、12月底前，将本行政区水源水质监测和信息公开工作进展情况报送我部。我部将适时进行监督检查。

附件：全国集中式生活饮用水水源水质监测信息公开方案

环境保护部办公厅

2016年1月15日

附件：

全国集中式生活饮用水水源水质监测信息公开方案

为贯彻落实《中华人民共和国环境保护法》《政府信息公开条例》和《水污染防治行动计划》，进一步推进集中式生活饮用水水源水质监测信息公开工作，提高公众对水源保护工作的参与程度，加强水源水质监测与监管，切实履行职责，强化舆论监督，落实地方政府水源保护责任，推动全面解决事关人民群众身体健康的饮用水安全问题，制定本方案。

一、信息范围

全国所有地级及以上城市、县级行政单位所在城镇的所有在用集中式生活饮用水水源。

二、水源水质监测要求

各级环境保护主管部门要统一按照《全国集中式生活饮用水水源地水质监测实施方案》（环办函〔2012〕1266 号）要求，组织开展集中式生活饮用水水源水质监测与数据报送工作，加强监测质量保证和质量控制，确保监测数据真实、准确，客观反映水源水质状况。

三、评价标准与方法

地表水（河流型或湖泊、水库型）水源根据《地表水环境质量标准》（GB 3838—2002），基本项目按照《地表水环境质量评价方法（试行）》（环办〔2011〕22 号）进行评价，补充项目、特定项目采用单因子评价法进行评价。

地下水水源根据《地下水质量标准》（GB/T 14848—1993），采用单因子评价法进行评价。

四、信息公开时间安排

落实《水污染防治行动计划》要求，分步实施全国地级及以上城市、县级行政单位所在城镇集中式生活饮用水水源水质监测信息公开工作。

（一）地级及以上城市

自 2016 年 1 月起，地级及以上城市按月公开集中式生活饮用水水源水质监测信息。

（二）县级行政单位所在城镇

已按《全国集中式生活饮用水水源地水质监测实施方案》（环办函〔2012〕1266 号）要求开展监测并报送数据的县级行政单位所在城镇，自 2016 年第一季度起，按季度公开集中式生活饮用水水源水质监测信息。

暂不具备水源水质监测能力的县级行政单位所在城镇，要加快能力建设和业务培训，尽快形成监测能力，按《全国集中式生活饮用水水源地水质监测实施方案》（环办函〔2012〕1266 号）要求开展监测并报送数据。2017 年底进行水源水质监测信息试发布。

自 2018 年第一季度起，所有县级行政单位所在城镇正式按季度公开集中式生活饮用水水源水质监测信息。

地级及以上城市、县级行政单位所在城镇，每年还应公开集中式生活饮用水水源年度监测信息。

五、信息公开内容

各级环境保护主管部门，负责组织编制集中式生活饮用水水源水质状况报告，主要内容包括：

（一）监测情况：包括监测的地表水（河流、湖泊或水库）、地下水水源数量，监测点位，监测项目，监测方法以及质量保证和质量控制措施等。

（二）评价标准与方法：地表水（河流、湖泊或水库）、地下水水源评价依据的标准，评价方法等。

（三）评价结果：总体达标情况；地表水（河流、湖泊或水库）水源达标[达到或优于《地表水环境质量标准》（GB 3838—2002）Ⅲ类标准]数量、达标率；超标数量、超标率，主要污染指标；地表水水源达到或优于《地表水环境质量标准》（GB 3838—2002）Ⅱ类标准数量及比例等。地下水水源达标数量、达标率；超标数量、超标率，主要污染指标等。

（四）各水源有关情况：可按照表格形式，列出水源所在城市名称、水源名称、水源类型（河流、湖泊、水库型或地下水等），水质达标情况，超标指标及超标倍数。其中，地表水水源水质基本项目超过《地表水环境质量标准》（GB 3838—2002）Ⅲ类标准，补充项目、特定项目超过标准限值时，列出超标指标及超标倍数；地下水水源超过《地下水质量标准》（GB/T 14848—1993）Ⅲ类标准时，列出超标指标及超标倍数。

（五）水质超标原因分析：从工业、生活污染排放、农业面源或水产养殖影响、自然本底值较高等方面，分析水源水质超标原因，为水源保护、污染治理提供支撑。

（六）其他方面：从集中式生活饮用水水源范围、与饮用水的区别等方面进行说明。

《全国地级及以上城市集中式生活饮用水水源水质状况报告》格式参见附。

六、信息公开途径

通过环境保护主管部门政府网站、环境监测机构网站等多种渠道，及时公开发布。

集中式生活饮用水水源水质监测信息发布力求通俗易懂、贴近民众，便于公众及时了解水源水质状况。

七、有关要求

各级环境保护主管部门，要把水源水质监测信息公开工作作为落实《中华人民共和国环境保护法》《政府信息公开条例》和《水污染防治行动计划》的重要内容，加强组织领导，明确工作要求，规范公开程序，确保任务落实。要积极拓宽经费渠道，加强监测任务承担单位监测能力建设和人员技术培训，提升水源水质监测能力，加大监测运行经费补助，保障水源水质监测工作顺利进行，及时报送监测数据。

各级环境保护主管部门要加强环境风险防控，采取切实有效措施，进一步加强饮用水水源保护工作，确保饮用水水源水质安全。对集中式生活饮用水水源水质监测信息公开后可能产生的社会反应进行研判，加强舆情收集和分析，加强与同级卫生、住建、水利等部门的沟通协调，建立信息共享和联动机制。加大宣传力度，适时组织专家对集中式生活饮用水水源水质监测信息进行科学解读，提高公众水源保护意识，正确引导舆论。

附：全国地级及以上城市集中式生活饮用水水源水质状况报告（以上 2015 年 6 月为例）

附：

全国地级及以上城市集中式生活饮用水水源水质状况报告（以 2015 年 6 月为例）

一、监测情况

2015 年 6 月，全国 338 个地级及以上城市共监测 870 个在用集中式生活饮用水水源，其中地表水水源 553 个（河流型 319 个，湖库型 234 个）、地下水水源 317 个。

（一）监测点位

1. 地表水水源：河流型水源在水厂取水口上游 100 米附近处设置监测断面，水厂在同一河流有多个取水口，可在最上游 100 米处设置监测断面；湖库型水源原则上按常规监测点位采样，在每个水源取水口周边 100 米处设置 1 个监测点位进行采样。河流及湖、库采样深度为水面下 0.5 米处。

2. 地下水水源：具备采样条件的，在抽水井采样。如不具备采样条件，在自来水厂的汇水区（加氯前）采样。

（二）监测项目

1. 地表水水源：监测项目为《地表水环境质量标准》（GB 3838—2002）表 1 的基本项目（23 项，化学需氧量除外）、表 2 的补充项目（5 项）和表 3 的优选特定项目（33 项），共 61 项。各地可根据当地污染实际情况，适当增加区域特征污染物。

2. 地下水水源：监测项目为《地下水质量标准》（GB/T 14848—1993）中 23 项（见环函〔2005〕47 号）。各地可根据当地污染实际情况，适当增加区域特征污染物。

二、评价标准及方法

（一）地表水水源

根据《地表水环境质量标准》（GB 3838—2002）进行评价。基本项目按照《地表水环境质量评价方法（试行）》（环办〔2011〕22 号）进行评价，补充项目、特定项目采用单因子评价法进行评价。

（二）地下水水源

根据《地下水质量标准》（GB/T 14848—1993），采用单因子评价法进行评价。

三、评价结果

（一）总体情况

监测的870个在用集中式饮用水水源中，有821个水源达标，占94.4%；有49个超标，占5.6%（见附表）。

全国地级及以上城市集中式饮用水水源水质达标率统计（按城市数统计）见图1，全国地级及以上城市集中式饮用水水源水质达标情况统计见附表。

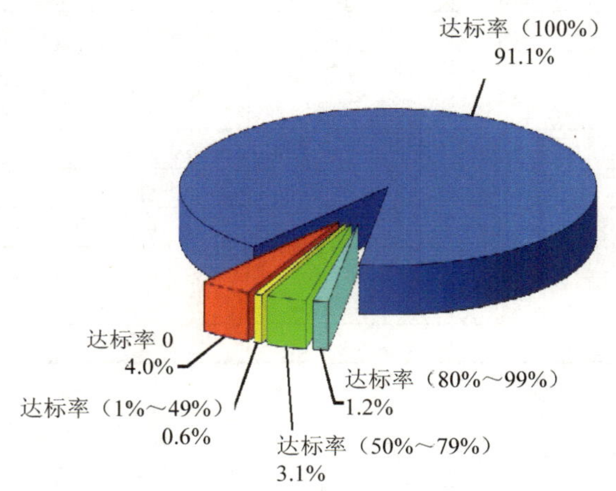

图1　全国地级及以上城市集中式饮用水水源水质达标率（按城市数统计）

（二）地表水水源

553个地表水水源中，有542个达标（达到或优于Ⅲ类标准），占98.0%。其中，有348个达到或优于Ⅱ类标准，占62.9%；11个存在不同程度的超标情况，占2.0%，主要超标项目为总磷和锰。

（三）地下水水源

317个地下水水源中，有279个达标，占88.0%；38个存在不同程度的超标情况，占12.0%，主要超标项目为铁、锰和氨氮。

备注：

1. 集中式生活饮用水水源，是指进入输水管网送到用户的和具有一定取水规模（供水人口一般大于1 000人）的在用、备用和规划水源。

2. 集中式生活饮用水水源和饮用水的区别：饮用水水源为原水，居民饮用水为末梢水，水源水经自来水厂净化处理达到《生活饮用水卫生标准》的要求后，进入居民供水系统作为饮用水。

附表：

2015 年 6 月全国地级及以上城市集中式饮用水水源水质状况

序 号	省份名称	城市名称	水源名称（监测点位）	水源类型	达标情况	超标指标及超标倍数
1	北京	北京	密云水库	地表水	达标	—
2	天津	天津	于桥水库	地表水	达标	—
3	河北	石家庄	地下水饮用水水源	地下水	达标	—
……	……	……	……	……		……
……	……	……	……	……		……
……	……	……	……	……		……
337	新疆	乌鲁木齐	米东区三水厂水源	地下水	超标	硫酸盐（1.0）、总硬度（0.2）
338	新疆	喀什	东城区水源	地下水	超标	硫酸盐（0.5）

关于印发《水污染防治行动计划实施情况考核规定（试行）》的通知

（环水体〔2016〕179号）

各省、自治区、直辖市人民政府：

按照《国务院关于印发水污染防治行动计划的通知》（国发〔2015〕17号）要求，环境保护部会同国务院有关部门制订了《水污染防治行动计划实施情况考核规定（试行）》。现印发给你们，请认真组织落实。

附件：水污染防治行动计划实施情况考核规定（试行）

环境保护部　发展改革委　科技部
工业和信息化部　财政部　国土资源部
住房城乡建设部　交通运输部
水利部　农业部　卫生计生委
2016年12月6日

附件：

水污染防治行动计划实施情况考核规定（试行）

第一条　为严格落实水污染防治工作责任，强化监督管理，加快改善水环境质量，根据《国务院关于印发水污染防治行动计划的通知》（国发〔2015〕17号）等，制定本规定。

第二条　本规定适用于对各省（区、市）人民政府《水污染防治行动计划》（以下简称《水十条》）实施情况及水环境质量管理的年度考核和终期考核。

第三条　考核工作坚持统一协调与分工负责相结合、质量优先与兼顾任务相结合、定量评价与定性评估相结合、日常检查与年终抽查相结合、行政考核与社会监督相结合的原则。

第四条　考核内容包括水环境质量目标完成情况和水污染防治重点工作完成情况两个方面。以水环境质量目标完成情况作为刚性要求，兼顾水污染防治重点工作完成情况。

水环境质量目标包括：地表水水质优良比例和劣Ⅴ类水体控制比例、地级及以上城市建成区黑臭水体控制比例、地级及以上城市集中式饮用水水源水质达到或优于III类比例、地下水质量极差控制比例、近岸海域水质状况五个方面。

水污染防治重点工作包括：工业污染防治、城镇污染治理、农业农村污染防治、船舶港口污染控制、水资源节约保护、水生态环境保护、强化科技支撑、各方责任及公众参与八个方面。

考核指标见附 1，指标解释及评分细则见附 2。

第五条 考核采用评分法，水环境质量目标完成情况和水污染防治重点工作完成情况满分均为 100 分，考核结果分为优秀、良好、合格、不合格四个等级。

以水环境质量目标完成情况划分等级，评分 90 分及以上为优秀、80 分（含）至 90 分为良好、60 分（含）至 80 分为合格、60 分以下为不合格（未通过考核）。

以水污染防治重点工作完成情况进行校核，评分大于 60 分（含），水环境质量评分等级即为考核结果；评分小于 60 分，水环境质量评分等级降一档作为考核结果。日常检查情况作为重点工作完成情况考核的基本内容纳入年度考核计分。

遇重大自然灾害（如干旱、洪涝、地震等）或重大工程建设、调度等，对上下游、左右岸水环境质量产生重大影响以及其他重大特殊情形的，可结合重点工作完成情况，综合考虑后最终确定年度考核结果。

2017—2020 年，逐年对上年度各地《水十条》实施情况进行年度考核，考核水环境质量目标完成情况和水污染防治重点工作完成情况。

2021 年对 2020 年度进行终期考核，仅考核水环境质量目标完成情况。水环境质量目标完成情况 60 分以下，或地表水水质优良比例、劣Ⅴ类水体控制比例任何一项未达到目标，终期考核认定为不合格。

第六条 地方人民政府是“水十条”实施的责任主体。各省（区、市）人民政府要依据国家确定的水环境质量目标，制定本地区水污染防治工作方案，将目标、任务逐级分解到市（地）、县级人民政府，把重点任务落实到相关部门和企业，确定年度水环境质量目标，合理安排重点任务和治理项目实施进度，明确资金来源、配套政策、责任部门和保障措施等。

第七条 考核工作由环境保护部牵头、中央组织部参与。环境保护部会同国务院相关部门组成考核工作组，负责组织实施考核工作。

第八条 考核采取以下步骤：

（一）自查评分。各省（区、市）人民政府应按照考核要求，建立包括电子信息在内的工作台账，对“水十条”实施情况进行全面自查和自评打分，于每年 1 月底前将上年度自查报告报送环境保护部，抄送国务院办公厅和“水十条”各任务牵头单位。自查报告应包括水环境质量目标和水污染防治重点工作等完成情况。

（二）部门审查。“水十条”各任务牵头单位会同参与部门负责相应重点任务的考核，结合日常监督检查情况，对各省（区、市）人民政府自查报告进行审查，形成书面意见于每年 3 月底前报送环境保护部。

环境保护区域督查机构应将地方政府及其有关部门贯彻落实“水十条”的情况纳入环境保护督察或综合督查、专项督查等环境保护督政工作范畴，有关情况及时报送环境保护部。环境保护部统一汇总后抄送“水十条”各任务牵头单位及相关省级政府。

（三）组织抽查。环境保护部会同有关部门采取“双随机（随机选派人员、随机抽查部分地区）”方式，根据各省（区、市）人民政府的自查报告、各牵头部门的书面意见和环境督查情况，对被抽查的省（区、市）进行实地考核，形成抽查考核报告。

（四）综合评价。环境保护部对相关部门审查和抽查情况进行汇总，作出综合评价，于每年 4 月底前形成考核结果，5 月底前报告国务院。

第九条　考核结果经国务院审定后，由环境保护部向各省（区、市）人民政府通报，向社会公开，并交由中央干部主管部门作为对各省（区、市）领导班子和领导干部综合考核评价的重要依据。

对未通过年度考核的地区，由环境保护部会同中央组织部约谈省（区、市）人民政府及其相关部门有关负责人，提出整改意见，予以督促，并暂停审批该地区有关责任城市新增排放重点水污染物的建设项目（民生项目与节能减排项目除外）环境影响评价文件；整改期满后仍达不到要求的，相关部门取消其环境保护模范城市、生态文明建设示范区、节水型城市、园林城市、卫生城市等荣誉称号。

对未通过 2020 年考核的地区，除暂停审批该地区所有新增排放重点水污染物的建设项目（民生项目与节能减排项目除外）环境影响评价文件外，要加大问责力度，必要时由国务院领导同志约谈省（区、市）人民政府主要负责人。落实《党政领导干部生态环境损害责任追究办法（试行）》等要求，依法依纪追究有关领导干部的责任。

对水质改善明显和进步较大的地区进行通报表扬。

中央财政将考核结果作为水污染防治相关资金分配的参考依据。

第十条　在考核中对干预、伪造数据和没有完成目标任务的，要依法依纪追究有关单位和人员责任。在考核过程中发现违纪问题需要追究问责的，按相关程序移送纪检监察机关办理。

第十一条　各省（区、市）人民政府可根据本规定，结合各自实际情况，对本地区《水十条》实施情况开展考核。

第十二条　本规定由环境保护部、中央组织部负责解释。

关于印发《全国集中式饮用水水源地环境保护专项行动方案》的通知

（环环监〔2018〕25 号）

各省、自治区、直辖市人民政府，新疆生产建设兵团：

为贯彻落实党的十九大关于坚决打好污染防治攻坚战的决策部署，加快解决饮用水水源地突出环境问题，经国务院同意，现将《全国集中式饮用水水源地环境保护专项行动方案》印发给你们，请认真抓好落实。

附件：全国集中式饮用水水源地环境保护专项行动方案

环境保护部

水利部

2018 年 3 月 9 日

附件：

全国集中式饮用水水源地环境保护专项行动方案（摘录）

近年来，我国饮用水水源地环境保护工作取得积极进展，但保护形势依然严峻，一些地区饮用水水源保护区划定不清、边界不明、违法问题多见，环境风险隐患突出。为贯彻落实党的十九大关于坚决打好污染防治攻坚战的决策部署，加快解决饮用水水源地突出环境问题，依据《中华人民共和国水污染防治法》《中华人民共和国水法》和《水污染防治行动计划》等规定，环境保护部、水利部联合开展全国集中式饮用水水源地环境保护专项行动（以下简称专项行动）。

一、目标任务

严格依据《中华人民共和国水污染防治法》等法律法规要求，利用两年时间，全面完成县级及以上城市（包括县级人民政府驻地所在镇）地表水型集中式饮用水水源保护区“划、立、治”三项重点任务，努力实现“保”的目标。

（一）划定饮用水水源保护区。重点检查是否依法划定饮用水水源保护区。尚未完成保护区划定或保护区划定不符合法律法规要求的，限期划定或调整。

（二）设立保护区边界标志。重点检查是否在饮用水水源保护区的边界设立明确的地理界标和明显的警示标志。不符合法律法规要求的，限期整改。

（三）整治保护区内环境违法问题。重点检查饮用水水源一、二级保护区内是否存在排污口、违法建设项目、违法网箱养殖等问题，保护区内环境违法问题全部限期清理整治到位。

通过落实“划、立、治”三项重点任务，定期开展水质监测，确保饮用水水源地水质得到保持和改善，努力提高饮用水水源环境安全保障水平。

二、进度安排

2018 年 3 月底前，县级及以上城市完成水源地环境保护专项排查，建立问题清单。

2018 年年底前，长江经济带 11 省（市）完成县级及以上城市水源地环境保护专项整治，其他地区完成地级及以上城市水源地环境保护专项整治。

2019 年年底前，所有县级及以上城市完成水源地环境保护专项整治。

三、任务分工

各省级人民政府负责组织制定专项行动实施方案，督促指导市、县级人民政府开展专项排查和问题整改工作，核查整改情况，加强跟踪督办。及时研究批复有关市、县人民政府提出的饮用水水源保护区划定或调整方案。

市、县级人民政府按照省级人民政府部署，全面、深入、细致开展专项排查，对环境违法问题科学制定整改方案，依法处理、分类处置、精准施策，积极稳妥解决难点问题。

各级环保、水利等部门要加强协调配合，根据各自职责，加强对地方的支持和指导，推动排查整治工作有序开展。

四、工作步骤

（一）全面摸底排查。开展县级及以上城市水源地环境保护专项排查，逐一核实水源地基本信息，查清水源保护区划定、边界设立以及违法建设项目等环境违法问题，建立问题清单。各省（区、市）人民政府于 2018 年 3 月底前将排查情况及问题清单报送环境保护部、水利部（样式见附表 1），并向社会公开。

（二）实施清理整治。按照“一个水源地、一套方案、一抓到底”原则，制定环境违法问题整改方案，明确具体措施、任务分工、时间节点、责任单位和责任人等。按照整改方案，如期完成各项整治任务。

（三）逐一核查销号。各市、县级人民政府建立问题清单整改销号制度，整改完成一个，销号一个，并向省级人民政府备案。从 2018 年 4 月起，各省（区、市）人民政府每月月底前向环境保护部、水利部报送整治工作进展情况（样式见附表 2），并向社会公开；2018 年年底前和 2019 年年底前，分别将专项行动总结报送环境保护部和水利部。

五、工作要求

（一）加强组织领导。地方各级人民政府是水源地环境保护的责任主体，要坚决扛起生态文明建设的政治责任，明确职责分工，细化工作措施，构建政府统领、部门协作、社会参与的工作格局，有序推进排查整治工作。

（二）明确整治标准。各地根据实际情况和水源地环境保护需要，依法依规开展水源保护区划定、标志设立和环境违法问题清理整治。未划定保护区或保护区划定不符合法律法规要求的，参照《饮用水水源保护区划分技术规范》（HJ 338—2018），按法定程序予以划定或调整；未设立保护区界标和警示牌或设立不符合法律法规要求的，参照《饮用水水源保护区标志技术要求》（HJ/T 433—2008）予以设立或纠正；一、二级保护区内存在环境违法问题的，按照《中华人民共和国水污染防治法》《中华人民共和国水法》《集中式饮用水水源地规范化建设环境保护技术要求》（HJ 773—2015）予以清理整治。

（三）严格责任落实。地方各级人民政府要勇于担当，敢于碰硬，做到排查无盲区、整治无死角、环境违法问题全部按期清零。环境保护部会同水利部定期开展督查督办，重点检查各地水源地是否完成保护区划定、环境违法问题排查整治是否到位，督促各地工作落实。对履职不力、弄虚作假、进展迟缓等问题突出的，以及饮用水水源地水质出现恶化的，采取通报批评、公开约谈等措施；情节严重的，移交有关地方按不同情形实行问责。对工作成效突出的，予以通报表扬。

（四）做好技术支撑。环境保护部定期组织开展饮用水水源地卫星遥感监测，为地方排查整治工作提供技术支持。各地按要求完成饮用水水源保护区矢量边界信息制作，完善水源地基础信息档案。

（五）强化信息公开。地方各级人民政府建立信息公开制度，在一报（党报）一网（政府网站）开设“饮用水水源地环境保护专项行动”专栏，从 2018 年 3 月起，每月月底前公开问题清单和整治进展情况，接受社会监督。可邀请媒体、公众等参与执法检查，公开曝光典型违法案件。从 2018 年 4 月起，环境保护部通过网站、“环保部发布”双微（微博、微信），每月公开各地问题清单和整治进展情况。

（六）健全长效机制。地方各级人民政府要以专项行动为契机，健全水源地日常监管制度，强化部门合作，完善饮用水水源地环境保护协调联动机制，防止已整改问题死灰复燃，切实提高饮用水水源环境安全保障水平。

附表：1．饮用水水源地环境问题排查情况统计表（略）

2．饮用水水源地环境问题清理整治进展情况统计表（略）

关于进一步开展饮用水水源地环境保护工作的通知

（环执法〔2018〕142 号）

各省、自治区、直辖市人民政府，新疆生产建设兵团：

为贯彻落实全国生态环境保护大会精神和党中央、国务院关于打好水源地保护攻坚战的决策部署，切实保障饮用水水源地水质安全，经国务院同意，在开展全国集中式饮用水水源地环境保护专项行动的基础上，由生态环境部、水利部组织各地进一步开展饮用水水源地环境保护工作。现将有关事项通知如下：

一、工作目标

推动打好水源地保护攻坚战向纵深发展，不断完善饮用水水源保护区制度，显著提升饮用水水源地规范化建设水平，全面整治饮用水水源保护区内环境问题，明显提高饮用水水源地风险防控和应急能力，持续改善饮用水水源地环境质量。

二、工作范围

按照《关于印发〈全国集中式饮用水水源地环境保护专项行动方案〉的通知》（环环监〔2018〕25 号）要求，各地应于 2019 年底前完成县级及以上地表水型饮用水水源地清理整治工作。在此基础上，各地要于 2019 年进一步对供水人口在 10 000 人或日供水在 1 000 吨以上的其他所有饮用水水源地（包括地下水型饮用水水源地和县级以下地表水型饮用水水源地）进行摸底排查，并于 2020 年深入开展问题整治。到 2020 年底前，饮用水水源地清理整治工作基本见效。

三、主要任务

（一）划定饮用水水源保护区。依法开展饮用水水源保护区划定工作。对未划定或划定不符合法律法规要求的，参照《饮用水水源保护区划分技术规范》（HJ 338—2018），按法定程序予以划定或调整。

（二）设立保护区边界标志。参照《饮用水水源保护区标志技术要求》（HJ/T 433—2008），在饮用水水源保护区的边界设立明确的地理界标和明显的警示标志，加强饮用水水源标志及隔离设施的管理维护。

（三）整治保护区内环境违法问题。全面排查饮用水水源保护区范围内是否存在排污口、违法建设项目、违法网箱养殖等环境违法问题，建立问题清单并向社会公开。按照“一源一策”原则，制定环境违法问题整改方案，明确具体措施、任务分工、时间节点、责任单位和责任人，组织实施清理整治。

（四）提升水源地水质监测预警能力。强化部门联动，科学制定水源地水质监测计划，认真分析监测数据信息，加强对水源地水质状况及安全形势研判，及时发出水源地安全预警。

（五）推进水源地周边综合整治。对可能影响水源地水质的违法行为，做到及时发现、立即制止、快速查处。加快调整优化保护范围周边及上游产业结构和布局，着力消除水源污染风险。

四、工作要求

（一）落实目标责任。地方各级人民政府是水源地保护攻坚战的责任主体，要分解落实目标任务，细化职责分工，定期监督检查攻坚战实施进展情况和成效，并将水源地保护攻坚战实施情况作为生态环境保护责任制的重要内容，纳入各级领导干部政绩考核体系，保障攻坚战的顺利实施。

（二）健全长效机制。建立健全饮用水水源地监管制度，以饮用水水源保护区为重点，定期评估固定源、非点源和流动源对饮用水水源地造成的环境风险，落实防控措施．消除环境隐患。强化生态环境、水利等部门合作，完善饮用水水源地环境保护协调联动机制，推进联合执法，强化执法监督，切实提高饮用水水源地环境安全保障水平。

（三）加强信息公开。通过当地主要媒体和政府网站，通报水源地保护攻坚战的进展和成效，充分发挥新闻媒介的舆论监督和导向作用，以公开推动监督，以监督保障落实。进一步完善公众参与及监督机制，加强公众对饮用水水源地监督管理的参与意识，提高公众饮水安全风险防范意识，推动饮用水水源地环境保护工作转变为社会参与、共同监督的全民行动。

（四）及时报送信息。2018—2019 年，各省（自治区、直辖市）人民政府继续按照环环监〔2018〕25 号文件要求，开展县级及以上地表水型饮用水水源地信息报送工作。2020 年，开展供水人口在 10 000 人或日供水在 1 000 吨以上的地下水型饮用水水源地和县级以下地表水型饮用水水源地信息报送工作。于 2020 年 1 月底前，将基本信息、问题清单、整改方案和整治进展情况报送生态环境部和水利部（见附件 1～附件 2）。2020 年 12 月底前，将整治进展情况报送生态环境部和水利部。

附件：1．县级以下地表水型饮用水水源地清理整治进展情况表（略）

2．地下水型饮用水水源地清理整治进展情况表（略）

生态环境部

水利部

2018 年 11 月 1 日

关于开展全国重要饮用水水源地安全保障达标建设的通知

（水资源〔2011〕329号）

各流域管理机构，各省、自治区、直辖市水利（水务）厅（局），新疆生产建设兵团水利局：

党中央、国务院高度重视饮水安全保障工作，《中共中央国务院关于加快水利改革发展的决定》（中发〔2011〕1号，以下简称“中央一号文件”）明确要求加强水源地保护，到2020年城乡供水保证率显著提高，城乡居民饮水安全得到全面保障，主要江河湖泊水功能区水质明显改善，城镇供水水源地水质全面达标。为做好有关工作，我部组织编制了《全国城市饮用水水源地安全保障规划》（2008—2020年），先后核准公布了三批“全国重要饮用水水源地名录”。

为进一步贯彻中央一号文件要求，切实保障饮水安全，经研究，决定对列入名录的全国重要饮用水水源地开展安全保障达标建设工作，为此，我部组织编制了《全国重要饮用水水源地安全保障达标建设目标要求（试行）》（见附件，以下简称《目标要求》），请遵照执行，具体工作安排如下：

一、总体目标

自2011年开始，开展全国重要饮用水水源地安全保障达标建设，力争用5年时间，列入名录的全国重要饮用水水源地达到“水量保证、水质合格、监控完备、制度健全”，初步建成重要饮用水水源地安全保障体系。

二、任务分工

水利部负责全国重要饮用水水源地安全保障达标建设工作的组织和指导，并检查、通报各地饮用水水源地达标建设工作。

流域管理机构负责本流域重要饮用水水源地安全保障达标建设工作技术指导，会同省级水行政主管部门检查评估达标建设任务完成情况。

重要饮用水水源地安全保障达标建设工作的实施由管辖的水行政主管部门负责。跨行政区域的由饮用水水源地取水工程所在地水行政主管部门会同相关行政区域水行政主管部门组织实施，并加强与流域管理机构的联系；跨流域调水工程，分别由水源所在地水行政主管部门、输水沿线水行政主管部门按照各自管辖区域负责实施，由流域管理机构组织协调。

三、总体时间安排

全国重要饮用水水源地安全保障达标建设工作从 2011 年 7 月开始，前三批 175 个列入名录的重要饮用水水源地达标建设工作力争用 5 年时间完成。

请省级水行政主管部门按照上述总体时间安排，于 2011 年 7 月底前将本辖区列入名录的重要饮用水水源地安全保障达标建设总体工作计划和2012年具体工作计划上报水利部。每年 5 月底前上报前一年度的达标建设自评总结和下一年度具体工作计划（含安全保障达标建设饮用水水源地工作方案）。

负责饮用水水源地安全保障达标建设工作的水行政主管部门应按照上述总体工作计划，制定并实施达标建设方案。

流域管理机构于每年 5 月底前上报会同省级水行政主管部门进行年度检查的评估报告。

水利部每年对重要饮用水水源地的达标建设情况进行抽查评估，并结合省区自评和流域管理机构组织的评估情况，向省级人民政府通报重要饮用水水源地达标建设年度完成情况，对不能满足达标建设要求的水源地，实行限期整改，整改后仍不达标的，将从全国重要饮用水水源地名录中删除。

四、工作要求

全国重要饮用水水源地安全保障达标建设工作以全国和地方重要饮用水水源地安全保障规划为基础，与水资源实时监控系统建设工作紧密结合，按照地区特点和实际，制定安全保障达标建设的总体计划，保证列入名录的重要饮用水水源地逐一完成安全保障达标建设任务。

为完成达标建设有关工作，要求省级水行政主管部门组建包括重要饮用水水源地所在地水行政主管部门参加的领导小组和工作组，具体组织完成达标建设工作；流域管理机构成立包括流域有关省区水行政主管部门在内的联络组，负责技术指导、检查评估和协调工作。领导小组、工作组和联络组的成员名单请于 7 月 30 日前上报。

重要饮用水水源地达标建设工作所需经费以地方为主解决，可在水资源费中列支，水利部根据各省达标建设工作情况给予适当补助。

请各流域管理机构和各省级水行政主管部门高度重视，认真组织，把完善饮用水水源地安全保障体系作为长远目标，以水质水量保证为重点，加强监控能力建设，注重实效，不断完善饮用水水源地保护的管理制度，及时反馈工作进展情况，确保全国重要饮用水水源地达标建设工作各项任务的圆满完成。其他水源地的保护工作也可参照执行。

附件：《全国重要饮用水水源地安全保障达标建设目标要求》（试行）（该附件最新版本在水资源〔2016〕462 号文件中发布，此处略去）

中华人民共和国水利部

二〇一一年六月二十一日

水利部关于印发全国重要饮用水水源地名录（2016年）的通知

（水资源函〔2016〕383号）

各省、自治区、直辖市，新疆生产建设兵团，各流域机构：

《国务院关于实行最严格水资源管理制度的意见》（国发〔2012〕3号）和《国务院关于印发水污染防治行动计划的通知》（国发〔2015〕17号）对饮用水水源地的保护提出了更加严格的要求。此前，为落实《国务院办公厅关于加强饮用水安全保障工作的通知》（国办发〔2005〕45号）精神，我部对重要饮用水水源地实行核准和安全评估制度，陆续向各省级人民政府公布了供水人口在50万以上或向省会城市供水的《全国重要饮用水水源地名录》（以下简称《名录》），并按照《水法》《水污染防治法》的要求，重点从水源工程、供水水质水量、日常管理等方面推动开展重要饮用水水源地达标建设工作。

随着经济社会的快速发展，原《名录》内的部分水源地有调整，并且中等城市的饮用水水源地保护工作亟待加强。根据国务院有关文件部署，我部组织对全国供水人口20万以上的地表水饮用水水源地及年供水量2 000万立方米以上的地下水饮用水水源地进行了核准（复核），经征求各省级人民政府同意，共将全国618个饮用水水源地纳入《名录》管理。

现将复核和修订后的《名录》（2016年）印发给你们（详见附表），请依法做好饮用水水源地的保护工作，划定饮用水水源保护区，健全监测监控体系、建立安全保障机制、完善风险应对预案。采取水资源调度、环境治理、生态修复等综合措施，切实保障饮用水水源地水量和水质要求。我部将继续按照《关于开展全国重要饮用水水源地安全保障达标建设的通知》（水资源〔2011〕329号）要求，组织做好重要饮用水水源地安全保障达标建设和年度评估工作。

我部将会同国务院有关部门，结合最严格水资源管理制度落实，对列入《名录》的饮用水水源地开展监督检查。请各省级人民政府于每年3月底前将列入《名录》的饮用水水源地的保护工作情况，作为最严格水资源管理制度考核自查报告的专题内容一并报送。

列入《名录》的水源地如有功能调整等重大变动的，请及时报我部备案。自本通知印发之日起，《关于公布全国重要饮用水水源地名录的通知》（水资源函〔2011〕109

号）同时废止。

水利部

2016年9月29日

附件：

全国重要饮用水水源地名录（2016年）

序号	水源地名称
1	密云水库水源地
2	北京市自来水集团第二水厂水源地
3	北京市自来水集团第三水厂水源地
4	北京市自来水集团第八水厂水源地
5	怀柔水库水源地
6	北京市拒马河水源地
7	北京市顺义区第三水源地
8	白河堡水库水源地
9	于桥-尔王庄水库水源地
10	岗南水库水源地
11	黄壁庄水库水源地
12	石家庄市滹沱河地下水水源地
13	潘家口-大黑汀水库水源地
14	陡河水库水源地
15	唐山市北郊水厂水源地
16	桃林口水库水源地（含洋河水库水源）
17	石河水库水源地
18	岳城水库水源地
19	邯郸市羊角铺水源地
20	邢台市桥西董村水厂水源地
21	西大洋水库水源地
22	王快水库水源地
23	保定市一亩泉水源地
24	张家口市旧李宅水源地
25	张家口市样台水源地
26	张家口市腰站堡水源地
27	张家口市北水源水源地
28	承德市二水厂水源地
29	承德市双滦自来水公司水源地
30	大浪淀水库水源地
31	杨埕水库水源地

序号	水源地名称
32	廊坊市城区水源地
33	衡水自来水公司水源地
34	万家寨-汾河水库水源地
35	太原市兰村水源地
36	太原市枣沟水源地
37	太原市三给水源地
38	阳泉市娘子关泉水源地
39	长治市辛安泉水源地
40	晋城市郭壁水源地
41	朔州市耿庄水源地
42	松塔水库水源地
43	运城市蒲州水源地
44	忻州市豆罗水源地
45	临汾市龙子祠泉水源地
46	吕梁市上安水源地
47	呼和浩特市黄河水源地
48	呼和浩特市城区地下水饮用水水源地
49	包头市黄河花匠营子水源地
50	包头市黄河磴口水源地
51	乌海市海勃湾区城区水源地
52	乌海市海勃湾区北水源地
53	赤峰市地下水水源地
54	通辽市科尔沁区集中式饮用水水源地
55	呼伦贝尔市中心城区集中饮用水水源地
56	临河区第一自来水厂-黄河水厂水源地
57	乌兰浩特市一级、二级水源地
58	锡林郭勒盟一棵树-东苗圃水源地
59	大伙房水库水源地
60	桓仁水库水源地
61	碧流河水库水源地
62	英那河水库水源地
63	松树水库水源地
64	朱隈水库水源地
65	刘大水库水源地
66	汤河水库水源地
67	观音阁水库水源地
68	铁甲水库水源地
69	闹德海水库水源地
70	白石水库水源地
71	柴河水库水源地
72	宫山咀水库水源地
73	葫芦岛市六股河水源地
74	引松入长水源地

序号	水源地名称
75	新立城水库水源地
76	石头口门水库水源地
77	吉林市松花江水源地
78	下三台水库水源地
79	卡伦水库水源地
80	杨木水库水源地
81	桃园水库水源地
82	海龙水库水源地
83	曲家营水库水源地
84	哈达山水库水源地
85	老龙口水库水源地
86	五道水库水源地
87	磨盘山水库水源地
88	齐齐哈尔市嫩江浏园水源地
89	哈达水库水源地
90	团山子水库水源地
91	细鳞河水库水源地
92	五号水库水源地
93	寒葱沟水库水源地
94	大庆水库水源地
95	红旗水库水源地
96	东城水库水源地
97	龙虎泡水库水源地
98	佳木斯市江北水源地
99	桃山水库水源地
100	牡丹江市牡丹江西水源地
101	黑河市黑龙江小金厂水厂水源地
102	肇东水库水源地
103	上海市长江青草沙水源地
104	上海市黄浦江上游水源地
105	长江-陈行水源地
106	南京市长江夹江水源地
107	南京市长江燕子矶水源地
108	太湖贡湖水源地（含太湖沙渚和太湖锡东水源）
109	横山水库水源地
110	南四湖小沿河水源地
111	徐州市骆马湖水源地
112	江阴市长江利港-窑港水源地
113	常州市长江魏村水源地
114	太湖湖东水源地（含太湖金墅港、镇湖、渔洋山、浦庄、庙港水源）
115	张家港市长江水源地
116	常熟市长江水源地
117	昆山市傀儡湖水源地

序号	水源地名称
118	南通市长江狼山水源地
119	如皋市长江长青沙水源地
120	连云港市蔷薇湖水源地
121	淮安市二河水源地
122	盐城市盐龙湖水源地
123	扬州市长江瓜洲水源地
124	镇江市长江征润州水源地
125	泰州市长江永安洲永正水源地
126	宿迁市骆马湖水源地
127	三江营水源地
128	杭州市钱塘江水源地
129	杭州市东苕溪水源地
130	亭下水库水源地
131	横山水库水源地
132	白溪水库水源地
133	周公宅-皎口水库水源地
134	汤浦水库水源地
135	珊溪-赵山渡水库水源地
136	泽雅水库水源地
137	嘉兴市太浦河嘉善-平湖水源地
138	老虎潭水库水源地
139	金兰水库水源地
140	黄坛口水库水源地
141	舟山群岛新区饮用水水源地（含虹桥水库、小高亭水库、临城河水源）
142	长潭水库水源地
143	黄村水库水源地
144	董铺水库水源地
145	大房郢水库水源地
146	繁昌县长江水源地
147	芜湖市长江水源地
148	蚌埠市淮河水源地
149	淮南市淮河水源地
150	马鞍山市长江水源地（含采石、慈湖水源）
151	淮北市供水服务有限公司水源地
152	铜陵市长江水源地
153	安庆市长江水源地
154	黄山市率水水源地
155	沙河集水库水源地
156	阜阳市供水服务有限公司水源地
157	宿州市供水服务有限公司水源地
158	六安市淠河水源地
159	亳州市自来水公司第三水厂水源地
160	池州市长江水源地

序号	水源地名称
161	宣城市水阳江水源地
162	福州市闽江北港水源地（含东南区水厂、西区、北区水厂水源）
163	福州市闽江南港水源地（含城门水厂、义序水厂水源）
164	东张水库水源地
165	坂头水库水源地
166	汀溪水库水源地
167	漳州市北溪水源地
168	东圳水库水源地
169	外渡水库水源地
170	东牙溪水库水源地
171	南安市东溪水源地
172	泉州市龙湖水源地
173	泉州市北高干渠水源地
174	泉州市南高干渠水源地
175	泉州市丰州镇晋江水源地
176	亚湖水库水源地
177	黄岗水库水源地
178	金涵水库水源地
179	南昌赣江水源地
180	南昌县赣江水源地
181	景德镇昌江水源地
182	共产主义水库水源地
183	萍乡市袁河水源地
184	萍乡市湘江水源地
185	九江市长江水源地（含九江市长江城区、九江市城西水源）
186	鄱阳县余干县都昌县星子县鄱阳湖水源地
187	新余市袁河仙女湖水源地
188	新余市孔目江水源地
189	鹰潭市信江水源地
190	赣州市赣江水源地（含章贡区石崆子水库、赣州市一水厂、二水厂、三水厂水源）
191	吉安市赣江水源地（含吉安市供水公司、青原区赣江水源）
192	丰城赣江水源地
193	宜春市袁水水源地
194	抚州抚河水源地
195	余干信江水源地
196	鄱阳县内珠湖水源地
197	鄱阳县昌江河水源地
198	上饶县信江水源地
199	七一水库水源地
200	余干县信江东大河水源地
201	玉清湖水库水源地
202	鹊山水库水源地
203	狼猫山水库水源地

序号	水源地名称
204	锦绣川水库水源地
205	卧虎山水库水源地
206	清源湖水库水源地
207	章丘市圣井水厂水源地
208	济南市东郊水源地（含白泉、李庄、宿家水源）
209	济南市西郊水源地（含峨嵋、大杨、腊山水源）
210	济南市济西水源地（含古城、桥子李、冷庄水源）
211	棘洪滩水库水源地
212	产芝水库水源地
213	青岛大沽河水源地
214	吉利河水库水源地
215	山洲水库水源地
216	铁山水库水源地
217	崂山水库水源地
218	尹府水库水源地
219	太河水库水源地
220	新城水库水源地
221	大芦湖水库水源地
222	淄河地下水水源地（含大武、北下册、口头、天津湾、源泉水源）
223	淄博市东风水源地
224	滕州市荆泉水源地
225	滕州市羊庄泉水源地
226	耿井水库水源地
227	王屋水库水源地
228	门楼水库水源地
229	沐浴水库水源地
230	王吴水库水源地
231	三里庄水库水源地
232	白浪河水库水源地
233	牟山水库水源地
234	高崖水库水源地
235	峡山水库水源地
236	冶源水库水源地
237	济宁城北地下水水源地
238	黄前水库水源地
239	金斗水库水源地
240	米山水库水源地
241	龙角山水库水源地
242	日照水库水源地
243	乔店水库水源地
244	岸堤水库水源地
245	相家河水库水源地
246	庆云水库水源地

序号	水源地名称
247	丁东水库水源地
248	杨安镇水库水源地
249	聊城市东聊供水水源地
250	龙庭水库水源地
251	思源湖水库水源地
252	三角洼水库水源地
253	孙武湖水库水源地
254	仙鹤湖水库水源地
255	幸福水库水源地
256	西海水库水源地
257	滨州市东郊水库水源地
258	雷泽湖水库水源地
259	郑州市东周水厂水源地
260	郑州市石佛水厂水源地
261	郑州市黄河水源地
262	开封市黄河水源地
263	洛阳市地下水水源地
264	白龟山水库水源地
265	弓上水库水源地
266	安阳市洹河地下水水源地
267	盘石头水库水源地
268	新乡市黄河水源地
269	焦作市城区地下水水源地
270	濮阳市黄河水源地
271	河南省瑞贝卡水业有限公司麦岭水源地
272	许昌市北汝河水源地
273	漯河市澧河水源地
274	西段村水库水源地
275	卫家磨水库水源地
276	南阳市水务集团二水厂水源地
277	郑阁水库水源地
278	泼河水库水源地
279	南湾水库水源地
280	固始县史河水源地
281	周口市沙河官坡饮用水水源地
282	板桥水库水源地
283	济源市自来水公司小庄水源地
284	武汉市汉江水源地
285	武汉市长江水源地
286	武汉市举水河水源地
287	武汉市黄陂区滠水水源地
288	武汉市江夏区长江水源地
289	黄石市长江水源地

序号	水源地名称
290	黄石市富水河水源地
291	王英水库水源地
292	马家河水库水源地
293	黄龙滩水库水源地
294	巩河水库水源地
295	官庄水库水源地
296	鲁家港水库水源地
297	恩施-宜都清江水源地
298	大龙潭水库水源地
299	襄阳市汉江水源地
300	谷城县南河汉江水源地
301	鄂州市长江水源地
302	钟祥市汉江水源地
303	漳河水库水源地
304	观音岩水库水源地
305	荆州市长江水源地
306	垅坪水库水源地
307	天堂水库水源地
308	白莲河水库水源地
309	金沙河水库水源地
310	凤凰关水库水源地
311	浠水县巴水河水源地
312	黄冈市蕲水水源地
313	先觉庙水库水源地
314	飞沙河水库水源地
315	天门市汉江水源地
316	丹江口水库水源地
317	株树桥水库水源地
318	长沙市湘江水源地
319	黄材水库水源地
320	长沙市望城区湘江水源地
321	浏阳市浏阳河水源地
322	长沙市星沙捞刀河水源地
323	东江水库水源地
324	株洲市湘江水源地
325	望仙桥水库水源地
326	湘潭市湘江水源地
327	湘乡市涟水水源地
328	衡阳市湘江水源地
329	衡阳市衡阳县蒸水水源地
330	红旗-曹口堰水库水源地
331	耒阳市耒水水源地
332	洋泉水库水源地

序号	水源地名称
333	邵阳市资水水源地
334	邵阳市新宁县夫夷水水源地
335	邵阳市隆回县赧水水源地
336	邵阳市洞口县平溪水源地
337	白云水库水源地
338	威溪水库水源地
339	铁山水库水源地
340	华容县长江水源地
341	龙源水库水源地
342	兰家洞-向家洞水库水源地
343	常德市沅江水源地
344	常德市澧县澧水水源地
345	常德市汉寿沅江水源地
346	张家界市澧水水源地
347	益阳市资水水源地
348	沅江市自来水公司水源地
349	山河水库水源地
350	长河水库水源地
351	永州市冷水滩区湘江水源地
352	永州市零陵区潇水水源地
353	永州市祁阳县湘江水源地
354	永州市道县潇水水源地
355	怀化市舞水水源地
356	娄底市孙水水源地（含白马水库水源）
357	冷水江市资水水源地
358	涟源市新涟河水源地
359	湘西自治州吉首市峒河水源地（含万溶江水源）
360	广州市流溪河水源地
361	广州市沙湾水道水源地
362	广州市陈村水道水源地
363	广州市增江水源地
364	广州-佛山市西江水源地
365	广州-东莞-惠州东江北干流水源地
366	韶关市武江水源地
367	南水水库水源地
368	西丽水库水源地
369	铁岗-石岩水库水源地
370	深圳市东深供水渠水源地
371	茜坑水库水源地
372	松子坑水库水源地
373	惠州-深圳东江干流水源地
374	惠州-深圳西枝江马安水源地
375	深圳水库水源地

序号	水源地名称
376	东莞-深圳-惠州东江水源地
377	珠海市黄杨河水源地
378	珠海-中山磨刀门水道水源地
379	汕头市韩江梅溪河水源地
380	汕头韩江南溪水源地
381	汕头市韩江新津河水源地
382	汕头市韩江外砂河水源地
383	秋风岭水库水源地
384	河溪水库水源地
385	下金溪水库水源地
386	五沟水库水源地
387	汕头-潮州市韩江东溪水源地
388	佛山市北江干流水源地
389	佛山市东平水道水源地
390	佛山市容桂水道水源地
391	佛山市东海水道水源地
392	佛山市顺德水道水源地
393	佛山市潭州水道水源地
394	江门市石板沙水道水源地
395	江门市西江干流水道水源地
396	大沙河水库水源地
397	江门-中山西海水道水源地
398	湛江市雷州青年运河水源地
399	鹤地水库水源地
400	湛江市南渡河水源地
401	湛江市鉴江吴川水源地
402	赤坎水库水源地
403	茂名市鉴江塘岗岭水源地
404	茂名市袂花江共青河水源地
405	名湖水库水源地
406	海尾水库水源地
407	高州水库水源地
408	肇庆市西江端州区 1 号水源地
409	肇庆市西江端州区 3 号水源地
410	肇庆市绥江四会水源地
411	惠州西枝江惠东水源地
412	清凉山水库水源地
413	桂田水库水源地
414	汕尾市螺河水源地
415	红花地水库水源地
416	青年水库水源地
417	赤沙水库水源地
418	揭阳-汕尾市榕江水源地

序号	水源地名称
419	河源市东江干流佗城水源地
420	新丰江水库水源地
421	阳江市漠阳江水源地
422	清远市北江水源地
423	东莞东江南支流水源地
424	中山市鸡鸦水道水源地
425	中山市东海水道水源地
426	中山市小榄水道水源地
427	潮州市黄冈河水源地
428	潮州韩江干流水源地
429	潮州韩江西溪水源地
430	翁内水库水源地
431	揭阳市五经富水水源地
432	蜈蚣岭水库水源地
433	新西河水库水源地
434	云浮市西江水源地
435	金银河水库水源地
436	南宁市邕江水源地
437	柳州市柳江水源地
438	桂林市漓江水源地
439	梧州市浔江-桂江水源地
440	岑溪市赤水水库水源地（含岑溪市义昌江水源）
441	梧州市浔江藤县水源地
442	北海市龙潭村水源地
443	北海市牛尾岭水库水源地
444	防城港市防城河木头滩水源地
445	钦州市钦江青年水闸水源地
446	贵港市郁江泸湾江水源地
447	贵港市黔江桂平水源地
448	贵港市浔江平南县水源地
449	玉林市苏烟水库水源地
450	百色市澄碧河水库水源地（含右江水源）
451	贺州市龟石水库水源地
452	河池市肯冲-加辽-城西-城北地下水水源地
453	宜州市土桥水库水源地
454	来宾市红水河水源地
455	崇左市左江木排村水源地
456	海口市南渡江水源地
457	赤田水库水源地
458	松涛水库水源地
459	东方市昌化江水源地
460	琼海市万泉河水源地
461	重庆市长江第 1 水源地

序号	水源地名称
462	重庆市长江第 2 水源地
463	重庆市长江第 3 水源地
464	重庆市嘉陵江第 1 水源地
465	重庆市嘉陵江第 2 水源地
466	重庆市嘉陵江第 3 水源地
467	重庆市嘉陵江第 4 水源地
468	重庆市万州区长江水源地
469	甘宁水库水源地
470	重庆市涪陵区长江水源地
471	马家沟水库水源地
472	鱼栏咀水库水源地
473	重庆市永川区临江河水源地
474	鲤鱼塘水库水源地
475	成都市郫县徐堰河-柏条河水源地
476	双流县岷江自来水厂金马河水源地
477	新津县西河白溪堰-金马河水源地
478	龙泉驿区东风渠水二厂水源地
479	成都市沙河二、五水厂水源地
480	成都市青白江水源地
481	都江堰市岷江西区自来水厂水源地
482	张家岩水库水源地
483	双溪水库水源地
484	长沙坝-葫芦口水库水源地
485	小井沟水库水源地
486	烈士堰水库水源地
487	富顺县镇溪河高硐堰水源地
488	攀枝花市金沙江荷花池-大渡口-炳草岗水源地
489	泸州市长江五渡溪-观音寺-石堡湾水源地
490	德阳市人民渠水源地
491	绵阳市涪江铁路桥水源地
492	绵阳市涪江东方红大桥水源地
493	绵阳市仙鹤湖水源地
494	三台县涪江一水厂水源地
495	三台县涪江二水厂水源地
496	江油市涪江岩嘴头供水站水源地
497	广元市嘉陵江西湾爱心水厂水源地
498	射洪县涪江龙滩村水源地
499	遂宁市涪江南北堰水源地
500	内江市第三水厂沱江对口滩水源地
501	古宇庙水库水源地
502	内江市濛溪河头滩坝水源地
503	资中县沱江老母岩水源地

序号	水源地名称
504	乐山市青衣江水源地（含夹江县青衣江千佛岩 1#、千佛岩 2#、青衣江甘岩、青衣江观音桥水源）
505	乐山市大渡河第一水厂新水源地
506	眉山市黑龙滩水库水源地
507	南充市嘉陵江龙王井水源地
508	南充市嘉陵江双女石水源地
509	南部县嘉陵江一水源地
510	南部县嘉陵江二水源地
511	蓬安县嘉陵江水源地
512	阆中市嘉陵江 1 号水源地
513	阆中市嘉陵江 2 号水源地
514	宜宾市金沙江雪滩水源地
515	宜宾市岷江豆腐石-大佛沱水源地
516	广安市渠江燕儿窝水源地
517	关门石水库水源地
518	渠县渠江渠县县城水源地
519	罗江口水库水源地
520	雅安市青衣江猪儿嘴水源地
521	巴中市巴河大佛寺水源地
522	化成水库水源地
523	老鹰水库水源地
524	西昌市西河水源地
525	贵阳市花溪河饮用水水源地
526	红枫湖水库水源地
527	阿哈水库水源地
528	松柏山水库水源地
529	百花湖水库水源地
530	贵阳市供水总公司汪家大井水源地
531	六盘水市玉舍水库水源地
532	北郊水库水源地
533	红岩水库水源地
534	中桥水库水源地
535	普定县水库水源地
536	倒天河水库水源地
537	铜仁市鹭鸶岩水厂水源地
538	黔西南州兴西湖水库水源地
539	茶园水库水源地
540	松华坝水库水源地
541	云龙水库水源地
542	车木河水库水源地
543	清水海水源地
544	曲靖市潇湘水库水源地
545	玉溪市东风水库水源地

序号	水源地名称
546	北庙水库水源地
547	渔洞水库水源地
548	三束河水源地
549	信房-纳贺水库水源地
550	中山水库水源地
551	九龙甸水库水源地
552	西静河水库水源地
553	红河州五里冲水库水源地
554	文山州暮底河水库水源地
555	澜沧江景洪电站水源地
556	洱海水源地
557	姐勒水库水源地
558	桑那水库水源地
559	拉萨市自来水公司北郊水厂水源地
560	拉萨市自来水公司西郊水厂水源地
561	昌都镇水厂水源地（含澜沧江水源）
562	林芝市第二水厂水源地
563	山南地区南郊水厂水源地
564	黑河金盆水库水源地
565	石砭峪水库水源地
566	李家河水库水源地
567	西安市自来水公司二水厂灞浐河水源地
568	西安市自来水公司三水厂沣皂河水源地
569	西安市自来水公司四水厂渭滨水源地
570	石头河水库水源地
571	桃曲坡水库水源地
572	冯家山水库水源地
573	咸阳市自来水公司水源地
574	沈河水库水源地
575	涧峪水库水源地
576	王瑶水库水源地
577	汉中市国中自来水公司东郊水源地
578	瑶镇水库水源地
579	榆林市自来水公司红石峡水源地
580	安康市汉江马坡岭水源地
581	商洛市自来水公司水源地
582	兰州市黄河水源地
583	嘉峪关市北大河水源地
584	嘉峪关市嘉峪关水源地
585	金川峡水库水源地
586	武川水库水源地
587	武威市杂木河渠首城市饮用水水源地
588	张掖市滨河新区三水厂水源地

序号	水源地名称
589	平凉市给排水公司水源地（含养子寨、景家庄、南部山区水源）
590	酒泉市供排水总公司水源地
591	巴家咀水库水源地
592	槐树关水库水源地
593	黑泉水库水源地
594	北川石家庄水源地
595	北川塔尔水源地
596	湟中县西纳川丹麻寺水源地
597	海东市互助县南门峡水源地
598	德令哈市城市供水水源地
599	格尔木市格尔木河冲洪积扇水源地
600	银川市东郊水源地
601	银川市南郊水源地
602	银川市北郊水源地
603	贺家湾水库水源地
604	石嘴山市第二水源地
605	石嘴山市第三水源地
606	乌拉泊水库水源地
607	柴窝堡水源地（含六、七水厂水源）
608	白杨河水库水源地
609	榆树沟水库水源地
610	昌吉市供水有限公司第二水厂水源地
611	库车县供排水公司水源地
612	第十二师红岩水库水源地（含西山农场水务公司水源）
613	第七师奎屯天泉供水有限责任公司达子庙水源地（含第四师六十二团金边自来水厂水源）
614	第五师双河市塔斯尔海水库水源地
615	第六师青格达湖水源地
616	第一师胜利水库水源地（含多浪水库水源）
617	第三师小海子水库水源地
618	第四师可克达拉市供水工程水源地

水利部　住房城乡建设部　国家卫生计生委
关于进一步加强饮用水水源保护和管理的意见

（水资源〔2016〕462号）

各省、自治区、直辖市水利厅（局）、住房和城乡建设厅（建委、市政管委）、水务厅（局）、卫生和计划生育委员会，新疆生产建设兵团水利局、建设局、卫生局：

为贯彻落实习近平总书记、李克强总理在全国卫生与健康大会上的讲话精神和《“健康中国2030”规划纲要》目标，落实国家生态文明建设、最严格水资源管理、水污染防治行动计划等有关要求，保障饮用水水源安全，经研究，现就进一步加强饮用水水源保护和管理，提出意见如下：

一、提高认识，高度重视

良好的生态环境是人类生存与健康的基础，也是饮用水水源安全的基本保障。绿水青山不仅是金山银山，也是人民健康的重要保障。

各级水利、水务、住房城乡建设和卫生计生部门要高度重视饮用水水源安全问题，把保障饮用水安全、实现全民健康作为实现全面小康、推进社会文明进步的重要任务来抓。要按照绿色发展理念，以问题为导向，全面加强水源涵养和水质保护，着力解决饮用水水源安全方面存在的突出问题，构建从源头到龙头的安全保障体系，确保人民群众的饮用水安全，为人民健康把好“水关”。

二、科学规划布局，完善饮用水水源安全保障体系

一是要按照流域和区域水资源规划，优化水源配置，合理布局饮用水水源，维护正常水位或流量，优先保障充足优质的饮用水水源。要做好城乡统筹、地表地下等多水源统筹，逐步实现饮用水水源的联合调度，提高供水保证率。要按照水源条件，规划好大中小城镇发展规模和产业布局，提高饮用水安全保障程度，降低水源不足风险。

二是要合理布设饮用水水源取水口，保证取水稳定、安全，不易被干扰。现有取水口不能满足国家标准，或取水水源未达到水功能区和饮用水水源水质要求的，应及时整治或替换。

三是要建设好饮用水备用水源，提高防范风险的能力。人口在20万以上的城市，都应建有饮用水备用水源并保证可正常启用。没有饮用水备用水源的城市，原则上应

具备至少 7 天应对突发事件的应急供水能力。

三、健全监测体系，严格饮用水水源水质监测

一是要建立饮用水水源地监控系统，监控与监测并举，确保水源安全。要建立严格的出入管理制度，做好源水水质监测和水源周边的监控，加强巡查。

二是集中式生活饮用水水源管理单位要依据有关国家标准确定的监测项目和频率，严格水源水质监测，及时掌握水源水质状况，防止水源性疾病传播。

三是要建立饮用水水源水质信息公开制度和信息共享机制，定期评估水质状况，并依法依规向社会公布。

四、提高监管水平，科学管理饮用水水源

一是各地应结合河长制落实，建立完善饮用水水源地责任制度，向社会公开重要饮用水水源地的责任人和职责。

二是要依法划定和监督管理饮用水水源保护区，提供饮用水的跨区域或跨流域输水调水水源和沿线所在或流经区域都应划定保护区并依法监督管理。供水人口超过 1 000 人以上的农村集中式饮用水水源也应划定适当范围的保护区，确保饮用水水质安全。

三是要强化科技支撑，充分利用无人机、遥感等先进技术和设备，加快实现水源地管理和保护的自动化、信息化，实现饮用水水源保护区动态监控，监测信息各部门共享并向社会公布。

五、开展饮用水水源保护区清查，严格清理整治

一是开展饮用水水源保护区清查，掌握饮用水水源保护区排污口设置情况，掌握网箱养殖、旅游、游泳、垂钓或者其他可能污染饮用水水体的活动情况，掌握建设项目新建、改建、扩建情况。

二是开展饮用水水源保护区清理整治，全面清理饮用水水源保护区入河排污口；拆除或者关闭饮用水水源一级保护区内与供水设施和保护水源无关的建设项目，拆除或者关闭饮用水水源二级保护区内排放污染物的建设项目；取缔饮用水水源一级保护区内从事网箱养殖、旅游、游泳、垂钓或者其他可能污染饮用水水体的活动，规范饮用水水源二级保护区内从事网箱养殖、旅游等活动。

六、强化落实，开展专项检查行动

各省级水利、水务、住房城乡建设、卫生计生部门要按照《全国重要饮用水水源

地安全保障达标建设目标要求》（见附件），组织有关地方做好饮用水水源地安全保障达标建设工作，确保实现饮用水水源地“水量保证、水质合格、监控完备、制度健全”的目标要求。

2017 年起，水利部、住房城乡建设部、国家卫生计生委将以全国重要饮用水水源地为重点，对各地饮用水水源地安全保障达标情况开展联合检查，有关结果纳入最严格水资源管理制度考核。

七、强化宣传教育，鼓励公众参与

建立制度化、规范化、常态化的公众参与饮用水水源监督管理机制，做好饮用水水源保护宣传，加强公众培训，健全饮用水水源保护区违法建设排污口、建设项目、可能污染水体水质活动的举报制度，积极发挥社会舆论的监督作用，形成监管合力。

附件：

全国重要饮用水水源地安全保障达标建设目标要求

为加强饮用水水源地保护，2011 年，水利部印发了《关于开展全国重要饮用水水源地安全保障达标建设的通知》（水资源〔2016〕329 号），随文提出了《全国重要饮用水水源地安全保障达标建设目标要求》（试行）。按照《国务院关于实行最严格水资源管理制度的意见》（国发〔2012〕3 号）和《国务院关于印发水污染防治行动计划的通知》（国发〔2015〕45 号）等有关文件最新精神，水利部会同住建部对《全国重要饮用水水源地安全保障达标建设目标要求》（试行）做了修改完善，形成本要求。

全国重要饮用水水源地达标建设的总体目标是：水量保证，水质合格，监控完备，制度健全。具体目标要求如下：

一、水量保证

（一）饮用水水源地供水保证率达到 95%以上。

（二）流域和区域调度中，应有优先满足饮用水供水要求的调度配置方案，确保相应保证率下取水工程正常运行的水量和水位。

（三）供水设施完好，取水和输水工程运行安全；取水口处河势稳定；地下水水源地采补基本平衡，长期开采不产生明显的地质和生态环境问题。

（四）建立重要城市应急备用水源地，建立特枯年或连续干旱年的供水安全储备，制订特殊情况下的区域水资源配置和供水联合调度方案；备用水源能够满足特殊情况下一定时间内生活用水需求，并具有完备的接入自来水厂的供水配套设施。

二、水质保护

饮用水水源地水质达标建设目标包括水质保护和区域综合治理两类。

（一）水质保护

1．地表水饮用水水源地取水口供水水质达到或优于《地表水环境质量标准》（GB 3838—2002）Ⅱ类标准（按基本项目评价）及补充项目与特定项目要求。

2．地下水饮用水水源地供水水质达到或优于《地下水质量标准》（GB/T 14848—1993）Ⅲ类标准。

（二）区域综合治理

1．饮用水水源地一级保护区内有条件的应实行封闭管理，保护区边界设立明确的地理界标和明显的警示标志；取水口和取水设施周边设有明显的具有保护性功能的隔离防护设施。

2．饮用水水源地一级保护区内，没有与供水设施和保护水源无关的建设项目，没有使用化肥农药的农业种植和经济林，没有堆置和存放工业废渣、城市垃圾、粪便和其他废弃物、设置油库，没有从事网箱养殖、旅游、游泳、垂钓或者其他可能污染饮用水水体等一切有碍水源水质卫生的行为或活动；二级保护区内，无入河排污口，无排放污染物的建设项目，无污染饮用水水体的网箱养殖、旅游等活动，无固体废物贮存、堆放场所，禁止使用含磷洗涤剂、农药和化肥；准保护区内，没有对水体产生严重污染的建设项目，没有危险废物、生活垃圾堆放场所和处置场所。

3．饮用水水源保护区范围内有公路、铁路通过的，交通设施应建设和完善桥面雨水收集处置设施与事故环境污染防治措施，在进入保护区之前应设立明显的警示标志，确保水源不被污染。

4．饮用水水源一级保护区内适宜绿化的陆域，植被覆盖率应达到80%以上，二级保护区和准保护区内适宜绿化的陆域，植被覆盖率应逐步提高。

三、安全监控

（一）实现对饮用水水源地的全方位监控

1．管理部门建立自动在线监控设施，对饮用水水源地取水口及重要供水工程设施实现 24 小时自动视频监控。

2．建立巡查制度，饮用水水源一级保护区实行逐日巡查，二级保护区实行不定期巡查，做好巡查记录。

（二）常规性监测和排查性监测相结合，形成较为完善的监测机制。

1．地表水饮用水水源地水质指标定期监测，监测项目为《地表水环境质量标准》（GB 3838—2002）规定的基本项目和补充监测项目；饮用水水源保护区水域每月至少监测 2 次，取水口附近水域实施必要的在线监测。

2．按照《地表水环境质量标准》（GB 3838—2002）规定的特定项目，地表水饮用水水源地每年至少进行 1 次定期排查性监测。

3．湖库型饮用水水源地，除按照以上要求开展相关监测外，还应按照《地表水资源质量评价技术规程》（SL 395—2007）规定的项目开展营养状况监测。

4．地下水饮用水水源地，按照《地下水监测规范》（SL 183—2005）和《地下水质量标堆》（GB/T 14848—1993）有关规定，对水位、水质和采补量进行定期监测。

（三）具备一定的信息管理和应急监测能力

具备水量、水质、水位、流速等水文水资源监测信息采集，传输和分析处理能力，建立饮用水水源地水质水量安全管理信息系统；加强针对突发污染事件及藻华等水质异常现象的应急监测能力建设，具备预警和突发事件发生时，加密监测和增加监测项目的应急监测能力；合理配备现场快速检测设备，坚强现场监督和快速应急检测能力建设。

四、管理要求

（一）地方政府负责辖区内全国重要饮用水水源地保护工作，水利、城建、环保、卫生计生等各部门按照职责分工做好饮用水水源地安全保障的相关工作。重要饮用水水源地的管理和保护应配备专职管理人员，落实工作经费。

（二）建立重要饮用水水源地安全保障部门联动机制，实行资源信息共享和重大事项会商制度。

（三）完善重要饮用水水源地保护区划分，设立水源地边界、保护区边界警示标志。

（四）制定饮用水水源地保护的相关规章或办法，建立稳定的饮用水水源地保护资金投入机制；完善饮用水水源地监测设施，提高监测能力和水平。

（五）制定应对突发水污染事件、洪水和干旱等特殊条件下供水安全保障的应急预案；建立应对突发事件的人员、物资储备机制和技术保障体系；实行定期演练制度，建立健全有效的预警机制等。

（六）建立健全基层监督队伍和工作机制；进一步规范信息公开工作，确保公布的信息科学、准确、及时。

水利部关于印发《水功能区监督管理办法》的通知（摘录）

（水资源〔2017〕101号）

各流域机构，各省、自治区、直辖市水利（水务）厅（局），各计划单列市水利（水务）局，新疆生产建设兵团水利局：

为落实《国务院关于全国重要江河湖泊水功能区划（2011—2030年）的批复》《中共中央办公厅　国务院办公厅关于全面推行河长制的意见》等文件要求，全面加强水功能区监督管理，有效保护水资源，保障水资源的可持续利用，推进生态文明建设，依据《中华人民共和国水法》《中华人民共和国水污染防治法》等法律法规，我部对《水功能区管理办法》进行了修订，并更名为《水功能区监督管理办法》。现印发你们，请遵照执行。

水利部

2017年2月27日

水功能区监督管理办法（摘录）

……

第六条　水功能区的划定应当协调好与国民经济和社会发展、主体功能区、土地利用、城市建设等相关规划的关系，并遵守《中华人民共和国水法》规定的程序和水功能区划有关标准。

水功能区分为一级区和二级区。一级水功能区宏观上解决水资源开发利用与保护的问题，主要协调地区间用水关系，长远考虑可持续发展的需求，包括保护区、保留区、缓冲区和开发利用区。二级水功能区对一级水功能区中的开发利用区进行划分，主要协调用水部门之间的关系，包括饮用水水源区、工业用水区、农业用水区、渔业用水区、景观娱乐用水区、过渡区和排污控制区。

第七条　经批准的水功能区划是水资源开发利用与保护、水污染防治和水环境综合治理的重要依据，应当在水资源管理、水污染防治、节能减排等工作中严格执行。

第八条　保护区是对源头水保护、饮用水保护、自然保护区、风景名胜区及珍稀濒危物种的保护具有重要意义的水域。

禁止在饮用水水源一级保护区、自然保护区核心区等范围内新建、改建、扩建与保护无关的建设项目和从事与保护无关的涉水活动。

第十二条 饮用水水源区是为城乡提供生活饮用水划定或预留的水域。

已经提供城乡生活饮用水的饮用水水源区，应当划定饮用水水源保护区，优先保证饮用水水量水质。在饮用水水源保护区内，禁止设置（含新建、改建和扩大，下同）排污口。

为城乡预留生活饮用水的饮用水水源区，应当加强水质保护，严格控制排放污染物，不得新增入河排污量。

……

第五章

附　录

新旧版《地下水质量标准》全文对比

1　范围

（新标准）

本标准规定了地下水质量分类、指标及限值。地下水质量调查与监测，地下水质量评价等内容。

本标准适用于地下水质量调查、监测、评价与管理。

（旧标准）

本标准规定了地下水的质量分类，地下水质量监测、评价方法和地下水质量保护。

本标准适用于一般地下水，不适用于地下热水、矿水、盐卤水。

2　术语和定义

（新标准新增部分）

常规指标：反映地下水质量基本状况的指标，包括感官性状及一般化学指标、微生物指标、常见毒理学指标和放射性指标。

非常规指标：在常规指标上的拓展，根据地区和时间差异或特殊情况确定的地下水质量指标，反映地下水中所产生的主要质量问题，包括比较少见的无机和有机毒理学指标。

3　地下水质量分类

（新标准）

依据我国地下水质量状况和人体健康风险，参照生活饮用水、工业、农业等用水质量要求，依据各组分含量高低（pH 除外），分为五类。

Ⅰ类：地下水化学组分含量低，适用于各种用途；

Ⅱ类：地下水化学组分含量较低，适用于各种用途；

Ⅲ类：地下水化学组分含量中等，以 GB 5749—2006 为依据，主要适用于集中式生活饮用水水源及工农业用水；

Ⅳ类：地下水化学组分含量较高，以农业和工业用水质量要求以及一定水平的人体健康风险为依据，适用于农业和部分工业用水，适当处理后可作生活饮用水；

Ⅴ类：地下水化学组分含量高，不宜作为生活饮用水水源，其他用水可根据使用目的选用。

（旧标准）

依据我国地下水水质现状、人体健康基准值及地下水质量保护目标，并参照了生活饮用水、工业、农业用水水质最高要求，将地下水质量划分为五类。

Ⅰ类：主要反映地下水化学组分的天然低背景含量。适用于各种用途。

Ⅱ类：主要反映地下水化学组分的天然背景含量。适用于各种用途。

Ⅲ类：以人体健康基准值为依据。主要适用于集中式生活饮用水水源及工、农业用水。

Ⅳ类：以农业和工业用水要求为依据。除适用于农业和部分工业用水外，适当处理后可作生活饮用水。

Ⅴ类：不宜饮用，其他用水可根据使用目的选用。

4 地下水质量分类指标

表 1 地下水质量常规指标及限值变化情况

序号	指标	Ⅰ类	Ⅱ类	Ⅲ类	Ⅳ类	Ⅴ类	备注
感官性状及一般化学指标							
1	色（铂钴色度单位）	≤5	≤5	≤15	≤25	＞25	未变
2	嗅和味	无	无	无	无	有	未变
3	浑浊度/NTU[a]	≤3	≤3	≤3	≤10	＞10	未变
4	肉眼可见物	无	无	无	无	有	未变
5	pH	6.5≤pH≤8.5			5.5≤pH<6.5 8.5<pH≤9.0	pH<5.5 或 pH>9.0	未变
6	总硬度（以 $CaCO_3$ 计）/（mg/L）	≤150	≤300	≤450	≤550	＞550	旧标准
					≤650	＞650	新标准
7	溶解性总固体/（mg/L）	≤300	≤500	≤1 000	≤2 000	＞2 000	未变
8	硫酸盐/（mg/L）	≤50	≤150	≤250	≤350	＞350	未变
9	氯化物/（mg/L）	≤50	≤150	≤250	≤350	＞350	未变
10	铁/（mg/L）	≤0.1	≤0.2	≤0.3	≤1.5	＞1.5	旧标准
					≤2.0	＞2.0	新标准
11	锰/（mg/L）	≤0.05	≤0.05	≤0.10	≤1.00	＞1.00	旧标准
					≤1.50	＞1.50	新标准
12	铜/（mg/L）	≤0.01	≤0.05	≤1.00	≤1.50	＞1.50	未变

序号	指标	Ⅰ类	Ⅱ类	Ⅲ类	Ⅳ类	Ⅴ类	备注
13	锌/（mg/L）	≤0.05	≤0.5	≤1.00	≤5.00	>5.00	未变
14	铝/（mg/L）	≤0.01	≤0.05	≤0.20	≤0.50	>0.50	新增
15	挥发性酚类（以苯酚计）/（mg/L）	≤0.001	≤0.001	≤0.002	≤0.01	>0.01	未变
16	阴离子合成洗涤剂/（mg/L）	不得检出	≤0.1	≤0.3	≤0.3	>0.3	旧标准
	阴离子表面活性剂/（mg/L）						新标准
17	高锰酸盐指数/（mg/L）	≤1.0	≤2.0	≤3.0	≤10.0	>10.0	旧标准
	耗氧量（COD_{Mn}法，以O_2计）/（mg/L）	≤1.0	≤2.0	≤3.0	≤10.0	>10.0	替换
18	氨氮（NH_4）（mg/L）	≤0.02	≤0.02	≤0.2	≤0.5	>0.5	旧标准
	氨氮（以N计）/（mg/L）		≤0.10	≤0.50	≤1.50	>1.50	新标准
19	硫化物/（mg/L）	≤0.005	≤0.01	≤0.02	≤0.10	>0.10	新增
20	钠/（mg/L）	≤100	≤150	≤200	≤400	>400	新增
	微生物指标						
21	总大肠菌群/（个/L）	≤3.0	≤3.0	≤3.0	≤100	>100	旧标准
	总大肠菌群/（MPN[b]/100mL或CFU[c]/100mL）						新标准
22	细菌总数/（个/mL）	≤100	≤100	≤100	≤1 000	>1 000	旧标准
	菌落总数/（CFU/mL）						新标准
	毒理学指标						
23	亚硝酸盐（以N计）/（mg/L）	≤0.001	≤0.01	≤0.02	≤0.1	>0.1	旧标准
		≤0.01	≤0.10	≤1.00	≤4.80	>4.80	新标准
24	硝酸盐(以N计)/(mg/L)	≤2.0	≤5.0	≤20.0	≤30.0	>30.0	未变
25	氰化物/（mg/L）	≤0.001	≤0.01	≤0.05	≤0.1	>0.1	未变
26	氟化物/（mg/L）	≤1.0	≤1.0	≤1.0	≤2.0	>2.0	未变
27	碘化物/（mg/L）	≤0.1	≤0.1	≤0.2	≤1.0	>1.0	旧标准
		≤0.04	≤0.04	≤0.08	≤0.50	>0.50	新标准
28	汞/（mg/L）	≤0.000 05	≤0.000 5	≤0.001	≤0.001	>0.001	旧标准
		≤0.000 1	≤0.000 1		≤0.002	>0.002	新标准
29	砷/（mg/L）	≤0.005	≤0.01	≤0.05	≤0.05	>0.05	旧标准
		≤0.001	≤0.001	≤0.01			新标准
30	硒/（mg/L）	≤0.01	≤0.01	≤0.01	≤0.1	>0.1	未变
31	镉/（mg/L）	≤0.000 1	≤0.001	≤0.01	≤0.01	>0.01	旧标准
				≤0.005			新标准
32	铬（六价）/（mg/L）	≤0.005	≤0.01	≤0.05	≤0.10	>0.10	未变
33	铅/（mg/L）	≤0.005	≤0.01	≤0.05	≤0.10	>0.10	旧标准
			≤0.005	≤0.01			新标准
34	三氯甲烷/（μg/L）	≤0.5	≤6	≤60	≤300	>300	新增
35	四氯化碳/（μg/L）	≤0.5	≤0.5	≤2.0	≤50.0	>50.0	新增

序号	指标	I类	II类	III类	IV类	V类	备注
36	苯/（μg/L）	≤0.5	≤1.0	≤10.0	≤120	>120	新增
37	甲苯/（μg/L）	≤0.5	≤140	≤700	≤1400	>1400	新增
放射性指标[d]							
38	总α放射性/（Bq/L）	≤0.1	≤0.1	≤0.1	>0.1	>0.1	旧标准
				≤0.5	>0.5	>0.5	新标准
39	总β放射性/（Bq/L）	≤0.1	≤1.0	≤1.0	>1.0	>1.0	未变

a NTU 为散射浊度单位。

b MPN 表示最可能数。

c CFU 表示菌落形成单位。

d 放射性指标超过指导值，应进行核素分析和评价。

表 2 地下水质量非常规指标及限值变化情况

序号	指标	I类	II类	III类	IV类	V类	备注
毒理学指标							
1	铍/（mg/L）	≤0.000 02	≤0.000 1	≤0.000 2	≤0.001	>0.001	旧标准
		≤0.000 1		≤0.002	≤0.06	>0.06	新标准
2	硼/（mg/L）	≤0.02	≤0.10	≤0.50	≤2.00	>2.00	新增
3	锑/（mg/L）	≤0.0001	≤0.000 5	≤0.005	≤0.01	>0.01	新增
4	钡/（mg/L）	≤0.01	≤0.10	≤1.0	≤4.00	>4.00	旧标准
				≤0.70			新标准
5	镍/（mg/L）	≤0.005	≤0.05	≤0.05	≤0.10	>0.10	旧标准
		≤0.002	≤0.002	≤0.02			新标准
6	钴/（mg/L）	≤0.005	≤0.05	≤0.05	≤1.0	>1.0	旧标准
			≤0.005		≤0.10	>0.10	新标准
7	钼/（mg/L）	≤0.001	≤0.01	≤0.1	≤0.5	>0.5	旧标准
				≤0.07	≤0.15	>0.15	新标准
8	银/（mg/L）	≤0.001	≤0.01	≤0.05	≤0.10	>0.10	新增
9	铊/（mg/L）	≤0.000 1	≤0.000 1	≤0.000 1	≤0.001	>0.001	新增
10	二氯甲/烷/（μg/L）	≤1	≤2	≤20	≤500	>500	新增
11	1,2-二氯乙烷/（μg/L）	≤0.5	≤3.0	≤30.0	≤40.0	>40.0	新增
12	1,1,1-三氯乙烷/（μg/L）	≤0.5	≤400	≤2 000	≤4 000	>4 000	新增
13	1,1,2-三氯乙烷/（μg/L）	≤0.5	≤0.5	≤5.0	≤60.0	>60.0	新增
14	1,2-二氯丙烷/（μg/L）	≤0.5	≤0.5	≤5.0	≤60.0	>60.0	新增
15	三溴甲烷/（μg/L）	≤0.5	≤10.0	≤100	≤800	>800	新增
16	氯乙烯/（μg/L）	≤0.5	≤0.5	≤5.0	≤90.0	>90.0	新增
17	1,1-二氯乙烯/（μg/L）	≤0.5	≤3.0	≤30.0	≤60.0	>60.0	新增
18	1,2-二氯乙烯/（μg/L）	≤0.5	≤5.0	≤50.0	≤60.0	>60.0	新增
19	三氯乙烯/（μg/L）	≤0.5	≤7.0	≤70.0	≤210	>210	新增
20	四氯乙烯/（μg/L）	≤0.5	≤4.0	≤40.0	≤300	>300	新增
21	氯苯/（μg/L）	≤0.5	≤60.0	≤300	≤600	>600	新增
22	邻二氯苯/（μg/L）	≤0.5	≤200	≤1 000	≤2 000	>2 000	新增
23	对二氯苯/（μg/L）	≤0.5	≤30.0	≤300	≤600	>600	新增

序号	指标	Ⅰ类	Ⅱ类	Ⅲ类	Ⅳ类	Ⅴ类	备注
24	三氯苯（总量）/（μg/L）[a]	≤0.5	≤4.0	≤20.0	≤180	>180	新增
25	乙苯/（μg/L）	≤0.5	≤30.0	≤300	≤600	>600	新增
26	二甲苯（总量）/（μg/L）[b]	≤0.5	≤100	≤500	≤1000	>1000	新增
27	苯乙烯/（μg/L）	≤0.5	≤2.0	≤20.0	≤40.0	>40.0	新增
28	2,4-二硝基甲苯/（μg/L）	≤0.1	≤0.5	≤5.0	≤60.0	>60.0	新增
29	2,6-二硝基甲苯/（μg/L）	≤0.1	≤0.5	≤5.0	≤30.0	>30.0	新增
30	萘/（μg/L）	≤1	≤10	≤100	≤600	>600	新增
31	蒽/（μg/L）	≤1	≤360	≤1 800	≤3 600	>3 600	新增
32	荧蒽/（μg/L）	≤1	≤50	≤240	≤480	>480	新增
33	苯并[*b*]荧蒽/（μg/L）	≤0.1	≤0.4	≤4.0	≤8.0	>8.0	新增
34	苯并[*a*]芘/（μg/L）	≤0.002	≤0.002	≤0.01	≤0.50	>0.50	新增
35	多氯联苯（总量）/（μg/L）[c]	≤0.05	≤0.05	≤0.5	≤10.0	>10.0	新增
36	邻苯二甲酸二（2-乙基己基）酯/（μg/L）	≤3	≤3	≤8.0	≤300	>300	新增
37	2,4,6-三氯酚/（μg/L）	≤0.05	≤20.0	≤200	≤300	>300	新增
38	五氯酚/（μg/L）	≤0.05	≤0.90	≤9.0	≤18.0	>18.0	新增
39	六六六/（μg/L）	≤0.005	≤0.05	≤5.0	≤5.0	>5.0	旧标准
	六六六（总量）/（μg/L）[d]	≤0.01	≤0.50		≤300	>300	新标准
40	γ-六六六（林丹）/（μg/L）	≤0.01	≤0.20	≤2.00	≤150	>150	新增
41	滴滴涕/（μg/L）	不得检出	≤0.005	≤1.0	≤1.0	>1.0	旧标准
	滴滴涕（总量）/（μg/L）[e]	≤0.01	≤0.10		≤2.00	>2.00	新标准
42	六氯苯/（μg/L）	≤0.01	≤0.10	≤1.00	≤2.00	>2.00	新增
43	七氯/（μg/L）	≤0.01	≤0.04	≤0.40	≤0.80	>0.80	新增
44	2,4-滴/（μg/L）	≤0.1	≤6.0	≤30.0	≤150	>150	新增
45	克百威/（μg/L）	≤0.05	≤1.40	≤7.00	≤14.0	>14.0	新增
46	涕灭威/（μg/L）	≤0.05	≤0.60	≤3.00	≤30.0	>30.0	新增
47	敌敌畏/（μg/L）	≤0.05	≤0.10	≤1.00	≤2.00	>2.00	新增
48	甲基对硫磷/（μg/L）	≤0.05	≤4.00	≤20.0	≤40.0	>40.0	新增
49	马拉硫磷/（μg/L）	≤0.05	≤25.0	≤250	≤500	>500	新增
50	乐果/（μg/L）	≤0.05	≤16.0	≤80.0	≤160	>160	新增
51	毒死蜱/（μg/L）	≤0.05	≤6.00	≤30.0	≤60.0	>60.0	新增
52	百菌清/（μg/L）	≤0.05	≤1.00	≤10.0	≤150	>150	新增
53	莠去津/（μg/L）	≤0.05	≤0.40	≤2.00	≤600	>600	新增
54	草甘膦/（μg/L）	≤0.1	≤140	≤700	≤1 400	>1 400	新增

a 三氯苯（总量）为 1,2,3-三氯苯、1,2,4-三氯苯、1,3,5-三氯苯 3 种异构体加和。

b 二甲苯（总量）为邻二甲苯、间二甲苯、对二甲苯 3 种异构体加和。

c 多氯联苯（总量）为 PCB28、PCB52、PCB101、PCB118、PCB138、PCB153、PCB180、PCB194、PCB206 9 种多氯联苯单体加和。

d 六六六（总量）为α-六六六、β-六六六、γ-六六六、δ-六六六 4 种异构体加和。

e 滴滴涕（总量）为 o,p′-滴滴涕、p,p′-滴滴伊、p,p′-滴滴滴、p,p′-滴滴涕 4 种异构体加和。

5 地下水质量调查与监测

（新标准）

5.1 地下水质量应定期监测。潜水监测频率应不少于每年两次（丰水期和枯水期各1次），承压水监测频率可以根据质量变化情况确定，宜每年1次。

5.2 依据地下水质量的动态变化，应定期开展区域性地下水质量调查评价。

5.3 地下水质量调查与监测指标以常规指标为主，为便于水化学分析结果的审核，应补充钾、钙、镁、重碳酸根、碳酸根、游离二氧化碳指标；不同地区可在常规指标的基础上，根据当地实际情况补充选定非常规指标进行调查与监测。

5.4 地下水样品的采集参照相关标准执行，地下水样品的保存和送检按附录 A 执行。

5.5 地下水质量检测方法的选择参见附录B，使用前应按照 GB/T 27025—2008 中5.4的要求，进行有效确认和验证。

（旧标准）

5.1 各地区应对地下水水质进行定期检测。检验方法，按国家标准 GB 5750《生活饮用水标准检验方法》执行。

5.2 各地地下水监测部门，应在不同质量类别的地下水域设立监测点进行水质监测，监测频率不得少于每年二次（丰水期、枯水期）。

5.3 监测项目为：pH、氨氮、硝酸盐、亚硝酸盐、挥发性酚类、氰化物、砷、汞、铬（六价）、总硬度、铅、氟、镉、铁、锰、溶解性总固体、高锰酸盐指数、硫酸盐、氯化物、大肠菌群，以及反映本地区主要水质问题的其他项目。

6 地下水质量评价

删掉了单项组分评价分值 F。同时，新标准删除了“6.4 使用两次以上的水质分析资料进行评价时，可分别进行地下水质量评价，也可根据具体情况，使用全年平均值和多年平均值或分别使用多年的枯水期、丰水期平均值进行评价”和“6.5 在进行地下水质量评价时，除采用本方法外，也可采用其他评价方法进行对比。”

（新标准）

6.3 地下水质量综合评价，按单指标评价结果最差的类别确定，并指出最差类别的指标。

（旧标准）

6.3 地下水质量综合评价，采用加辅助的评分法。

7 地下水质量保护

新标准删除了地下水质量保护部分内容。

《中华人民共和国水污染防治法》内容修订前后对照表（摘录）

《中华人民共和国水污染防治法》内容修订前	《中华人民共和国水污染防治法》内容修订后
第五章　饮用水水源和其他特殊水体保护	**第五章　饮用水水源和其他特殊水体保护**
第五十六条　国家建立饮用水水源保护区制度。饮用水水源保护区分为一级保护区和二级保护区；必要时，可以在饮用水水源保护区外围划定一定的区域作为准保护区。 饮用水水源保护区的划定，由有关市、县人民政府提出划定方案，报省、自治区、直辖市人民政府批准；跨市、县饮用水水源保护区的划定，由有关市、县人民政府协商提出划定方案，报省、自治区、直辖市人民政府批准；协商不成的，由省、自治区、直辖市人民政府环境保护主管部门会同同级水行政、国土资源、卫生、建设等部门提出划定方案，征求同级有关部门的意见后，报省、自治区、直辖市人民政府批准。 跨省、自治区、直辖市的饮用水水源保护区，由有关省、自治区、直辖市人民政府商有关流域管理机构划定；协商不成的，由国务院环境保护主管部门会同同级水行政、国土资源、卫生、建设等部门提出划定方案，征求国务院有关部门的意见后，报国务院批准。 国务院和省、自治区、直辖市人民政府可以根据保护饮用水水源的实际需要，调整饮用水水源保护区的范围，确保饮用水安全。有关地方人民政府应当在饮用水水源保护区的边界设立明确的地理界标和明显的警示标志。	**第六十三条**　国家建立饮用水水源保护区制度。饮用水水源保护区分为一级保护区和二级保护区；必要时，可以在饮用水水源保护区外围划定一定的区域作为准保护区。 饮用水水源保护区的划定，由有关市、县人民政府提出划定方案，报省、自治区、直辖市人民政府批准；跨市、县饮用水水源保护区的划定，由有关市、县人民政府协商提出划定方案，报省、自治区、直辖市人民政府批准；协商不成的，由省、自治区、直辖市人民政府环境保护主管部门会同同级水行政、国土资源、卫生、建设等部门提出划定方案，征求同级有关部门的意见后，报省、自治区、直辖市人民政府批准。 跨省、自治区、直辖市的饮用水水源保护区，由有关省、自治区、直辖市人民政府商有关流域管理机构划定；协商不成的，由国务院环境保护主管部门会同同级水行政、国土资源、卫生、建设等部门提出划定方案，征求国务院有关部门的意见后，报国务院批准。 国务院和省、自治区、直辖市人民政府可以根据保护饮用水水源的实际需要，调整饮用水水源保护区的范围，确保饮用水安全。有关地方人民政府应当在饮用水水源保护区的边界设立明确的地理界标和明显的警示标志。
第五十七条　在饮用水水源保护区内，禁止设置排污口。	**第六十四条**　在饮用水水源保护区内，禁止设置排污口。
第五十八条　禁止在饮用水水源一级保护区内新建、改建、扩建与供水设施和保护水源无关的建设项目；已建成的与供水设施和保护水源无关的建设项目，由县级以上人民政府责令拆除或者关闭。 禁止在饮用水水源一级保护区内从事网箱养殖、旅游、游泳、垂钓或者其他可能污染饮用水水体的活动。	**第六十五条**　禁止在饮用水水源一级保护区内新建、改建、扩建与供水设施和保护水源无关的建设项目；已建成的与供水设施和保护水源无关的建设项目，由县级以上人民政府责令拆除或者关闭。 禁止在饮用水水源一级保护区内从事网箱养殖、旅游、游泳、垂钓或者其他可能污染饮用水水体的活动。

《中华人民共和国水污染防治法》内容修订前	《中华人民共和国水污染防治法》内容修订后
第五十九条 禁止在饮用水水源二级保护区内新建、改建、扩建排放污染物的建设项目；已建成的排放污染物的建设项目，由县级以上人民政府责令拆除或者关闭。 在饮用水水源二级保护区内从事网箱养殖、旅游等活动的，应当按照规定采取措施，防止污染饮用水水体。	**第六十六条** 禁止在饮用水水源二级保护区内新建、改建、扩建排放污染物的建设项目；已建成的排放污染物的建设项目，由县级以上人民政府责令拆除或者关闭。 在饮用水水源二级保护区内从事网箱养殖、旅游等活动的，应当按照规定采取措施，防止污染饮用水水体。
第六十条 禁止在饮用水水源准保护区内新建、扩建对水体污染严重的建设项目；改建建设项目，不得增加排污量。	**第六十七条** 禁止在饮用水水源准保护区内新建、扩建对水体污染严重的建设项目；改建建设项目，不得增加排污量。
第六十一条 县级以上地方人民政府应当根据保护饮用水水源的实际需要，在准保护区内采取工程措施或者建造湿地、水源涵养林等生态保护措施，防止水污染物直接排入饮用水水体，确保饮用水安全。	**第六十八条** 县级以上地方人民政府应当根据保护饮用水水源的实际需要，在准保护区内采取工程措施或者建造湿地、水源涵养林等生态保护措施，防止水污染物直接排入饮用水水体，确保饮用水安全。
第六十二条 饮用水水源受到污染可能威胁供水安全的，环境保护主管部门应当责令有关企业事业单位采取停止或者减少排放水污染物等措施。	**第六十九条** 县级以上地方人民政府应当组织环境保护等部门，对饮用水水源保护区、地下水型饮用水源的补给区及供水单位周边区域的环境状况和污染风险进行调查评估，筛查可能存在的污染风险因素，并采取相应的风险防范措施。 饮用水水源受到污染可能威胁供水安全的，环境保护主管部门应当责令有关企业事业单位和其他生产经营者采取停止排放水污染物等措施，并通报饮用水供水单位和供水、卫生、水行政等部门；跨行政区域的，还应当通报相关地方人民政府。
	第七十条 单一水源供水城市的人民政府应当建设应急水源或者备用水源，有条件的地区可以开展区域联网供水。 县级以上地方人民政府应当合理安排、布局农村饮用水水源，有条件的地区可以采取城镇供水管网延伸或者建设跨村、跨乡镇联片集中供水工程等方式，发展规模集中供水。
	第七十一条 饮用水供水单位应当做好取水口和出水口的水质检测工作。发现取水口水质不符合饮用水水源水质标准或者出水口水质不符合饮用水卫生标准的，应当及时采取相应措施，并向所在地市、县级人民政府供水主管部门报告。供水主管部门接到报告后，应当通报环境保护、卫生、水行政等部门。 饮用水供水单位应当对供水水质负责，确保供水设施安全可靠运行，保证供水水质符合国家有关标准。

《中华人民共和国水污染防治法》内容修订前	《中华人民共和国水污染防治法》内容修订后
	第七十二条 县级以上地方人民政府应当组织有关部门监测、评估本行政区域内饮用水水源、供水单位供水和用户水龙头出水的水质等饮用水安全状况。 县级以上地方人民政府有关部门应当至少每季度向社会公开一次饮用水安全状况信息。
第六十三条 国务院和省、自治区、直辖市人民政府根据水环境保护的需要，可以规定在饮用水水源保护区内，采取禁止或者限制使用含磷洗涤剂、化肥、农药以及限制种植养殖等措施。	**第七十三条** 国务院和省、自治区、直辖市人民政府根据水环境保护的需要，可以规定在饮用水水源保护区内，采取禁止或者限制使用含磷洗涤剂、化肥、农药以及限制种植养殖等措施。
第六十四条 县级以上人民政府可以对风景名胜区水体、重要渔业水体和其他具有特殊经济文化价值的水体划定保护区，并采取措施，保证保护区的水质符合规定用途的水环境质量标准。	**第七十四条** 县级以上人民政府可以对风景名胜区水体、重要渔业水体和其他具有特殊经济文化价值的水体划定保护区，并采取措施，保证保护区的水质符合规定用途的水环境质量标准。
第六十五条 在风景名胜区水体、重要渔业水体和其他具有特殊经济文化价值的水体的保护区内，不得新建排污口。在保护区附近新建排污口，应当保证保护区水体不受污染。	**第七十五条** 在风景名胜区水体、重要渔业水体和其他具有特殊经济文化价值的水体的保护区内，不得新建排污口。在保护区附近新建排污口，应当保证保护区水体不受污染。
第六章 水污染事故处置	**第六章 水污染事故处置**
	第七十九条 市、县级人民政府应当组织编制饮用水安全突发事件应急预案。 饮用水供水单位应当根据所在地饮用水安全突发事件应急预案，制定相应的突发事件应急方案，报所在地市、县级人民政府备案，并定期进行演练。 饮用水水源发生水污染事故，或者发生其他可能影响饮用水安全的突发性事件，饮用水供水单位应当采取应急处理措施，向所在地市、县级人民政府报告，并向社会公开。有关人民政府应当根据情况及时启动应急预案，采取有效措施，保障供水安全。
第七章 法律责任	**第七章 法律责任**
第七十五条 在饮用水水源保护区内设置排污口的，由县级以上地方人民政府责令限期拆除，处十万元以上五十万元以下的罚款；逾期不拆除的，强制拆除，所需费用由违法者承担，处五十万元以上一百万元以下的罚款，并可以责令停产整顿。	**第八十四条** 在饮用水水源保护区内设置排污口的，由县级以上地方人民政府责令限期拆除，处十万元以上五十万元以下的罚款；逾期不拆除的，强制拆除，所需费用由违法者承担，处五十万元以上一百万元以下的罚款，并可以责令停产整治。

《中华人民共和国水污染防治法》内容修订前	《中华人民共和国水污染防治法》内容修订后
第八十一条　有下列行为之一的，由县级以上地方人民政府环境保护主管部门责令停止违法行为，处十万元以上五十万元以下的罚款；并报经有批准权的人民政府批准，责令拆除或者关闭： （一）在饮用水水源一级保护区内新建、改建、扩建与供水设施和保护水源无关的建设项目的； （二）在饮用水水源二级保护区内新建、改建、扩建排放污染物的建设项目的； （三）在饮用水水源准保护区内新建、扩建对水体污染严重的建设项目，或者改建建设项目增加排污量的。 在饮用水水源一级保护区内从事网箱养殖或者组织进行旅游、垂钓或者其他可能污染饮用水水体的活动的，由县级以上地方人民政府环境保护主管部门责令停止违法行为，处二万元以上十万元以下的罚款。个人在饮用水水源一级保护区内游泳、垂钓或者从事其他可能污染饮用水水体的活动的，由县级以上地方人民政府环境保护主管部门责令停止违法行为，可以处五百元以下的罚款。	**第九十一条**　有下列行为之一的，由县级以上地方人民政府环境保护主管部门责令停止违法行为，处十万元以上五十万元以下的罚款；并报经有批准权的人民政府批准，责令拆除或者关闭： （一）在饮用水水源一级保护区内新建、改建、扩建与供水设施和保护水源无关的建设项目的； （二）在饮用水水源二级保护区内新建、改建、扩建排放污染物的建设项目的； （三）在饮用水水源准保护区内新建、扩建对水体污染严重的建设项目，或者改建建设项目增加排污量的。 在饮用水水源一级保护区内从事网箱养殖或者组织进行旅游、垂钓或者其他可能污染饮用水水体的活动的，由县级以上地方人民政府环境保护主管部门责令停止违法行为，处二万元以上十万元以下的罚款。个人在饮用水水源一级保护区内游泳、垂钓或者从事其他可能污染饮用水水体的活动的，由县级以上地方人民政府环境保护主管部门责令停止违法行为，可以处五百元以下的罚款。
	第九十二条　饮用水供水单位供水水质不符合国家规定标准的，由所在地市、县级人民政府供水主管部门责令改正，处二万元以上二十万元以下的罚款；情节严重的，报经有批准权的人民政府批准，可以责令停业整顿；对直接负责的主管人员和其他直接责任人员依法给予处分。

注：文中黑体字为《中华人民共和国水污染防治法》新增加后修改的内容。

关于《水污染防治法》中饮用水水源保护有关规定进行法律解释有关意见的复函

（环办函〔2008〕667号）

国务院法制办公室秘书行政司：

你办转来全国人大法工委经济法室《关于商请对〈水污染防治法〉中饮用水水源保护有关规定进行法律解释的函》（法工经函〔2008〕5号）收悉。根据新《水污染防治法》，并充分、合理考虑实际需要，我们做了认真研究，现函复如下：

一、关于饮用水水源一级保护区内建设项目

新《水污染防治法》第五十八条规定："禁止在饮用水水源一级保护区内新建、改建、扩建与供水设施和保护水源无关的建设项目；已建成的，由县级以上人民政府责令拆除或者关闭。"

1．根据新《水污染防治法》上述规定，在饮用水水源一级保护区内只要与供水设施和保护水源无关的建设项目，一律禁止建设。但是，对于既无法调整饮用水水源和保护区，又确实避让不开的跨省公路、铁路、输油、输气和调水等重大公共、基础设施项目，可以在充分论证的前提下批准建设。但必须具有饮用水水源应急预案，并在铺设线路方案上科学论证，从严要求，并采取防遗洒、防泄漏等措施，设置专用收集系统，对所收集的污水和固体废物进行异地处理和达标排放，而且应当对施工阶段提出严格的环保要求。

2．《环境影响评价法》和《建设项目环境影响评价文件分级审批管理名录》已明确规定环评文件审批权限。因此，上述涉及饮用水水源一级保护区内的建设项目的环评文件审批，应当依据《环境影响评价法》和《建设项目环境影响评价文件分级审批管理名录》确定的审批权限执行。

二、关于饮用水水源二级保护区内建设项目

1．新《水污染防治法》第五十九条第一款规定："禁止在饮用水水源二级保护区内新建、改建、扩建排放污染物的建设项目"。

根据新《水污染防治法》立法目的和上述规定，"排放污染物的建设项目"，应当是指因排放废水、废气、废渣等污染物可能对水体产生影响的建设项目，包括排污口

未设在保护区内的建设项目。

2．新《水污染防治法》第五十九条第一款还规定：（在饮用水水源二级保护区内）“已建成的，由县级以上人民政府责令拆除或者关闭”。

2000 年 3 月 20 日开始施行的《水污染防治法实施细则》第二十三条规定：“禁止在生活饮用水地表水源二级保护区内新建、扩建向水体排放污染物的建设项目。改建项目，必须削减污染物排放量”。

根据新《水污染防治法》和现行《水污染防治法实施细则》，在 2000 年 3 月 20 日《水污染防治法实施细则》施行后，在生活饮用水地表水源二级保护区内新建、扩建向水体排放污染物的建设项目，属于违法项目，因此应当依法做出予以拆除或者关闭的处罚决定。

在《水污染防治法实施细则》施行前已经建成的向水体排放污染物的建设项目，应当根据新《水污染防治法》的规定，由当地人民政府合理、妥善安排，采取拆除或者关闭措施；对于在饮用水水源二级保护区内已建成的确实没有对水体产生影响的建设项目，按照合法行政、合理行政的要求，对此类建设项目进行管理。

以上意见，供参考。

环境保护部办公厅

二〇〇八年九月十八日

关于饮用水水源二级保护区内排污类建设项目管理的复函

（环函〔2009〕33号）

贵州省环境保护局：

你局《关于如何理解和执行〈水污染防治法〉第五十九条中有关问题的请示》（黔环呈〔2008〕100号）收悉。经研究，函复如下：

一、《水污染防治法》第五十九条规定“禁止在饮用水水源二级保护区内新建、改建、扩建排放污染物的建设项目；已建成的排放污染物的建设项目，由县级以上人民政府责令拆除或者关闭”。上述规定中“排放污染物的建设项目”并非特指排放水污染物的建设项目，也应包括排放大气污染物、固体废物等其他污染物的建设项目。

二、根据《水污染防治法》第五十九条第一款规定，在饮用水水源二级保护区内禁止存在排放污染物的建设项目。即使建设项目将排放的水污染物经城市排污管网转移至保护区外处理并排放，仍存在事故性排放的危险，威胁饮用水安全，因此，原则上不应审批此类建设项目。

环境保护部

二〇〇九年二月六日

关于石油天然气管道建设与饮用水水源保护区相遇问题有关意见的复函

（环办函〔2009〕531 号）

国务院法制办秘书行政司：

你司 2009 年 5 月 15 日传来的要求对《关于请协调石油天然气管道建设与林地、饮用水水源保护区相遇问题的请示》（中油法〔2009〕206 号）研究并提出意见的便函收悉。经认真研究，现提出如下意见：

一、在饮用水水源一级保护区内建设石油天然气管道与《中华人民共和国水污染防治法》有关规定不符

《中华人民共和国水污染防治法》第五十八条第一款规定："禁止在饮用水水源一级保护区内新建、改建、扩建与供水设施和保护水源无关的建设项目；已建成的与供水设施和保护水源无关的建设项目，由县级以上人民政府责令拆除或者关闭。"根据该款规定，凡与供水设施和保护水源无关的建设项目，一律禁止在饮用水水源一级保护区内建设。因此，在饮用水水源一级保护区内建设石油天然气管道，与该法律规定不符。

另外，为了规范饮用水水源保护区的划分方法，原环保总局已于 2007 年 1 月 9 日发布了《饮用水水源保护区划分技术规范》（HJ/T 338—2007），明确了地表水饮用水水源保护区、地下水饮用水水源保护区划分的基本方法。

二、石油天然气管道建设应规划环评先行

对该请示中反映的管道避绕饮用水水源一级保护区"存在重大不可行性"的问题，根据《中华人民共和国环境影响评价法》有关规划环评的规定，应由有关规划编制部门组织对"国家油气管网规划"进行环境影响评价，让环境影响评价制度尽早介入规划选线工作，避免选线后发现有关线路不符合环保法律法规而再调整的被动局面。

特此函复。

二〇〇九年五月二十五日

关于成品油管道穿越饮用水水源一级保护区意见的复函

（环函〔2009〕316号）

福建省环境保护厅：

你厅《关于成品油管道穿越饮用水水源一级保护区的请示》（闽环保水〔2009〕45号）收悉。经研究，现函复如下：

根据《中华人民共和国水污染防治法》第五十八条“禁止在饮用水水源一级保护区内新建、改建、扩建与供水设施和保护水源无关的建设项目”的规定，成品油管道应避免穿越饮用水水源一级保护区。

因工程条件和自然因素，确需穿越饮用水水源二级保护区或准保护区的成品油管道，建设单位应根据建设项目的特点，按照充分论证、科学设计施工、加强质量监管、保障水源安全的原则，采取严格措施，防止工程建设和使用可能对水源造成的影响，并制定水源保护应急预案，确保饮用水水源安全。

环境保护部

二○○九年十二月十六日

关于制订饮用水水源保护区立体空间范围标准有关问题的复函

（环办函〔2014〕840号）

广东省环境保护厅：

你厅《关于制订饮用水水源保护区立体空间范围有关问题的请示》（粤环报〔2014〕25号）收悉。经研究，现提出意见如下：

跨省公路、铁路、输油输气管道等无论从地下或者空中穿越水源保护区均有可能对水源造成污染，按照《水污染防治法》规定和《饮用水水源保护区划分技术规范》（HJ/T 338—2007，以下简称《规范》）要求，此类项目应尽量避开饮用水水源保护区。对水源二级及准保护区内难以避让的上述建设项目，为降低项目穿越可能造成的污染风险，应在充分采取风险防控措施的情况下批准建设，确保正常和风险事故情况下均能有效保证水源安全。考虑到有利于风险控制措施的落实，管线铺设尽可能不从地下穿越，采取地面或架空铺设方式，并采取防遗洒、防泄漏等措施，设置专用收集系统，对所收集的污水和固体废物进行异地处理，达标排放。此外，还应当对施工阶段提出严格的环保要求。

考虑到我国自然地理条件的复杂性和建设项目的差异性，难以单独制订饮用水水源保护区立体空间范围标准，且在《规范》中已包括立体概念（如地下水型保护区划分要求），相关规定可在项目环境影响评价时落实。同时，建议有关规划编制部门组织对"国家油气管网规划"进行环境影响评价，让环境影响评价制度尽早介入规划选线工作，避免选线后发现有关线路不符合环保法律法规而再调整的被动局面。

特此函复。

环境保护部办公厅

2014年7月7日

关于饮用水水源二级保护区内建设项目有关问题的复函

（环办环评函〔2016〕162号）

黑龙江省环境保护厅：

你厅《关于饮用水水源二级保护区内建设项目有关问题的请示》（黑环发〔2015〕235号）收悉。经研究，函复如下：

一、关于饮用水水源保护区内建设项目问题

为保护饮用水水源保护区安全，建设项目选址选线应遵循避让水源保护区的原则，保护区内不得建设排放污染物的项目。对于确实无法避让的，应以环境影响最小和环境风险最低为原则。

正常运营情况下，运营期公路、铁路、管线等线性工程和风电项目不会向外界排放废水、废渣等污染物，不属于排放污染物的项目。但在施工期和事故状态下，上述工程会产生废水、废渣等污染物，可能对饮用水水源保护区造成污染，因此，在确实无法避让的情况下，应加强施工期的环境管理，配套建设相应的风险防范措施，将环境影响和环境风险降到最低。

收费亭站、管理站房等设施，由于相关人员、车辆活动较频繁，且产生少量生活污水，环境风险较高，不宜设置在二级饮用水水源保护区内，确实无法避让的，不得向保护区内排放污水。

二、关于饮用水水源保护区风险防范问题

我部《关于规范火电等七个行业建设项目环境影响评价文件审批的通知》（环办〔2015〕112号）中《高速公路建设项目环境影响评价文件审批原则（试行）》要求，对于存在环境污染风险路段，在确保安全和技术可行的前提下，采取加装防撞护栏、设置桥（路）面径流收集系统和收集池等环境风险防范措施。对于穿越保护区陆域的道路也应设置路面径流收集系统等相应风险防范设施。桥梁跨越位置位于水源保护区上游时，经预测可能存在环境风险的，应采取相应措施，具体距离应根据环境风险评价预测结果确定。

特此函复。

环境保护部办公厅

2016年1月25日

关于答复全国集中式饮用水水源地环境保护专项行动有关问题的函

（环办环监函〔2018〕767 号）

各省、自治区、直辖市环境保护厅（局），新疆生产建设兵团环境保护局：

按照党中央、国务院关于打好污染防治攻坚战的决策部署，各地各部门组织开展集中式饮用水水源地环境保护专项行动，扎实推进饮用水水源地环境问题整治，取得阶段性成效。同时，各地来电来函请我部明确集中式饮用水水源地有关问题的整治要求。依据有关环境保护法律法规和标准，经研究，答复如下：

一、关于饮用水水源保护区内的排污口

饮用水水源保护区内的排污口应拆除或关闭。

对雨污分流彻底的城市雨水排口、排涝口，在饮用水水源保护区内的可暂不拆除或关闭，同时加强监测监管，在非降雨季节保持干燥清洁；在降雨时，确保排水水质符合饮用水水源地水质保护要求。否则应限期整改，逾期整改仍不符合要求的，限期拆除或关闭原排口。

二、关于饮用水水源保护区内的工业企业

饮用水水源保护区内排放污染物的工业企业应拆除或关闭。

三、关于饮用水水源保护区内的码头

饮用水水源保护区内凡从事危险化学品、煤炭、矿砂、水泥等装卸作业的货运码头应拆除或关闭。

饮用水水源一级保护区内旅游码头和航运、海事等管理部门工作码头应拆除或关闭。二级保护区内旅游码头和航运、海事等管理部门工作码头的污水、垃圾应统一收集至保护区外处理排放。

自来水厂取水趸船（码头）、水文趸船作为与供水设施和保护水源有关的建设项目，可以在饮用水水源保护区内存在。

四、关于饮用水水源保护区内的旅游餐饮项目

饮用水水源保护区内农家乐、宾馆酒店、餐饮娱乐等项目应拆除或关闭。

五、关于交通穿越活动

饮用水水源二级保护区内乡级及以下道路和景观步行道应做好与饮用水水体的隔离防护，避免人类活动对水质的影响；县级及以上公路、道路、铁路、桥梁等应严格限制有毒有害物质和危险化学品的运输，开展视频监控，跨越或与水体并行的路桥两侧建设防撞栏、桥面径流收集系统等应急防护工程设施。

穿越饮用水水源保护区的船只，应配备防止污染物散落、溢流、渗漏设备。

六、关于农业面源污染

饮用水水源一级保护区内农业种植应严格控制农药、化肥等非点源污染，并逐步退出；饮用水水源二级保护区内农业种植和经济林应实行科学种植和非点源污染防治。

饮用水水源一级保护区内所有经营性的畜禽养殖活动应取缔，养殖设施应拆除。二级保护区内排放污染物的规模化畜禽养殖场应拆除或关闭；分散式畜禽养殖圈舍应做到养殖废物全部资源化利用，且尽量远离取水口，不得向水体直接倾倒畜禽粪便和排放养殖污水。

饮用水水源二级保护区内网箱养殖、坑塘养殖、水面围网养殖等活动，未采取有效措施防止污染水体的应取缔。

七、关于生活面源污染

原住居民住宅允许在饮用水水源保护区内保留，其生产的生活污水和垃圾必须收集处理；仅针对原住居民的非经营性新农村建设、安居工程建设项目，可以在饮用水水源二级保护区内保留，但产生的生活污水和垃圾必须进行收集处理。

为上述情形配套建设的污染治理设施可以在饮用水水源保护区内保留，但处理后的污水原则上引到保护区外排放，不具备外引条件的，可通过农田灌溉、植树、造林等方式回用，或排入湿地进行二次处理。

八、其他问题

饮用水水源一级保护区内加油站和加气站应拆除或关闭；二级保护区内加油站应完成双层罐体改造。

以上答复，为水源地环境整治的基本要求，也是当前阶段性的工作要求，请各地参考执行。

鼓励各地因地制宜，结合实际提出更高的整治要求，更好地保护饮用水水源地水质。

生态环境部办公厅

2018 年 8 月 1 日